KB041334

정신력의 기적

THE MIRACLE OF MIND POWER

정신력의 기적

단 카스터 지음 | **진웅기** 옮김

문예출판사

THE MIRACLE OF MIND POWER
DAN CUSTER

차례

감사와 헌사   7

저자의 말   9

제1부

1 당신은 무엇인가   27

2 당신 안에 있는 마술적인 힘   39

3 당신 안에 있는 신의 나라   47

4 믿음의 마술   58

5 선택의 무한한 힘   78

6 마술 같은 결심의 힘   87

7 누구나 기분 좋은 사람, 기분 좋은 장소에 끌린다   97

8 무엇이든 만들어내는 상상력의 마술   106

9 사랑과 신념은 상상력을 좌우한다   118

10 기도와 용서의·마술   125

11 자기 자신을 용서하는 것   130

12 남을 용서하는 것   137

13 과거를 용서하는 것   148

14 신을 용서하는 것   154

15 자기 분석과 재교육   161

16 창조하는 힘   185

17 정신 치료의 준비   191

18 고치는 힘 196

19 적극적 신념에의 단계 204

20 정신 치료의 기술 211

제2부 21 몸을 건강하게 해주는 마음 233

22 경제적 안정을 가져오는 마음 238

23 수양을 위한 마음 247

24 푸근한 마음 254

25 대인 관계에 성공하는 마음 260

26 힘찬 인격을 쌓는 법 284

27 새로운 습관을 만드는 법 293

28 젊음을 간직하는 마음 303

29 걱정과 공포를 어떻게 없애는가 312

30 열등감은 어떻게 제거하는가 319

31 공연한 걱정을 그만두는 법 330

32 모든 상황에서 배당을 낳게 하는 법 344

33 아침의 묵상 353

제3부 34 저녁의 묵상 361

35 나는 있다, 나는 할 수 있다, 나는 한다 366

36 건강과 행복과 번영의 열쇠 372

옮긴이의 말 379

감사와 헌사

정신과 의사이며 교사인 나의 아내 루실 카스터는 이 책을 준비하는 데 많은 도움을 주었다. 그녀의 이름도 마땅히 나의 이름과 함께 올려야 한다. 또한 우리 부부에게 상담을 받은 많은 연구생들과 매주 우리의 강연을 듣고 얻은 효과에 대해 알려주고, 귀중한 제안을 해준 많은 청중들에게도 감사한다.

이 책이 인생의 문제로 고민하는 모든 사람들에게 해답을 줄 수 있기를 바란다. 우리 부부는 이 책을 독자인 당신과 당신이 여기에서 얻게 될 모든 좋은 일에게 바친다. 이 책은 당신을 위해서 쓰여진 것이다.

단 카스터

저자의 말

두 가지 욕구

사람은 누구나 두 가지 큰 욕구를 가지고 있다. 그것은 고통에서 벗어나려는 욕구와 쾌락을 좇으려는 욕구이다.

이 두 가지 욕구가 만족스럽게 채워지는 동안은 누구나 다른 사람과 잘 어울릴 수 있고 환경에 잘 적응할 수 있다. 특히 자기 자신에 만족하며 살아갈 수 있다. 그러나 만일 어딘가에서 ─ 그것이 자기 안에서든 밖에서든 ─ 이 두 가지 욕구가 모두 채워지지 않으면 그 사람은 그것이외의 것에서도 고통을 받게 된다. 양심이나 육체, 다른 사람과의 관계나 돈 ─ 하여튼 어딘가에서 괴로움을 겪게 된다. 주변에 자기 몸이나 여러 가지 일로 고통받지 않는 사람이 매우 드문 것을 보면 한평생을 참으로 행복하게 사는 사람은 많지 않다고 할 수 있다.

만일 당신이 행복하지도 않고 건강하지도, 부유하지도 않으며 자기자신을 하잘것없는 존재라고 생각하고 무엇을 성공시킬 자신감도 없다고 한다면, 바로 당신을 위해서 이 책은 쓰여졌다.

어떤 문제든 풀 수 있다

당신의 문제가 무엇이 되었든 반드시 풀 수 있는 방법이 있다. 나는 그 해결법이나 대책을 이 책에서 찾아낼 수 있다고 믿는다. 당신에게 그런 희망이 없었다면, 즉 좋은 생각이나 암시, 비법을 알아내서 고통에서 벗어나 행복을 얻겠다는 마음이 없다면, 이 책에 손이 가지도 않았을 것이다. 당신은 보다 나은 생활을 바라고 있는 것이다. 더 건강하고 싶고, 더 많은 돈을 벌고 싶을 것이다. 그리고 생활 속에 스며드는 사랑과 순수를 원하고 있을 것이다.

이 세상에는 당신이 바라는 것을 이루어주는 힘이 있다. 그것은 바로 정신의 힘이다. 마음의 힘이다. 마음은 이 세상에서 가장 큰 힘이다. 그런 마음을 바로 당신 자신이 가지고 있으며, 또 사용하고 있다. R.W. 에머슨은 말했다.

"모든 사람이 속해 있는 하나의 마음이 있다. 사람은 모두 그 하나의 마음으로 들어가는 입구이다. 이 보편의 정신에 속한 사람은 실존하는 모든 것, 행해질 수 있는 모든 것에 속한 사람이다. 그것은 오직 하나뿐인 최고의 힘이기 때문이다."

지난 백 년 동안, 많은 책들이 마음의 힘에 대해서 써왔다. 적극적으로 생각하는 방식이 만족스런 결과를 가져온다고 주장해왔다. 그러나 마음을 어떻게 사용할 것인가, 어떻게 적극적으로 생각할 것인가, 어떻게 해서 소극적인 생각에서 적극적인 생각으로 옮겨갈 것인가에 대한 설명은 거의 없었다.

사람의 정신에 무한의 가능성이 숨겨져 있다는 것은 누구나 인정한다. 그런 정신을 어떻게 사용해야 더 만족스런 성과를 얻을 수 있느냐 하는 것이 우리가 알고 싶은 것이다.

당신도 이 세상의 많은 사람들이 그렇듯이 어떻게 생각할 것인가, 무엇을 생각할 것인가를 알고 싶을 것이다. 요컨대 당신의 인생에 있어서 최대의 만족을 얻기 위해서는 정신을 어떤 방향으로 나아가게 하는 것이 바람직한가가 중요한 문제이다.

세상에서 가장 소중한 것

이 세상에서 당신에게 가장 소중한 것이 무엇일까? 바로 당신 자신이다. 친구, 돈, 가족, 혹은 불사의 생명조차도 만일 당신이 존재하지 않는다면 아무 소용없는 것이다. 당신의 체험의 세계는 모두 바로 당신에게 초점이 맞춰져 있는 것이다. 당신 자신은 당신으로서도 알 수 없는 깊은 신비일지도 모른다. 그러나 당신은 자신이 실재하고 있다는 것을 알고 있다. 당신은 욕구나 갈망을 가지며 그것이 채워지기를 요구하고 있다. 만일 당신이 행복해지고 싶다면 생명력이 흘러나오게 해야 한다. 더 큰 기쁨을 만들어낼 수 있는 일을 더 많이 하고 몸에 익히고 또 가져야 한다. 즉 당신은 더 큰 만족을 얻기 위해서 먹고, 자고, 사랑하고, 배우고, 또 기도하는 것이다.

잘 살고자 하는 욕구에 응하는 당신의 모든 행동에는 어떤 정신적인 행위 ― 결심이 앞서게 된다. 당신은 어떤 결과를 바란다. 그리고 결심하고 행동한다. 이럴 때 당신이 사용하는 도구가 바로 정신이다. 정신이란 어쩌면 그렇게 신비로운 것일까? 정신이라는 것을 완전히 아는 사람은 아무도 없다. 그러나 적어도 우리는 아는 대로는 정신력을 사용하여 가능한 최선의 성과를 얻으려고 한다. 나는 정신이 무엇인지 완전히 모르기 때문에 정신을 사용하지 않겠다고 하는 사람은 아무도 없다.

날마다 우리는 전기를 사용한다. 그러나 전기가 무엇인가, 그 정체를 아는 사람은 아무도 없다. 다만 아는 대로의 지식을 동원해서 빛이나 열, 동력을 얻고 있다. 어떤 사람이 전구를 발명한 에디슨에게 "선생님, 전기란 도대체 무엇입니까?" 하고 물었다고 한다. 에디슨은 "전기는 실존하고 있으니 그냥 사용하시오" 하고 대답했다.

눈곱만한 갈색 씨앗을 땅에 뿌리면 자라나 무가 된다. 어째서 그렇게 되는가는 아무도 모른다. 그저 씨를 뿌리면 바라는 결과를 얻는다는 것을 배워서 알 뿐이다. 전기나 씨앗, 정신은 모두 우리가 사용할 수 있는 것들이다. 정신, 또는 전기에 대해서 배울 수 있는 것을 모두 배워서 우리의 필요에 응할 수 있게 사용하는 것이 바로 상식이다. 자연계가 당신에게 보낸 도구를 현명하게 사용한다면 당신의 인생은 아름답고 영광에 차고 스릴 가득한 성공적인 인생이 될 수 있다.

인생은 스릴에 찬 모험

이 책을 주의깊게 읽고 여기에 쓰여 있는 일들을 최선을 다해서 실행한다면 당신은 놀라운 효과를 얻을 수 있다는 것을 약속할 수 있다. 당신이 의기가 꺾여 있든 어떤 경험을 했든 여기서 필요한 도움을 찾아낼 수 있을 것이다. 물론 손을 한 번 들어올리는 정도로 완전한 성과를 얻을 수 있는 것은 아니다. 약간의 노력을 기울여야 한다. 그러나 효과는 대단하다.

미국의 사상가 H.D. 솔로는 말했다. "대개의 사람은 침묵 속에서 절망의 인생을 보낸다." 그들은 왜 그렇게 불행하고 불운한 사태가 계속해서 일어나는가를 알지 못하여 어쩔 줄을 모르고 있다. 괴로운 나머지 알코올이나 과로, 과식, 잠 속으로 도피한다. 또 어떤 사람은 병을 도피처로 삼는다. 도피하는 것이 용기를 내는 것보다 쉽기 때문이다. 또 어떤 사람은 끊임없이 저항한다. 어디에나 넘쳐 있고 도처에서 불타오르려고 하는 우주의 대생명력에 대항하려고 한다. 이러한 사람들에게 산다는 것은 고난의 연속이다. 우리 주위에는 실패자나 환멸을 느낀 사람들이 우글우글하다. 그러나 한편 행복하게 사는 사람도 많다.

사람은 성공하든 실패하든 모두 정신을 사용하고 있다. 어떤 사람은 성공자가 되도록 정신을 사용한다. 다른 사람들은 실패자가 되도록 정신을 사용한다. 그 차이는 정신의 마술적인 힘을 사용하는 방법에 있다. 누구나 실패할 필요는 없다. 약자가 되고 의기가 꺾이고 불행하게 되지 않을 수 있는 것이다. 누구나 가난하고 슬퍼하고 고독감을 안고 살아갈 필요는 없다.

이 책은 간단하고 쉽게, 어떻게 하면 당신이 가질 자격이 있는 것들 ─ 즉 건강, 행복, 번영, 마음의 평화, 자기 존중, 만족감 등 ─ 을 정신력을 사용함으로써 모두 손에 넣을 수 있는가를 이야기한다.

당신은 내가 이 책을 과연 나의 경험과 권위에 의해서 썼는지 어떤지 궁금할 것이다. 왜냐하면 누구나 자신이 체험하지 않은 것 ─ 자기의 생애로 실증해본 적이 없는 것 ─ 은 충분한 권위를 가지고 쓸 수 없기 때문이다. 시험하고 관찰하고 체험하지 않았다면 알고 있다고 말할 수 없다. 자기의 경험을 통해서 오늘에 이른 것이 아니라면, 그가 쓴 것은 추측에 의한 공허한 이론에 지나지 않는다. 소년이었을 때 나는 남달리 열등감이 강했다. 집으로 돌아가는데도 번화한 거리를 걸을 수가 없어서 언제나 뒷골목을 찾아다녔다. 큰길은 나에게 맞지 않는다고 생각했었다.

20세 때는 보험회사가 나를 생명보험에 가입시켜 주지 않았다. 심장에 큰 장애를 가지고 있었던 것이다. 육체적으로나 사회적으로나 나는 너무나 열등한 인간이었다. 열등하다는 이 자각은 나를 과잉공격적인 인간이 되게 하여 그 때문에 많은 불쾌한 입장에 몰리게 되었다. 한 번은 큰 사고를 냈다. 그 때문에 나는 두 다리와 한쪽 팔과 턱에 중상을 입었고 그 육체의 고장은 일생을 따라다니게 되었다. 빨리 성공하기 위해서 건강을 돌보지 않고 무리한 노력을 계속했기 때문에 마침내 신경이 상한 것이었다. 지금 생각하면 신경이 상한 것이 아니라 단순한 신경쇠약이었다. 나는 고장난 정신과 망가진 몸을 가지고 있었던 것이다. 장래는 어둡고 희망도 보이지 않았으며 30세 때 벌써 쇠약한 노인이 되어 있었다.

이제는 70세가 되었지만 나는 젊고 활기에 차 있고 정력이 넘치며 행복하다. 지난 30년 동안, 어디에나 넘쳐흐르는 대생명력이 나에게 힘을 주었다. 이 세상에는 나보다 재산이 많은 사람도 많지만 나도 가질 만큼은 가졌으며 남에게 나누어줄 수도 있게 되었다. 30년이 넘는 동안, 나의 몸은 잘 움직여주었고 일도 잘 해주었다. 그러면서도 육체와 정신의 힘이 일생 동안에 오늘처럼 완전한 때도 없다고 생각한다. 지금 나는 지난날보다 더 잘 봉사할 수 있다고 믿고 있다. 나는 행복하고 자유롭고 만족스럽다. 지난 30년 동안 나는 남에게 봉사하는 일을 계속해왔다. 왜냐하면 나 자신의 생애가 가장 건강하고 만족할 만한 방향으로 전개되었기 때문이다.

이 책에서 나는 내가 직접 체험한 자료와 함께 비참하게 앓고 있는 몇 천 명의 사람들을 고쳐주면서 새로 알게 된 사실들을 밝히겠다. 나의 심리학적 소양은 오랜 동안의 목사 생활에 매우 도움이 되었다. 나는 지난 30년 동안 성공 속에서 행복하게 생활할 수 있는 효과적인 방식을 만들어냈다고 믿는다.

지식을 얻는 세 가지 방법

우리는 지식을 얻는 과학적인 방법을 알고 있다. 그것은 관찰과 실험이다. 또 철학적인 방법도 알고 있다. 그것은 이지와 사고이다. 또 종교가 사용하는 신비적인 방법도 알고 있다. 그것은 마음속에서 감지하는 것이다. 이 세 가지 방법은 저마다 튼튼한 근거를 가지고 있다. 그러므로 그 중의 하나만을 취하고 다른 두 가지를 무시하는 것은 옳지 않다. 그 이유를 아는 것은 어려운 일이 아니다. 어떤 체험은 과학자에게는 이해가 안 가는 것도 있다. 또 철학자 중에는 잘못된 전제에서 출발하여 추론을 전개시키는 사람도 있다. 또는 내심의 욕구가 속삭이는 소리에 지나지 않을 때도 있다. 그러므로 이상의 세 가지를 함께 사용했을 때에 비로소 만족할 만한 결과를 얻을 수 있다는 것을 나는 여러 해에 걸쳐서 알게 되었다.

나는 어느 하나의 종파에 속하지 않는 성직자로서 여러 해 동안 샌프란시스코 상점가의 가장 큰 극장에서 일요일 아침마다 설교를 계속해 왔다. 나의 강연에는 주에서 가장 많은 청중이 모여들었다. 몇 천이나 되는 사람들이 일요일 아침마다 몰려와 자기 자신의 일이나 일상의 문제에 어떻게 대처할 것인가를 알려고 했다. 당신과 마찬가지로 그들도 모두 건강과 행복과 번영을 얻고 싶은 것이다. 내 말대로 했는데 실제적인 효과를 얻을 수 없었다면, 그들은 주말마다 내 강연을 들으러 오지 않았을 것이다.

18년 동안 나는 라디오 프로그램을 통해서 몇 천 명이나 되는 사람들의 귀와 친해졌다. 몇 천 통이나 되는 편지가 나에게 쏟아져 들어왔다. 라디오를 통해서 들려주는 마음의 과학에 관한 나의 강의를 듣고 그들은 자기 자신에 대한 이해가 깊어졌으며, 더 행복하고 더 풍족한 생활의 열쇠를 얻게 되었다고 말했다. 자기 자신을 발견하고 마음의 힘을 효과적으로 사용하는 법을 알고 나서 그들은 더 건강하고 행복하고 풍족한 생활을 누리고 있다.

당신은 무엇을 기대할 수 있는가

많은 사람들의 생활을 건강하고 행복하고 성공적으로 이끌기 위해서 나는 출판사의 요구에 응했다. 내가 30년 동안 사용해온 마음을 쓰는 법에 대한 철학과 과학과 기술을 한 묶음으로 모으자는 요구였다. 출판사측은 독자가 이 책을 읽고 여기에 쓰여 있는 것을 일상 생활에 실행하면 바로 효과가 나타나는 일들을 말해달라고 했다. 나는 행복과 마음의 평화와 순결이 가득 차 있는 창고의 문을 여는 열쇠를 당신에게 보내고 어떻게 그 문을 열 것인가를 이야기해주겠다.

정신은 마술적인 힘

당신과 나는 새로운 대륙으로 여행을 나갈 준비를 하고 있다. 어디에나 넘쳐흐르고 도처에 불타오르려고 하는 대생명력을 연구하기 위해서이다. 사람의 인격과 정신의 과학을 펼치려고 한다. 우선 당신의 마음 밑바닥을 들여다보고 그것이 어떤 모양으로 움직이고 있는가를 밝히고 최대의 행복을 위해서 그것을 어떻게 사용할 것인가를 배우려고 한다.

"그런데 대생명력이란 도대체 무엇이고 마음이란 무엇입니까? 사람은 무엇입니까?" 하고 묻는다면 이렇게 대답하겠다.

"오늘날까지 그것이 무엇인가를 완전히 아는 사람은 아무도 없습니다. 우주의 대생명력은 실재하고 있습니다! 그러니 그것을 활용하시오. 사람이란 그 대생명력 속에서 자각을 가지고 살고 있는 하나의 점이오. 그렇게 당신 자신을 인식하시오! 정신은 대생명력의 법칙이며, 생명이 작용하는 방법이고, 창조를 위한 대생명력의 도구요. 그것을 사용하시오!"

어디에나 넘쳐흐르는 대생명력의 자각 있는 구성원으로서, 당신은 끊임없이 정신을 사용하고 있다. 정신과 그 힘에 대해서 깊이 알게 되면 사람의 정신은 모두 기적을 행할 수 있다는 사실을 알게 된다. 그러한 정신을 사용하는 자가 바로 당신이므로 당신은 마술사이다. 그러므로 당신이 언제나 사용하는 정신이라는 이 도구에 대해서 알 수 있는 것은 모두 알아야 한다. 또 그것을 어떻게 사용할까에 대해서도 될수록 많이 알아야 한다.

이 책의 목적은 이 위대한 정신이란 도구를 당신에게 설명해주고, 그것을 어떻게 사용하면 건강과 행복과 성공을 얻을 수 있는가, 또 당시의 가장 큰 욕구를 얻을 수 있는가를 가르쳐주는 것이다. 한걸음 한걸음 당신에게 보여주는 나의 제언을 연구하고 그것을 실제로 사용하게 된다면 이미 그것을 사용한 많은 사람들처럼 당신도 기대보다 훨씬 큰 효과를 얻을 수 있을 것이다.

성공은 수학적인 확실성

성공적인 삶의 법칙은 누구나 사용할 수 있다. 또 그것은 누구에게나 똑같이 작용한다. 이 책에서 설명하는 성공에 이르는 삶의 법칙을 과학적으로 사용하게 되면 성공은 수학적인 확실성으로 다가온다.

과자를 구울 때는 적당한 재료를 준비하고 올바른 레시피에 따라 만들면 맛있는 과자를 얻을 수 있다. 거기에는 운이나 불운 같은 우연이 끼어들 여지가 없다. 왜냐하면 그것은 과학적인 일이기 때문이다.

만일 당신이 성공과 행복에 필요한 적당한 재료를 모아 과학적인 방법에 따라 그것을 사용한다면 어떨까? 바꾸어 말하면 어디에나 넘쳐흐르는 대생명력이 이미 알려진 법칙을 사용한다면 어떨까? 물론 의심할 것도 없이 우리가 바라는 행복한 결과를 얻을 수 있게 된다.

이 책은 이제부터 더 부유하고 더 만족스러운 생활에의 문을 연다. 그러나 나의 벗이여, 문은 당신이 열어야 하는 것이다. 당신이 노력하지 않으면 안 되는 것이다. 나는 그 방법을 가르쳐줄 수 있을 뿐이다. 혹은 노력하도록 당신을 격려하는 정도는 할 수 있다. 그러나 사용하는 도구는 당신 안에 있는 것이다. 당신은 당신 바깥에 있는 아무에게도, 또 아무것에도 기댈 수 없다. 누구에게 당신을 위해서 어떤 자세를 가져달라거나 무엇을 해달라고 부탁할 필요가 없다. 당신 자신을 움직이기만 하면 되는 것이다. 그렇다는 사실을 알면 등에서 짐을 내려놓은 가뿐한 느낌이 들지도 모른다. 자아, 이제부터 당신의 사고를 어떻게 조정하고 새로운 형의 사고 방식을 어떻게 만들어낼까를 가르쳐주겠다. 당신에게 성공에 이르는 생활 방식의 열쇠를 건네주겠다.

어떻게 생각하는가는 어떻게 사는가이다

당신이 배워야 하는 가장 중요한 것은 생활에 충실하기 위해서는 어떻게 생각해야 하는가를 아는 것이다. 불쾌감, 실패, 불만 같은 고통은 당신이 마땅히 가져야 할 생각하는 법이나 행동하는 법을 가지고 있지 않기 때문에 생겨나는 것이다. 자연은 당신이 그것을 갖지 못했다는 것을 고통을 주는 독특한 방법으로 당신에게 알려주고 있는 것이다. 당신의 고통은 당신이 생명의 법칙을 제대로 사용하지 못하고 있다고 충고하는 소리이다. 그와 반대로 당신이 행복이나 재력이나 건강이나 마음의 평화를 가지고 있다면 그것은 당신이 바르게 생각하고 바르게 행동하고 있기 때문에 자연이 독특한 방법으로 보답하고 있는 것이다.

이 책은 탐정 소설을 읽는 것처럼 서둘러 읽는 책이 아니다. 연구하고 숙고하고 깊이 생각해가며 읽는 책이다. 이 책이 가르쳐주는 생각하는 법 중 어떤 것은 새로운 것이다. 그것이 당신의 일부가 되고 몸에 배어들 때까지 생각하고 또 생각하라. 이들 사상이 당신의 생각하는 법에 영감을 주게 되면 이내 당신은 당신의 욕구를 채울 수 있게 될 것이다. 성공의 길을 따라가는 당신 자신을 보게 되리라. 낡은 삶의 방식은 저절로 물러나게 될 것이다. 적극적인 사고 방식은 저절로 나타나게 될 것이다. 적극적인 사고 방식의 사다리를 한 칸씩 올라가게 될 것이다. 마침내 꼭대기에 이르렀을 때 당신은 대단히 큰 기쁨을 느끼게 될 것이다.

여러 대에 걸쳐서 우리는 신념을 가져야 한다는 가르침을 받아왔다. 자신의 믿는 방식을 사랑해야 한다, 상상력을 건설적으로 활동시켜야 한다는 말을 들어왔다. '사람은 마음을 새롭게 하면 개조될 수 있다.' '어떻게 생각할까를 배우는 것은 어떻게 살까를 배우는 일이다.' 그러나 신념의 자세를 바꾸라고 하는 사람들도 어떻게 하면 그것을 바꿀 수 있는지를 아는 사람은 거의 없다.

진취적인 사람들은 정신 활동의 이면에는 어떠한 철학적 이치가 있는가를 알고 싶어한다. 그들은 첫째로 어째서 자기가 고난에 빠졌는지를 궁금해한다. 또 자기 몸 안에 있는 힘을 알고 싶어하며 어떻게 하면 그 힘을 사용할 수 있는지를 알고 싶어한다.

이 책에서는 먼저 우리 자신에 대해서 살펴보기로 하자. 인간이라는 것이 무엇인가를 똑바로 이해하고 사람에게 어떻게 행동하면 좋은가, 왜 인간은 지금과 같은 모습이 되어 있는가, 그의 체험을 왜, 어떻게 바꿀 수 있는가, 그 변화를 어떠한 방법으로 진행시킬 수 있는가를 당신도 알 수 있게 될 것이다.

고난은 잘못된 사고 방식의 결과이다

나나 당신이 환경 속에서 겪는 고생 — 병, 실패, 불행 같은 체험 — 은 몸 안의 어떤 잘못에서 생겨난 증상이다. 잘못된 사고 방식에 의한 것이며, 잘못된 행동의 결과인 것이다. 그것을 모르는 사람들은 그저 이러한 고통스러운 증상만을 제거하려고 애를 쓴다. 그러나 그것은 고난의 핵심을 건드리지 못하는 일이다. 불행한 상태의 근본 원인을 고치지 않으면 안 된다. 근본 원인만 고치면 효과는 저절로 나타나기 마련이다. 건강에 도움이 되는 원인만 확보해놓으면 그 사람은 이미 병을 고치려고 애쓸 필요도 없다. 그 사람이 행복을 발견하기만 하면 불행은 스스로 물러나게 된다. 성공의 인자를 잘 가려서 모아가지면 이미 실패할 걱정은 없다.

당신이 어디에나 넘쳐흐르고 도처에 불타오르려고 하는 대생명력의 의의를 알고, 그것을 당신의 몸 안에서 어떻게 당신을 위해 운행하게 할 것인가를 이해하게 되었을 때, 당신이 무엇인지를 알고 왜 여기에 있는가를 알았을 때, 당신의 마음의 내부적인 능력을 깨닫게 되었을 때, 당신은 어떻게 하면 대생명력에 따르는 생활을 성공적으로 살아갈 것인가를 알게 되리라. 그렇게 되면 당신의 환경은 저절로 바뀌어질 것이다.

모든 시대에 모든 나라에 모든 문화에 있어서 남자나 여자는 오늘날의 사람들과 똑같은 괴로운 문제에 당면하고 있었다. 어떻게 하면 자기 자신과 순조롭게 대결하고, 자신을 잘 평가하고, 행복하고, 자기 자신에 만족하고 이웃과 사이좋게 지내고, 자기 주변의 세계와 잘 어울리고, 성공과 자유와 마음의 안정과 평화에 이르느냐 하는 어려운 문제와 씨름해 왔다. 병, 고난, 불행, 남과의 싸움 같은 고통을 자청하여 찾는 사람은 없다. 또 가난하게 살기를 바라는 사람도 없다.

누구나 인생의 좋은 것을 누릴 수 있다

누구나 대생명력이 제공하는 좋은 것을 갖고 싶어한다. 그것은 쾌락과 행복을 가져다주기 때문이다. 그들 모든 것은 우리 각자의 손이 닿는 곳에 있다. 모든 사람은 누구나 필요한 조건만 갖추면 — 다시 말하면 그가 바르게 생각하고 바르게 행동하기만 하면 — 인간으로서 가질 자격이 있는, 대생명력이 주는 좋은 것을 누릴 수가 있는 것이다.

당신이 전등불을 켤 때, 당신은 전구를 끼우고 스위치를 누른다. 그래도 불이 켜지지 않는다고 전기에 대해서 화를 내지는 않는다. 전기의 기술적 법칙을 저주할 것인가? 그럴 게 아니라 어디에서 접촉이 안 되는가를 조사할 것이다. 그것은 할 일을 다 하면 반드시 불이 들어온다는 것을 알고 있기 때문이다. 이것은 다음과 같은 것이다. 즉 당신 생애의 어느 부분에서 바라는 체험이 오지 않는다면 그것은 당신이 바른 일을 하지 않고 있다는 증거이다. 그러므로 당연히 무엇을 해야 하는가를 알아야 한다. 무엇인가를 배워야 한다. 이 책의 목적이 그것이다. 이 책은 당신에게 필요한 것을 주고 그것을 어떻게 사용할 것인가 하는 방법을 가르쳐줄 것이다.

성공적으로 사는 데 있어서 오직 하나의 진짜 문제는 우리 자신이다. 우리의 고난은 다른 사람의 탓이나 환경 때문이 아니다. 우리의 문제는 다른 사람을 어떻게 다루는가, 그들과 어떻게 발을 맞추는가 하는 것이다. 다시 말하면 그들에 대한 우리의 태도의 문제이며 그때 그때의 사태에 우리가 어떻게 대처하느냐의 문제이다. 개는 누구한테는 짖고 누구한테는 꼬리를 친다. 왜 그럴까? 그것은 사람마다 개에 대한 태도가 다르기 때문이다.

이 책의 제1부에서는 당신을 연구한다. 당신은 자신의 힘을 발견하게 된다. 환경에 대해서 알게 된다. 당신의 육체가 당신의 태도나 사고에 대해서 어떻게 반응하는가도 알게 될 것이다. 어떠한 경로를 통해서 당신이 곤경에 빠지게 되었는가, 어떻게 하면 거기에서 빠져나올 수 있는가도 알게 될 것이다. 결과보다 원인을 알아내는 방법을 배우게 되는 것이다.

제2부에서는 당신의 마음의 힘을 실제로 사용하는 법을 배운다. 그리고 육체의 건강이나 다른 사람과의 교제, 번영, 바른 사고 등을 유지하는 법을 배운다. 어떻게 하면 열등감이나 신경질을 극복할 수 있는가, 나쁜 버릇을 어떻게 해서 좋은 습관으로 바꿀 수 있는가, 어떻게 마음을

활동시키고 무엇을 할 것인가를 모두 알게 된다. 한마디로 말하면 실패를 성공으로 바꾸는 법을 배우는 것이다.

3부에서는 당신이 획득한 새로운 마음의 자세를 어떻게 유지할 것인가를 다룬다. 각 장마다 당신을 격려하여 보다 큰 성공으로 이끈다. 행복과 성공에 도달하는 길에는 끝이라는 것이 없다. 그것을 발견하게 될 것이다. 어떻게 생각하느냐를 배우는 것은 어떻게 사느냐를 배우는 것이다. 마음을 바꿀 수 있는 사람은 누구나 자신의 환경이나 체험을 바꿀 수 있다. 비록 당신이 지금 완전하게 마음을 통제할 수 없다 하더라도 그러한 마음을 갖는 법을 쉽게 배울 수 있다.

정말로 우리는 재미있는 여행을 떠나는 것이다. 이 여행은 실속 있고, 가치 있고, 여러 가지 새로운 발견이 있다. 그것은 가슴이 뛰는 모험이다. 나의 벗이여, 그대는 참다운 열정을 가지고 그대의 미래를 기대해도 좋을 것이다.

제1부

당신 안에 있는 마술적인 힘

누구나 기분 좋은 사람,

기분 좋은 장소에 끌린다

자기 자신을 용서하는 것

창조하는 힘

적극적 신념에의 단계

1
당신은 무엇인가

어느 일요일, 강연이 막 끝났을 때의 일이다. 옷차림이 단정한 어느 부인이 나에게 가까이 오더니 이렇게 말했다.

"저는 여기서 100킬로 가량 되는 먼 도시에 살고 있는데, 선생님이 여기에서 무엇을 가르치고 계시는지 궁금해서 찾아왔어요. 왜냐하면 저의 사촌 로버트가 사람이 아주 달라져버렸거든요. 선생님으로부터 가르침을 받은 뒤로는 반년 전의 그가 아닌 딴 사람이 되었어요. 무엇을 배웠기에 그렇게 되었는지 알고 싶어요."

이 부인의 말은 사실이었다. 로버트는 6개월 전의 그와 비교하면 전혀 딴 사람이었다. 이름은 전과 같다. 같은 집에 살고 있다. 근무처도 6개월 전과 다를 것이 없다. 하지만 그의 정신과 육체는 이제 건전하다. 성격이 바뀌어버렸다. 주위의 모든 것이 잘 되어가고 있다. 은행 예금도 불어나고 있다. 그가 사는 세계는 전과 다르다. 모든 일이 좋은 방향으로 변해버린 것이다. 그것은 기적이라고 할 수밖에 없다. 어떻게 그렇게 된 것일까? 그는 자기 자신에 대해서 뭔가를 발견한 것이다. 6개월 전에는 하나도 몰랐던 것을 발견하였다. 그는 새로 알게 된 지식을 실천에 옮긴 것이다.

나는 무엇인가

당신은 자신을 향해서 "나는 무엇인가?" 하고 한 번이라도 물어본 일이 있는가? 그리고 그 물음에 만족한 대답이 나왔는가? 만일 당신이 행복하고 성공적인 생애를 살아가고 싶다면 나는 무엇이냐는 질문에 대해서 만족한 결론이 나와 있어야 한다. 나는 무엇을 다루고 있는가, 나의 소질은 무엇인가, 나는 무엇을 할 수 있고 무엇을 해야 하는가, 하는 것들에 대해서 알고 있어야 한다.

그러면 당신은 자신이 이 세계에서 가장 소중하다는 사실을 인정하게 된다. 자기 보존은 자연계의 제1의 법칙이다. 만일 자신이 실재하지 않는다면, 당신에게도 통하고 어디에나 넘쳐흐르는 대생명력에 나라는 존재가 없다면 무엇을 체험하는 '나'는 없는 셈이다. 그러므로 세계의 모든 것은 당신이 있음으로써 비로소 있는 것이다. 당신이 믿는 모든 것은 바로 당신이 생각하는 그 자리에 있다. 당신이 행하는 모든 것 — 당신의 체험의 세계에 놓여 있는 모든 것, 즉 사랑, 가족, 돈, 성공, 또는 여행 같은 것 — 은 모두 의식적이건 무의식적이건, 무언가 당신의 정신활동을 통해서 비로소 나타나게 되는 것이다.

이 일은 당신에게 하나의 놀라움이 될 것이다. 이렇게 생각하는 것은 두려운 일이라고 생각할지도 모른다. 어떤 사람들은 자기 자신으로부터 떠나라는 가르침을 받는다. 자기라는 것은 훌륭한 것도 가치 있는 것도 아니라고 가르치기도 한다. 이것은 잘못된 가르침이다. 좋은 것을 바라는 것은 결코 불건전한 일이 아니다. 자기 혼자만 좋은 것을 바란다면 그게 불건전한 것이다. 영국의 시인 테니슨은 이렇게 말했다.

"자기 존중, 자기 인식, 자기 통제의 세 가지는 우리를 자주적인 인생으로 이끈다."

당신 자신을 건전하게 표현하라

물론 사람이 이기적인 것은 큰 잘못이다. 즉 남을 희생시켜서 무엇인가 이득을 얻는 것은 그릇된 일이다. 그러나 사람이 자기를 표현하는 것은 매우 당연한 일이며, 또 필요한 일이다.

사람이 건강하고 성공적으로 살아가려면 건강하고 창조적이고 건설적인 표현을 사용해야 한다. 우리는 자기 자신뿐 아니라 다른 사람에게, 그리고 세계에 건전한 흥미를 가져야 하며, 어디에나 넘쳐흐르는 위대한 생명력에도 건전한 흥미를 가져야 한다. 나 자신과 나의 힘과 사랑과 열정을 꼬아넣어야 한다. 그것이 자기를 표현하는 것이다. 원래 누구나 자기가 갖지 못한 것을 남에게 줄 수는 없다. 팔에 힘이 없으면 넘어진 사람을 안아 일으킬 수 없다.

예수는 만일 당신이 선량하고 행복하고 싶으면 — 즉 종교적인 말로 한다면 천국에 가까이 가고 싶으면 — 이웃 사람을 나 자신을 사랑하는 것처럼 사랑하라고 가르쳤다. 이것은 나 자신을 사랑하지 말라는 뜻이 아니다. 나 자신을 생각하는 것과 똑같이 이웃 사람을 생각하라는 것이다. 거기에 담긴 뜻은 나 자신을 첫째로 사랑하는 것은 당연하고 옳다는 것이다. 그런 다음에 나 자신처럼 이웃을 사랑하도록 힘쓰라는 것이다.

먼저 자기 자신과 사이 좋게 되지 않으면 어디에나 넘쳐흐르는 대생명력과도 사이 좋게 될 수 없다. 자기 자신을 사랑하지 않고는 남을 사랑할 수 없다는 것은 누구나 알 수 있는 일이다. 만일 우리가 인생에 참다운 가치를 찾고 싶고 또 남에게 감사하고 싶다고 생각하면 먼저 나를 존중하고 나를 귀하게 생각하지 않으면 안 된다. 나를 믿지 않는 한, 남도 믿을 수가 없다. 하느님조차도 믿을 수가 없는 것이다.

당신은 분명히 매우 소중한 존재이다! 당신은 무엇인가? 당신이 '나'라고 할 때 당신의 마음에 떠오르는 것은 무엇인가? 당신이 '나'라고 할 때 당신이 가리키는 것은 마음인가, 몸인가? 그렇지 않으면 당신의 감정인가? 주위의 여러 가지 잡다한 일들인가? 업무인가, 직업인가, 가족인가? 혹은 과거의 체험인가? 당신의 정신, 육체, 감정, 주위의 여러 가지 일들은 당신이 말하는 '나'가 사용하고 체험하는 것이지 내가 아니라고 보는 것이 옳지 않을까? 사람들은 자신의 몸이 자신은 아니라는 것을 본능적으로 인정하고 있다. 왜냐하면 사람들은 "나는 몸을 가지고 있다. 나는 몸을 쓴다"라고 말하기 때문이다. 그때 자신은 몸이 아니라는 것을 알고 있는 것이다.

그러나 일부 사람들은 잘못된 생각으로 육체가 자신이라고 믿고 있다. 그렇게 믿고는 모든 일을 육체나 물질의 견지에서 정해버린다. 이러한 사람들은 몸 안의 위력에 대해서는 눈을 뜨지 못한다. 몸이 자기라고 믿는 그들은 몸이 요구하는 일에 쫓기고 몸에 지배된다. 육체가 음식이나 집이나 감각적 향락을 달라고 외쳐대면 그것을 대주느라고 시간도 노력도 온통 쏟아넣게 된다. 그들은 육체를 부리고 있는 것이 아니다. 그들로서는 육체가 이 세상의 무엇보다도 소중한 것이기 때문에 육체가 그들을 부리고 있는 것이다.

육체는 분명 우리의 가장 가까운 집이다. 그것은 우리에게 여러 가지 요구를 하지만 반대로 우리도 육체에게 여러 가지 요구를 한다. 만일 우리가 신념만 있다면 육체 위에 지배력을 미치게 할 수가 있다.

당신은 무엇인가

어떤 사람은 또 감정이 나라고 믿고 있다. 즉 사랑, 미움, 공포, 믿음 같은 것이 자기라고 믿고 있다. 몸은 감정이나 정서의 명령 아래에 있으며 그것에 복종하는 것이라고 생각하고 있다. 자신의 몸이 감정에 호응하는 것을 알고 감정이 바로 자기 자신이라고 믿고 있는 것이다. 그리하여 감정의 입장에서 모든 것을 보고 감정 ─ 즉 사랑, 미움, 두려움, 믿음 ─ 이 자기라고 믿고 있다. 몸은 감정, 혹은 정서의 지령을 받으며 그것에 복종하는 것이라고 생각하고 있다.

그들은 자기가 감정을 지배하거나 명령하는 힘이 있다는 것을 모르고 있다. 감정이 바로 자기 자신이라고 잘못 믿고서 감정의 입장에서 모든 일을 정해버리기 때문에 그들 또한 노예이다. 즉 감정의 노예인 것이다.

또 자신을 지적인 존재라고 믿는 사람을 우리는 자주 본다. 생각하는 것, 아는 것이 바로 나라고 믿는 것이다. 그들은 이지(理智)를 통해서 육체라는 도구를 움직이고 지배하는 법을 알고 있다. 그들은 육체를 원만하게 운전하고, 고도의 능률을 가진 기계가 되게 하고 있다. 그러나 그들 역시 편의주의, 혹은 방편의 노예가 되고 있는 것이다. 그들은 능률이 매우 높은 돈벌이 기계이기는 하다. 그러나 자신이 그 밖의 무엇이라는 것, 그것보다 뛰어난 어떤 것이라는 것을 모르고 있다. 즉 어디에

나 넘쳐흐르고 어디에서나 불타오르려고 하는 대생명 속에 있는 존재이며 정신을 마음대로 사용할 수 있는 존재라는 것을 모르고 있다. 그래서 어떻게 생각하고 정신을 어떻게 사용할까를 스스로 선택할 수 있는 존재라는 것을 모르는 것이다. 이지의 활동은 정신보다 뛰어난 존재인 나의 지배하에 있다는 것을 모르고 있다. 앞으로는 모든 것을 지배하는 심오한 그것을 '혼'이라고 부르기로 하자.

매우 소수의 사람들은 자기를 영적 존재라고 보고 있다. 영혼의 정의는 '자신에 눈을 뜬 어떤 힘'이라고 할 수밖에 없다. 자기 자신에 대해서 보다 깊은, 보다 근본적인 진리를 아는 사람은 나라는 것은 자신에게 눈을 뜬 존재라는 것을 알고 있다. 자기란 대생명력에 속하며 자신의 뜻대로 무언가를 선택할 수 있는 존재라는 것을 알고 있다. 그 사람은 스스로에게 눈을 뜬 완전체이다. 무엇을 생각할 것인가를 의식하며 자신의 마음에 지령을 내려 선택한 것을 생각하게 한다. 그 사람은 자신의 마음에 해결해야 할 문제나 완성해야 할 일거리를 준다.

그러나 의식적으로 자기 마음의 조작을 지배할 수 있는 사람은 매우 적다. 그것은 다시 말하면 완전하고 만족스런 인생을 이룩하는 사람이 매우 적다는 뜻이 된다. 지력과 추리를 따라 움직이는 마음을 지배하는 이 사람들은 감정도 지배하고 나아가서 자신의 육체도 지배한다. 그들은 스스로의 운명을 지배할 수 있고 자기의 혼을 향해서도 지령자가 될 수 있다. 그것을 할 수 있는 재능이나 힘을 안 사람은 권위의 지위에 오른 사람이다. 자기를 정복하고 복종시키는 사람이다. 그 사람은 진실로 자기 집의 주인으로서 왕좌를 차지하고 '높고 높은 은밀한 장소'에 살고 있다. 그는 자기라는 세계를 지배하는 사람이다.

사람이란 자기 자신에 눈을 떴다고 깨닫는 존재이다. 그것을 깨닫기 전에는 잠을 자면서 사는 것과 똑같다. 자신이 자유 의사를 가진 완전체인 것을 알고, 자신의 정신에 명령을 내리고, 감정을 통어하고, 신체를 마음대로 사용하게 되기 전까지는 잠을 자며 사는 것이다. 그러한 사람은 자신이라는 생명의 배를 움직일 수 있는 힘에 관심도 없다. 그는 망각 속에 있다. 언젠가는 체험의 세계나 환경을 지배하게 될 자신의 힘을 모르고 있는 것이다. 자기의 체험이나 자신의 세계에 지배력을 미칠 수 있게 되기 위해서는 자신에 대한 이 진리에 눈을 뜨는 것이 전제 조건이다.

당신이 '나'라고 할 때 의미하는 당신 자신의 본질은, 의식을 갖는 생명이며 정의하기 어려운 비물질적인 것이다. 당신이 선택하고 결정하는 중심점이다. 그 중심의 '나'에 있으면서 정신을 어떻게 움직일 것인가의 선택을 당신이 하는 것이다. 그리고 대생명력의 창조의 일을 맡은 정신은 감정 ― 다시 말하면 발전소 ― 에게 움직이라는 지령을 내리고, 다시 몸 ― 즉 육체로서의 도구 ― 에게 움직이라는 지령을 내린다.

그리스도가 태어나기 훨씬 전에 고대 그리스인은 델포이에 새로 지은 사원에 새길 비명의 글귀를 찾았다. 그리하여 그들은 마침내 소크라테스의 "사람이여, 너 자신을 알라"는 말을 새기기로 했다. 아닌게아니라 우리는 자기 자신에 대해서 알 수 있는 데까지는 알아야 한다. 그리고 자기가 사용하는 정신이라는 요긴한 도구에 대해서도 될수록 많이 알아야 한다. 또 방향을 지워주는 감정의 힘에 대해서도 알아야 한다. 그리고 자기가 사는 세계에 대해서도 잘 알아서 자기 자신을 충분하게, 그리고 건전하게 표현할 수 있도록 해야 한다.

우리 자신은 분명히 놀라울 만큼 소중한 존재이다. 대생명력은 자기의 일부분을 나누어서 우리를 만들어주었다. 그리고 우리가 자신을 표현할 수 있게 하기 위해서 다른 곳에는 유례가 없는 독특한 방법을 마련하여 주었다. 한 사람 한 사람이 모두 놀랄 만큼 중요한 존재이다. 세계의 어느 누구도 아무리 샅샅이 살펴본들 다른 사람과 똑같은 구석을 찾아볼 수가 없다. 어느 두 사람을 놓고 보아도 똑같은 방법으로 대생명력을 표현할 수가 없다. 어느 두 지문도 똑같을 수 없다.

당신은 오늘날까지의 역사 속에 있었던 다른 어떤 사람하고도 다른 존재이다. 그러므로 자기를 중요한 존재로 느끼고 그 특이성의 의의를 살려야 한다. 대생명력이 뭔가 목적이 있기 때문에 당신이 되었다는 것을 알면, 또 당신이 전세계 다른 어떤 사람도 차지하지 않았던 위치를 차지하고 있다는 것을 알면 — 대생명력이 위력과 본성과 재능을 나누어 주어 당신이 되게 하였다는 것을 알게 되면 — 당신에게는 틀림없이 깊은 자기 감사와 자기 존중이 솟아날 것이다. 그리하여 산다는 일에 의의를 느끼게 되고 생활의 목적을 채우게 될 것이다. 누구나 건강하고 행복하게 살기 위해서는 자신의 진정한 가치를 알고 자신을 존중해야 한다.

우리들 각자는 모두 대생명력이 사람으로 화한 것이다. 어느 누구나 대생명력의 인격화이다. 그러므로 누구나 자기 속에 대생명력의 지혜와 위력과 재치와 표현의 도구 등을 모두 간직하고 있다. 대생명력의 풍요함은 모두 우리가 잘 되게 하기 위해서 — 우리가 쓸 수 있게 하기 위해서 아낌없이 쏟아지고 있다. 우리를 둘러싸고 있는 것은 모두 좋은 것이다. 무엇이든 각자가 집어들 탓이다. 그리고 우리는 누구나 무엇이든 바라는 것을 그 생애에 가져올 수 있는 도구를 갖추고 있다. 그 도구란 바로 정신이다. 당신이 무엇을 생각할 때는 정신을 쓰고 있는 것이다. 정신은 대생명력의 위대한 창조를 맡고 있으며, 대생명력의 도구, 또는 대리자라고 할 수 있다.

당신은 자신의 운명을 만들 수 있다

우리는 누구나 자기가 무엇을 가질 것인가, 무엇을 할 것인가, 또 어떠한 모습을 하고 있을 것인가 등에 대해서 얼마든지 기획할 수 있다. 자기의 운명을 선택할 수 있는 것이다. 이 생각은 일부 사람들에게는 쇼크를 줄지도 모른다. 그러한 사람들은 자기 자신이라는 것을 이해하지 못하고 있는 것이다 — 자기가 진실로 무엇인가를 모르고 그저 힘없이 굴며 절망감에 빠져 있는 것이다. 그들은 내가 무엇을 할 것인가 하는 선택이나 결정의 책임을 아버지나 어머니나 자매나 남편이나 목사나 친구 중 누가 대신 맡아주기를 바라고 있는 것이다. 이런 사람들은 놀라겠지만, 나는 우리 하나하나가 대생명력의 화신이라는 것을 말하지 않을 수 없다. 만일 우리가 자기 자신에게 성실하고, 또 우리도 그 일부를 이루고 있는 우주의 대생명력에 성실하려면 생활을 어떻게 이끌어갈 것인가에 대해서 스스로 결정할 책임을 거부할 수가 없는 것이다.

불행하게도 보통 사람들은 자기를 이해하지 못하고 있다. 자기 자신에 대해서 알고 싶다고도 생각하지 않는다. 그들의 선택은 대생명력 — 무한대의 생명력 — 의 선택이라는 사실을 모르고 있는 것이다. 그가 조종하는 정신이 실은 대생명력의 정신이라는 것을 모른다. 그가 결단을 내릴 때마다 그 배경에는 대생명력의 지혜와 위력이 작용하고 있다는 것도 모른다.

우리는 모든 체험 속에서 무엇을 체험할 것인가를 스스로 골라낼 수가 있다. 그러므로 구태여 다른 사람에게 선택해달라고 할 필요가 없다. 이것을 알게 되면 내가 무슨 체험을 할 것인가 하고 선택하는 일은 각자에게 하나의 스릴이 아닐 수 없는 것이다. 각자는 대생명력 속의 자각 있는 선택의 존재이다. 그러므로 우리는 자기 자신을 충분히 알아야 하고 자신의 위력을 잘 알아야 한다. 스스로 결정할 수 있다는 것을 깨닫고 격정할 것도 없고 망설일 것도 없이 거기에 따라서 행동해야 한다. 선택의 힘이 우리를 한 사람 한 사람 인간으로 나누어놓고 있는 것이다. 그래서 사람은 저마다 바로 하나의 신인 것이다. 우리가 선택하는 데 따라서 우리에게 무엇이 일어나는가 ─ 우리의 미래가 어떻게 되는가 ─ 행복이 올 것인가, 불행이 올 것인가 ─ 성공인가, 실패인가 ─ 가 정해지는 것이다. 나는 한 부인의 일이 생각난다. 그녀는 지금은 눈이 부실 만큼 행복하며 하고 싶은 일은 무엇이든 할 수 있을 만큼 성공해 있다. 이 부인이 처음 나에게 찾아왔을 때의 모습이 지금도 눈에 선하다. 그녀는 죽느냐 사느냐 하는 고민 속에 빠져 있었기 때문에 누구의 소개를 받고 찾아왔었다. 몸도 마음도 진탕에 빠진 것 같았고 입으로 다 할 수 없는 고민을 느끼며 그녀는 나에게 이렇게 말했다.

"죽을 기운만 있으면 자살하겠어요. 이렇게는 살 수 없어요."

사실 나는 이 부인을 어디에서부터 손을 써야 할지 알 수가 없었다. 그만큼 그녀는 손을 댈 기초가 될 만한 기력도 신념도 없었다. 그래서 나는 일종의 쇼크 요법을 쓰기로 했다. "죽는 데 무슨 기운이나 용기가 필요합니까?" 하고 나는 말했다. 그녀가 갖지 못한 것은 살아갈 용기였다. 인생을 살아가기가 그렇게 식은 죽 먹기로 쉬운 거라면 사는 보람도 즐거움도 없을 거라고 나는 말했다. 사는 데 용기도 '결단'도 필요 없을 것이라고 말했다.

이 '결단'이란 말이 이상하게도 그녀의 마음을 끌었던 것 같다. 그녀는 스스로 '자포자기'의 기분을 만들어내 지금의 상태를 하느님이나 다른 사람, 그녀의 손으로는 어떻게 할 수 없는 환경의 탓으로 돌리고 있었다. 그러나 둘이서 한동안 이야기하는 사이에 모든 일은 잘못된 생각에서 나온 그릇된 태도와 행동 때문에 생겨났다는 것을 그녀도 조금은 알기 시작한 것 같았다. 첫 상담에서 그녀는 뭔가 희망이 있는 것 같다, 고쳐질지도 모른다, 정도의 마음이 든 것처럼 보였다. 그 뒤 며칠 동안에 그녀는 하느님이 자기를 학대하는 일 따위는 있을 수 없다고 인정하게 되었고, 자기가 자기를 학대하고 있었던 것이라고 깨달았다. 그녀의 어려움을 하나하나 드러내서 객관적으로 차근차근 검토해가니까 자포자기 했던 그녀도 조금은 조리에 맞는 분석을 할 수 있게 되었다. 마침내 하나의 목표를 세울 수 있는 데까지 이르렀고 자기가 믿는 목표를 달성할 수 있다는 것을 인정하게 되었다. 그리하여 그녀의 인생에 의의가 생겨난 것이다.

이 상담 사례를 되돌아보면 이 사람을 위해서 내가 할 수 있었던 모든 일이란 그녀로 하여금 자기 자신을 발견하게 하는 일이었을 뿐이다. 그녀는 자기가 대생명력을 대표하여 표현할 수 있고 또 자기는 대생명력이 표현하고 싶은 일의 완전한 도구라는 것을 인정하게 되었다. 그 순간부터 대생명력도 그녀의 진실하고 활발한 협력을 얻게 되어 그녀에게 눈에 보이게 가치와 보수를 가져오는 일을 주게 된 것이다. 그녀는 즐거운 일거리를 발견하고 인생을 다시 사랑하게 되었다. 지금은 성공하고 사랑받는 사람이 되고 주위의 누구에게나 영감을 주면서 — 생생하고 행복하고 열의 있는 활동가가 되어 있다.

자기 자신을 이해하게 되면 당신도 벅찬 기쁨을 느낄 수 있다. 그리고 무엇을 하든 어디에나 넘쳐 있는 대생명력을 자유로이 조종할 수 있게 된다. 그것은 당시 자신이 가진 신념에 따라서 열정이 되기도 하고 공포가 되어 나타나기도 한다는 것을 알아야 한다. 만일 당신이 무언가를 무서워한다면, 또는 연약하거나 좌절감을 갖고 있다면 그것은 당신이 진짜 자신 ― 자기의 본질 ― 을 모르기 때문이다. 당신의 활동, 존재, 행위에는 한계가 없는 것이다.

우리의 대다수는 부모님이나 선생님들로부터 욕구의 해결을 바깥 세계에서 찾아내도록 배워왔다. 그렇기 때문에 우리는 힘이나 정력이나 행복을 늘 외계에서 찾아왔다. 대생명력의 전부 ― 즉 우리 자신 ― 가 우리에게 가장 중요한 것이라는 사실을 알아채지 못하거나 거기에 눈을 돌리기를 거부해왔다. 그러나 오늘날의 서유럽 문화에 누구보다도 큰 영향을 미친 현인은 말했다. "하느님의 나라는 너희 속에 있느니라." 이 말에 눈을 뜰 때가 온 것이다.

2
당신 안에 있는 마술적인 힘

발명가 에디슨, 과학자 아인슈타인, 음악가 베토벤, 철인 에머슨, 비행기를 발명한 라이트 형제 등이 사용한 마음의 힘은 내가 사용하는 마음의 힘과 똑같은 것이다, 하고 생각해본 적이 있는가?

몇 세기 동안 위인들이 사용했던 것과 똑같은 마음의 힘을 당신도 사용할 수 있는 것이다. 모든 사람에게 공통된 하나의 정신력이 있다. 우주에는 하나의 정신력이 실재하고 있으며 우리들 각자는 그것을 사용하고 있는 것이다.

당신도 기적을 행할 수 있다

당신은 이렇게 말할 것이다. "하지만 위인이나 기적을 행하는 성자들에게 어떻게 나를 비할 수 있겠습니까?" 그것에 대한 대답은 역시 '그들도 당신이 쓰고 있는 것과 똑같은 정신력을 썼다'이다. 물론 그들은 당신보다는 능률적으로, 효과적으로 썼을 것이다. 그러나 만일 당신이 보다 많은 것들을 알게 되고 또 정신력을 유효하게 쓰게 된다면 당신도 지금보다는 많은 일을 할 수 있고 더 많은 것을 가질 수 있을 것이다.

당연한 일이지만 우리는 지금 실제로 알고 있는 데서부터 출발하여 우리의 이해와 지식과 견문을 넓혀가야 한다. 자기 자신에 대해서도 또 우리가 사용해야 하는 정신이라는 눈부신 도구에 대해서도 알 수 있는 것을 모두 배워야 한다. 그런 뒤에 그것을 사용해야 한다.

요전에 한 부인이 자기가 작곡한 유행가의 원고를 손에 들고 내 연구소를 찾아왔다. 그것을 출판하고 싶다는 것이었다. 그녀는 여러 출판사를 돌아다녔으나 출판해주겠다는 곳이 없었다고 했다. 그래도 그녀는 그 노래가 가치 있다고 믿고 있었으므로, 우리 부부는 그녀를 격려했다. 그 노래를 출판해줄 사람이 틀림없이 있다고 적극적으로 믿으라고 말해주었다. 그녀의 상상 속에서 그것이 몇 백만 부나 팔리고 라디오에서도 텔레비전에서도 그 노래가 흘러나오는 것을 그려보라고 했다. 그녀는 우리와 함께 상상으로 성공의 그림을 그렸다.

그녀는 무엇을 할 것인가에 대해서 마음속의 직감에 기댔고 가장 깊은 잠재의식에 따라서 행동했다. 그러자 얼마 안 가 그녀의 노래를 출판해주겠다는 출판업자를 만나게 되었다. 노래를 매우 좋아하는 사람이었다. 그 덕분에 부인의 성공은 기정 사실이 되었다. 그녀는 성공에 대하여 생각하는 법을 바꾸고, 그 새로운 마음을 꿋꿋하게 간직하며, 깊은 마음속의 지혜에 따라 행동했다. 그렇게 함으로써 일이 잘 되어나간 것이다.

내가 아는 어떤 남자는 상업지구에 큼직한 땅을 여러 개 가지고 있었다. 그런데 모두 저당에 잡혀 있었다. 너무 사업을 많이 벌였던 것이다. 금방이라도 채권자들이 몰려올까 싶어서 그는 조마조마했다. 걱정과 불안으로 어떻게 할 바를 몰랐으며 파산이 그의 눈앞에 와서 노려보고 있는 것 같았다. 그는 마침내 병이 났다. 어떻게든 재산을 건지고 싶은 마음으로 그는 여기저기 별로 가망도 없는 곳을 뛰어다니며 그가 아는 객관적 수단을 모두 다 써보았다. 그러나 한 가지도 성사된 것이 없었다. 하나의 실책에서 또 다른 실책으로 일이 진행되는 동안 그는 사뭇 신경질적으로 손톱을 물어뜯고 있었다. 그 모습이 지금도 내 눈앞에 보이는 것 같다. 빠져나갈 구멍이 없었다. 줄 끝에 매달린 신세가 된 것이다. 그는 돈을 빌려준 사람들이 금방이라도 재산을 차압하러 올 거라면서 두 손 다 들었다고 말했다.

나는 물었다.

"빌, 자네는 왜 채권자에 대한 태도를 고치지 않나? 그들을 자네의 친구라고 생각해보게나. 일하는 동료라고 생각하란 말이야. 사실 그들은 자네에게 상업적인 모험을 하라고 자금을 빌려준 것이니까 알고 보면 공동출자를 한 동업자가 아닌가? 그리고 자네의 친구가 아닌가? 그들은 자네를 신용하고 있다네. 그렇지 않다면 돈을 추가해서 빌려줄 턱이 없지 않나. 그들도 자네나 마찬가지로 자네의 땅에 대해서 권리가 있다네. 그러므로 자네 편에만 서서 생각하지 말고 그들의 편에 서서 생각을 해보게. 그들의 관점에 서서 모든 사태를 둘러볼 필요가 있지 않은가. 바꿔 말하면 빌, 자네는 자기를 사랑하는 것처럼 그들도 사랑해야 하네. 자네의 이익과 마찬가지로 그들의 이익에 대해서도 관심을 가져야 하네." 그리고 계속했다.

"여러 채권자들과 회의를 하기 전에 자네의 마음을, 자네만을 위해서가 아니라 그들을 위해서도 사용하도록 만들어놓으란 말일세. 자네의 이익과 함께 그들의 이익을 위해서도 헌신하도록 하게나."

그리하여 빌의 태도가 바뀌자, 회의의 분위기가 바뀌었다. 채권자들의 빌에 대한 태도가 일변했다. 이야기를 줄이기 위해서 기적 같은 일이 일어난 결말만을 말하겠다. 제일 큰 채권자인 은행이 빌의 재산 전부에 대해서 재융자를 하겠다고 나섰다. 그리고 얼마 뒤에 빌은 그 은행의 중역이 되었고 부동산 부분의 책임자가 되었다. 그의 재정은 구제되고 장래가 보장되었다. 자기 자신에 대하여 신념을 가지고, 이웃 사람을 사랑하고 채권자의 입장을 이해하고 그것을 위해서 헌신했더니 풍족한 배당을 받게 된 것이다. 바뀐 빌의 마음의 태도는 그가 체험하던 세계를 모두 변화시켜 놓았다. 남이 자기에게 해주었으면 하고 진심으로 바라던 일을 남에게 해주었더니 사람들이 그에 대한 태도를 바꾸게 된 것이다.

J. 드레이크는 체인 매장을 가지고 있었는데, 그 역시 사업이 벽에 부딪치게 되었다. 신용으로 일을 너무 벌였기 때문이었다. 한때는 가진 것을 모두 잃고 알몸이 되는가 싶었다. 살이 쏙 내린 얼굴에 기운도 없이 뭣에 놀란 것처럼 공연히 주위를 살피면서 술만 퍼마시다가, 나에게 상담을 하러 올 마음을 먹은 것이다. 나는 그에게 그가 실패한 것은 부정적인 그릇된 생각을 가진 탓이므로, 만일 긍정적인 생각을 가지면 틀림없이 그 반대의 성과를 체험할 거라고 설명했다. 이해력 있는 사람인 그는 마침내 이렇게 말했다.

"참, 그렇군요. 나에게 필요한 것은 바른 생각을 갖는 것이군요. 나 자신을 다시 한번 신뢰하고 바른 생각을 가질 힘이 나에게 있다고 믿으면 바른 생각은 곧 나에게 오게 된다, 이 말이군요."

그렇게 말하더니 그는 긴장으로 굳어 있던 마음을 느긋하게 먹고 자기 마음속의 지도의 소리에 귀를 기울이게 되었다. 그리고 이내 자기가 무엇을 해야 하는가를 알게 되었다. 그는 진지한 태도로 스스로의 장래를 기획하였다. 그것이 완성되기까지는 상당한 용기와 끈기와 결심이 필요했으나 어디에나 넘치는 대생명력이 자신의 몸 안에 있다는 것을 알고 마음 안의 힘에 기댔기 때문에 이 기획이 성공할 거라고 확신했다. 그는 지금 지난날보다 더 부자고 현명하고 행복한 남자가 되었다. 그의 사람됨이 아주 달라지고 나서는 새 친구도 많이 생겼고, 많은 사람들이 그를 신용하고 그와 거래하기를 원하고 있다. 이것은 기적이 아니다. 초자연적인 일도 초인간적인 일도 아니다. 그는 단지 인과 법칙을 사용했을 뿐이다. 이 법칙은 결코 그릇됨이 없었다. 그는 새로운 원인을 만들고 그 결과로 전과는 다른 체험의 세계를 얻게 된 것이다.

생각은 정신을 쓰는 일

생각(정신을 쓰는 일)을 통해서 원인을 작용시키면 그 원인은 작용을 계속해서 그것에 어울리는 결과를 낳는다. 대생명의 세계에서는 모든 일에서 그러한 현상을 보게 된다. 만일 우리가 겨자의 씨앗을 땅에 뿌리면 반드시 겨자를 얻는다. 엉겅퀴를 얻는 법은 없다. 그러나 명심해두라 ─ 만일 겨자를 바란다면 당신이 그 씨를 땅에 뿌려야 한다는 것을. 처음 우리는 어떤 결과를 바란다. 그 결과가 겨자를 갖는 거라고 가정하자. 그러면 겨자꽃이 피어 있는 것을 상상한다. 그리고 겨자씨를 뿌리면 겨자를 얻을 수 있다는 신념을 갖는다. 중요한 점은 씨는 당신이 뿌려야 한다는 것이다.

이것은 모든 일에 정신이 작용하고 있다는 것을 말해주는 것이다. 무엇이든 생겨나는 것은 모두 정신이 작용한 결과인 것이다. 너무 오래 우리는 자신을 단순한 육체라고만 생각해왔다. 두뇌나 순환계통이나 그 밖의 육체적 기능의 모임이라고만 생각해왔다. 뇌나 몸의 배경에 있는 자각을 가진 대생명력의 중심이 자신이라고는 생각하지 않았다. 무엇이 뇌나 몸을 움직이는 것일까? 뇌나 몸의 존재는 애당초 무슨 기초 위에 있게 된 것일까? 어떤 사람은 이들 모든 것은 하늘의 높은 곳이나 혹은 우주 공간의 바깥에 있는 위대한 신이 마법의 지팡이를 흔듦으로써 생겨 난다고 생각할지도 모른다. 그래서 그들은 우리의 과실이나 실패 — 실업, 빈곤, 불행, 병 — 다시 말하면 우리 생애에 나쁜 일이 쏟아지는 것을 그 외계의 조물주의 탓으로 돌리기도 한다. 일부 사람들은 악마라고 부르는 나쁜 신에게 그 죄를 뒤집어씌우기도 했다. 이렇게 많은 사람들은 진리를 마주보기를 싫어한다. 사실은 자기 자신이 부정적인 사고 방식을 가졌기 때문에 그런 가슴 아픈 불행을 만들어냈는데도 말이다.

대생명력의 창조의 위력은 우리 각자가 얼마든지 이용하고 싶은 대로 이용할 수 있다. 정신은 창조의 도구이다. 우리는 누구나 정신을 사용하여 대생명력의 힘을 얼마든지 끌어올 수 있다. 그리하여 우리가 생각하는 데 따라서 좋은 것도 나쁜 것도 만들어낼 수 있는 것이다.

많은 사람들은 성공하면 자기가 잘해서 성공했다고 하고 실패하면 다른 사람 때문에 그렇게 되었다고 한다. 고난을 만나면 신을 책망하기도 한다.

"그렇지, 이것이 하느님의 뜻이니 어떻게 하나. 만일 하느님이 나에게 건강을 주실 마음이 있다면 왜 내게 병을 주겠나, 만일 나를 부자로 만드실 뜻이 있다면 왜 가난에 빠뜨리겠나."

이런 말은 어린아이 같은, 말하자면 도피에 지나지 않는다. 그렇게 말하는 사람은 자신의 책임을 벗어나려고 발버둥치고 있는 것이다.

이렇게 말하면 누군가는 나에게 이렇게 말하리라.

"그러면 왜 당신은 만능의 신에게 말해서 신의 의사가 실현되는 방법을 배워서 우리에게 가르쳐주지 않는가?"

자, 그것이 바로 이제부터 내가 하려고 하는 바이다. 그러나 그것이 당신의 기대에 딱 들어맞는 방법은 아닐지도 모른다. 왜냐하면 책을 읽어나가면 알게 되겠지만 신은 당신 자신이다. 당신 자신의 실체 — 당신이 날마다 쓰고 있는 힘 그것 — 가 신이라는 것을 발견하도록 나는 당신을 도와주려고 하는 것이다.

어디 멀고 높은 데에 있는 신에게 도움을 청하는 것이 아니다. 당신이나 나나 바로 옆에 기댈 수 있는 신의 힘 — 얼른, 그리고 언제나 우리가 쓸 수 있는 커다란 힘 — 날마다 쓸 수 있으며 보다 크고 좋은 일을 우리 생활에 가져올 수 있는 힘을 사용하자는 것이다. 당신이 신의 위력을 쓸 수 있는 한없는 능력을 가지고 있다는 것을 알게 될 때까지 그 능력을 높이도록 나는 도와주고 싶은 것이다. 당신 안에 신의 무한의 힘, 무한의 에너지가 있는 것을 당신이 발견하도록 도와주고 싶은 것이다. 그 힘은 당신의 생각이 부정적이든 긍정적이든 바로 그것에 반응한다. 이 힘을 잘 이해하면 할수록 그 힘이 당신의 생각이나 태도, 신념이나 신앙에 늘 반응한다는 것을 알게 되리라. 왜냐하면 영원의 생명력을 가지고 당신이 하는 일은 언제나 당신의 신념에 따르기 마련이기 때문이다.

당신의 사고, 당신의 태도, 신념 등에 주의하라. 그러면 대생명력의 힘이 어떻게 당신의 정신 자세에 따라 반응하게 되는가를 알게 될 것이다.

우리는 지금 신비롭고 추상적인 신을 이야기하고 있는 것이 아니다. 따뜻하고, 우리 마음속에 살고 있고, 누구나 바로 사용할 수 있고, 실증

할 수 있고, 그리고 지혜로운 대생명력의 사랑에 찬 힘에 대해서 이야기
하고 있는 것이다. 그 힘은 이 전 우주의 대생명력일 뿐 아니라 당신 자
신 안에 실재하고 있는 대생명력이다. 당신의 대생명력이다. 그것은 당
신이다. 당신과 신은 하나이다.

3
당신 안에 있는 신의 나라

　자신이란 존재한테 깊은 인상을 가져본 적이 있는가? 자신이 존재한다는 사실에 정말 흥미를 느낀 일이 있는가? 당신은 인간이라는 존재이며, 인간이란 이 행성에서 대생명력이 최고의 형태를 가지고 나타난 것이다. 자기 자신의 높은 가치를 인정하고, 고대의 어느 현자가 제자들에게 가르친 것처럼 "훌륭하다. 훌륭하다. 나는 정말 훌륭하다!" 하고 가슴을 두드리며 한 말을 당신도 할 수 있는가?

　당신 자신의 내부를 깊이 들여다보면 무엇이 보이는가? 대생명력이 "내가 있다. 나는 존재한다. 나는 내 안을 보고 있다!" 하고 말하는 소리가 들리는가? 그 '나'는 대생명력의 중심이며 자기 자신을 바라보며 그 자체에 방향을 준다. 자기를 알고 자기에게 지령을 내리는 것이다. 얼마나 재미있고 복잡한 기구인가!

　당신은 자기 자신에게 눈을 뜬 공간에서 살고 싶다, 존속하고 싶다, 스스로를 표현하고 싶다는 욕구가 존재한다는 것을 안다. 당신은 행복하고 자유롭게 되고 싶다고 바라게 된다.

우리가 살고 싶다, 언제까지나 살고 싶다, 풍부하고 넘쳐흐르도록 많은 것을 가지고 호화롭게 살고 싶다 하고 바라는 욕구에는 한정이 없다. 당신의 욕구는 여러 가지 형태를 갖는다. 욕구 중 어느 하나가 채워진다 하더라도 그 욕구가 계속 확대해가는 것을 보게 되리라. 손에 넣으면 넣을수록 더욱 많은 것을 갖고 싶어진다. 이것은 당신의 욕구는 본질적으로 무한한 것임을 의미한다. 그렇지 않은가? 욕구는 끝이 없는 것이다. 불사의 것이다.

욕구는 정신의 한 상태

욕구는 자연계의 모든 것을 꿰뚫고 작용하고 있다. 대생명력은 자기 자신을 표현하고 또 자기 자신을 체험하고 싶다고 끝없이 바라고 있다. 식물은 꽃을 피우고 싶어한다. 나무는 자라기를 바라고 새는 노래부르기를 바란다. 인간적 존재인 당신 안의 욕구는 대생명력의 욕구를 표명하고 있다. 거기에서 욕구라는 것은 대생명력 그것과 마찬가지로 끝이 없는 것이다.

당신이 욕구를 갖는 그곳에 하나의 신념도 있는 것이다. 이 욕구에는 응답이 있다, 하고 믿는 것. 기회가 주어지면 어떠한 욕구든지 응답을 얻을 수 있다. 당신이 하고 있는 모든 일은 어떤 욕구에 따른 것이다. 당신이 무엇을 하든 욕구가 당신을 이끌고 있다. 그 신념이 당신을 이끌어가는 곳은 한계가 없다. 당신은 신념의 힘을 아직 충분히 사용하지 못하지만 신념은 거기에 있는 것이다. 신념은 정신의 한 모습이다.

당신이 생각하고 욕구하고 신념을 갖는 그 중심에는 상상력이라고 불리는 능력도 있다. 그것은 당신의 마음속에 계획 — 그림, 묘사를 만드는 힘이다. 상상력은 계획을 짜는 부분이며 당신의 지휘에 따른다. 상상력을 사용하는 당신의 능력에는 한계가 없다. 그것은 무한의 능력이다. 어떤 사람들은 그것을 효과적으로 쓰지 못하기도 한다. 그러나 그것은 사용되기를 바라고, 마음 안에 존재하고 있다.

당신은 하나의 생각이나 체험의 계획을 다른 생각이나 기억에 연결시킬 수가 있다. 그렇게 하면 거기에서 새로운 생각이 떠오른다. 당신은 연상하거나 사고하면서 논리적인 결론으로 이를 수 있는 힘을 가지고 있다.

당신의 마음속에는 안내자가 있다

자신의 마음속을 들여다보면 거기에서 안내자라고 불리는 능력을 볼 수 있다. 흔히 육감이라고도 말하는 직감, 또는 영감에 의해서 갑자기 어떤 쪽으로 가보고 싶어져서 갔더니 생각했던 일이 일어난 경험을 지금까지 여러 번 했을 것이다. 그것은 이성도 넘어선 목소리였으며 아무 예비 지식도 없이 알게 된 것이다. 당신의 마음속에 뭔가가 있는 것이다. 그것은 신비로운 것이 아니라 마음의 수준의 문제이며, 이것이 당신을 이끌어 바른 때에 바른 곳에 있게 하고 바른 말을 쓰고 바른 방법으로 바른 일을 하게 한다. 만일 당신이 그것을 인정하고 완전히 그것에 기댄다면 — 그것을 성실하게 사용한다면 — 당신을 이끌어나가는 이 안내자의 능력에는 한계가 없어진다. 이것 역시 무한의 능력인 것이다.

과학자는 양심을 때로는 억제의 심리 과정, 혹은 잘못된 일을 하지 않게 하는 마음속의 정신 능력이라고 부른다. 양심은 당신이 무엇에 다치지 않게 해주며 당신 몸 안의 대생명력의 법칙에 믿음을 갖게 해준다. 이것도 역시 무한의 능력이다.

당신 안에는 또 이지와 지혜도 있다. 이 특성을 만족할 만큼 많이 가졌다고 느끼는 사람은 없다. 그러나 우리가 지혜를 사용해서 체험하는 일에 한계가 있다고 생각하는 사람도 없다. 무한의 이지와 지혜가 우리 각자 안에 있는 것이다.

또 사랑이란 것도 있다. 많은 사람들은 좋지 않은 사람이나 나쁜 물건을 사랑한다. 그릇된 방향으로 사랑의 충동을 표현한다. 무엇인가를 사랑하지 않고는 못 배기는 것이다. 사랑의 능력은 무한하다. 우리는 그 특질을 한없이 체험함과 동시에 그것을 어떻게 표현할까를 결정할 수 있다.

우리 각자 안에는 또 평화라는 특질도 있다. 그것은 늘 우리 안에 있으며 체험되기를 기다리고 있다. 어떤 사람들은 이것을 다른 사람들보다 훨씬 많이 표현한다. 그러나 누가 그것을 표현하든 평화라는 것은 한이 없다.

당신의 내부에는 또 아름다움에 관한 특성도 있다. 당신은 이 특성의 표현을 막아버릴 수도 있고 또 위대하고 놀라운 방법으로 나타낼 수도 있다. 그러나 당신이 아무리 많은 미를 표현한다 하더라도 거기에는 아직 얼마든지 표현할 수 있는 특성이 남아 있으며 한이라는 것이 없다.

기쁨이나 즐거움의 특질도 있다. 만일 당신이 기쁨을 느끼지 못하고 있다면 그것은 표현하고 체험할 기쁨이 애당초 존재하지 않기 때문에 그러는 것이 아니다. 다만 당신을 통해서, 또 당신에 의해서 기쁨이 표현되지 않고 있을 뿐이다. 기쁨이나 즐거움은 언제나 얼마든지 사용할 수 있는 것이다. 당신 안에 있는 것을 대충 훑어보아도 무한하고 끝이 없는 특성들이 많다. 지성, 지혜, 평화, 아름다움, 기쁨 — 참으로 당신이 맛보고 싶다고 생각하는 모든 것이 당신 안에 있는 것이다. 놀라운 일이 아닌가? 또 당신 안에는 이들 특성을 표현할 수 있는 모든 능력 — 욕구, 신념, 상상력, 이성 및 지도력(안내) 등 — 이 있다.

당신 자신의 가치를 인정하라

그러한 대생명력의 특성이며 당신 자신도 체험하기를 바라는 것, 그리고 그런 것을 표현하게 해주는 능력 등이 당신의 존재를 이루고 있는 것이다. 그러한 것들이 바로 당신인 것이다! 이러한 신성하고 불사적인 끝없는 능력들이 화신하여 당신의 본질을 이루고 있다는 것이 믿어지지 않는가? 당신 자신에 대한 이해가 늘어나고 그러한 능력들을 사용하는 재능에 대한 이해가 늘어가고 대생명력의 그러한 특성을 당신이 표현함에 따라서 당신은 무한의 신성이 있는 대생명력으로 확대해간다는 것을 수긍할 수 없는가? 당신의 신념, 생산력, 이성의 힘, 사랑, 평화, 위력, 아름다움, 기쁨에는 한계가 없다. 그러므로 당신은 사실에 있어서 한계가 없는 존재라고 생각하는 것이 맞지 않을까?

지금까지 우리가 찾아낸 능력이나 특성 외에 우리 몸 안에는 선택하고 결심하는 능력도 있다. 어떻게, 그리고 어느 정도까지 그 능력을 사용할 것인가를 당신은 선택할 수 있다. 또 이들 여러 가지 무한의 특성의 어느 것을 어떻게 표현할 것인가도 선택할 수 있다. 이 사실은 당신이 이렇게 되고 싶다고 생각하는 대로의 인품이나 성격을 자기 안에 만들 수 있다는 뜻이 된다.

당신에게는 선택하는 힘뿐 아니라 선택한 방향에 따라서 행동하는 힘도 있다. 당신이 사용하고 표현하고 체험할 모든 정신 능력과 영적 특성도 거기에 있는 것이다. 이들 모든 특성들은 우리가 사용해주기를 기다리고 있다. 이러한, 우리 몸 안의 저장고나 동력원에서 나오는 표현이나 체험은 당신이 그것을 억누르지 않는 한 모두 한이 없는 것이다.

당신이 지독한 멍청이라면 또 모르지만 대생명력이 주는 이러한 축복을 일부러 물리치는 짓은 하지 않을 것이다. 그러나 당신이 만일 이들 축복의 선물들을 모르고 있다면 그것은 갖지 않고 있는 것과 똑같다. 여기에 100만 달러의 당좌수표를 가지고 있는 사람이 있다고 하자. 그런데 그가 그것을 가진 것을 잊어버렸거나 꺼내려고 하지 않는다면 100만 달러가 그에게 무슨 소용이 있겠는가? 그가 행복하기 위해서는 이 자원을 알고 그것을 꺼내서 써야 한다. 당신은 대생명력이다. 우주의 대생명력의 능력과 특성의 화신이다. 우주의 대생명력 속에 있는 것은 모두 당신 안에도 있다.

당신 자신의 중심은 당신이 '나'라고 부를 때 가리키는 바로 그것이다. 그곳에서 당신은 대생명력의 특성을 어떻게, 어느 정도 표현할 것인가 정신의 능력을 어떻게 사용할 것인가를 정하게 된다. 당신의 신념을 걱정이나 공포로 표현하는 것은 당신의 마음이다. 좋아하는 것보다 싫어하는 것의 그림을 상상력 속에 그리는 것도 역시 당신이 할 탓이다. 사랑을 미움으로 표현하고 기쁨이나 즐거움의 표현을 거부하는 것도 당신에게 달렸다. 무엇을 선택할 것이냐 하는 것은 당신에게 달린 것이다. 그러므로 당신의 선택에는 천국에서 지옥에 이르기까지 모든 것이 다 있을 수 있다.

"좋은 것도 나쁜 것도 없다. 다만 생각이 그것을 만들어낼 뿐이다." 로마의 황제이며 철학자인 아우렐리우스의 말이다. 앞에서 말한 '혼'은 그 자신에 눈을 뜬 힘이라는 것을 다시 생각해보자. 당신 자신의 깊은 곳에 있는 중심인 '나'는 자기 자신에 눈을 뜨고 있는 까닭에 당신의 혼이다. 그것은 당신의 몸 안에 있는 신이다. 그것은 생각하고 또 결정하는 주체이며 거기에서 당신은 체험의 세계를 창조하는 지휘를 한다. 그것은 대생명력이라는 커다란 혼이 자연계에 넘쳐흐르는 힘을 지휘하고 있는 것과도 같다. 당신은 신성에 눈을 뜬 하나의 존재이며 신과 같은 능력을 사용하고 신의 특성을 표명한다. 여기까지 알게 될 때 당신은 '숨 쉬는 것보다 밀착하여 있고 손발보다 가까운 곳'에 있는 신을 발견하게 된다.

우리가 대생명력의 위대한 힘을 성공적으로 지휘하고 욕구를 만들어내기 전에 — 우리가 기획된 우리 세계를 통어하기 전에 — 우리 자신에 대한 근본적이고도 기초적인 진리에 눈을 떠야 한다. 우리가 '나'라는, 자각한 존재이고 신의 대생명력 바로 그것이라는 것을 알아야 한다.

당신 자신에게 가까이 가라

우리는 이제 신성의 대생명력, 신성의 위력, 신성의 이지를 알았다. 그것들은 다시 말하면 우리 자신인 것이다. 우리의 재능이나 책임, 우리의 의무나 특권 같은 것을 인정하고 나서 건강, 행복, 번영을 위해서 그리고 평화나 기쁨이나 아름다움을 위해서 정신력을 사용하도록 한걸음 앞으로 나아가기로 하자.

몇 년 전의 일이다. J. 버함이라는 중년의 남자가 일에 의욕을 잃고 자기 생활에 발전이 없는 데 불만을 느끼고 나에게 상담을 하러 왔다. 그는 발전소에서 일하고 있었다. 그래서 나는 그가 사실은 신성을 가진 존재라는 것을 이야기해주었더니 그는 자기 자신에 대한 이 중요한 진리를 이해하게 되었다. 신성의 대생명력이 그 남자라는 인간으로 화했다. 자신이 된 대생명력을 자각하는 것은 자기 자신을 자각하는 일이라는 것을 납득했다. 자기 자신에 대한 그러한 이해는 그의 생각의 사고 방식에 걸려 있던 여러 가지 브레이크를 치워놓았다. 자기 자신에 대해서 이해를 한 그는 마음이 매우 활기에 차게 되고 아침마다 일을 나갈 때는 지금 신이 일하러 나간다, 하고 혼잣말을 할 정도가 되었다. 대발전소의 스위치를 켤 때는 지금 신이 이 도시에 불을 켜고 있다, 하고 말했다. 스위치를 끌 때는 지금 신이 이 대도시의 불을 끄고 있다, 하고 말했다.

항구적이고도 무한한 힘의 자각이 그를 사로잡은 것이다. 그는 달라졌다. 지혜와 지성의 힘을 나타냈고 그것이 다른 사람들의 눈에도 띄게 되어 2년이 지나자 그는 그 큰 공기업의 부사장이 되었다.

정신은 생명을 창조하는 인자이다. 만일 우리가 이 마음의 보편적 힘에 건설적, 적극적, 창조적인 방향을 더해서 욕구하는 것을 실현하고자 한다면, 우리가 그것을 행할 권리와 능력이 있다는 것을 인정해야 한다. 우리는 신성을 가진 대생명력이 화하여 이루어진 개인이라는 것을 인정해야 한다.

당신은 마음이 작은 못난 사람이 아니다. 아니, 당신의 생명력은 바로 신의 대생명력이다. 당신이 사용하는 정신은 창조의 신의 무한 정신이다. 그것은 만물을 실재 속에 있게 한 정신이다. 이것은 깊이 생각해 볼 만한 놀라운 생각이다. 자, 그것이 진실이라는 것을 인정하자. 당신에 대해서, 사용하는 정신에 대해서 이 사고 방식을 받아들인 다음, 정신을 사용하는 방법을 배우게 된다면 그 정도에 따라서 당신은 고난을 해결할 열쇠를 쥐게 되는 것이다.

지난날에는 대부분의 사람들이 이것을 이해하지 못하고 있었다. 지금도 역시 그렇게 믿는 것을 거부하는 사람은 많다. 보통 사람은 자신을 이해하지 못하며 허약함, 무서움, 걱정을 느끼고 있다. 대생명력이 자신의 것임을 이해할 수가 없는 것이다. 대생명력이 자신을 바르게만 받아들이면 무엇이든 필요한 것을 주려고 기다리고 있는 것을 모른다. 마음이 꺾이고 무지와 자기 연민에 빠져 그는 자기 몸 밖에 있다고 생각되는 신을 향해서 구걸하거나 헐값에 신을 사려고 한다.

좋은 것을 얻는 데는 괴로운 투쟁이 필요 없다

자기 자신 안에 있는 신의 힘을 모르기 때문에 사람들은 흔히 마음이 약해지고 의기가 꺾이고 불행을 느끼게 된다. 여러 종류의 수용소는 마음이 닫힌 사람과 용기를 잃은 사람들로 가득 차 있다. 또 사람들이 자기 자신을 이해하지 못하기 때문에 전쟁도 일어나게 된다. 그들이 신의 위력을 인정하지 않거나 그것을 건설적으로 사용하지 않기 때문이다. 그들은 좋은 일이나 행복이나 마음의 평화를 얻으려고 그릇된 곳을 찾아다니고 있다. 자신을 보는 것을 게을리하고 있다. 인간의 생명의 존엄성이나 인격의 중요성을 모르는 것이다. 자신의 생각을 선택하고 통어할 줄 모른다. 자신의 생각이 공포나 미움이나 질투나 탐욕에 휩쓸리도록 내버려두고 있다. 대생명력에 대한 그들의 태도에 따라서, 또 대생명력을 믿는 데 따라서, 그것이 응답해준다는 것을 모른다. 그들은 좋은 것을 얻기 위해서는 괴로운 투쟁이 필요하다고 생각하고 있다. 그들은 잘못 생각하여 자기가 좋은 것을 얻기 위해서는 남이 나쁜 일을 겪어야 한다고 생각하고 있다. 그리하여 이웃 사람이나 고용주, 혹은 사용인이 나쁜 일을 겪게 됨으로써 자기에게 좋은 일이 돌아오기를 바란다.

이 세상에서 투쟁을 없애려면, 사람들의 고난을 제거하려면, 사람마다 자기 안에 살고 있는 놀라운 가치와 위력을 받아들여야 한다. 각자의 신성과 불사를 알고 다른 사람에 대한 관계와 자기의 근원에 대한 이해를 가져야 한다. 대생명력의 법칙을 이해할 수 있게 되고 그들 자신이나 다른 사람들이 좋은 것을 더 많이 손에 넣기 위해서 이 법칙을 사용하도록 가르쳐야 하고 격려해야 한다.

우주에는 기근 같은 것이 원래 없는 법이다. 한없이 많은 좋은 것이 우리를 둘러싸고 있기 때문이다. 우리의 성공과 행복과 안락에 필요한 모든 것은 우리의 몸 안이나 주변에 있다. 무지와 오해 때문에 사람들은 그러한 혜택을 받아들이기를 거부하는 것이다. 대생명력이 가동적으로 그들에게 응답해준다는 것을 모르고 있는 것이다. 그들이 믿는 데 따라서 해준다는 것을 이해하고 있는 사람이 너무나 적다.

보통 사람은 인간 관계의 기본 법칙 — 즉 황금률(남이 너에게 해주기를 바라는 대로 남에게 해주어라), 사랑의 법칙, 인과의 법칙 — 을 인정하는 것을 거부한다. 그러므로 보통 사람은 투쟁을 하게 되고 실패나 불행을 만나게 된다.

고대의 위대한 입법자 모세는 그 자신의 '나는 있다'는 다름 아닌 대우주의 '나는 있다'임을 발견했다. 자기 속의 '나는 존재한다'란 각성은 우주의 대생명력이 인간적 존재가 되어 자기를 발견한 것에 지나지 않는다는 것을 알았다. 그는 신을 자기 몸 안에서 본 것이다. 우주의 대생명력이 바로 자기 속의 생명력인 것을 안 것이다. 모세가 자신을 위해서 발견한 것을 당신도 당신을 위해서 발견할 수 있다. 그리스도도 이것을 가르쳐준 것이다. 성바오로도 그것을 가르쳤다. 동서고금의 위대한 신비주의자가 늘 가르치는 것이 바로 이것이다.

당신은 당신의 체험의 중심이다. 당신의 체험의 세계는 당신 자신의 개인적 생각의 중심에서, 즉 당신에 의해서 형성되고 방향 지워지는 것이다. 그리고 욕구에 자극되고 상상력에 의해서 계획안이 세워져, 거기에서 정신의 보편 법칙은 당신이 마음으로 당신의 체험을 생각하는 방법에 따라 나타나는 것이다.

우리는 저마다 자신에 대한 이 근본 심리를 날마다 조용히 생각해보는 것이 좋을 것이다. 그리고 자기에 대한 높은 인식을 얻음에 따라서 생활에서 걱정이 사라지게 될 것이다. 우리가 살아가기 위해서 필요한 모든 것을 우리의 몸 안에서 발견하게 될 것이다.

4
믿음의 마술

누가 자기는 일자리를 찾을 수 없다고 믿는다고 하자. 그것이 맞고 안 맞고를 떠나서 그렇게 믿는 것만 해도 벌써 그가 직업을 찾는 것을 방해하는 데 큰 힘이 된다. 그 남자는 직업을 얻지 못하면 가족을 부양할 돈을 벌 수 없다는 것을 알면서도 직업을 얻는 희망을 갖는 것을 무서워하는 셈이 된다. 즉 일자리를 얻을 수 없다고 믿고 있는 것이다. 그가 찾아야 하고 어떻게든 손에 넣지 않으면 안 되는 것을 왜 자기는 얻을 수 없다고 믿는 것인가. 그는 부정적인 것을 깊이 믿고 자기는 무력하고 불완전하다는 신념을 굳게 간직하고 있다.

긍정적 사고 방식과 부정적 사고 방식

이 남자가 자기는 반드시 패배자가 되라는 법이 없다는 것을 알게 되었다고 하자. 자신을 믿는 데 따라서 대생명력이 반응한다는 것을 알았다고 하자. 자기에게는 참된 학문이 있고 남이 따를 수 없는 재능이 있으므로 업계의 어느 곳에서는 반드시 자기를 요구하고 있다고 생각하게 되었다고 하자. 또 그를 방해하는 것은 아무것도 없고 오직 대생명력에 대한 자기의 두려움이나 자기 자신에 대한 그릇된 신념뿐인 것을 알게 되었다고 하자. 만일 그가 자기 자신에 대한 이 진리를 알고 거기에 따라서 행동하면 대생명력의 위력은 그의 요구에 거슬러서 작용하지 않는다. 그가 자기 자신에 대한 진리를 더욱 깊이 알게 될수록 그의 신념은 부정적인 신념에서 긍정적인 신념으로 바뀌어간다. 자신에 대한 신념, 또 자신의 영향에 대한 신념이 변해감에 따라서 체험의 세계도 틀림없이 변해가게 된다. 이러한 사람들은 지금까지보다 더 많은 신념을 가질 필요는 없다. 그가 이미 가진 부정적 신념의 방향만 바꿔놓으면 되는 것이다. 소극적인 신념이 그로부터 좋은 일을 밀쳐내고 있었는데 적극적인 신념은 좋은 일을 가져오고 그를 좋은 일의 방향으로 이끌어간다.

어느 날 한 남자가 와서 나와 상담 책상을 사이에 두고 마주앉았다. 일자리를 얻을 수 없어서 큰일이라고 호소하는 것이었다. 몇 달 동안 일자리를 잃고 어찌 할 바를 모르고 있다는 것이다. 아내와 세 아이를 거느리고 있다고 했다. 살이 쭉 빠지고 지쳐 있었다. 나는 그를 격려하며, 살아 있는 이상 당신을 위한 장소는 있다, 대생명력 안에는 바람직하지 않은 것, 또 필요하지 않은 것은 하나도 없다는 것을 인식하게 하였다. 그에게 기대는 식구들이 있으므로 그 사람들의 필요 때문이라도 그의 고난은 반드시 해결될 거라고 알기 쉽게 말해주었다. 그가 일자리를 찾고 있는 것과 똑같이 그를 찾고 있는 고용주도 틀림없이 있다. 게다가 그가 만일 대생명력의 의지의 힘에 이끌린다면 — 아무 의문도 없이 마음 안의 지도에 따른다면 — 그가 만일 생명력이 어떤 목적을 위해서 그를 만든 거라고 믿는다면 — 기꺼이 대생명력의 목적에 따르는 태도로 나온다면 — 대생명력은 그를 이끌어주고 또 지켜줄 거라고 가르쳐주었다. 그는 단 한 번의 상담으로 그러한 일들을 확신하게 되었다. 그리고 내 연구소를 나서자 두 시간도 안 되어 좋은 일자리를 발견했다. 마음속의 의지가 그를 바른 장소로 이끌어갔던 것이다. 그리고 그가 거기에 갔을 때 바른 말을 하게 되고 좋은 인상을 주었던 것이다. 그가 나한테서 떠날 때와 찾아올 때의 신념은 다른 종류의 것이 되었다. 자신의 문제는 해결되지 않는다는 소극적인 확신으로부터 그것은 해결될 수 있는 문제라는 적극적 확신으로, 신념의 전환이 생겼던 것이다.

신념은 우리 각자의 생활 속에 틀림없이 실존하고 있는 것이다. 그것은 마음의 자세이다. 종교를 권하는 사람은 흔히 신념을 가지라고 강하게 권한다. 그러나 그 사람도 미처 알지 못하는 것은 우리는 누구나 이미 신념을 가지고 있다는 사실이다. 신념이 없으면 인간으로 있을 수가 없다. 신념을 사용하지 않고는 한시도 살아갈 수 없다. 우리가 겪게 되는 모든 체험은 좋은 일이든 나쁜 일이든 무언가에 대한 신념을 갖는 능력 때문에 우리한테 나타나게 되는 것이다. 신념을 사용함으로써 우리는 자신의 천국이나 지옥을 만드는 것이다.

누구나 무엇인가를 사랑하는 것과 똑같이 누구나 무엇인가를 믿고 있는 것이다. 그러므로 아무에게도 신념을 가지라고 역설할 필요가 없다. 다만 그것을 어느 방향으로 가져야 하며 어떻게 사용할 것인가를 가르쳐주면 된다. 아마 우리가 갖는 가장 중요한 자산은 믿는 힘일 것이다. 우리는 본능적으로 믿는다. 지금 시급한 것은 신념을 부정적인 것에서 긍적적인 것으로 바꾸고, 바라지 않는 일에서 바라는 일에 대한 신념으로 바꾸는 일이다. 이것을 마쳤을 때에 우리는 '깊숙한 성소'의 잠긴 문을 열 수 있는 것이다.

남부 텍사스 주의 한 부인으로부터 전화가 걸려왔다. 그녀의 딸이 병원에 있다고 했다. 의사들은 딸이 뇌출혈인데다가 심장도 장애를 받고 있다고 진단했다. 그녀는 딸 제인이 거의 절망 상태라고 말했다. 우리 내외는 제인을 위해서 원거리 정신 치료를 해달라는 부탁을 받았다. 치료와 과학적인 기도 덕에 우리는 그 어머니와 함께 다음과 같이 단언할 수 있고 또 확신하게 되었다. 제인의 몸 안에 있는 대생명력이라는 위력은 뇌의 조직을 고치는 방법을 알고 있다. 또 지성 있는 대생명력은 처음 그녀의 심장을 만들었으므로 언제든지 그것을 회복시키는 방법을 알고 있다. 우리는 대생명력의 이지적 위력이 지금 제인의 완쾌를 위해서 활동하고 있다고 확신했다. 우리는 상상 속에서 지금 치료가 한창 진행 중인 것을 보았다. 그러자 상상력과 신념을 통하여 대생명력이 완전한 회복의 방향으로 움직이기 시작했다. 이틀인가 사흘이 지나자 제인이 완쾌되어 직장에 나가게 되었다는 통지가 날아왔다. 자신에 대한 신념에 변화가 일어났기 때문에, 적극적인 신념의 분위기에 둘러싸였기 때문에, 우리가 가족과 협력하여 그녀가 신념의 분위기에 둘러싸이도록 빌고 대생명력의 법칙과 그녀의 혼이 불멸하다는 것을 믿었기 때문에, 자연계와 적극적으로 조화하고 협력했기 때문에, 부정적인 마음의 상태를 긍정적인 마음의 상태로 바꾸어놓았기 때문에, 대자연의 치료의 위력이 그녀를 통해서 작용하고 있는 것을 믿었기 때문에, 대생명력의 위력을 신념과 상상력을 통해서 자극했기 때문에 제인은 병이 나았던 것이다. 현재 그녀는 매우 건강하다. 자연계가 우리에게 어떤 방법으로 작용을 해서 이러한 결과를 가져왔는가는 아무도 자세히 모른다. 무씨에서 어떻게 무가 생겨나는가도 아무도 모른다.

우리는 지금 자연계와 협력하여 마음을 쓰는 법을 배우고 있다. 대생명력 속에 우리가 가질 수 있는 좋은 것을 더욱 많이 갖고 싶기 때문이다. 대생명력에는 어떻게 하면 씨앗에서 채소를 만들어내는가를 아는 지혜가 있다. 당신의 몸을 어떻게 하면 고치고 회복시킬 수 있는가를 아는 지성의 위력이 있다. 자연계는 농부가 믿는 데에 따라서 수확을 가져다준다. 만일 농부가 수확을 믿지 않는다면 그는 씨앗을 뿌리지 않았을 것이다. 계속 잡초만을 수확하게 될 것이다. 결과에 대한 신념 때문에 그는 농작물을 가꾸는 것이다. 눈에 보이는 모든 상황으로는 제인이 완쾌하리라고 믿을 수 없었다는 것을 지적하는 것이 좋으리라. 만일 그녀가, 그녀를 둘러싼 가족들이 사물의 겉모습에 짓눌려 있었다면 그녀가 완쾌될 것이라고 도저히 믿을 수가 없었을 것이다. 만일 그녀의 가족들의 신념이 옳은 방향을 잡지 못했다면, 만일 어느 하나라도 일반 사람들의 믿음의 방식이나 체험을 벗어나지 못했다면, 만일 우리가 겉모습을 넘어서서 저편을 바라보지 않았다면 그녀는 오늘날까지 살아서 건강하게 지낼 수 없었을 것이다. 우리의 위대한 교사인 그리스도나 석가모니나 그 밖의 철인들은 사물의 외관에 사로잡히지 말라고 경고하고 있다.

신념이란 무엇인가

신념이란 확신이다. 정신적인 하나의 인식이다. 신념은 감각이 우리에게 말해주는 것보다 높은 데로 올라가야 얻을 수 있다. 왜냐하면 감각이 전해주는 것은 물질계의 겉모양뿐이기 때문이다. 신념은 부정적일 수도 있고 긍정적일 수도 있다. 병을 고치기도 하고 병이 나게도 한다. 그리스도가 말한 '산을 움직이는' 신념이란 것은 눈으로 볼 수도 없고 오늘날에는 증명도 할 수 없는 무엇인가에 대한 확신이다. 에머슨은 그가 보고 체험한 모든 것은 그에게 보이지 않는 것에 대한 신념을 갖게 한다고 말했다. 누구나 육체의 감각에만 의존하여 생각하는 사람 — 그것에만 기대어 지식을 얻는 사람, 보고 듣고 맛보고 냄새 맡고 손으로 만져 보는 것만 믿는 사람 — 은 겉모양에 사로잡혀 있는 사람들이다.

사람이라는 것을 놓고 생각해보아도 그 자신은 무언가 보이지 않는 존재이다. 생명은 우리 눈에 보이지 않는다. 사람의 생명은 물질이 아니다. 대생명력이 해놓은 일은 우리의 눈에도 보인다. 그뿐이다. 우리 각자는 참다운 정신적 자각을 되돌아보고 자기 자신을 발견하고 자기 실체를 알아야 한다. 그는 자기 자신과 서로 익숙하게 알아야 한다. 대생명력의 자각 있는 존재로서의 인간은 어떠한 사태를 만나도 선택할 수 있는 힘이 있다. 그러므로 감각을 통해서 나타나는 것과 같은 외계의 무엇인가에 정복되거나 지배되지 않는다.

자기 자신이 이 보이지 않는 본질, 그것이라는 사실을 의심하는 사람도 있다. 그들은 보이거나 들리거나 믿을 수 있거나 맛볼 수 있거나 냄새를 맡을 수 있는 것말고는 아무것도 믿지 않는다고 말한다. 그런데도 아무도 만질 수 없어도 사랑은 실재한다는 것을 우리는 알고 있다. 아무도 본 일이 없는데도 정신은 실재한다는 것을 알고 있다. 또 어디에나 넘치고 도처에 불타오르려고 하는 대생명력을 시험관에 넣거나 자로 재어볼 수는 없으나 그것이 실재한다는 것을 우리는 알고 있다. 그것들은 보이지 않는다 할지라도 모두 실체이다. 우리 각자는 모두 몸을 통해서 활동하는 실체이다. 당신은 성대를 울려서 나에게 말을 한다. 당신의 몸이나 행동은 당신 자신을 표현하는 수단이자 도구에 지나지 않으며, 실은 당신의 혼이 나의 혼에 말을 걸고 있는 것이다.

외부 세계에서만 생활하는 사람은 감각이 알려주는 것을 가지고 모든 것을 측정하며 물질적인 것에만 관심을 갖는다. 그는 사물의 겉모양의 영향 아래 있고 지배 아래 있는 것을 스스로 느끼고 있다.

당신이나 내가 병이나 빈곤 따위의 겉모양의 것들로부터 벗어날 수 있는 길은 살아 있는 신념에 의해서밖에 없다. 병이나 가난 같은 것은 체험임에는 틀림없지만 실재가 아니다. 우리는 주위의 도처에서 부정적인 무서운 힘을 본다. 우리가 인생에서 성공하고 평화를 얻기 위해서는 지금까지 우리가 유한이라고 생각하던 자기의 힘보다 훨씬 큰 힘이나 지성 속에 확고하게 자리잡고 있는 자신을 깨달아야 한다. 개인의 일생 동안, 물질적인 것은 소용없고 물질적인 성질의 것은 무엇 하나 우리의 고난을 해결해주지 않는 것처럼 보이는 때가 언젠가는 온다. 고난에 대처하여 살아가기 위해서는 뭔가 알맹이가 있는 영구적인 것, 우리에게 뭔가 영원한 느낌을 주는 것 속에 확고하게 자리잡고 있는 느낌을 가져야 한다. 비록 물질적이 아니며 측량할 수 없다 할지라도, 그것은 실재한다는 것을 우리는 알아야 한다. 대생명력이 꺾이지 않는 존재이므로 우리도 꺾이지 않는 존재이다. 우리의 본질은 신성이다. 한계가 없고 불사임을 우리는 깨달아야 한다. 우리 자신에 대해서 이 근본적인 진리를 알면 알수록 우리의 생각의 방식은 더욱 자유롭고 한계가 없는 것이 되어간다.

에머슨은 말했다. "개인에게 가치를 주는 것은 보편적인 것이다." 어디에나 넘치는 보편의 대생명력은 개인으로 화해서 우리 각자가 된 것이다. 우리 각자는 개인의 형태를 갖추고 있는 보편의 대생명력이다, 하고 그는 설파한 셈이다. 우리는 이 보편의 힘을 자유롭게 사용할 수가 있다. 그러므로 우리 각자는 가치와 항구성을 갖는 보편의 존재인 것이다. 만일 우리가 하나의 대생명력 — 하나의 위력이나 지성 — 이며 한계가 없다면 우리가 건강과 번영을 가질 가능성도 한계가 없다는 것을 믿게 된다.

최고의 심리학자 중 한 사람인 융 박사는 30년 동안의 의사 생활의 경험에서 이렇게 말했다. "환자가 신념으로 되돌아가지 않고는 신경증을 고친 적이 없다." 원래 걱정이나 부정적 신념이 신경증의 원인이 되므로 이것은 쉽게 이해될 수 있는 말이다. 이 뛰어난 의사가 우리에게 어느 구체적인 모습이 있는 신을 믿는 신앙으로 돌아가라고 말한 것은 아니다. 우리가 완전히 신뢰할 수 있는, 무언가 근거가 확실한 것을 찾아내야 한다는 의미이다. 우리는 대생명력의 성실함과 완전무결함을 믿어야 하고 자연계의 법칙을 믿어야 한다. 그리고 건강하고 행복하고 성공할 수 있는 재능과 능력이 우리 몸 안에 있다는 것을 알아야 한다.

이것은 우리 각자에 있어서 무언가 친밀하고 매우 가깝고 그러면서도 도발하는 것 같은 자극을 준다. 당신은 매우 좋지 않은 체험이나 재난을 만나고 손실을 보게 되어 모든 것이 암흑으로 바뀐 것 같은 느낌이 든 적이 있을 것이다. 세계가 갑자기 심술궂고 부정적인 태도를 보인 적이 있을 것이다. 모든 일은 나쁘게 돌아가고 있지만 어쩔 수 없으니 참고 될 수록 유쾌하게 살아가자고 결심한 적이 있을지도 모른다. 아마 세계는 악마가 만들었을 거라고 생각했을 수도 있다. 그 속에서 당신을 건질 수 있는 것은 무엇인가? 그것은 새로운 사상, 생각의 새로운 방식, 신념의 새로운 자세이다. 뭔가 새로운 것이 마음에 들어와야 한다. 지금까지의 체험을 초월하는 것이 와야 한다. 그러기 위해서 더 적극적으로 생각하고 크고 선명한 마음을 가져야 한다. 당신을 불행에서 구출할 무언가가 자기 몸 안에 있다는 것을 믿지 않으면 안 되는 것이다.

우리가 보고 만지고 맛보고 듣고 냄새 맡는 감각적인 것 이상의 것이 우리나 대생명력 속에 존재하고 있다는 것을 믿을 필요가 있다. 우리의 몸 이상의 것이 있다는 것을 알아야 한다. 우리는 사물의 내부에 있는 원인의 세계나 사고와 이상과 동기의 세계를 눈여겨보는 것을 잊기 쉽다. 그리고 자기 몸에 대해서만 마음이 빼앗기고 환경이나 사태의 겉모습에 몰두하고, 눈에 보이지 않는 정신이나 혼의 가치를 과소평가하기 쉽다.

식구 둘 중 하나는 병을 앓고 하나는 건강한 경우가 있다. 또 하나는 성공하고 다른 하나는 실패하는 경우도 있다. 그들은 똑같은 음식을 먹는데도 하나는 건강하고 다른 하나는 아프다. 하나는 패배자가 되어 자신을 낙오자라고 생각하고 실패한 일생을 살아간다. 다른 하나는 똑같은 체험을 겪고 나서 그것을 격려의 힘으로 삼고 새로운 사색의 높이로 자기를 끌어올리고 성공에 대한 불길을 태우며 앞으로 나아간다. 체험 후에 보통 사람보다 높은 곳으로 자기를 들어올리는 사람은 자신에 대해서 뭔가 보이지 않는 것을 믿은 사람이며 그 믿음이 실패에서 그를 끌어올려주는 것이다. 이들 두 사람의 체험이 다른 것은 그들 각자의 신념이 다른 데에 원인이 있다.

대생명력이나 정신, 눈에 보이지 않는 혼의 위력에 대해서 당신은 한시 바삐 몸에 밴 결론에 이르러야 한다. 눈에 보이지 않는 것은 보이는 것과 마찬가지로 현실이다. 당신의 신념은 당신의 손이나 발과 마찬가지로 현실이다. 당신의 사랑은 당신의 심장이나 마찬가지로 현실이다. 당신의 행복은 당신의 소화기관과 똑같이 현실이다. 눈에 보이는 것만을 믿는다면 당신은 많은 사람들 중의 하나에 지나지 않는다. 그것은 보통 사람의 수준 — 어떤 때는 앓고, 어떤 때는 건강하게 — 으로 사는 것이다. 어떤 때는 가난하고 어떤 때는 그럭저럭 때워나간다는 것이다. 세상에 흔해 빠진 체험이 당신의 체험 세계가 된다.

육체적 수준에서만 사는 사람, 혹은 감정의 수준에서만 사는 사람은 자기를 보통 사람들의 체험 밖으로 들어올려주는 위력이 몸 안에 있는 것을 모른다. 겉모양만 보고 살면 주위의 사물을 움직일 때 힘을 들여야 한다. 물건들이 엄청나게 크게 보이므로 자신이 초라하게 느껴진다. 자연히 마음이 꺾이고 좌절감에 사로잡힌다. 이 좌절감을 극복하려면 당신 자신에 대해서 다르게 생각하는 법을 몸에 익혀야 한다.

당신은 신념을 바꿀 수 있다

어느 아파트 소유자의 경우가 생각난다. 그녀는 아파트 두 개를 가졌는데 한 달 이상 세 드는 사람이 없어서 이대로 가다가 아파트가 남의 손에 넘어가지 않을까 하고 걱정하였다. 그녀는 광고도 냈다. 간혹 아파트를 보러 오는 사람도 있었지만 무슨 이유인지 아무도 달라는 사람이 없었다. 이 딱한 사정을 그녀는 나에게 이렇게 이야기했다.

"샌프란시스코에도 빈 아파트가 많아요. 제 아파트보다 훨씬 좋고 훌륭한 것이 많거든요. 그러니 누가 제 아파트 같은 데에 들려고 해야 말이죠."

그래서 나는 그녀에게 물었다.

"그 집은 당신의 소유가 아닙니까?"

"물론 제 집이지요. 하지만 저당에 잡혀 있어요. 달마다 빌린 돈의 이자를 갚고 또 제 생활비를 얻으려면 아파트에 사람이 들어 있어야 해요. 저는 아파트만 쳐다보고 살고 있거든요."

"몇 사람이나 세를 들어야 합니까?"

"두 사람은 들어야 해요." 하고 그녀는 대답했다.

"그러면 내 말을 좀 잘 들어요. 우리가 사는 도시는 상당히 큰 도시요. 두 사람이란 수는 그리 대단한 숫자가 못 돼요. 당신이 그 아파트를 살 때는 아파트의 위치라든가 크기라든가 지음새가 마음에 들어서 산 것이 아니겠소? 살 때는 그것이 좋은 아파트라는 것을 알고 충분한 신념을 가지고 산 것이 아니오? 세가 잘 나가려면 이런 집이어야 한다고 생각하고 산 거죠?"

그녀는 한동안 생각하더니 말했다.

"예, 그랬어요. 살 때는 그 아파트가 좋다고 생각했지요. 그런데 지금은 그 생각이 흔들리는 거예요."

나는 그녀에게 아파트의 상태는 살 때와 하나도 달라지지 않았으며 그녀가 세 들기를 바라는 사람의 수는 두 명밖에 되지 않는다는 것을 지적했다.

"이렇게 큰 대도시이니 그 위치가 마음에 들거나 아파트가 마음에 드는 사람이 왜 두 명쯤 없겠어요? 여기에 좀 앉아요. 그리고 그 아파트가 마음에 들어 벙글벙글 웃으며 세를 들어오는 사람의 얼굴을 한 번 상상해봐요. 그가 자기의 새 주거에 만족하고 집세도 알맞다고 생각하고 이 주거야말로 바로 자기가 찾던 아파트라고 좋아하는 모습을 한 번 그리면서 마음의 눈으로 바라봐요."

그녀는 그러한 그림을 마음에 그리면서 신념을 바꾸었다. 그리하여 그녀는 열의를 갖게 되었고 아파트를 빌리러 오는 사람을 맞이하기 위해서 바로 집에 가고 싶어했다. 헤어질 때 나는 주의를 주었다.

"무리하게 서두르지는 마세요. 당신은 언제나 바른 자리를 차지하고 있으니까 걱정하지 말아요. 당신의 마음속의 지혜에 이끌리고 있다는 것을 잊지 말아요. 만일 누가 당신이 없을 때 찾아왔다면 그는 다시 올 겁니다."

그녀는 편안한 마음으로 서두르지 않고, 그러나 시간을 허비하지 않고 돌아갔다. 집에 돌아가자 한 시간도 못 되어 누가 찾아오더니 2층 아파트를 보고는 매우 좋아했다는 것이다. 그 사람의 마음에 꼭 들었기 때문에 그 자리에서 계약이 결정되고 집세를 치르고 돌아갔다. 그 뒤 사흘 동안에 세 명이 맨 위층의 다른 아파트를 보러 왔으며 아파트가 나간 뒤에도 또 다른 사람이 와서 보고는 집세를 25달러나 더 지불하겠으니 꼭 자기한테 달라고 조르더라는 것이었다. 그 사람은 그녀가 갖고 있는 것 같은 — 가정적인 분위기에서 바다를 내다볼 수 있는 — 아파트를 구하기 위해서 이 지역을 온통 돌아다니면서 찾았는데 이런 아파트는 영 찾지 못했다고 했다. 그러나 그녀는 이미 약속이 끝난 뒤였기 때문에 미안한 일이지만 빌려드릴 수 없다고 말했다고 한다.

이것은 기적이 아니다. 초자연적인 것은 하나도 없다. 이 부인은 자기의 마음을 바꿨을 뿐이다. 자기의 신념의 자세를 바꾼 것뿐이다. 아파트에 꼭 들어달라고 사람들에게 억지를 쓸 필요가 없다고 깨달은 것이다. 거기에 대해서는 하나도 애를 쓸 필요가 없다. 걱정해도 소용없는 일이다. 다만 신념만을 바꾸어야 했다. 그녀의 아파트는 어떤 두 사람에게 샌프란시스코 시의 다른 어느 아파트보다 마음에 딱 드는 방이기만 하면 되는 것이었다. 신념에는 언제나 반드시 대답을 해주기 마련인 대생명력이 그녀의 신념에도 바로 응답을 해준 것이다. 그녀가 자기 아파트는 안 좋다, 다른 사람의 아파트가 훨씬 더 좋다고 믿고 있었을 때 그녀의 신념에 부정적으로 응해준 것처럼.

신념을 바꾸면 체험 세계도 바뀐다

당신은 당신의 신념대로 무엇이든 받게 된다. 당신이 믿는 바를 바꾸면 당신의 체험의 세계가 바뀐다. 생명력은 실재하는 것이다. 그러나 당신은 그것을 볼 수 없다. 생명력은 당신에게 보이지 않으며 신념도 보이지 않는다. 그러나 대생명력이 신념을 통해서 하는 일은 당신에게 보인다. 그 확실한 증거를 볼 수 있다. 신념이 당신의 정신보다 진실성이 적다고 할 수는 없다. 신념이 정신의 한 자세이므로. 당신의 동기는 눈에 보이지 않으며 비물질적인 것이다. 참다운 인간한테도 보이지 않는 것이다. 당신 자신에 대해서 그것이 진실임을 명심하게 되면 당신은 파괴할 수 없는 것, 죽지 않는 것임을 깨닫게 될 것이다. 그러면 당신은 더 이상 몸이나 환경이나 신변의 여러 가지 일의 노예가 아니다. 당신은 이미 외계와의 경쟁의 지배하에 있지 않은 것이다. 당신의 완력이나 위력은 모두 보이지 않는 것에 대한 당신의 신념에서 오는 것이다. 나는 강하다고 믿어보라. 그러면 당신은 강해진다! 의심을 가져보라. 그러면 당신은 약해진다!

우리가 실체가 있는 물질의 수준보다 위쪽이나 저편에 있는 것에 기대지 않으면, 또 그것에 신념을 두지 않는다면 우리가 기댈 수 있는 것은 거의 없을 것이다. 우리의 대다수를 보면 늘 자기의 생각에 브레이크를 걸고, 상상력의 앞길에 돌을 갖다놓는다. 우리의 사고에서 브레이크를 떼어내고, 우리의 상상력에서 장애를 치우면 우리는 자유인 것이다.

신념의 새로운 상태는 의지력을 쓰거나 주먹을 틀어쥐거나 이마에 주름을 잡는다고 믿어지는 것이 아니다. 믿으라고 강요한다고 믿어지는 것이 아니다. 신념이란 자동차의 타이어처럼 부풀어오르는 것도 아니다. 합리적이고 논리적인 기초를 바탕으로 삼을 때 신념이 서며, 그것을 행동으로 밀고 나갈 때 굳어지는 것이다. 많은 사람들이 자주 나에게 이렇게 말했다. "이 일은 지식으로는 나도 알 수가 있다. 나의 이성은 그것이 진리라고 말해준다. 그러나 그것을 느끼고, 또 행동하는 것은 어려운 일이다."

매우 현명한 사람이 지난날 이렇게 말했다. "행동이 따르지 않는 신념은 죽은 것이나 같다." 이 말의 뜻은 당신의 신념은 그것을 활동시키지 않으면 죽어버린다는 말이다. 신념은 활동시킴으로써 활기를 갖게 되는 것이다. 대생명력이 넘쳐흐르고 도처에서 불타오르려고 하는 이 주위의 세계는 사랑과 응답의 세계이다. 대생명력이 나를 돕고 나에게 관심을 가지고 있다고 믿는다면 그렇게 행동하라. 그러면 당신은 평화를 가질 것이다.

만일 이성이 당신에게 대생명력을 멸망시킬 수 없다 — 그리고 대생명의 화신인 당신은 무로 돌아가는 일이 없다, 즉 당신은 파멸을 하는 법이 없다 — 고 말해준다면 그때는 신념의 기초에 불사라는 것을 갖다놓으라. 그런 뒤 모든 수단을 가지고 불사의 사람처럼 행동하라. 틀림없이 당신은 언젠가 또 하나의 다른 체험의 세계로 들어가게 되리라. 당신은 아직 존재하고 있다. 만일 당신이 불사라면 당신은 정말 죽지 않을 것이다. 그러므로 당신은 바로 지금 문제를 처리하는 것이 좋을 것이다. 그것을 미래의 어느 날로 연기하지 말고 바로 지금 해결해야 한다. 당신이 만일 진정으로 자신이 죽지 않는다고 믿으면 당신은 죽을 준비 같은 것은 하지 않을 것이다. 오히려 살 준비를 할 것이다. 당신의 행동 하나하나와 사고 하나하나는 당신을 조금씩 바꾸어가고 있다는 것을 알 것이다. 그러므로 당신의 불사의 미래를 생각하여 모든 생각과 행동을 조심스럽게 선택할 것이다.

걱정이나 부정적인 신념도 당신의 정신의 한 자세이다. 당신은 이성을 통해서 신념을 바꾸거나 방향을 돌릴 수 있다. 그리고 그 신념을 행동으로 계속 간직할 수 있다. 생명력은 당신의 희망이 아니라 당신의 신념에 따라서 반응한다. 당신의 신념은 당신이 그렇게 되도록 마련하는 것이다. 그것을 무언가 당신 자신과 동일하다고 인정하고 있는 것이다. 그러므로 당신이 믿는 것을 진실이라고 알고 행동하라. 그것을 진실로 알고 행동하면, 당신의 체험 속에서 그것은 현실의 사실이 된다. 위대한 교사 그리스도는 말했다.

"무엇이든지 너희가 갖고자 하는 것은 기도할 때 그것을 이미 받았다고 믿으라. 그러면 그것을 얻느니라."

그는 법칙을 말해준 것이다. 생명력은 당신의 신념에 따라서 반응하고 당신이 상상력 속에 갖는 그림에 따라서 반응한다는 것을 설명해준 것이다. 그것은 당신의 확신에 따라서 당신에게 해준다. 당신이 믿는 범위만큼 당신의 생활에서 생명이 깃드는 것이다.

성서에서 욥이라는 인물은 많은 손실과 상해와 걱정과 실패를 겪은 뒤에 '내가 크게 두려워하던 일이 나에게 떨어졌다'는 사실을 발견했다. 그가 신념 속에 가지고 있던 재앙, 그가 확신하고 있던 상황 내지 조건이 그를 찾아와서 실제로 그의 체험이 된 것이다.

인생의 네 가지 기본

당신이 적극적 신념을 쌓아올리는 데 기초가 되는 네 가지 기본이 있다. 첫째는 대생명력 — 즉 신 — 의 선량함, 완전함, 성실함, 신뢰성,

민감성 등을 적극적으로 믿는 것이다. 지성적이고 선량한, 사랑의 생명력이 당신을 이 세상에 보낸 것이다. 당신을 이곳에 데려온 목적이 있는 것이다. 목적을 가지고 데려온 이상 생명력은 당신에게 관심을 가지고 있으며 당신에게 필요한 모든 것을 가지고 당신을 둘러싸고 있다. 그렇게 함으로써 그의 관심의 깊이를 나타내고 있다. 이것을 깊이 생각하면 의심없이 그것을 믿을 수 있을 것이다. 생명력은 나쁜 것이 아니라 참으로 좋다는 것을 당신은 믿게 될 것이다. 지금까지 당신이 나쁘다고 생각한 것은 당신의 생각이 잘못된 선택을 했기 때문이며 좋은 일을 그렇게 잘못 생각했기 때문이라는 것을 알게 될 것이다. 생명력은 당신을 위하여 있는 것이다. 생명력의 법칙과 행위에 조화하는 것은 당신한테 달려 있다. 당신을 상담하는 선생들은 당신이 어떤 신을 믿는가에 매우 흥미를 가질 것이다. 왜냐하면 당신이 생명력을 무서워하는가, 혹은 그것에 적극적으로 신념을 연결하는가를 알고 싶기 때문이다. 생명력에 신념을 가진다면 당신의 고뇌는 해결될 수 있기 때문이다.

둘째로 당신은 자신이 위대한 사람이라는 신념을 가져야 한다. 그리고 신성을 가진 생명력이 인간으로 화하여 개성화된 결과 인간이라는 위대한 것이 생겨났다고 인정해야 한다. 만일 자신이 대생명력의 화신인 것을 알고 몸 안에 대생명력의 모든 능력이 갖추어져 있고 그것은 당신 마음대로 할 수 있는 것이며, 당신은 그 능력을 선택하고 그 자질을 안배하는 힘을 가지고 있다는 것을 알면, 당신 자신에 대해서 신념을 가질 수 있게 된다. 이 신념을 갖게 되면 다른 사람들도 밑바닥은 착하다는 것을 알게 될 것이다. 자기를 믿을 수 있으면 다른 사람도 믿을 수 있는 것이다. 당신은 자신의 힘이 미치지 않는 몸 밖의 뭔가에 의해서 조작되고 있는 것이 아님을 알게 될 것이다. 당신은 선택하는 힘을 가진 자유로운 존재이며 어디에 갈지 무엇을 할지를 마음대로 골라잡을 수 있다는 것을 알게 될 것이다. 만일 자신을 단순한 기계에 지나지 않는다고 믿게 되면 자기 자신도 다른 사람도 높이 평가할 수가 없을 것이다. 당신은 단순한 고깃덩어리가 아니다. 불사의 혼이다. 그렇다면 당신은 자신을 믿는 바에 따라서 행동할 것이다. 다른 사람들도 당신의 신념에 따라 응대하게 될 것이다. 이것은 자신에 대해서 믿는 그대로 다른 사람으로부터 대우를 받게 된다는 것을 의미한다. 만일 당신이 자신을 가치 없다고 보면 다른 사람들도 역시 당신을 그렇게 대우할 것이다. 만일 자신을 하찮다고 생각한다면 당신의 행동도 하찮게 되고 다른 사람들도 역시 당신을 하찮은 인간으로 생각하게 될 것이다. 만일 자기는 훌륭한 사람이고, 생명력이 좋게 작용하고, 중요한 존재라고 생각하면 당신은 저절로 그렇게 행동하게 되고, 당신이 있는 장소도 중요한 곳이 될 것이다.

셋째로 당신은 생명력의 법칙이 적극적인 신념이 되도록 해야 한다. 말을 바꾸어서 하자면 운이 좋네, 나쁘네 하는 생각은 모두 버려야 한다. 근대의 과학자가 우리에게 보여준 바에 의하면 이 우주에는 법칙이 행해지지 않는 곳이 하나도 없다. 운을 믿는 사람은 불행의 바람에 자기를 내맡기는 사람이다. 한편 대생명력의 법칙은 자기에게 도움을 주며 자기는 그것을 이용할 수 있다는 것을 아는 사람은 바로 자기가 운명에 방향을 주고 스스로 통제할 수 있다는 것을 안다. 무엇이든 오는 대로 받아들여야 한다고, 자신은 그것에 하나도 손을 쓸 수 없다고 믿는가? 아니면 대생명력의 흐름 속에 새로운 원인을 부어넣을 수 있고, 자기를 위해서 새로운 사상을 받아들이고, 새로운 체험을 가질 수 있다고 믿는가?

넷째로 당신은 당신의 인격이 죽지 않는다는 것을 믿어야 한다. 세상을 떠난 뒤에도 당신은 계속 살아갈 수 있다고 믿으라. 이것은 실용적인 믿음이다. 왜냐하면 당신이 나는 영원히 사는 존재이다 — 죽음은 끝이 아니다 — 라고 믿을 때, 당신 앞에 놓인 어려운 문제는 언젠가 해결해야 하는 것이므로 당장 해결하는 것이 좋다, 하고 상식이 말해주기 때문이다.

당신은 지금 가지고 있는 신념보다 더 많은 신념을 가질 필요는 없다. 지금 가지고 있는 신념의 방향만 바꾸면 되는 것이다. 방금 말한 네 가지 기본 — 신, 바람, 법칙, 불사 — 에 대해서 적극적인 신념을 가진다면 당신은 무엇에 대해서나 부정적인 믿음에 빠지지 않을 것이다. 왜냐하면 우리 인생에서 일어나는 모든 일은, 모든 상황은 무슨 방법으로든 이 네 가지 기본 사항에 나타나 있기 때문이다.

몇 년 전, 나는 학교에서 인생의 과학을 가르쳤다. 학생들은 대부분 현역 실업가나 직업인들이었다. 우리의 질의응답은 자주 신념이라는 문제를 둘러싸고 전개되었다. 어느 날 밤 청부업을 하고 있는 실업가 한 명이 이렇게 말했다.

"나는 일생 동안 내가 신념이 없기 때문에 일이 안 되는 거라고 생각해왔습니다. 애도 많이 썼습니다. 괴로워하기도 했습니다. 어떻게든 신념을 주십사 하고 기도도 했습니다. 그러나 이제 겨우 알게 되었군요. 내가 지금까지 가지고 있던 이상의 신념을 구할 필요가 없다, 이 말씀이죠? 내게 필요한 것은 지금 가진 신념의 방향을 바꾸는 것이다, 이거군요?"

근본적으로 말하자면 당신에게 필요한 것은 생명력, 그것을 적극적으로 믿는 일이다. 당신도 다른 사람도 생명력이 변화한 것이므로 모든 사람은 같은 생명력의 뒷받침을 받고 있다고 상식은 말해줄 것이다. 당신은 그 생명력이 선이냐 악이냐, 친구냐 적이냐를 결정해야 한다. 당신이 그것을 어떻게 보느냐에 따라서 그대로 체험하게 되는 것이다.

당신은 생명력이다. 신도 생명력이다. 그러므로 당신은 신성이 있는 생명력이다. 만일 그 생명력을, 그 성실성을, 그 신뢰성을 믿지 않는다면 당신은 불행한 사람이다. 생명력은 신뢰할 수 있으며 당신에게 응답해준다. 기대기만 하면 되는 것이다. 시간마다 분마다 그것에 의지하면 되는 것이다.

생명력은 우주의 만물이 된다. 우리는 선택의 힘이 있으므로, 또 정신 — 다시 말하면 생명력의 법칙 — 을 사용하므로, 생명력이 되는 것은 무엇이든 골라잡아서 체험 속으로 들여올 수 있다. 누구나 무한의 생명력에 신념을 매어놓을 수 있다. 그의 몸 안에는 신의 나라가 있기 때문이다. 그는 무한의 실재에 닻을 내리고 있다는 것을 알 수가 있다. 그리고 그가 그 사실이 진실이라는 것을 알게 될 때, 그는 모든 제한으로부터 해방된다.

자신이 중요한 사람이라는 것을 알면, 또 목적이 있다는 것을 알면 눈앞이 깜깜하다는 당신의 불행한 병은 저절로 흩어져없어지게 된다. 생활이 조각조각으로 붕괴되어 있는 동안은 당신에게 목적이 있을 수 없다. 당신은 하나로 뭉쳐진 덩어리가 되어야 하고 하나의 방향으로 걸어 나가야 한다. 뒤를 보면서 앞으로 나아갈 수는 없다. 한몸이 동시에 사방으로 뛰어갈 수는 없다. 비록 할 수 있다 하더라도 그것은 아무 의미가 없다.

생명력을 적극적으로 믿으면 나는 약하다든가, 뭔가 채워지지 않고 있다는 느낌이 말끔히 씻겨나간다. 무한의 대생명력과 무한의 위력이 당신과 같은 존재라는 것을 알고 있는데, 어떻게 무력함을 느낄 수 있겠는가? 하나에서 백까지 모두 응답해주고 요구를 채워주는 대생명력이 당신을 이곳에 데려오고 또 뒷받침해주고 있다는 것을 알게 되면 공포심이나 부정적인 신념에서 벗어날 수 있을 것이다. 걱정이나 공포심이나 부정적인 신념은 인류의 최대의 적인 것이다.

행복하게 살려면 신념의 방향을 다시 잡는 것이 가장 중요하다. 당신은 날마다 시간마다 분마다 신념이 있으므로 비로소 살아갈 수 있는 것이다. 만족스럽고 적극적인 신념으로 발을 옮겨가라. 그리고 깊이 믿고 있는 그대로 행동하라. 동력적인 신념을 얻기 위해서는 행동이 필요하므로.

5
선택의 무한한 힘

무엇을 생각할 것인가, 말할 것인가, 할 것인가를 선택할 힘이 있다는 것은 참 근사한 일이 아닌가?

의식을 가지고 선택을 할 수 있는 인간은 다른 하등동물과는 다르다. 선택의 힘을 어떻게 사용하느냐에 따라서 사람은 성공도 하고 실패도 하는 것이다.

선과 악

사람이 악이라고 부르는 것은 생명력의 에너지를 비생산적으로 또는 파괴적으로 쓰거나 그런 방향으로 향한 결과 생겨나는 것이다. 즉 악인은, 대생명력이라는 신의 은혜인 마음과 몸의 힘을 파괴적으로 쓰는 사람이다. 그와 반대로 착한 사람, 또는 올바른 사람은 그 힘을 건설적으로, 생산적으로, 유용하게 쓰는 사람이다. 대생명력 자체의 힘, 에너지, 위력은 선도 악도 아니다. 선이네 악이네 하는 것은 그 힘을 어떻게 사용하느냐에 달렸으며 그것은 사람이 채택하기에 달려 있다. 인간 자신도 원래는 악이 아니다. 그러나 무지나 두려움이나 마음의 좌절로 인해서 많은 사람들이 그 힘을 잘못된 방향으로 사용하게 된다. 죄는 무지 같은 것에만 있는 것이다. 우리는 전기라는 것을 집 안을 밝게 하는 데도 쓸 수 있고 우리를 감전하여 죽게 하는 데도 쓸 수 있다. 믿는 힘도 자기를 해치는 데 쓸 수도 있고 이익이 되게 쓸 수도 있다. 어느쪽이든 그가 선택할 나름이다.

우리는 무엇을 걱정하거나 무서워할 때 믿는 힘을 잘못된 방향으로 쓰게 된다. 걱정이나 무서움은 말할 것도 없이 마음의 한 자세이며 이 세상 사람들의 최대의 적인 것이다. 신념, 혹은 마음의 긍정적인 자세는 사람들의 가장 큰 동지이다. 그것은 사람들을 적으로부터 구해준다.

어느 일요일 오후의 일이다. 한 부인이 나에게 전화를 걸어왔다. 그날 저녁 강연이 있기 전에 2분이나 3분이라도 좋으니 시간을 내서 자기를 만나줄 수 없느냐는 것이었다. 그것은 10년 전의 일이었다. 나는 강연을 하는 강당의 구석방에서 그녀를 만났다.

"내가 암이라는군요." 나는 왜 그런 일을 나에게 알려주러 왔느냐고 물었다.

"선생님께서 저를 위해서 기도해주셨으면 해서요."

"내가 기도해드리면 당신의 몸이 좋아질 거라고 생각하십니까?"
"그럼요. 틀림없이 좋아질 거라고 믿어요. 저의 마음에는 한 점의 의심도 없어요. 만일 선생님께서 저를 위해서 기도해주신다면 병이 나을 거예요. 절대적으로 믿어요."

그녀의 확신은 보기만 해도 알 수 있었다. 나는 그렇게 하자고 대답하고 기도를 해주었다. 그 문제에 대해서 그 부인과 내가 이야기를 주고 받은 것은 그것뿐이었다. 며칠 동안을 나는 그녀의 건강을 위해서 기도를 했다고 할까, 정신 치료를 했다고 할까 날마다 그렇게 계속했더니 그녀의 암종이 없어져버린 것이 아닌가! 1년쯤 전에 나는 그녀와 다시 만났다. 그녀는 그 동안 몇 년을 건강하게 지냈다고 말했다. 이것은 그녀 자신의 신념에 의해서 나온 것이다. 그녀는 내가 기도해주면 병이 낫는다고 절대적으로 믿었기 때문에 내가 어떠한 기도를 했든 같은 결과가 나왔을 것이다.

우리가 어떤 방식으로 적극적 신념에 이르렀는가는 물을 바가 아니다. 오직 그 신념에 이르기만 하면 되는 것이다.

우리의 인생이 성공이냐, 실패냐, 병이냐, 건강이냐, 평화냐, 혼란이냐에 대해서 가장 깊은 의미를 가진 말은 그리스도가 한 말이다.

"너의 믿음에 따라 그대로 되리라."

당신은 자신의 체험의 세계를 만든다

신념이나 신앙은 당신의 정신 자세이며 정신은 대생명력의 법칙이다. 성공을 믿으면 당신은 성공한다. 실패를 믿으면 당신은 실패한다. 당신은 쉬지 않고 창조하고 있다. 왜냐하면 늘 무슨 형태로든 신념을 가지고 있기 때문이다. 항상 생각하고 있기 때문이다. 생각은 스스로와 같은 종류의 것을 만들어낸다.

사람은 누구나 마음을 통해서 자신의 체험의 세계를 만들어낸다. 당신이 정신이라고 부르는 것은 어디에나 넘쳐 있는 창조하는 단 하나의 정신이다. 그 유일한 정신은 오늘날까지 만물을 만들어왔으며, 지금도 만들고 있고, 고치고 있다.

"당신은 당신이 생각하는 그대로의 사람이 아닐지 모른다. 그러나 당신의 생각은 그대로 당신이다."

보통 사람의 사고는 대개 통제되어 있지 않다. 그래서 잘못된 방향으로 나아가고 있다. 보통 사람들은 자신의 사고가 얼마나 큰 힘을 가지고 있는지 알지 못한다. 방향을 잘못 잡은 사고는 좋지 않은 일을 체험의 세계로 가져온다. 만일 당신이 무엇인가를 조금이라도 알고 있다면 — 만일 자기 자신에 대한 진리를 어렴풋이나마 깨닫게 된다면 — 자기의 사고를 통제할 수 있다는 것을 알게 될 것이다. 당신이 생각하는 것, 믿는 것, 진리라고 확신하는 것이 당신의 체험이 되는 것이므로 사고, 믿음, 느낌을 통해서 당신의 체험을 통제할 수 있는 것이다. 생각한다는 것은 정신을 쓰는 것이다.

모든 사물의 형태, 우리의 행동이나 체험은 어떤 수준, 어떤 방법으로든 정신이 활동한 결과이다. 나에 대한, 또 이 책에 대한 당신의 체험은 결국 따지고 보면 당신이 나에 대해서 생각하는 일, 이 책에 대해서 생각하는 일, 그것이다. 그것은 당신의 지각 속에 있다. 당신의 체험은 내가 있는 여기에도 없고 책 속에도 없다. 당신의 체험은 당신 속에 있는, 사고하는 그 지점에 있는 것이다.

만일 당신이 나에 대해서 다르게 생각한다면 당신은 나에 대해서 다른 체험을 갖게 될 것이다. 당신 자신에 대해서 다르게 생각하면 지금까지와는 다른 체험을 가지게 될 것이다. 다른 사람에 대해서, 또 넓은 대생명력의 세계에 대해서 지금까지와 다르게 생각하면 당신의 체험은 모두 달라질 것이다.

강연을 들을 때 그 강연에 대해서 생각하는 바로 그것이 당신에게 가치를 나타내는 일이다. 똑같은 강연이라도 다른 사람에게는 무언가 다른 의미의 것이 된다. 왜냐하면 그는 그 강연에 대해서 그 자신의 독특한 생각을 갖고 싶어하기 때문이다. 당신이 남편에 대해서, 아내에 대해서, 일에 대해서, 이제까지와 다른 생각을 가지면 그 모든 것에 대한 당신의 체험은 다른 것이 될 것이다. 당신이 체험하는 모든 것은 당신의 생각의 결과인 것이다.

어떻게 생각할까를 배우는 일은 어떻게 살 것인가를 배우는 일이다. 이것은 엄청나게 크고 깊은 사상이다. 그 의미는 당신이 차차 알게 되리라. 이 사상을 거부하지 말라! 당신의 체험은 당신으로부터 번져나온 것이다. 당신의 체험은 당신의 생각의 결과이다. 당신의 선택과 결심은 당신 안에 있는 것이다. 당신의 추리도 당신 안에 있다. 그처럼 당신의 평화, 행복도 모두 무한한 당신(당신은 무한한 것이다) 안에 있다.

고요한 숲 속을 거닐거나 아름다운 정원을 보고 즐길 때 "이곳은 평화스러운 좋은 곳이군!" 하고 당신이 말했다고 하자. 당신이 체험하는 평화는 당신의 마음속 — 당신 자신의 느낌 속에 있는 것이다. 한 사람은 저녁 해를 보고 "야, 참 아름답다!" 하고 말하며 마음을 빼앗기고 정신없이 기뻐하고 감동을 받기도 한다. 그러나 같은 저녁 해를 보면서 다른 사람은 "빛이 너무 세서 눈이 아프군!" 하고 투덜거린다. 어느 편이든 자기를 지배하는 사고의 형태에 따라서 — 자신의 이익과 선택에 따라서 체험이 다른 것이다.

당신이 알 수 있는 사랑은 모두 당신의 마음속에 있다. 다른 사람에게 더 많은 사랑을 나타내면 나타낼수록 당신 자신은 더 많은 사랑을 받게 된다. 당신 안에 있으며, 또 당신을 에워싸는 생명력은 당신이 생각하는 그대로 응답한다. 얼마나 복잡하고 재미있는 존재인가, 당신은!

당신은 대생명력이며 대생명력, 그것을 체험하고 또 표현하는 것이다. 그러므로 당신은 대생명력에 있어서 — 즉 신에게 있어서 가장 중요한 존재이다.

마음의 자세는 겉으로 드러난다

큰 노여움을 터뜨리거나 심각하게 걱정을 한 뒤에 병이 난 경험이 있을 것이다. 그 노여움이나 걱정은 정신의 한 자세이다. 그것은 당신이 선택한 신념의 자세이고 병은 그 신념에 따라서 일어난 일이다. 당신은 공포나 걱정의 쇼크를 받은 뒤 기운이 쭉 빠져버린 일도 겪었을지 모른다. 마음이 혼란할 때는 모든 일이 나쁘게만 돌아가는 것처럼 보이기도 한다. 감정이 달아올라 잠을 못 잔 일도 있을 것이다. 모두 당신의 믿음에 따라서 일어난 일들이다.

어느 날 라디오 방송을 하기 위해서 방송국으로 가려고 연구소를 나섰다. 그날 아침은 좀 걱정스러운 일이 있어서 생각이 헝클어져 있었다. 보도에서 큰길로 자동차를 몰고 나오려니까 다른 차가 내 차의 펜더를 스치듯이 하면서 앞질러갔다. 차를 몰고 가다가 몇 번이나 다른 차와 부딪칠 뻔했고 마침내는 어떤 차가 내 차의 펜더 한쪽을 조금 우그러뜨려 놓았다. 그래서 나는 혼자 중얼거렸다.

"여보게나, 잠깐 길 한쪽에 차를 세우고 생각을 좀 정리하는 게 어떻겠나?"

그리하여 몇 분 동안 혼자 자문자답을 한 끝에 가까스로 생각이나 행동을 통제하는 힘이 생겼고 침착을 되찾았다. 마음의 자세를 바꾸기로 스스로 선택한 것이다. 그러자 마음속의 투쟁은 해소되고 일을 시작할 기분이 되었다. 그런 뒤로는 하루 종일 모든 일이 순조롭게 진행되었다.

마음이 콱 치밀어오르면 일이 순조롭게 진행될 수가 없다. 누가 내 발을 밟아도 가만히 있는 게 제일인 것 같다. 만일 우리가 안 좋은 기분으로 있으면 집에서나 일터에서나 누구와 언짢은 일이 생기기 쉽다. 씁쓰레하고 불쾌한 기분은 사람들을 나한테서 쫓아버린다. 씁쓰레한 기분도 마음의 한 자세이다. 즉 신념의 한 상태이다. 만일 사람들이 나를 좋아하기를 바라고 그들과 잘 어울리기를 바란다면 기분을 누그러뜨리고 마음의 자세를 좋게 해야 한다. 미소를 잊지 말아야 한다. "얼굴에 미소를 띠우지 않은 사람은 아직 예복을 다 차려입지 않은 사람이다"라고 누군가가 말했다. 이 웃는 얼굴도 우리가 선택한 결과이다.

우리의 성공이나 실패도 우리의 정신 자세에서 나온 것이다. 사람이나 나 자신에 대한 사고의 결과 — 즉 다른 사람이나 나 자신에 대한 태도의 반응으로 오는 것이다. 친절하고 남을 배려하는 마음이 있고 손님이나 단골에게 관심을 가지며 그들을 사랑하는 사람은 장사를 잘하게 된다.

우리 집안과 친하게 지내는 한 부인의 일이 생각난다. 그 이름을 가령 메리라고 하자. 그녀는 젊어서 결혼하여 가정 밖에서는 일을 해본 적이 없었다. 그러나 남편을 여의고는 어떻게든 생계를 꾸리지 않을 수 없어서 11월에 그녀가 사는 로스앤젤레스의 어느 커다란 백화점에서 일하게 되었다. 그녀는 이때까지 물건을 팔아본 적은 없었지만 천성이 붙임성이 있고 사람들에게 관심을 가지며 남을 즐겁게 해주기를 좋아했다. 크리스마스 철을 만나 그녀는 그 큰 백화점의 스카프 매장으로 배치되었다. 거기에서 그녀는 경험 없는 판매원에 지나지 않았으나 이내 누구보다도 많은 매상고를 올리게 되었다. 나는 그녀가 어떻게 그렇게 물건을 잘 파는지 궁금해서 어느 날 백화점에 들러 조금 떨어진 곳에 서서 그녀가 물건을 파는 모습을 몰래 지켜보았다. 같은 매장에 있는 또 한 명의 판매원은 떨떠름한 얼굴로 따분한 듯이 손님을 대하고 있었다. 손님도 뭔가 거북한 눈치를 하고 마음을 정하지 못하겠는지 스카프 몇 장을 손에 들고 망설이고 있었다. 그렇게 반시간이나 지나자 마침내 그 판매원은 메리를 부르더니 말했다.

"내 손님을 좀 맡아주겠어요? 잠깐 세면장에 다녀올게요." 메리는 이 손님을 맡아서 방긋 웃으며 망설이는 부인의 눈을 정답게 들여다보았다.

"젊은 분 걸 찾으세요, 좀 나이 든 분 걸 찾으세요?"

"마음에 드는 것이 있으면 여러 장 사겠어요."

"그럼 그분이 좋아하시는 빛깔과 어떤 스타일의 옷을 입으시는지 말씀해주세요. 좋은 물건을 보여드릴게요."

두 사람은 금방 친해졌고 손님은 허물없는 태도가 되었다. 메리는 "이것은 어떠세요?" 하고 아름다운 스카프 한 장을 골라 부인의 목에 둘러주고는 방긋 웃으며 지켜보았다. 부인은 미소를 지으면서 그 스카프를 샀다. 몇 분 사이에 한 다스나 되는 스카프를 사든 부인은 부지런한 걸음으로 돌아갔다. 12월에 메리의 매상고는 최고였다. 2월 초에 그녀는 그 판매부의 부장이 되었다. 이런 일은 이 백화점이 생긴 후 처음 있는 일이었다.

우리의 태도는 몸을 통해서 주위의 여러 일에 영향을 미친다. 우리가 부지런히 좋은 일을 밖으로 내보내면 그것은 좋은 일이 되어 우리에게 되돌아온다. 우리의 욕구나 동기나 태도나 선택은 정신의 자세이다. 우리는 누구나 병에 걸리면 마음이 초조해진다고 생각한다. 그러나 대개의 경우 이것은 정반대이다. 우리가 뭔가 초조해하거나 무서워할 때, 혹은 정신이 혼란할 때 몸은 병의 증상을 나타내게 된다. 우리의 몸은 마음의 자세에 반응하며, 상대방도 마찬가지로 우리의 마음의 자세에 반응한다. 우리가 안 좋은 기분으로 있으면 사람들도 나에게 불쾌하게 대한다. 그 기분이라는 것이 바로 정신의 자세이다. 우리가 자신이나 상대방을 신뢰하기로 선택하면 — 또 자기 자신을 정직하게 사랑하고 긍정적으로 평가하고, 자기가 사귀는 사람들에게 사랑과 선의를 표현하면 — 인생을 훨씬 더 성공적으로 살아나갈 수 있다.

6
마술 같은 결심의 힘

흐트러진 마음이나 주위의 어지러운 상황에서 얼른 그리고 확실하게 질서를 되찾기 위해서는 즉석에서 결심하고 그 결심을 바꾸지 않는 것이 무엇보다도 중요하다.

결심의 중요성

의식적으로 깊이 생각하여 합리적 전제에서 결심에 이르고, 그 결심에 온 힘을 다 기울여 줄기차게 밀고 나아가면 당신은 자신의 생활을 지배할 수 있게 된다. 그렇게 되기 전에는, 당신은 물에 떠다니는 나무토막과 같은 신세이다. 의식하고 걷는 발걸음도 없고 목표도 운명도 없다는 것이다. 그러므로 결국은 불행으로 끝나고 만다. 그것이 사실이라는 것은 누구나 알고 있다. 그래서 어떻게든 이치에 맞는 — 바른 결정을 하고 싶어한다. 이것은 분명히 개인적인 일이며 또 특권이다.

어디에나 넘쳐흐르고 도처에 불타오르려고 하는 대생명력이 인격화되고 개인화된 것이 인간이다. 에머슨은 말했다. "사람은 생명을 받은 우주의 한 조각이다." 사람은 자기 자신에게 눈을 뜨고 자신을 자각하는 우주의 한 조각이다. 우리 한 사람 한 사람은 자기만의 세계에 살고 있는 것이다. 당신이나 나라고 불리는 대생명력의 핵심은, 도처에 넘쳐흐르는 대생명력 속의 지각 있고 선택할 줄 알고 자유 의사를 가진 존재이다.

대생명력은 스스로를 표현하고 싶어한다. 자기가 무엇인가를 표현하고 싶은 것이다. 대생명력이 건강, 행복, 조화 등에 표현되면 천국이 된다. 우리가 건강, 행복, 조화 등에 대생명력을 표현하면 그것은 천국을 체험하는 것이다.

그리스도는 천국이 우리의 세계에 표현되기를 기도했다. 지혜, 사랑, 평화, 위력, 미, 행복 등의 보편의 특질이 각자의 생활에 표현되기를 바란다. 사람은 대생명력의 화신이므로 그가 어떻게 대생명력의 법칙을 사용하느냐 ― 그가 바라는 여러 가지 것들을 어떻게 대생명력에게 요구하느냐 ― 는 그가 결정할 일들이다. 그가 결심을 할 때, 그는 대생명력이 그를 위해서 어떻게 행동할 것인가를 결정하고 있는 셈이다.

몇 년 전의 일이다. 나는 오후 4시경까지 밖에서 사람들을 방문하고 있었다. 연구소에 돌아와보니 한 남자가 나를 만나러 와서 하루 종일 기다리고 있었다. 내가 들어섰을 때 그는 방 안 마루 위를 뚜벅뚜벅 걷고 있었다. 24시간 동안, 그는 아무것도 먹지 않고 잠도 자지 않았다. 전날 밤 그의 낡은 차를 몰고 나를 보기 위해 밤을 새워 달려왔던 것이다. 핏발 선 눈초리에 살기가 도는 것처럼 보였다. 나는 그에게 편하게 의자에 앉으라고 하고 먹을 것을 가져다주었다. 그러자 한마디씩 비참한 이야기를 시작했다. 그는 지금 실직 중이며 예쁜 아내와 귀여운 두 딸이 있지만 늘 어딘가에서 일이 틀어지는 바람에 술고래가 되었고 다른 여자와도 관계를 맺어왔다. 고용주의 이름을 훔쳐서 몇 장의 공수표를 발행하고 지금은 경찰에 쫓기는 몸이 되었다. 아내는 짐을 싸서 북부에 사는 친정 어머니한테로 갈 채비를 하고 있다. 이런 일 저런 일로 해서 그는 자포자 기 상태였다. 어떻게 할 방도도 없고 앞길은 깜깜하기만 했다.

　나를 만나러 오기 전날에 그는 독약을 사서 그것을 먹으려고 어느 길 가 공중변소로 들어갔다. 자살만이 유일한 해결책이라고 생각한 것이 다. 그런데 변소 바닥에 잡지가 한 권 딩굴고 있어서 무심코 집어들어 펼 쳐보니 '어떤 문제든 풀 수 있다'는 기사가 눈에 들어왔다. 그 표제 아래 에는 '어떤 상황이든 빠져나갈 길은 있는 법이다'라는 부제도 달려 있었 다. 그것이 그의 호기심을 끌었던 것이다. 그리하여 그 필자인 나한테 달려온 것이다. 물론 그는 나의 강연을 들어본 적이 없었지만 자살할 계 획을 실천하기 전에 나를 한 번 만나서 이야기나 들어보자고 작정한 것 이다. 그는 나에게 비참한 사정 속에서 빠져나올 길이 있다 하더라도 자 기는 아무래도 찾을 수가 없을 거라고 말했다. 나는 그에게 자살이라는 것은 그의 아내나 딸을 위한 결정이 아니다, 그 사실은 그들을 더 비참하 게 할 뿐이다, 하고 말했다. 자살이란 이기적인 일이며, 그 자신에게는 빠져나갈 길이 될지 모르나 그를 기대고 사는 가족에게는 그렇지 않다고 알기 쉽게 설명해주었다. 먼저 그 말이 그의 마음에 먹혀들었다! 그리고 나서 이번에는 앞으로 어떻게 하면 정말 좋을 것 같으냐고 물으니까 그 는 이내 태도가 좋아지는 것 같았다. 음식을 먹고 나니 자신의 곤란한 상 태를 약간 객관적으로 바라볼 여유가 생긴 것이다.

　우리는 몇 시간 동안을 함께 이야기했다. 그러는 동안에 그는 자신 이 어디에서 잘못되었는가를 알게 되었고 마침내 하나의 결심에 도달할 수 있었다. 이렇게 해야 한다고 생각되는 바른 길을 빨리 찾은 것이다. 만일 사람이 바르게 생각하고 바르게 행동한다면 마침내는 행복이 자기에게 온다는 말에 격려받은 그는 용기를 가지고 나섰다. 대생명력의 법칙에 기대고 자기의 선택에 따라서 구원을 받겠다는 결심에 이른 것이다.

소크라테스는 말했다. "착한 사람에게 나쁜 일은 오지 않는다.""착한 사람에게 일어나는 일은 언제나 좋은 일이다." 다윗 왕의 말도 함께 생각해주기 바란다. "바른 사람은 버려지지 않는다."

나는 이 남자에게 이렇게 말했다. 장래를 환히 내다보고 무슨 일이 올 것인가를 정확하게 예언할 수는 없다. 그러나 바른 생각과 바른 행동을 하게 되면 그의 체험의 세계에는 바른 일이 온다는 것은 약속할 수가 있다고. 그는 집으로 돌아가 아내에게 용서를 빌 결심을 했다. 그녀가 그를 버리고 가는 데는 정당한 이유가 있으므로, 만일 그녀가 영 그를 버린다 하더라도 그는 그녀를 비난하지 않기로 했다. 그러나 만일 그녀가 용서해준다면, 만일 그에게 한 번 더 기회를 준다면 그는 그녀의 믿음에 어긋나지 않게 최선을 다하겠다고 말할 결심을 했다. 고용주한테도 가서, 당신은 나를 형무소에 보낼 충분한 권리가 있으므로 형무소로 보낸다 하더라도 하나도 원망하지 않겠다고 말할 결심을 했다. 그리고 한 번만 더 기회를 준다면 일을 계속해서 부채를 갚겠다고, 이번 일로 자기는 교훈을 하나 얻었다고 말하겠다고 했다.

그는 할 일을 정하고 그것을 실행할 결심을 하고 그 결심을 굽히지 않겠다고 마음을 먹고 나서 어느 정도 침착과 평화를 얻었다. 그런 뒤 그는 나의 연구실을 나갔다. 정말로 바르다고 생각하는 일을 행할 결심을 한 것이다. 처음에는 독약을 마시겠다는 결심이었는데, 이제는 형무소라도 가겠다, 자신의 잘못은 끝까지 책임지겠다며 죽는 것은 일단 포기했다. 그는 가족과 정직하게 대결하겠다고 생각하고 먼저 집으로 갔다. 그의 첫 행동은 다른 여자와의 관계를 완전히 끊는 것이었다. 술도 끊겠다고 결심하고 결심대로 밀고 나갔다. 그리고 나서 그가 이름을 훔친 고용주에게도 정면으로 대면했다. 그의 아내도, 돈을 빌려준 사람도, 고용주도 그가 진심이라는 것을 인정하고 그의 마음이 변한 것을 알고는 그의 말을 그대로 받아들였다.

1년이 채 안 되어서 그는 부채를 말끔히 갚았다. 회사에서는 전보다 좋은 지위에 올랐다. 그와 아내는 새 집을 샀다. 두 딸은 음악과 무용을 배우러 다녔다. 이 변화는 모두 하나의 정신적 행동인 결심에서 나온 것이다. 그는 요즈음도 밤늦게 나에게 장거리 전화를 걸어 자기가 합리적이고 상식적인 결심을 한 덕택에 자기 인생에 빛나는 일이 일어났다고 감사의 말을 하곤 한다.

결심은 주위의 공기를 맑게 한다

어쩔 줄을 모르고 망설이는 한 부인이 나를 찾아왔다. 200킬로나 떨어진 곳에 살고 있는데 내가 사는 도시에 빌딩을 가지고 있으며 그것을 슈퍼마켓에 세를 내주고 있었다. 그런데 빌딩에 세를 들고 있던 마켓의 경영자가 그녀에게 편지를 보내어 빌딩을 상당한 정도로 고쳐주고 세도 어느 선까지 내려주지 않는다면 다른 데로 옮겨가겠다고 말했다. 같은 지구에 슈퍼마켓을 차릴 만한 곳이 또 하나 났기 때문이라고 했다는 것이다. 그녀는 시간의 여유가 없다고 했다. 경영자의 편지는 며칠 전에 왔기 때문에 30분 뒤에는 그 남자를 만나 어떻게 하겠다는 것을 말해줘야 한다고 했다. 그녀도 어느 정도 수리를 하고 또 집세도 내려야겠다고 생각하지만 경영자의 요구가 엄청나서 그대로 받아들일 수가 없다는 것이었다.

나는 그녀에게 가만히 앉아서 이 문제를 그녀의 입장에서뿐 아니라 세 든 사람의 입장에서도 생각해보라고 말했다. 또 수리나 집세에 대해서도 정직하게 생각하여 어느 선으로 정하는 것이 정말 옳다고 생각하는가를 자세히 종이에 써보라, 그리고 그것을 가지고 가서 세 든 사람 앞에 놓고 그녀가 어떻게 결정을 했는가, 그리고 왜 그것이 바른가를 차근차근 설명해주라고 충고했다. 만일 그녀가 어디까지나 정직하고, 자기만 생각하는 것이 아니라 세 든 사람도 배려한다면, 생각을 한다면, 비록 이 사람이 받아들이지 않더라도 다른 사람이 들어올 것을 기대할 수 있다고 나는 말했다.

그녀는 내 연구소를 나가고 한 시간 만에 나에게 전화를 걸어왔다. 세 든 사람을 찾아가 자기의 결정을 쓴 종이를 앞에 놓고 이것이 내가 할 수 있는 한계이고 왜 그렇게 정했는가를 설명했더니, 세 든 사람은 그 각서를 보고 그녀에게 이렇게 말했다고 했다. "나도 그렇게 생각합니다. 새로 계약서에 서명합시다." 이것은 그녀가 바른 결심을 한 데서 나온 결과였다.

만일 우리가 보다 높은 수준의 정직성과 고결함을 가지고 행동하고 자기편에서뿐 아니라 상대방의 입장도 생각해준다면 — 그리고 대생명력은 바른 결심이나 적극적인 신념, 동정이나 사랑을 통해서 힘을 준다는 것을 안다면 — 그때는 반드시 바른 결과가 뒤를 이어 일어나는 법이다.

전화회사의 책임 있는 지위에 있는 여자 중역이 나를 찾아왔다. 16세 된 딸이 제멋대로 행동하며 도무지 말을 듣지 않는다는 것이다. 부인은 남편을 일찍 여의고 지금까지 딸과 친정 어머니와 한 집에 살고 있었다. 그리고 딸의 가정교육은 대체로 할머니의 책임이었는데 얼마 전에 할머니가 세상을 떠났다고 했다. 그런 뒤로 딸은 가사도 돕지 않고 자기 방 청소마저도 하지 않는 것이었다. 밤늦게까지 집에 돌아오지 않으므로 어머니는 여간 걱정이 아니었다. 그녀가 나에게 상담을 하러 온 전날 저녁에 어머니가 딸을 때리자 "왜, 이렇게 때리는 거예요!" 하고 일부러 큰소리를 냈다고 한다. 이웃에 들리게 해서 자기 어머니가 자기를 심하게 다룬다는 소문을 내려고 하는 것 같았다.

나는 이 어머니에게 이렇게 충고했다. 종이 한 장에 자신의 입장과 딸의 입장을 모두 고려해서 딸이 해야 할 일들 — 자기 방의 청소까지 포함해서 어느 선까지 가사를 도와야 하는가, 외출을 해도 되는 날 밤에는 몇 시까지 돌아와야 하는가, 그 밖에 보통 때의 귀가 시간이나 요구할 것들을 모두 쓰라고 했다. 그러자 어머니는 망설였다. 만일 그것을 딸에게 보이면서 그렇게 하라고 하면 딸은 집을 나가버릴지도 모르기 때문이었다. 그러나 내가 바른 결심에서는 바른 행동이 태어날 뿐이라고 말하자, 나의 말을 듣고 그녀는 자기와 딸을 위해서 완벽한 시간표를 작성했다. 나는 그 부인에게 이것은 바른 일이므로 딸이 받아들일 거라는 절대적인 신념을 가지고 이 종이를 집으로 가지고 가서 딸 앞에 놓으라고 말했다.

그녀는 결심을 하고 나의 연구소를 나갔는데 두 시간쯤 지나자 전화가 걸려왔다. 그 목소리는 딱딱한 소리가 아니라 확 풀려 있었다. 그녀가 집으로 돌아가자 딸은 문까지 마중을 나와 엄마의 목을 안고 볼에 키스를 했다는 것이다. 딸이 이렇게 애정을 나타낸 일은 몇 주가 되도록 없었던 것이다. 그래서 자연히 어머니는 종이를 딸에게 보여줄 필요가 없게 된 셈이다. 보여줄 필요가 있다고 느낄 때에나 보여주는 것이 나을 거라고 나도 그녀에게 말했다. 그러나 보여주지 않으면 안 될 때는 그 뒤 한 번도 오지 않았다.

딸이 어머니를 대하는 태도는 완전히 달라졌고 또 공부나 집안 일도 전과는 아주 딴판으로 열심히 하게 되었다. 따뜻하고 부지런하게 가사를 돕고 자기 방도 깨끗이 치웠다. 그 뒤 나는 이 모녀가 내가 강연하는 극장의 제일 앞자리에 앉아 있는 모습을 일요일마다 보게 되었다. 딸의 변화는 의심할 여지도 없이 어머니가 바른 결심을 한 결과이다. 어머니의 적극적인 확신이 무의식적으로 딸에게 전해졌던 것이다.

우리가 어떤 사태가 정말로 바르다고 확신하면 대생명력의 법칙은 우리가 기대하는 대로 실현된다. 이때 우리는 그것이 실현된다는 것을 믿어야 한다. 그것이 비결인 것이다.

어느 일요일 아침 나는 커다란 극장에서 결심의 중요성에 대해서 강연했다. 다음날 부동산을 많이 가지고 있는 한 실업가가 나를 찾아왔다. 어떤 사람이 자기 부동산을 높은 가격에 사겠다고 나섰는데, 그것을 팔 것인가 말 것인가에 대해서 몇 주 동안이나 생각을 거듭해왔으나 결정짓지 못하다가 내 강연을 듣고 나니 어떻게든 결정을 내려야겠다고 느꼈다는 것이었다. 그는 내 책상 앞에 앉아서 자기로서도 사는 사람으로서도 바르다고 생각되는 값에 팔겠다는 결심을 세웠다. 그 가격은 그가 제안받은 가격보다 상당히 웃도는 가격이었다. 내 연구소를 나선 그는 사겠다는 사람한테 가서 자기가 옳다고 생각하는 바를 솔직하게 말했다. 그러자 이틀 뒤에 상대방은 그 제의를 받아들였다. 그리하여 그의 부동산은 자신과 매입자 양편에 막대한 이익을 가져왔다. 이 거래는 매도자의 명확한 확신과 결심 덕에 직접 이어진 거래였던 것이다.

성공도 실패도 자신이 만든다

결심, 상상력, 신념, 동기 — 이들은 모두 정신의 상태이자 마음의 자세로서 우리의 체험에 영향을 미친다. 이들 능력을 사용함으로써 우리 속에도 있고 또 우리를 에워싸고 있기도 한 다이너모(발전기)와 같은 힘을 가진 대생명력을 움직이고 또 방향을 제시한다. 신의 나라는 우리 안에 있다. 어디에나 넘쳐 있는 대생명력은 우리가 쓰도록 마련되어 있는 힘이다. 그 힘은 보편이므로 우리 속에도 있는 것이다.

대생명력은 하나밖에 없다. 그 대생명력이 개성화해서 우리 각자가 된 것이다. 그 하나의 대생명력을 당신이나 내가 알고, 또 체험할 수 있는 오직 하나의 장소는 나의 생명이라든가 당신의 생명이라고 부르는 그것 안에 있다. 정신의 무한한 소질을 사용할 수 있는 장소는 바로 우리가 생각을 하는 그곳이다. 그러므로 일은 마땅히 우리로부터 시작되는 것이다. 우리 속에 신의 정신이 있고 우리가 신의 힘을 사용하고, 또 방향을 주는 것이다. 이 힘을 성공보다는 실패에, 건강보다는 병에, 평화보다는 혼란에 향하게 하는 사람이 많은 것이 사실이다.

당신은 어디에 있으나 무엇을 하나 언제나 당신 자신과 직면하므로 자기가 중요하기도 하고 또 문제가 되기도 하는 것이다. 그러나 그러한 자기를 깊이 들여다보면 거기에서 무한의 소질과 끝없는 능력의 샘을 발견하게 된다. 아마 당신은 그것을 제대로 완전히 사용한 적이 없었으리라. 그들 소질이나 능력은 당신의 발견이나 지향이나 사용을 기다리고 있다. 왜 당신은 지금 그 힘을 사용할 결심을 하지 않는가? 이 무한의 지력과 위력은 당신이 쓸 수 있는 것이다. 당신이 쓰지 않는다면 그것은 아무 의미도 없다. 당신은 자신의 결심을 통해서, 상상력과 신념을 통해서 그것을 쓸 수 있는 것이다. 당신 안에는 또 추리하는 힘도 있다. 결심하기도 하고 상상하기도 하는 기적과 같은 힘도 있다. 선택하는 재능도 있다. 당신의 몸 안에는 대생명력을 바라는 대로 풍부하게 대량으로 표현할 수 있는 이른바 도구가 모두 갖추어져 있다. 그 도구를 알고 어떻게 사용할까를 배우는 일만이 남은 것이다.

자기 재능을 업신여기지 말라

자기 자신을 에누리하면 안 된다. 헐값으로 팔아넘기면 안 된다. 당신은 놀라운 존재이다. 대생명력이 정신의 법칙을 통해서 작용하고 있는 존재이다. 그리고 그 정신의 법칙은 당신이 사용할 수 있는 것이다. 당신은 나와 마찬가지로 대생명력이 이 정신의 법칙을 통해서 어떻게 작용하는가를 배우기만 하면 되는 것이다. 더욱 건강하고 풍부한 체험을 얻기 위해서 그 정신의 법칙을 어떻게 사용하면 좋은가를 배우면 되는 것이다. 이것을 배우면 당신은 건강하고 행복하고 부유한 생활을 할 수 있는 비결을 얻게 된다. 이때까지 얼마나 오랫동안 당신이 자기 자신에게 반항하고 최선의 이익에 어긋나게 그것을 사용해왔느냐 하는 것은 아무 상관도 없다. 오늘 당신은 그것을 착하고 건전한 체험의 방향으로 돌릴 수 있다. 당신의 생애라는 꽃밭에 함부로 돋아난 지난날의 잡초나 가시덤불이나 엉겅퀴를 뽑아내버리고 씨를 뿌리지 않는 한, 잡초는 없어지지 않는다. 그러나 바로 오늘 뽑아버리고 다시 심을 수가 있으며 그렇게 하면 금방 새로운 모습의 다른 화원으로 바꾸어놓을 수가 있다.

7
누구나 기분 좋은 사람, 기분 좋은 장소에 끌린다

누구나 즐거운 사람 옆에 있고 싶어한다. 그러므로 당신이 있는 곳을 즐거운 곳으로 만들면 사람들은 당신 곁으로 끌려오게 된다. 모두 당신을 에워싼다. 그리하여 만일 당신을 좋아하게 되면 모두 당신에게 좋은 일을 해주게 되는 것이다.

자기 존중의 중요성

사람을 끌어당기는 것은 정신의 작용이다. 당신이 사람을 좋아하고 또 사랑하는 것은 당신의 마음속에 진행하는 어떤 것이다. 그러므로 다른 사람이 당신을 좋아하고 당신에 대해 반응하는 것은 당신 안의 정신의 어떤 자세이다. 만일 당신이 자기 자신을 좋아하고 또 인정하고 높이 평가하고 있다면 자신을 잘 다루어나갈 수 있다. 그리고 그렇게 하면 저절로 세상 사람들하고도 잘 지낼 수 있게 된다. 우리가 늘 기억할 것은 만일 당신이 다른 사람을 좋아하고 싶으면 먼저 자기 자신을 좋아하고 또 존중해야 한다는 것이다.

자기를 존중하지 않고 존경하지 않는 사람은 도피하는 사람이다. 자기에게 문제가 있는 것인데도 그 결점을 다른 사람의 탓으로 떠넘기고 싶어한다. 자기가 불완전하다고 느끼는 사람은 변명을 늘어놓고 자기의 실패를 합리화하고 그것은 누구 다른 사람의 과실이라고 주장한다. 이것은 어떻게든 자신은 평화롭고 정신의 조화를 간직하고 살고 싶기 때문이다.

우리는 매일 자기 자신을 좋아하지 않는 사람을 만난다. 자신을 좋아하지 않기 때문에 그는 다른 사람에게 노여움이나 비난을 퍼붓고 싶어한다. 자연히 이것은 다른 사람으로 하여금 그에게 화를 내게 만들고 또 비난을 하게 한다.

당신의 인격은 감정이나 태도에 나타난다. 당신은 자기의 감정을 건강하고 유쾌한 방향으로 이끌어가고 싶은가? 아니면 거칠어지는 대로 내버려두고 마침내는 감정이 당신을 지배하도록 놓아두고 싶은가? 즐거운 기분으로 있을 때 몸의 컨디션이 얼마나 좋은가! 무서움, 걱정, 미움, 질투 같은 것은 표정, 얼굴빛, 말, 태도에 나타난다. 우리가 걱정을 할 때는 어깨를 축 늘어뜨리고 발을 땅에 끌며 걷게 된다. 즐거울 때는 처신을 잘하게 되고 나아가서는 다른 사람에게도 훨씬 잘 대하게 된다. 그때 자신은 신념을 가지며 또 다른 사람에게도 신념을 가지게 할 수 있다. 자기를 믿을 때, 그리고 대생명력을 믿을 때는 다른 사람도 믿기 쉬운 법이다.

행복이란 것은 당신의 바깥에 있는 어떤 것도 아니고, 또 다른 사람이 가져다주는 것도 아니다. 그것은 바깥에 있는 사람이나 외계의 체험에 붙어 있는 것이 아니다. 행복은 정신의 자세이고 자각의 자세이다. 당신이 인정하고 가꾸고 느끼고 맛볼 수 있는 것이다. 신념과 마찬가지로 몸 안에 있는 것이고 맛볼 수 있는 것이다. 신념과 마찬가지로 몸 안에 있는 것이고 가꿀 수 있는 것이다. 당신은 무슨 특별히 좋은 일이 생기거나 병이 완전히 낫거나 누구 적당한 사람과 결혼하거나 하지 않으면 행복하게 될 수 없다고 생각할지 모른다. 혹은 무슨 특별한 일을 성취하기까지는 행복해지는 것을 보류하겠다고 생각하고 있을지도 모른다. 그러나 이것은 말 앞에 수레를 다는 일과도 같으며 순서가 완전히 뒤바뀌어 있는 것이다. 행복은 우리의 안에 있는 것이므로, 그렇게 생각한다면 거꾸로 생각하는 셈이 된다. 행복은 무슨 일이 성취되거나 어떤 상태의 결과로 오는 것이 아니다. 행복 자체가 우리로 하여금 일을 성취하게 해주고 달성하게 해주는 중요한 원인인 것이다. 우리가 즐거운 마음의 상태를 가지고 있으면 성공적인 체험이 우리에게 오는 것이다. 행복할 때는 자동적으로 일의 달성에 기운이 붙는 것이다. 행복할 때 우리는 우리 주위에 좋은 사람들을 끌어들이는 힘을 작용시킬 수 있다. 친구는 당신에게 끌려온다.

정신은 라디오처럼 작용한다

마이크를 향해서 말을 해보라. 당신의 말소리는 몇 백 킬로 떨어진 데까지도 들리게 된다. 마치 당신이 옆에서 이야기해주는 것처럼 듣는 사람에게 똑똑하게 들린다. 몇 년 전 내가 처음 방송을 시작했을 때에는 듣는 사람이 같은 방에 없다는 것 때문에 도저히 말을 할 수가 없었다. 마이크라는 그 조그만 물건이 참 차갑고 무섭게 보였다. 내가 하는 말에 반응하는 사람이 나에게 보이지 않았다. 귀를 기울이며 미소를 띠우는 사람도 볼 수가 없었다. 상대편이 금방 끊어버리지 않을까 하는 생각도 들었다. 그러나 어느 사이에 나는 이들 모든 청취자들이 나의 친구라는 생각이 들게 되었다. 그리고 그들을 좋아하게 되었다. 나는 상상 속에서 그들이 나에게 웃음을 띠우는 것을 보게 되었다. 나의 말에 귀를 기울이고 있는 대중과 긴밀한 개인적 우정을 느끼게 되었다. 그 결과 몇 천 통이나 되는 편지를 받았고, 편지에는 내가 직접 그들에게 이야기해주고 개인적으로 친근한 말을 걸어주고 있는 것처럼 느껴진다고 쓰여 있었다.

현재 과학자들은 우리 자신이 라디오 발신기이자 수신기라는 말을 하곤 한다. 몸이나 뇌의 어떤 세포들은 발신하는 일을 하고 어떤 종류의 세포는 수신하는 일을 하게 된다는 말이다. 몸 안에 사고를 하는 장소에서는 일정한 진동파가 일어난다. 그 결과 그에 상응한 무슨 반응이 자기 몸 안에 ― 주위의 여러 가지 일 속에 ― 다른 사람의 사고나 행동에 일어난다. 오늘날 대생명력의 놀라운 힘을 깊이 알게 되면서 이런 일은 하나도 놀랄 일이 못 되는 것처럼 보인다. 모든 사람에게 공통된 하나의 정신, 하나의 매체 ― 어디에나 가득 차 있는 창조하는 대정신이며 모든 사람이 사용하는 것 ― 가 있으므로 의심할 것도 없이 이상과 같은 일이 일어난다고 생각되는 것이다. 그리고 그 대정신 속의 하나의 존재에서 일어나는 사고나 운동은 실제로 모든 존재에 활동을 일으킬 수 있는 것이다. 에머슨은 "모든 개인에 공통된 하나의 정신이 있다" 하고 말했다.

사고는 현실의 것이다. 우리 자신이 사고를 발동시켜 그것을 다른 사람들에게 옮겨간다. 우리 자신의 몸이, 우리 주변의 일이, 또 우리 주변의 사람들이 우리의 사고에 어떻게 반응하는가를 쉽게 볼 수 있다. 우리가 생각하는 것은 환경에서 반사되어 되돌아온다. 그리하여 우리가 믿는 대로 — 정신을 쓴 대로 — 그것들이 우리에게 행동한다. 그런 반응은 우리의 육체나 주변의 일, 다른 사람들 등에 대해서 사실일 뿐 아니라, 바로 대생명력 전부에 있어서도 사실이다. 당신의 개는 당신의 생각이나 감정에 반응한다. 개를 미워하면 사랑할 때와는 다르게 반응한다. 식물까지도 그것에 대한 당신의 사고에 반응한다. 최근에 한 과학자가 식물에 대해서 참 재미있는 실험을 했다. 이쪽 밭의 식물은 사랑하고 저쪽 밭의 식물을 저주했다고 한다. 사랑하고 축복해준 식물은 이상하게도 빨리 자라고 저주받은 식물은 쭈그러지고 말라 죽었다고 한다. 이것이 거짓말처럼 들릴지 모르나 뜰을 사랑하고 식물을 사랑하는 사람은 그것을 미워하고 화를 내는 사람이나 혹은 무관심하게 다루는 사람들과는 너무나 다른 체험을 하게 된다. 이상의 과학 실험은 식물이 수백 킬로나 떨어진 곳에서도 행해졌다고 한다.

서유럽에는 저 사람은 초록빛 엄지손가락을 가졌다는 말이 있다. 그러한 평판을 받는 사람하고 만나본 사람들도 있을 것이다. 이 말은 식물이 사랑에 반응한다는 의미이다. 남캘리포니아 주의 한 오렌지 재배자는 이웃 밭에서는 모두 살충제를 뿌리는데 그는 그것을 사용하지 않았다고 한다. 그는 날마다 과수원 안을 돌아다니며 나무를 축복하고 무겁게 열매를 매달고 있으면 고마움을 표시했다고 한다. 나무에는 한 그루 한 그루 이름이 붙여졌으며 그 하나하나의 나무에 대해서 가족과 같은 따뜻한 사랑과 감사를 느꼈다고 그는 나에게 말했다. 당신은 이 말을 듣고 웃을지 모르지만 이 남자가 수확기에 은행에 돈을 맡기러 갈 때 나도 함께 따라간 적이 있다. 그때 은행 사람들은 이 재배자가 이 지방에서 두 번째로 수확을 많이 올린다고 말해주었다.

우리의 몸은 사랑에 반응한다

우리의 몸은 사랑과 감사에 반응을 나타낸다. 백 살 가까운 나이의 B. 란단이라는 사람은 70세 때 심장병으로 쓰러졌다. 의사는 아마 열 시간, 아무리 오래 가도 열흘을 넘기지 못할 거라고 했다. 사랑의 힘을 알고 있는 그는 자기의 심장에 말을 걸었다. 지금까지 자기를 위해서 일해준 것이 얼마나 고마운가, 그가 투덜거려도 심장은 얼마나 잘 견디어주었는가, 때때로 매우 악용했지만 얼마나 훌륭하게 운전을 계속해주었는가 하는 말을 심장에게 했다. 그는 만일 심장 스스로의 힘으로 고쳐진다면 앞으로는 매우 조심하여 아껴주겠다고 말했다. 그의 말에 의하면 심장에 대하여 전과 다른 사랑과 감사의 태도를 보였기 때문에 심장은 다시 완전히 기운을 회복하고 그 뒤 25년 동안이나 그를 위해서 잘 움직여주었다는 것이다.

무슨 일이든 당신의 생각에 따라 그대로 반응이 나타낸다. 왜냐하면 그것은 당신의 몸이나 세상 사람이나 동물이나 식물처럼 살아 있기 때문이다. 모든 것이 정신에 지배되고 있는 것이다.

당신은 자기의 생각을 선택할 수 있다는 것을 알고 있다. 그러나 자기의 생각을 통해서 자기의 체험의 세계를 창조하고 또 바꿀 수 있다는 사실에까지는 아마 생각이 미치지 못했을지도 모른다. 버스 회사의 매표소에서 일하는 한 부인은 세상 사람들은 하루 종일 참 변덕스럽고 엉망이며 어리석은 질문을 자꾸 해대고 그녀가 할 수 없는 일까지 강요한다고 말했다. 그래서 매우 지쳐버려서 밤에는 집에까지 오는 것이 힘에 겨워 가까스로 돌아온다고 했다. 나는 그녀에게 그 사람들에 대한 태도를 바꾸어보라고 말했다. 그 사람들을 자기를 찾아오는 친구라고 생각하고 자기가 하는 일을 재미있는 게임이라고 생각할 수는 없는 것일까? 이 말을 그녀는 재미있다고 생각했다. 그리고 태도를 바꿀 것을 결심하고 창구에 오는 누구에 대해서나 친근한 미소를 보여주고 아무리 어리석은 질문에 대해서도 귀찮아하지 않고 즐겁게 대답해주었다. 매표소에 오는 사람들 모두를 사랑하도록 노력할 결심을 했다. 그러자 금방 효과가 나타나는 것이 아닌가! 그 첫날에는 피곤한 느낌 없이 집에 돌아갈 수 있었고 가족들과 함께 유쾌한 저녁 시간을 보냈다. 그녀가 접하는 사람들이 여느 때보다 훨씬 기분 좋은 사람들이라는 것을 발견했다.

왜 이렇게 된 것일까? 그녀가 태도를 바꾸었기 때문이다. 그녀는 마침내 새로운 생각의 방식에 익숙해져 갔다. 그녀가 세상 사람들을 사랑했더니 세상 사람들도 그녀를 사랑했다. 그녀는 교훈을 얻은 것이다. H.V. 다이크라는 사람은 이렇게 썼다.

> 좋은 성격을 지니고 싶으면
> 네 가지 것을 배워라.
> 흐리지 않게 생각하라, 명확하게.
> 동료를 사랑하라, 진실하게.
> 바른 동기에서 움직이라, 순수하게.
> 신과 하늘을 믿으라, 착실하게.

우리가 생각하는 일이나 살아가는 일, 우리의 동기나 신뢰도 모두 정신의 자세이다.

정신은 대생명력 속의 커다란 창조의 본원이다. 우리가 의식하여 사용할 수 있는 것이다. 정신의 자세 또는 신념의 자세를 통하여 창조하고 싶은 것은 무엇이든 모두 당신을 위해서 창조할 수 있다. 당신은 지금 자기 몸 안이나 다른 사람이나 주위의 일 같은 것에 대해서 체험하는 것을 즐기지 않고 있는지도 모른다. 만일 그렇다면 정신이나 신념의 자세나 태도를 바꾸어보라. 그러면 이때까지와는 다른 체험을 가지게 될 것이다.

무엇이 과학적인 기도인가

만일 신념의 그릇된 자세가 불행한 결과를 가져왔다면 신념의 바른 자세는 행복한 결과를 가져올 것이라고 상식은 말할 것이다. 정신 치료 또는 과학적인 기도란 당신의 마음을 의도적으로 바꾸는 일이다. 당신의 신념을 부정인 것으로부터 긍정인 것으로 바꾸는 일이다. 지금 여기에서 전과 다르게 생각하면 먼 저기에서 다른 일이 일어나게 되는 것이다. 왜냐하면 여기에서 운행되고 있는 것과 똑같은 정신이 거기에서도 운행되고 있기 때문이다. 당신이 지금 있는 곳에서 정신을 바꾸어보라. 그러면 전과는 전혀 다른 결과를 얻을 수 있다.

성장한 인간적 존재로서 당신은 자각하여 선택하는 힘을 가지고 있다. 정신의 자세 — 당신의 신념의 자세 — 를 의식하여 선택할 수 있다. 당신의 운명을 만들어내고 또 방향을 줄 수 있다. 정신을 의식하여 사용함으로써 당신의 세계를 재건하고 다시 고칠 수도 있다. 동물이나 식물은 이것을 할 수 없다. 그들은 의식을 사용해서 생각하지 못하기 때문이다. 그들은 정신을 쓰기는 쓰지만 완전히 본능에 따라서 살고 있다. 그러나 당신은 대생명력 속에서 최고의 인격화된 존재이며, 의식하는 사고의 힘을 가지며, 무엇을 생각할까를 의식적으로 선택하는 힘을 가지고 있다. 다윗 왕이 시편에 쓴 것처럼 당신은 하늘의 새, 바다의 물고기 같은 짐승 위에 지배력을 가지고 있는 것이다. 사실상 모든 것은 당신의 발 아래에 있다.

정신을 얼마나 자각적으로 사용하느냐에 따라서 당신의 세계는 당신의 지배 아래 들어온다. 정신은 모든 생명을 창조하는 위대한 도구이다. 그것을 당신의 가장 좋은 일을 위해서 쓰고 안 쓰고는 당신의 선택에 달렸다.

8
무엇이든 만들어내는 상상력의 마술

당신의 마음속에는 그림이나 모형이나 계획 같은 것을 만드는 능력이 있다. 응답하는 성질이 있는 대생명력은 그러한 그림이나 모형이나 계획에 따라서 그대로 당신의 체험 안으로 흘러들어온다. 마음에 이미지(마음속의 상)를 만드는 이러한 능력을 상상력이라고 한다. 누구나 상상력을 가지고 있으며 그것을 사용하여 자기가 바라는 일이나 또는 바라지 않는 일에 대한 계획을 세운다.

생각한 끝에 이것을 하겠다고 결정한 마음의 그림은 당신이 대생명력에 보내는 계획안이다. 이러한 계획은 신념이 방향을 주고 또 통제한다. 신념은 마음속의 확신이다. 그것은 당신에게 진실하다고 확신하는 것, 당신의 일신에 일어날 거라고 확신하는 것이다. 당신이 의식적으로 또는 무의식적으로 진실하다고 믿으면 — 일어나리라고 정말로 믿으면 — 그것이 당신의 마음속에 만들어지는 그림이나 계획의 틀을 결정한다. 그러면 그 그림이 대생명력에 자동적으로 시동을 걸고 행동하게 된다. 상상력은 당신 마음속의 기술이다. 계획을 만드는 부문이다.

당신을 위한 계획을 세우라

만일 당신이 갖고 싶은 체험 속으로 대생명력을 흘러들어가게 하고 싶으면 먼저 계획을 세우고, 그리고 그 계획에 매달려야 한다. 그 계획이나 그림은 생생하고 순수하고 분명하지 않으면 안 된다. 흔들리지 않는 신념을 가지고 그 모형에 집착하면 그것은 언젠가 반드시 구체적인 모양을 이루고 나타나게 된다. 그러나 바라는 것의 그림을 만든 뒤라 할지라도 그것이 현실화될 수 없다는 생각을 갖거나 바라지 않는 것의 그림을 아까의 그림 위에 첨가하게 되면 당신이 바라는 일의 실현은 실패로 돌아가게 된다.

그리스도가 "가졌다고 믿어라. 그러면 너희는 받으리라" 하고 말한 것은, 바라는 것에 대해서 분명한 마음의 이미지를 만들고 그것을 현실적으로 가지고 있다고 생각하라는 의미였다고 믿는다. 당신이 마음속으로 느낌 — 가지고 있다는 확신 — 을 유지할 때, 대생명력의 창조를 맡고 있는 정신은 당신을 그 욕구가 달성되는 방향으로 이끌어가는 데 필요한 모든 일을 시작하게 된다. 상상력을 통해서 욕구가 채워지는 것이다.

자신이 성공한다고 상상할 때, 성공한다고 느낄 수 있을 때, 당신은 틀림없이 성공할 수 있다. 왜냐하면 대생명력은 자동적으로 당신을 그 방향으로 움직여가기 때문이다. 당신이 나는 건강하다는 느낌을 가지고 살아갈 때 땅 위의 어떠한 힘도 당신이 건강하게 사는 것을 방해할 수 없다. 대생명력의 정신은 당신이 가지고 있다고 믿는 것, 존재한다고 믿는 것은 무엇이든 당신에게 가져오기 위해서 통로를 열어주기 때문이다.

상상력은 의식적으로 이미지를 만드는 일을 한다. 분명한 마음의 그림을 계속적으로 가지고 있으면 당신이라는 존재의 모든 힘은 자동적으로 완성이나 목적의 달성으로 향하는 것이다. 당신 자신이 그렇게 존재하며, 가지며, 하고 있는 것을 스스로 보게 된다. 상상의 재능은 다른 자연의 재능처럼 방향을 줄 수가 있다. 이것은 억압하거나 봉해버릴 수가 없다. 우리는 상상력을 우리가 욕구하는 체험의 방향으로 향하게 할 수가 있고, 또 향하게 해야 한다. 이것을 잊어서는 안 된다. 상상력은 무엇이든 만들어내는 재능이다. 강한 힘이다. 우리는 자동적으로 우리가 상상하는 일의 방향으로 움직여간다. 그러므로 자신을 위해서, 또 다른 사람을 위해서 무엇을 상상할 때 매우 조심해야 한다.

당신이 많은 사람들의 집회에 나가서 연설을 한다고 가정하자. 그때 당신이 만일 준비도 안 했는데 어물거리거나 더듬거리거는 창피한 꼴을 보이면 어쩌나 하고 상상한다면 그 연설은 대개 실패로 끝난다.

"이렇게 많은 사람들이 나를 보고 있는데 어떻게 내가 이야기를 한단 말이야! 내 옷매무시는 제대로 되어 있나?" 하고 혼잣말을 한다. 그런 때 당신은 맹렬한 신경적인 공포를 자기 속에 만들어내고 있는 것이다. 상상력으로 그릇된 그림을 창조하고 매우 잘못된 계획을 가진 것이다. 그렇게 되면 아무리 열심히 자기를 격려하고 힘을 내보았자 아무 소용이 없다. 틀림없이 실패로 끝나고 말 것이다. 그러한 마음속의 투쟁 때문에 병까지 나는 일도 있다.

그러나 자기에게 다음과 같이 말했다고 하자.

"한 사람에게 이야기할 수 있는 사람은 백 사람이건 천 사람이건 그 앞에서 말을 할 수 있다. 여기에 있는 사람들은 나에게 호감을 갖고 있다. 그렇지 않다면 이렇게 내 이야기를 들으러 올 턱이 없다. 그들은 내가 하는 말에 흥미를 갖고 있다. 나 개인에게 흥미가 있는 것이 아니라 이 문제에 대해서 내가 자세히 연구했다는 것을 알고 있기 때문이다. 나는 준비가 잘 되어 있다. 생각도 깊이 했으며 여기에 있는 누구보다도 그 문제를 잘 안다. 나의 말은 그들에게 참고가 될 것이다. 나는 사람들에게 도움을 주기 위해서 온 것이다. 이 문제에 대해서 분명하게 이야기하여 청중도 나와 똑같은 지식을 갖게 해야겠다."

만일 상상력이 그런 방향으로 나간다고 하면 당신은 걱정이나 공포 때문에 마음이 어지러워지는 일은 하나도 없고 침착하게 좋은 강연을 하게 될 것이다. 선명하고 적극적인 그림을 상상력 속에 그릴 수가 있는 것이다.

사람 앞에 나가면 금방 얼굴이 빨개지고 조그만 일에도 감정이 확 치밀어오르고 눈물이 나는 부인이 있었다. 그 부인도 어떻게든 그러지 않으려고 했으나 잘 되지 않았다. 그것은 부끄러움이나 손해본 느낌, 당황하는 마음이 마음속에 선명한 그림으로 그려져 있기 때문이다. 그렇게 되면 아무리 애를 써본들 얼굴이 붉어지거나 울음이 터지는 것을 그칠 수가 없다.

프랑스의 유명한 정신 치료가 쿠에는 "날마다 모든 점에서 나는 자꾸자꾸 좋아져가고 있다" 하고 자기에게 타이르라고 가르쳤다. 몇 번이고 몇 번이고 그렇게 되풀이하면 드디어 상상력이 그것을 받아들이게 되는 것이다. 그리고 당신은 저절로 보다 낫게 더욱 건강하게 되어갈 수 있는 것이다.

쿠에는 상상력에 관하여 또 하나의 멋진 설명을 하였다.

"폭 30센티 가량의 긴 널빤지를 땅 위에 놓았다면 아무리 먼 거리라도 누구나 예사로 그 위를 걸어갈 수 있다. 그러나 이 널빤지를 10층 건물의 높이에 놓았다면 이야기가 달라진다. 그 위를 건너가겠다는 용감한 사람은 거의 없다. 상상력이 자기가 떨어지는 그림을 만드는 것이다. 이렇게 높은 데서는 현기증이 난다라는 생각만 해도 균형을 잃어버리게 된다. 아까와 똑같은 널빤지이고 똑같은 폭이지만 30미터나 되는 높은 곳에서는 강한 상상력이 당신을 제압한다."

당신은 정신 속에 그림이나 계획을 만드는 부분, 즉 상상력을 모든 창조적 활동에 사용할 수 있다. 당신이 가령 낡은 습관을 버리거나 뭔가 새로운 일을 배우려 하고 있다고 하자. 그때 이 상상력을 사용한다면 그 일을 매우 쉽게 할 수 있는 것이다.

담배를 끊어야겠다고 생각한 나의 친구가 있다. 그는 자기는 담배를 끊을 수도 있고 계속 피울 수도 있다고 말했다. 이래서는 담배를 정말로 끊었다고 할 수가 없다. 그러던 어느 날 그는 담배를 끊음으로써 얻을 수 있는 이익을 마음의 그림으로 그려보았다. 담배를 피우지 않으면 자신의 인생이 얼마나 좋아지는가, 하는 점을 마음의 그림으로 그렸다. 건강이 좋아지고 돈을 절약할 수 있다고 그는 생각했다. 이 그림이 그의 상상력 속에서 굳어지자 그의 생활의 모든 면이 이 새로운 그림이 실현되는 방향으로 향해졌다. 그리고 자동적으로 낡은 습관이 고쳐졌다. 그의 말에 의하면 어느 사이에 담배를 피울 의욕이 사라져버렸다고 한다.

조용히 상상하라

옛날 사람들은 의지라는 것을 매우 귀한 것으로 여기고 숭배하기까지 했다. 사람들은 모두 의지력을 기르려고 했다. 의지력이 대생명력에서 획득할 수 있는 것과 뭔가 관련이 있다고 믿었다. 때로는 자기는 의지

력이 모자란다고 믿고 실망하는 사람도 있었다. 그러나 근대의 정신과
학은 의지에 대한 위와 같은 생각에 이별을 고한 지 오래다. 사실 '의지
력'이라고 하는 것은 존재하지 않는다는 데에 거의 의견이 일치하고 있
다. 우리가 전에 의지력이라고 생각한 것은 뭔가 하고 싶지 않은 일을 억
지로 하도록 강요하는 힘 — 즉 감정적 요구에 상반되는 무엇 — 이었
다. 그러나 지금은 상상력이 창조하는 능력이라고 본다.

　하나 떠들 것도 없이 일을 조용히 진행시켜 가는 사람을 우리는 자
주 본다. 자기를 몰아세우지 않아도 그들은 무슨 일이든 순조롭게 해나
가는 것처럼 보인다. 대부분의 시간을 바쁜 듯이 일을 하지만 그렇다고
유별나게 노력을 하고 있는 것처럼 보이지는 않는다. 이것은 그들이 하
고 있는 일이 하고 싶은 일과 같기 때문이다. 그들은 자기에게 강요하지
않는다. 그들은 너무나 바빠서 못살겠다는 기색도 보이지 않는다. 그는
상상력 속에서 자기 행동의 결과가 좋은 것을 보고, 좋은 결과를 기대하
고 활동하고 있기 때문이다. 그들은 상상이 노력에 방향을 주고 있기 때
문에 하고 싶은 일과 해야 하는 일 사이에 아무 모순도 없는 것이다.

　나는 또 언제나 사람을 밀쳐내고 서둘고 다투는 — 이것을 바라고
또 저것을 바라는 — 사람도 알고 있다. 아침에는 침대에서 자신을 몰아
내고 하루종일 자기 자신을 채찍질하고 자기의 마음에 무슨 생각을 무리
하게 강요하고 몸에는 행동을 억지로 시키는 것이다. 그리고 밤이 되면
이렇게 말한다.

　"오늘은 일이 잘 되지 않았다. 어디 어디에 가서 부딪쳐보고 찔러보
며 노력했다. 자기를 재촉하고 매질하느라고 지쳐버렸지만 거의가 헛수
고로 끝났을 뿐이다."

　이런 사람들은 막대한 에너지를 쓰면서 자기의 몸을 갈가리 찢는 것

과 똑같다. 그는 상상력을 사용해서 쉽고 편하고 기분 좋은 길로 갈 줄을 모른다. 혹은 자기의 노력으로 손에 들어오는 가치를 뚜렷하게 상상하는 일을 하지 않은 것이다.

당신은 상상 속에서 자기의 욕구가 채워지는 광경을 그려야 한다. 그러면 일에 열의가 나고 더구나 에너지를 거의 쓰지 않고도 앞으로 나아갈 수 있다. 하루의 일을 마치고 집으로 돌아갈 때는 외투나 모자를 집어드는 데 몸을 억지로 움직일 필요도 없고 한걸음 한걸음을 끌면서 차고로 걸어가지도 않게 되리라. 만일 당신이 집에서 가정의 모든 즐거움에 싸여 있는 자신을 열심히 상상하고 그대로 놓아둔다면 그 유쾌한 체험에 도달하는 데 필요한 모든 일이 무의식적으로, 자동적으로 진행될 것이다. 잠재의식 — 정신 속에서 민감한 창조를 하는 부분 — 은 당신이 결과를 상상하면 열의에 불타오르게 되며 만사를 맡아서 해준다.

바라지 않는 일의 정신적 이미지를 만들지 말라

불행하게도 많은 사람들은 자기가 병이나 실패나 불행에 빠져 있는 경우를 상상한다. 그리고 많은 사람들은 자기의 병이나 걱정이나 고난에 열을 올리며 불행이나 실패가 당연한 거라고 믿고 있다. 그러나 자기의 고난을 열심히 묘사하게 되면 그 고난을 더욱 굳게 자기 자신에게 잡아매게 된다. 우리가 걱정이나 손실이나 병이나 실패 따위에 기울이는 열의를 건강이나 성공이나 목표의 달성에 기울인다면 누구나 전혀 다른 체험을 얻는 것이다.

미국에서 제일 큰 은행의 은행장이 된 젊은 사람을 나는 알고 있다. 그는 별다른 연줄도 배경도 없는 사람인데 보통의 은행원에서 은행장의 지위까지 어떻게 그렇게 짧은 기간에 오를 수 있었는지 사람들은 모두 신기하게 생각했다. 알고 보니 그는 처음 은행에 들어왔을 때부터 자기를 은행장이라고 상상한 것이다. 그리하여 창구에서 손님을 대할 때도 은행장으로서 일하는 마음으로 일을 했던 것이다. 날마다 자신이 은행장이라고 상상했다. 그는 언제나 은행장의 의자를 눈여겨보았다. 그리하여 결국 너무나 빠르게 그 의자를 차지하게 된 것이다. 그는 누구를 밀쳐내거나 공격적인 태도를 보이지 않았다. 자기 자신이 그 지위를 향해 가도록 창조적인 상상력을 적극적인 방법으로 사용했을 뿐이다. 그가 높은 지위에 있는 자기 자신을 상상했더니 대생명력의 힘이 새롭고 보다 좋은 체험으로 흘러가게 된 것이다. 그리하여 늙은 은행장이 물러나자 그 후임으로 이 젊은 남자가 뽑혔던 것이다.

만일 이 젊은 남자가 이렇게 말했다고 가정하자.

"자아, 나는 이제 이 커다란 은행에 붙잡혔군. 내 주위에 몇 백 명이나 되는 사원은 모두 나보다 오래 이 은행에 있었지. 대개 나보다 나은 소양들을 가지며 교육 수준도 높지. 나보다 훈련이 잘 되어 있고 연줄도 좋아. 내가 승진의 기회를 잡으려면 여러 해가 걸릴 거야. 다른 사람들은 모두 행운을 가지고 있어. 나는 언제나 재수가 없단 말이야!"

만일 그가 그러한 패배의 그림을 가슴에 안고 있었다면, 만일 그가 창조하는 상상력을 가지고 그러한 비관적인 그림을 그려내고 있었다면 정녕 커다란 행운은 그에게 찾아오지 않았으리라.

세계 최대 부자의 하나인 자동차 왕 포드는 "당신이 가지고 있다고 상상하면 무엇이든 가질 수 있다" "손 안에 들어왔다고 믿으라. 그러면 너는 그것을 얻으리라" 하고 말했다.

당신은 상상력에 활기를 주어서 그것을 좋은 목적으로 사용해야 한다. 바라는 것을 이미 가지고 있다는 자각 아래 생활하라. 그것은 지금 나의 것이라고 상상하라. 성공, 건강, 행운 그 밖에 무엇이든 당신이 바라는 것을 가졌다는 실감을 만들어보라. 그러면 땅 위의 어떠한 힘도 그 욕구가 채워지는 것을 방해하지 못하리라. 그것은 당신한테 끌려올 것이다. 당신은 그것이 있는 곳으로 끌려가게 될 것이다.

상상력은 좋은 것을 위해서도
나쁜 것을 위해서도 쓸 수 있다

당신은 상상력을 써서 자기를 끌어내릴 수도 있고 또 끌어올릴 수도 있다. 만일 당신의 상상력이 공포나 불안이나 노여움(부정적인 하나의 신념)에 이끌리고 있다면 당신이 바라며 또 당신에게 돌아갈 것이 틀림없는 것으로부터 자신을 확실하게 밀어내고 있는 것이다. 만일 바라는 좋은 것을 얻지 못했다면 새로운 형식의 사고를 확립하라. 모든 좋은 것이 자기에게 속한다(사실이 그렇기 때문에)는 흔들리지 않는 신념을 통해서 상상력을 재조정해야 한다. 이러한 신념을 굳게 가진다면 당신이 바라는 좋은 것을 아무도 당신으로부터 멀어지게 할 수가 없다.

나는 자기 집에서 한 발짝도 밖으로 나가려고 하지 않는 어떤 부인을 알고 있다. 그녀는 거리에는 물론 정원에도 나가지 않는다. 지붕 아래를 떠난다는 생각만 해도 그 순간 모든 무서운 일이 찾아올 것 같은 생각이 드는 것이다. 집을 한 발짝만 나서도 금방 몸에서 힘이 빠지고 현기증이 나는 것이다. 이것은 광장공포증으로 넓게 트인 곳에 나가는 것을 무서워하는 병이다. 그녀가 상상력을 지배하는 게 아니라 상상력이 그녀를 지배하고 있는 것이다. 나는 또 폐소공포증, 즉 문을 닫은 곳에 있는 것을 무서워하는 사람도 알고 있다. 공포가 이들의 상상력을 멋대로 이끌어가고 있는 것이다.

젊었을 때 공동출자를 하여 사업을 벌인 두 남자를 나는 알고 있다. 사업은 실패로 끝났다. 그 중 한 사내는 그 실패 때문에 완전히 의기가 꺾여버리고 말았다. 그는 자기를 패배자라고 생각하고 세상 사람들도 자기를 패배자로 보고 있다고 믿었다. 그는 이 체험에서 일어서지 못하고 일생을 패배자로 끝내고 말았다. 손실과 실패에 집착하고 세상 사람들이 자기를 패배자로 본다며 기운을 잃고 자기 수명도 다 못 살았다. 그는 부정적인 생각으로 자기가 가장 무서워하고 있던 일을 실현한 것이다. 그의 동료는 같은 돈을 잃었지만 마음은 잃지 않았다. 야심과 자신을 잃지 않고 있었던 것이다.

"나의 사업은 실패했다. 그러나 나는 실패자가 아니다. 과거의 경험을 유효하게 살려서 다시 한번 일어서자. 이 실패에서 교훈을 얻자. 운명을 재건하자."

이렇게 말하고는 실제로 그대로 했던 것이다!

그는 자기가 성공할 거라고 생각했고, 이렇게 결국 성공한 것이다. 훌륭한 사업을 이룩하고 많은 좋은 일을 했다. 여러 사람을 도와주고 칭송받는 사람이 되고 세상을 살기 좋은 곳으로 만들기에 힘썼던 것이다.

이들 두 사람은 똑같은 체험을 했다. 그러나 각기 다른 방식으로 그 체험에 반응했다. 한 사람은 상상력을 완전히 망치는 방향으로 사용했다. 또 한 사람은 상상력을 크게 성공하는 쪽으로 사용했다. 그 성공과 함께 그는 인류의 위대한 은인이 되었다. 우리는 알게 모르게 언제나 상상의 힘을 사용하고 있다. 그것을 사용하지 않고는 못 배기는 것이다. 우리는 선택과 결심의 힘을 통해서 그 힘을 어떻게 쓸 것인가를 결정할 수 있다. 신념은 우리가 좋은 일을 위해서 긍정적으로 사용하면 성공과 행복을 가져오지만 무서움을 가지고 부정적으로 사용하면 병이나 실패를 불러올 수도 있는 정신 활동이다.

우리는 사람의 기본적 정서인 사랑도 미움으로 바꿀 수 있다. 혹은 그릇된 것을 사랑하여 고난 속에 끼어들 수도 있다. 그러나 바르게만 사용하면 사랑은 최대의 은혜 중의 하나이다.

대생명력이 하나하나 갈라져나가 자각 있는 존재가 된 우리 인간들은 누구나 선택의 힘을 가지고 있다. 앞에 말한 두 사내는 둘이 다 똑같은 대생명력에 둘러싸여 있다. 그들의 첫경험은 똑같은 것이었다. 그러나 한 사람은 자기를 위해서 좋은 것을 받아들이고 다른 사람은 그것을 거부했던 것이다.

창조력은 백일몽이 아니다

백일몽을 꾸는 사람은 자기가 하고 싶은 일에 대해서 실제적인 계획을 세우는 법이 없다. 세운다 하더라도 그것을 간직하지 않는다. 그는 마음의 그림 속에 자기를 두지 않고 구경꾼의 자리에 돌아가서 앉아 있는 것이다. 즉 "나는 몽상에 잠기기만 하면 벌써 마음이 흡족하다. 꿈은 즐겁다. 아무도 나에게서 꿈을 빼앗아갈 수 없다"고 말하는 셈이다.

꿈을 행동으로 옮기지 않는 사람은 바라는 일이 자기 것이라고 믿지 않기 때문에 바라는 것을 얻을 수 없는 것이다.

만일 바라는 일이 손에 들어올 것을 신념으로 믿게 된다면, 만일 그가 그 좋은 일 속에 자기 자신이 있다는 것을 상상한다면, 만일 그의 상상에서 자기가 그것을 갖는 것을 믿는다면, 만일 대생명력이 자기가 바

116

라는 것 쪽으로 자기를 틀림없이 가게 해준다고 믿는다면, 그 사람은 이미 백일몽을 꾸는 공상가가 아니다. 그는 창조하는 사람 — 자기 자신의 운명을 개척하는 개척자이다.

우리가 만일 상상 속에서 자기가 묶여 있는 그림을 그린다면 우리는 묶이게 된다. 잘못된 정신상의 계획에 의해서 우리 몸을 노예의 쇠사슬로 묶고 인생을 노예로 사는 것이다. 자기에게 그런 일을 하는 것은 얼마나 어리석은 일인가. 우리는 무엇이든지 선택해서 생각할 수 있다. 우리가 사고 속에, 그리고 상상 속에 이상의 이미지를 굳게 가진다면 이상의 목적지로 스스로를 이끌어갈 수가 있다. 아무리 오랫동안 정신력을 잘못된 방법으로 사용해왔다 하더라도 그것은 하나도 상관이 없는 일이다. 지금 바로 바른 방법으로 쓰기 시작하면 되는 것이다. 아무리 오랫동안 어둠 속에 앉아 있었다 하더라도 상관없다. 등불만 가져오면 어둠은 담박에 흩어져버린다.

우리가 상상력 속에서 우리를 얽어매는 계획을 버리게 되면 우리를 묶고 있던 밧줄도 고난도 모두 끊어져버린다. 신념이 다시 방향을 잡고 새로운 형의 자유를 정신 속에 창조하면 정신은 우리를 위해서 새로운 체험을 창조하게 된다. 우리 자신을 해방하고 또 풍요함이나 건강, 성공, 평화, 행복 같은 것이 우리와 함께 있는 것을 믿게 되면 낡은 속박감에 스스로를 묶는 일은 없게 된다. 감옥의 벽은 저절로 부서져나간다. 바깥 세계는 언제나 우리 마음 안의 자세를 반영하는 것이므로.

9
사랑과 신념은 상상력을 좌우한다

이제 당신은 정신의 마술을 한차례 훑어보려고 하고 있다. 왜 당신 자신이 마술사인가를 알려고 하고 있다. 당신은 정신을 사용하고 있으므로 마술사이다. 당신은 사고가 바로 실제의 사물이 된다는 것을 거의 알아가고 있는 것이다. 생각한다는 것은 정신을 쓰는 일이다.

신이란 다시 말하면 대생명력의 창조를 맡고 있는 것이다. 이 세상은 어디에나 하나의 정신, 또는 창조의 법칙이 활동하고 있다는 것을 인정하고 있으므로 당신의 사고나 신념이나 정신 속의 이미지 같은, 마음에 가지고 있는 것들은 당신의 체험의 세계에 나타난다는 것이 이제부터 분명해지는 것이다.

당신의 마음의 이미지는 감정의 자세인 사랑과 신념에 의해서 방향이 주어진다. 그러므로 당신이 상상력 속에서 만드는 계획이나 이미지는 보통 당신이 자각하지 않아도, 만들라고 정신에 지령을 내리지 않아도 만들어지고 있다. 그러나 당신은 선택하는 힘을 가지므로 만일 그렇게 하겠다고 마음을 먹으면 의식적으로 당신이 좋아하는 대로 그것들을 만들 수 있다. 청사진은 자기를 위해서 만들어 굳게 간직할 수 있다. 그리고 그 청사진에 있는 것이 이미 이루어진 것처럼 행동할 수 있다. 그러면 당신은 그것을 체험하게 된다. 대생명력은 자각을 가지고 사고하는 사람이 만들어 굳게 마음에 간직하고 있는 청사진에 대해서는 그것을 발견하고 꽃을 피우는 것을 거절할 수가 없다. 그러니 제발 당신의 상상력을 사용하라. 상상력을 물리치지 말고 수단을 다해서 건설적으로 사용하라.

당신의 상상력에 일을 시키라. 마음 안에 청사진을 만들라. 그것에 모습과 형태를 주라. 그리고 그 그림을 사랑하고 그것에 자신감을 가지며 편안한 마음으로, 그러면서도 마음에 꼭 간직하라. 그것을 억지로 마음에 갖거나 억압으로 간직하지 말고 큰 확신으로 간직하라는 것이다. 그렇게 함으로써 당신은 그 계획을 대생명력에 건네주게 된다. 그것이 달성될 것을 완전히 믿으라. 그렇게 하면 당신은 대생명력의 창조의 법칙을 이끌어오게 되는 것이다. 당신이 땅에 씨를 뿌리고 사랑으로 가꾸면 자연은 식물이 자라나는 것을 거절할 수 없는 것처럼 대생명력은 당신에게 응답하지 않고는 못 배기는 것이다.

불행하게도 많은 사람들은 자기가 바라지도 않는 그림을 자기도 모르게 만들어 그 그림을 매우 끈질기게 가지고 있다. 바라지도 않는 불행한 그림은 부정적인 신념이나 부정적인 마음의 자세에서 만들어지는 것이다. 자기를 건전하게 사랑하지 않을 때, 자기를 대생명력으로부터 거부된 쓸모 없고 결함이 많은 약자라고 생각할 때, 그는 패배자로서의 자기의 그림을 그리게 되는 것이다. 만일 자기 자신에 대해서 비판적이고 사랑이 없는 태도를 갖는다면, 자기를 병든 사람으로 그릴 수도 있는 것이다. 혹은 또 상상 속에서 자기 뒤에 개가 따라오는 것처럼 고난이 따라오고, 앞길에는 더욱 큰 고뇌가 가로놓인 그림도 보게 되는 것이다. 대생명력은 바로 응답을 해주는 성질을 가지고 있다. 대생명력은 당신이 보내는 이러한 그림의 형에 따라 그대로 무엇이고 생겨나게 하는 것이다.

성서에 나오는 욥은 부자고 건강하고 사랑스런 가족들을 거느리고 있었다. 그러다 욥은 어느덧 병적인 인간으로 바뀌었다. 몇 개의 중대한 과실을 저지르고 나더니 자기에 대해서 매우 비판적인 사람이 되었다. 가족도 가축도 돈도 잃어버린 자기의 모습을 상상 속에 본 것이다. 또 사람들로부터 따돌림을 받고 외토리가 된 자기의 모습을 상상했다. 그러자 바로 그렇게 되었다. 그는 가족도 친구도 재산도 모두 잃어버렸다. 그러한 곤경에 빠지고 나서는 자기가 정당하다는 핑계를 대고 실패의 책임을 다른 사람에게 떠맡기기 위해서 친구를 비난하고 신을 저주했다. 그러나 모든 비난이나 광란은 상황을 개선해낼 수가 없었다. 그러던 어느 날 그는 문득 깨달았다. 끝없는 창조의 힘을 자기가 악용했기 때문에 그런 불행한 체험이 자기에게 닥쳐오게 된 것임을. 그리고 이 유명한 말을 했다.

"내가 매우 두려워하던 일이 나에게 떨어졌다."

자기를 몰락하게 한 바로 그 힘을 건설적으로 사용했다면 틀림없이 성공이 왔으리라고 깨달은 것이다. 머리가 좋은 욥은 상상력 속에서 전과는 다른 그림을 그리기 시작했다. 자기에 대해서, 또 친구에 대해서, 그리고 대생명력에 대해서 태도를 바꾸었다. 그는 자기를 속인 친구의 행복을 위해서도 기도했다. 그렇게 신념을 부정적인 자세에서 긍정적인 자세로 바꾸자 얼마 안 있어 재산도 운명도 다시 만들어졌다. 그에 대한 기록은, 그가 훌륭한 가족에 먼저보다 두 배나 되는 소와 말과 양과 낙타와 그리고 많은 친구를 갖게 되었다는 것으로 끝난다. 그는 정신의 창조의 힘을 인정하고 "한 가지 일을 선언하라. 그러면 그 일은 너에게 확립된다" 하고 말했다. 이것을 현대어로 고치면 다음과 같다. "당신이 무슨 결심을 하게 된다면 그 일은 그대로 된다."

당신의 계획은 감정의 자세에 좌우된다

당신의 상상의 그림이나 청사진은 당신의 태도에 의해서 좌우된다. 그러므로 신, 당신, 그 외 사람들, 법칙과 운명, 불사에 대해서 당신이 어떤 신념을 갖는가가 중요하다. 만일 당신이 미움이나 무서움에 짓눌려 있다면 마음의 이미지도 틀림없이 그러한 감정의 자세에 좌우된다. 당신이 그것을 알고 당신의 공포감에 영향을 받지 않도록 조심하면서 갖고 싶은 어떤 모습이나 하고 싶은 일을 그림이나 계획으로 만들려고 애를 쓴다고 하자. 당신이 무리하게 자기에게 강요하면 한동안 당신은 그 그림을 간직할 수는 있다. 그러나 어느덧 그 무리한 강요를 그치게 되면 공포나 의심이 그 그림을 부수어버리고 어느 사이에 다른 불행한 그림으로 바꾸어놓게 된다. 잠재의식 속에 강한 힘을 가진 것, 혹은 감정의 자세가 결국 상상력 속에 만들어지는 계획을 지배해버리는 것이다.

자아, 그런데 여기에 부정적인 이미지를 긍정적인 이미지로 바꾸는 데 효과적이고도 쉬운 방법이 있다. 가령 당신이 다른 사람들에게 혹은 당신 자신에게 건전한 흥미를 갖기로 결심했다고 하자. 혹은 당신 자신이나 다른 사람들을 건전하게 사랑한다고 하자. 가령 신의 능력이나 성질이 현실에 있어서 각 개인으로 ― 각자가 그것을 알건 모르건 ― 화신이 되어 들어와 있다는 신념에 이르렀다고 하자. 그리고 그 결과 당신 자신을 높이 사고 다른 사람도 높이 평가하게 되었다고 하자. 즉 당신은 자기나 다른 사람이 훌륭한 존재라는 것을 알게 된 것이다. 그리고 가령 당신이 주위 어디에나 넘쳐흐르고 어디에서나 불타오르려고 하는 대생명력의 사랑이나 바로 응하는 그 힘을 인정하고 이것은 저마다의 인간적 존재가 사용할 수 있는 것임을 알았다고 하자. 그리고 또 사람마다 창조의 정신력이 주어졌다는 것을 알고 당신 자신이나 다른 사람들이 잘 되기를 바란다고 하자. 그렇게 한다면 당신은 저절로 새로운 신념의 자세에 응해서 계획을 만들 수 있다. 사랑이나 감사의 마음에 불타는 당신은 창조하는 대생명력에 건강과 부유와 평화의 계획을 보내는 것이다. 그러면 대생명력은 바로 그 계획에 응해준다. 물론 거절할 줄 모르는 대생명력은 틀림없이 응답을 해준다. 그것은 당신의 신념 — 마음의 자세에 늘 응답해준다.

　만일 당신이 열등감이나 죄의식을 가지고 있어서 그 때문에 자기 자신을 낮춰본다면 당신은 진정한 자기에게 어울리지 않는 마음의 그림을 그리게 될 것이다. 다시없이 훌륭한 대생명력이 변해서 된 당신, 눈부시고 신성이 있는 당신에게 어울리지 않는 마음의 그림을 그리게 될 것이다. 구약성서의 솔로몬 왕이 썼다고 전해지는 전도서에는 "보라! 신은 인간을 바르게 만들었다. 더구나 그들은 많은 발명품을 생각해냈고 나는 그저 지켜볼 뿐이다"라고 적혀 있다. 당신이 자기 자신에 대한 태도를 바꿀 때, 신념을 바꾸고 자기 자신을 사랑하고 또 높이 볼 때, 그때 마음의 그림이 바뀌고 체험의 세계도 바뀐다. 그러나 만일 마음이나 감정의 상태와 어긋나게 강요만 한다면 그러한 그림은 오래갈 수 없다는 것을 잊어서는 안 된다.

건강하고 행복한 삶을 위하여

　사랑은 감정의 힘이다. 우리는 사랑하는 것에 대해서는 무엇이든 저절로 주의가 향해진다. 사랑하는 사람에게는 모든 좋은 일만 생기길 바란다. 그러므로 먼저 건전하게 사랑하는 것을 배우고 그것에 의해서 자기들에 대한 신념을 가져야 한다. 즉 다른 사람을 사랑하고 대생명력의 모든 것을 사랑하고 다른 사람과 대생명력을 믿도록 해야 한다.

　만일 당신과 다른 사람이 건강하고 행복하게 살고 싶으면, 낡은 부정적인 마음의 자세를 버려야 한다. 보통 사람보다 높은 곳으로 자기를 끌어올려야 한다. 대부분의 사람들은 인생을 진창에서 허우적거리며 살아가고 있다. 그들은 자기 몸이나 주위의 일, 대인 관계에 있어서 너무 많은 장해를 지니고 산다. 그것은 그들이 낡은 부정적인 신념을 버리지 않기 때문이다. 우리의 걱정이나 공포는 긍정적인 신념으로 바꿀 수 있다. 옛 상처나 지난날의 좌절감, 실패감을 벗어던지고 자기 자신이나 다른 사람에게 건전한 관심을 기울일 수 있다. 미움은 사랑으로 바꾸어놓을 수 있다. 사랑은 우리의 신념에 영향을 주고, 신념은 우리의 상상에 영향을 준다. 그러므로 그리스도의 제자 성바오로는 "사랑은 법칙을 행한다"고 말했다. 법칙이란 우리의 상상력이나 우리 주위의 일을 지배하는 신념의 법칙이다. 우리의 신념은 우리가 관심이나 태도를 바꾸면 바꾸어진다. 사람에게 순수한 흥미를 가짐으로써 또 자기 자신과 다른 사람, 대생명력을 위해서 좋은 일을 바람으로써, 또 기쁨에 관심을 가지며 대생명력의 해명이나 표현에 흥미를 기울임으로써 우리의 신념은 바뀐다. 이 생각이 의식에 굳게 뿌리를 내리면 우리는 자기 자신을 통제할 수 있으며, 우리가 자신을 통제할 수 있으면 체험의 세계도 통제할 수 있다.

다음 장에서는 죄를 용서하는 것 — 바꾸어 말하면 낡은 부정적인 마음의 자세를 버리고 거기에 새로운 형태의 마음을 들여와 그것을 어렵지 않게 간직할 수 있는 방법에 대해서 이야기하기로 하자. '정신은 형태를 주고, 또 만들어내는 힘'이라고 말한다. 당신이 정신을 유효하게 쓰려면 걱정이나 공포, 미움이나 저주, 노여움이나 저항 같은 낡은 자세를 버리는 것이 필요하다. 모든 부정적인 사고, 신념, 생각, 감정 같은 것은 정신을 부정적인 방향으로 이끌어가기 쉬우므로 버려야 한다. 사랑과 신념은 창조하는 힘을 바르게 이끌어간다.

참으로 사람은 그가 마음에 생각하는 그대로의 사람이 된다.

10
기도와 용서의 마술

만일 당신이 자신의 마음을 바르게만 조종하면, 당신이 구하고 또 필요로 하는 것은 무엇이든 얻을 수 있다. 한없는 지혜를 가진 위력이 실재하고 있다는 것을 알고 또 스스로 그것에 가까이 간다면 그것은 당신에게 응답을 해주고 당신의 필요를 채워준다. 이것을 아는 것은 틀림없이 최상의 만족이다. 당신이 가질 수 있는 가장 가치 있는 지식은 정신의 창조력, 혹은 대생명력의 법칙을 어떻게 사용하여 당신이 요구하고 또 필요로 하는 것을 손에 넣느냐 하는 방법을 아는 일이다.

기도에 대한 응답

무한의 지혜 있는 창조의 위력과 접촉하고 교신하여 그 힘으로 일을 하는 것을 보통 기도하고 한다. 그것을 영, 또는 정신의 치료법이라고 부를 수도 있다. 뭐라고 부르든 그것은 같은 일을 말한다. 우리는 여기서 그것을 한동안 기도라고 부르기로 하자. 기도에 의해서 사람은 자신의 세계를 지배하는 힘을 얻었다고 직감적으로 안다. 그리고 그 지배권을 행사하고 싶다는 강한 충동을 느낀다. 역사를 살펴보면 사람들은 자신의 세계에 대한 지배력을 얻어 건강과 행복과 만족을 누렸다. 그리고 또 다른 사람들은 그것을 얻지 못했다. 그러나 우리는 대생명력이 어떤 특수한 사람들만을 뽑아서 그 사람들에게만 은혜를 베풀었다고는 도저히 생각할 수 없다. 그 사람들이 성공하는 법칙을 찾아내서 그것을 사용한 것이라고 할 수밖에 없다. 야고보는 성서에서 다음과 같이 말했다.

"너희가 빌어도 받지 못하는 것은 잘못 빌기 때문이다." 그것을 다른 말로 옮기면 "당신이 구해도 얻지 못하는 것은 잘못된 요구 방법을 쓰고 있기 때문이다."

모든 시대, 모든 나라, 그리고 모든 종파의 사람들은 평화와 만족, 성공을 체험하였다. 신은 사람을 차별하지 않는다. 보통 이상의 성공을 한 사람들은 그가 의식하든 안 하든 이 세계에는 지혜롭게 응답해주는 큰 힘이 실재한다는 것을 인식하고 그 힘을 사용하는 방법을 찾아낸 것이다.

우리가 갖고 싶은 것을 대생명력으로부터 어떻게 받아낼 수 있는가를 가르치며 그리스도는 "그러므로 내가 너희에게 고하리라. 무엇이든 그대가 기도하여 구하는 것은 그것을 이미 얻었다고 믿으라. 그러면 얻어질 것이다"라고 말했다.

이것은 매우 간단한 것 같지만 사실은 그리 쉬운 일이 아니다. 좋은 것에 대한 신념과 대생명력에 대한 신념, 또 상상력의 활동력이 필요하다. 대부분의 사람들은 좋은 것은 우리 손이 닿는 곳에 있으며 자신은 그것을 가질 정당한 권리가 있다는 신념을 갖지 못한다. 그 이유를 그리스도는 그대가 가졌다고 믿으면 가지게 될 것이라고 한 말의 다음 대목에서 보여준다. 그는 이렇게 말했다.

"또 서서 기도할 때에, 누구인가가 거슬리는 마음이 들더라도 그 사람을 용서하라. 그리하면 하늘에 계시는 너희 아버지, 즉 대생명력은 너희가 저지른 죄를 용서하여 주시리라."

효과적인 기도의 2단계

첫째는 죄를 용서해야 한다. 지난날의 피해와 실수, 죄악감과 손실감을 모두 내던지고 당신의 마음을 깨끗하게 해야 한다. 당신이 용서하고 난 다음에는 대생명력은 필요한 것을 이미 나에게 주었다고 믿고 그것은 이제 당신의 것이라고 믿으라. 이 두 가지 정신적인 조작을 통해 창조의 법칙은 당신이 바라는 것을 당신에게 가져다줄 움직임에 들어간다. 가질 권리나 가질 자격이 있다는 것을 믿지 못하는 당신의 마음속의 저항이 깨끗이 사라졌기 때문이다. 당신은 자기가 좋은 것을 가질 권리가 있다고 믿을 필요가 있다. 그것을 먼저 믿지 않으면 당신은 정직한 대생명력이 자기에게 그것을 건네준다고 생각할 수 없기 때문이다. 만일 권리가 있다고 믿을 수가 있다면 그때야말로 대생명력의 법칙은 당신에게 좋은 것을 가져올 거라고 가장 확실하게 믿을 수 있다.

만일 과거의 상처를 모두 내던지면, 그리고 죄악감이나 강한 충격의 뒷맛을 모두 내던질 수 있으면, 당신은 자기가 가질 권리에 대해 의심을 갖지 않게 된다. 그리고 용서를 하면 창조하는 정신이 당신에게 좋은 일을 가져오기 위해서 적극적으로 조작하는 데 방해가 되는 장애가 치워지게 된다.

과거에 묶여 있는 사람은 누구든 앞으로 나아갈 수가 없다. 미움이나 과거의 상처나 실책 같은 것의 기억으로 마음이 뒤범벅이 되어 있으면 바르고 효과적으로 생각을 할 수가 없다. 그러므로 용서하는 일이 필요한 것이며 그렇게 함으로써 비로소 우리 자신이나 이웃, 신을 사랑할 수가 있게 된다. 우리 대부분은 뭔가 상처받고 잘못하고 실패했다는 느낌을 가슴에 안고 있기 마련이다. 이러한 부정적인 마음의 자세를 계속 가지는 한 우리는 낡은 체험을 되풀이할 수밖에 없고 또 되풀이하며 살게 되는 것이다.

심리학자는 가르쳐준다. 열 명 중에 적어도 일곱 명은 일생을 통해서 죄악감, 죄, 또는 나는 과실을 저질렀다는 느낌을 계속 갖기 마련이며, 그것에서 해방되거나 용서받은 느낌을 갖기란 매우 어려운 법이라고. 그는 자기가 좋은 것을 가질 권리가 있다고 느낄 수 없으므로 으레 그런 것은 기대하지 않는다. 그러므로 아무리 많이 기도하고 애원하고 울며 호소해도 실은 스스로 좋은 것을 멀리하고 있는 것이다.

용서는 자연계의 원칙

자연계는 늘 용서해주고 있다. 자연계는 최대의 것을 주는 존재이면서 또 용서해주는 존재이다. 당신이 날카로운 칼로 손을 베었다고 하자. 자연계는 바로 그 상처를 고치기 시작한다. 당신이 손을 벤 것은 당신 과실이지만 자연계는 그 상처를 고쳐주는 데 하나도 망설이지 않는다. 자연은 당신을 바로 용서해주고 금방 고치는 일에 착수한다. 만일 당신이 몸에 안 맞는 음식을 먹고 배탈이 났다고 하자. 자연은 또 바로 그 장애를 고치기 시작한다. 나쁜 음식을 먹은 것은 당신의 잘못이지만 자연은 당신이 일생 동안 고장난 위장을 가지고 살아가지 않도록 힘을 써준다. 자연은 싸움터까지도 풀과 꽃으로 덮어서 고쳐준다.

우리 사회의 구조를 보아도 용서의 원칙이 서 있는 것을 알 수 있다. 사업이 망한 실업가들을 위해서 파산법을 제정해놓고 있다. 만일 그가 경제적으로 일을 너무 많이 벌여놓았거나 과실을 저질러 부채를 갚을 수 없게 되면, 그는 판사한테 찾아가 잘못을 고백하고 용서를 구할 수 있다. 그러면 그의 부채는 모두 지워지고 다시 자유롭고 존경받는 시민으로서 생활을 시작할 수가 있다. 부채의 무거운 짐을 어깨에서 내려놓을 수가 있다.

자연계 전반에 걸쳐서 용서한다는 원칙이 있는 것을 볼 수 있다. 그것은 우리가 건강을 되찾는 데서 볼 수 있다. 우리가 사고나 잘못된 생각에 의해서 병에 걸렸을 때 자연계는 그것을 용서해준다. 자연은 우리가 본분을 다하면 이전에 가졌던 조화와 건강, 그리고 행복과 평화를 되돌려보내준다. 그러므로 용서한다는 것은 자연의 일이다. 만일 우리가 건강하고 행복하고 싶으면 자연계에 대해서 진실해야 한다. 만일 평화롭고 자유롭고 성공하고 싶으면 부정적이고 상처받은 과거의 기억을 가지고 대생명력의 자유로운 흐름을 방해하면 안 된다. 그런 뒤죽박죽한 상처를 산더미처럼 짊어지고 다니면서 그런 것을 얻을 수는 없다.

부정적인 생각은 사랑과 신념으로 바꾸어놓아야 한다. "누군가에 또 무언가가 거슬렸다면 그 모든 것을 용서하라"고 말한 예수의 말은 매우 실제적인 말이다. 그리고 여기서 '누군가' '무언가'는 우리 자신과 모든 사람, 모든 체험을 포함하는 것이다. 신조차도 포함하는 것이다.

다음의 짤막짤막한 네 장에서 용서한다는 너무나 중요한 일에 대해서 더 자세한 검토를 기울이기로 하자.

11
자기 자신을 용서하는 것

몇 년 전에 나는 그리스도교 청년회의 강당에서 일요일 밤에 몇 차례 강연을 한 일이 있었다. 강연에는 부드러운 슬리퍼를 신은 한 사나이가 신발을 바닥에 질질 끌면서 매번 강연을 들으러 왔다. 어느 날 밤 집회가 파한 뒤 그는 나에게 와서 말했다.

"제 몸을 어떻게 고칠 수 없겠습니까? 9년 동안 관절염에 시달려왔습니다. 여러 가지 치료법을 써보았으나 도무지 효과가 없습니다."

나는 그의 생각하는 방식이나 신념의 자세에 무슨 고칠 점이 있는지도 모른다고 말했다.

"신에 대한 저의 생각을 바꾸어야 하는 것일까요? 저는 정통 그리스도교 신자인데요."

나는 그에게 해로운 생각만 고치면 된다고 말하여 안심시켰다. 무슨 일이든 신념에 따라서 일어나기 마련이며, 만일 우리가 무슨 그릇된 신념을 가졌다면 그의 몸에 고장이 일어나므로 신념을 바꾸어야 한다고 가르쳐주었다.

사람은 누구나 자기 정신을 바꾸기를 싫어한다. 그리스도 시대에 재산에 묶여 있던 부자 젊은이와 같다. 그리스도가 그에게 천국을 체험하고 싶으면 자기 자신을 재물로부터 해방하라고 말했다. 그러나 그는 그것을 받아들이지 않고 슬픈 얼굴로 가버렸다는 얘기가 성서에 나와 있다. 그는 재산을 버릴 수가 없었던 것이다. 그 사람처럼 많은 사람들은 뭔가 낡고 뒤늦은 믿음에 기댄 채 그것이 건강이나 성공이나 행복을 방해하는데도 놓지 못하는 것이다. 그들은 자유 속으로 걸어들어가기보다 낡은 믿음을 계속 가지고 있고 싶어한다. 나는 이것을 일종의 영적인 오만이라고 부른다. 많은 사람들은 뭔가 새로운 것을 배우기를 매우 무서워하고, 자기의 낡고 편안한 낯익은 세계가 뒤집히는 것을 무서워한다. 우리는 자기가 자기를 묶지 않는 한 결코 아무에게도 묶이지 않는다. 그리고 자기말고는 아무도 나를 해방시켜 줄 사람이 없다는 것을 아울러 알아야 한다.

죄를 지었다는 생각이 병을 부른다

아까 말한 그 남자의 병은 몇 년 전 경제불황 때 시작되었다. 의사는 그 병이 걱정에서 나온 것이며 걱정이 그치지 않는 한 아픔이 없어지지 않을 거라고 진단했다고 한다. 그리고 그는 이렇게 말했다.

"그러나 그 일은 이제 모두 끝났습니다. 재산은 분명 없어졌지만 지금은 하나도 걱정이 안 됩니다. 편안한 집과 조그만 목장과 착한 아내가 있어서 잘 지내고 있습니다. 그런데도 계속 몸이 이렇게 아프답니다."

나는 그가 무엇 때문에 관절염을 계속 앓는다고 생각하느냐고 물었다. 그는 처음에는 이유가 없다고 말했다.

그러나 나는 어쩐지 그가 나에게 사정을 모두 털어놓지 않는 것 같은 느낌이 강하게 들었으므로 더욱 파고들었다. 그가 병을 계속 앓아야 한다고 믿는 이유가 틀림없이 있다. 그것을 모두 나에게 말하고 가슴 속을 깨끗이 하라고 말했다.

그는 한동안 망설이더니 마침내 마음을 털어놓았다.

"저는 살아 있는 사람에게는 누구에게도, 저의 아내에게조차 말하지 않은 일이 있습니다."

그의 이야기는 시작되었다. 경제공황이 한창일 때 그는 중대한 범죄를 저질렀다. 자기 것이 아닌 돈을 가로챈 것이다. 그 뒤 바로 변상했고 아무도 피해를 받은 사람은 없었다. 사실 그것은 아무도 몰랐다. 그러나 아무래도 그는 그가 말한 '죄'를 마음에서 씻어낼 수가 없었다. 자신의 병은 의심할 것 없이 그 죄의 보복이며, 그는 죄를 받고 있으며, 그게 마땅하다고 생각하고 있다고 말했다. 그는 용서를 빌기 위해 필사적으로 기도했으나 아무래도 신의 용서를 받았다는 느낌을 가질 수가 없었으며 결코 해방감을 가질 수가 없었다.

그래서 나는 왜 자기 자신을 용서하지 않는가, 하고 묻고 만일 그가 자신을 용서하기만 하면 죄는 용서되는 거라고 설명했다.

이것은 처음에는 그가 잘 납득할 수 없는 말이었다. 그는 열렬한 신자였으므로 나는 성서의 마태오복음 9장 2절에 그리스도가 중풍을 앓는 병자를 고쳐준 대목을 읽어주었다. 그는 죄를 용서받았다고 느끼자 병이 나았다. 그리스도는 그저 "안심해라. 네 죄는 사함을 받았느니라" 하고 말했을 뿐이다. 그리스도가 이 남자에게 너는 죄를 용서받았다고 했다는 말을 놓고 어떤 학자(서기관)들은 그리스도가 죄를 용서한다는 것은 신을 모독하는 행위라고 화를 냈다. 분명히 머리가 낡은 그들 학자들은 죄를 용서하는 일은 외계에 있는 신이나 하는 일이라고 생각했던 것이다. 나는 흔히 사람들이 놓치는 8절을 관절염을 앓는 이 남자에게 보여주었다. 거기에는 '많은 사람들이 그리스도의 기적에 경탄하고 사람에게 그렇게 용서하는 힘과 병을 고치는 힘을 준 신을 찬양했다'는 의미의 말이 쓰여 있다. 이 남자는 용서가 자기 자신에게도 베풀어질 수 있다는 사실을 알게 되었다. 낡은 기억을 잊고 바른 일을 생각하고 또 바른 일을 하는 것만이 필요한 일이라는 것을 그는 알았다. 그는 그때까지 2절도 못 보았고 6절의 "그러나 그리스도가 세상에서 죄를 사하는 권세가 있음을 너희에게 알리려 하노라" 하는 대목도 보지 못했던 것이다. 구원받은 이 남자의 기쁨은 대단히 컸음에 틀림없다. 그 다음 일요일 저녁 때 강단 문단에서 나를 기다린 그 남자는 관절염이 사라졌다고 말했다.

그 다음 일요일 저녁 때 그는 흥분하여 "9년 동안 나는 하루 종일 일을 한 날이 하루도 없었습니다. 그러나 지난주에는 아무런 아픔도 없이 날마다 종일 일했습니다" 하고 말했다. 이 사내는 자기는 건강해질 권리가 있다는 각성이 병을 고치는 유일한 길임을 알게 되었다. 대생명력은 그의 기대 ─ 그가 믿는 것 ─ 에 따라서 그에게 주고 있었던 것이다. 자기는 벌을 받아야 마땅하다고 믿고 있는 동안 아픔에 시달리고 있었던 것이다. 건강할 권리, 또는 건강할 자격이 있다고 믿자 대생명력이 응답하여 그를 건강하게 해준 것이다.

죄책감이 정신이나 신경 장애의 가장 흔한 원인이 된다고 한다. 그것은 몸 안의 갖가지 기능의 장애가 되어서 나타난다. 죄책감은 '양심의 고뇌'라고도 불린다. 분명히 괴로워하는 양심임에 틀림없다. 나쁜 일을 했다는 느낌을 갖고 괴로워하는 동안, 혹은 누가 자기에게 나쁜 일을 했다는 기억을 가지고 있는 동안 마음에는 긴장이나 무리가 생기고 그것은 틀림없이 몸 속의 고장이나 괴로움이 일어나는 원인이 된다. 그러므로 자기를 용서하는 일이 필요한 것이다.

사람들은 수없이 나에게 호소했다. 지난날 자신의 죄가 눈앞에 빤히 보여서 살아갈 수가 없다고. 3년 전에 우리 부부가 아는 어느 훌륭한 부인이 나의 상담을 받으러 왔다. 그녀의 첫마디는 "나는 이제 더 참을 수가 없습니다. 미칠 것 같아요"였다. 이 부인은 훌륭한 집과 많은 재산을 가졌다. 남편도 훌륭하고 두 아들도 착했다. 이야기를 들어보니 그녀는 죄책감에 짓눌려 있었다. 결혼하기 전에 그녀는 참한 처녀가 아니었다. 그녀의 어머니는 그녀가 매우 어려서 세상을 떠났고 그녀는 한동안 멋대로 살았던 것이다.

몇 년이 지난 뒤 그녀는 자기를 사랑해주는 남자와 결혼했고 그녀도 그를 사랑하게 되었다. 그러자 행복한 생활 속에서 지난날에 대한 후회가 일어나 그녀를 압도하기 시작한 것이다. 자신은 이렇게 착한 사람의 아내로서 또 이렇게 착한 아이들의 어머니로서 자격이 없다고 느끼기 시작한 것이다. 자신은 이런 편안함이나 사치스런 생활을 누릴 권리가 없다고 생각한 것이다. 그녀는 여러 의사와 치료가를 찾아다녔으나 아무 효과도 없었다고 나에게 말했다. 정신적으로나 육체적으로나 그녀는 참 비참했다.

"당신은 이제 착한 부인이지요?" 하고 나는 물었다.

"예. 물론 그래요! 결혼한 뒤로 나는 줄곧 착한 아내이고 어머니였어요" 하고 그녀는 대답했다. 그래서 나는 그녀에게 폭탄을 하나 안겨주었다!

"만일 오늘날 당신이 착한 부인이라면, 지난날의 잘못은 없었던 것이나 같습니다. 그렇지 않습니까?"

이 말에 그녀는 깜짝 놀랐다.

"미안하지만 다시 한번 말씀해주실 수 없습니까?"

그래서 나는 "만일 지금 당신이 착하다면, 당신은 착한 것입니다. 그것뿐입니다. 그 밖에는 아무것도 없어요" 하고 말했다.

"만일 당신이 좋은 아내이고 좋은 어머니라면 당신은 지금 착한 겁니다! 그것이 당신에 관한 진리요. 그러므로 당신은 지금 당신에게 오는 좋은 것을 받을 권리가 있는 겁니다! 과거는 이제 아무 관계가 없어요. 당신이 당신의 생각에 빠져서 자기는 괴로워해야 한다고 믿는 것말고는 과거는 당신에게 아무 힘도 미치지 않고 있어요."

이 부인은 한숨을 내쉬더니 온몸의 긴장을 풀었다.

"제 어깨에서 무거운 벽돌을 내려놓은 느낌이군요. 몇 년 동안 저는 지난날의 잘못 때문에 괴로워해야 한다고 생각해왔어요. 그리고 마침내 사는 것이 견딜 수가 없게 되었어요. 제가 지금 착하다면 저는 착한 것이고 과거는 아무 일도 없다, 이 말씀이지요?" 그녀는 비로소 이해했다.

이 생각이 그녀를 해방시키는 데 필요한 전부였다. 오늘날 그녀는 행복하며 빛나는 부인, 자유롭기 때문에 품위가 높은 부인이며 착한 아내와 어머니이다. 그리고 그녀는 외로운 젊은 여성들을 돕는 데 많은 시간을 바치고 있다. 누구나 이와 똑같은 자유를 가질 수 있다! 과거가 어떻든 현재에는 아무 영향도 미치지 않는 것이다.

오늘은 새로 생긴 세계다

우리가 생각해야 할 오직 하나의 과거란 우리가 오늘 만들고 있는 과거이다. 왜냐하면 오늘은 내일이 되면 과거가 되기 때문이다. 다윗 왕은 우리에게 착한 일을 하고 법칙에 기대라고 했다. 만일 그 사람이 착하다면 착한 것이다. 신은 우리에게 유감을 갖지 않는다. 신은 질투하지 않으며 아무에게도 벌을 마련하지 않는다. 우리 자신이 우주의 법칙 ─ 원인과 결과의 법칙 ─ 을 깨고 스스로 자기를 벌주는 것이다. 대생명력은 우리를 행복하게 만든다. 우리가 자신을 용서하면 대생명력은 언제나 우리를 용서한다. 우리가 바른 일을 하면, 좋은 일만 온다는 것을 알고서 바른 일을 하면, 자연계의 인과 법칙은 우리의 생활에 좋은 일을 가져다준다. 과거의 잘못을 용서받으려면 그 잘못에 등을 돌리고 바른 생각을 하고 바른 일을 하면 된다. 우리는 자신의 마음속에서만 자신에게 거슬리는 노여움을 갖게 되며 마음속에서만 죄의 용서와 해방을 찾아낼 수 있는 것이다. 사죄 ─ 해방 ─ 는 과거의 잘못이 무지에서 나온 과실에 지나지 않았다는 것을 인정할 때에 찾아온다. 그리고 용서를 받음으로써 우리는 더 넉넉하고 행복하고 건강한 생활로 옮겨갈 수가 있다.

만일 우리가 할 수 있는 모든 보상을 다한 뒤에 마음속에서 과거의 잘못에 등을 돌리고 ─ 바른 원리를 향하고 애매한 타협을 하지 않겠다고 굳게 결심한다면 지난날의 잘못을 초월하는 길을 발견하게 될 것이다. 우리는 이제 의식적으로나 잠재의식적으로 그것들을 기억하지 않을 것이므로 과거의 악은 우리에게 아무 힘도 미치지 않는다. 우리가 좋은 의도를 가질 때, 자기 자신을 건전하게 사랑할 때 자기를 용서하게 된다.

진리는 우리가 모두 신이라는 것이다. 영국의 시인 브라우닝이 말한 것처럼 비록 '떡잎의 모양'이지만 우리는 신이다. 당신은 자신을 용서하라. 당신 속에 있는 좋은 일을 찾아내라. 그것을 표현하고 좋은 일이 당신에게 돌아오기를 기다려라.

12
남을 용서하는 것

당신은 지난날 누군가가 "용서할 수는 있지만 잊을 수는 없다"고 말하는 것을 들은 적이 있을 것이다. 그러나 잊지 않는 한 진짜로 용서한 게 아니다.

용서란 무엇인가

용서란 정신을 깨끗이 하는 일이다. 낡은 것을 장래를 위해서 간직해두는 것이 아니다. 용서한다는 것은 진실한 소멸이다. 그 일을 완전히 지워버리고 백지로 돌려 처음부터 새로 하는 것이다. 새로 발족한다는 것이다. 지난날의 죄를 존재하지 않았던 것처럼 하는 것이다. 우리가 용서받을 때 그것은 누구에게 개인적으로 은혜를 받는 것이 아니며, 또 우리가 누구를 용서할 때 그것이 나의 개인적인 공적이 되는 것도 아니다. 용서라는 것은 건강과 진보에 도움이 되는 일상의 실용적인 근본 방침이다. 대생명력의 흐름을 막는 것을 치워내고 대생명력이 건전한 표현을 할 수 있게 하는 일이다. 용서하는 기술을 몸에 익히기 전에는 행복하고 건전한 생활에 깊이 들어갈 수가 없다. 남을 해방하고 자유롭게 해줄 때 나 자신도 해방이 되고 자유롭게 되는 것이다.

남을 용서할 수는 있으나 잊을 수는 없다고 말하는 사람은 남을 용서해주면서 생색을 내는 사람이며, 동시에 자기의 상처를 끌어안고 있으려고 하는 사람이다. 누가 나를 해치려 한다고 느낄지라도 그 사람에 대해서 계속 악의를 품고 있는 것은 우리에게 아무 이익도 안 된다. 우리는 그 사람과 다시는 교제하고 싶지 않다고 생각할 것이며 교제할 필요가 없을 수도 있다. 그러나 그를 용서하지 않는 것은 우리 자신을 그 불쾌한 체험에 묶어두는 것이 되며 그 사람에게 매어놓는 게 된다. 즉 그 상처를 몇 번이고 되풀이해서 받으면서 사는 꼴이 되는 것이다. 우리는 그를 생각할 때마다 상처를 받는다. 실제로는 한 번 속았지만 천 번을 속았다고 느끼게 될 것이다. 천 번의 죽음을 체험하는 것이다. 그러나 그를 해방해서 자유롭게 해주고 나면 우리도 상처로부터 해방이 되고 아픔으로부터 자유롭게 되는 것이다.

내가 누군가를 해쳤다 하더라도 그가 나를 용서하면 그는 해방이 되어 자유롭게 된다. 그 용서는 그의 편에 있어서의 정신 활동이다. 그러나 만일 내가 그를 해친 것에 대한 죄악감을 계속 가진다면, 비록 그는 해방이 되고 자유로워졌다 할지라도 나는 해방되지 않고 있는 것이다. 자기 자신을 해방하지 않는 한, 고통은 계속되고 자유로울 수가 없다.

나의 개인적 체험을 하나 이야기하겠다. 어느 날 나는 한 친구에게 해를 주었다는 생각이 들어 그 때문에 매우 불쾌한 느낌에 사로잡혔다. 나는 부끄러웠다. 그가 나를 피하고 있는 것처럼 보였다. 나도 죄악감 때문에 저절로 그를 피하게 되었다. 그 뒤 어느 날 나는 그를 찾아가서 사과했다. 내가 그에게 행한 부당한 일에 대해서 매우 잘못했다고 빌었다. 그는 "그랬었군요? 나는 당신이 그랬다는 것을 몰랐어요. 한동안 당신이 나를 피한다 싶었지만 왜 그러는지 알 수가 없었지요" 하는 것이었다. 그의 편에서는 아무런 맺힌 감정이 없는 것이다. 그것은 완전히 나 혼자의 마음에 있었던 것이다. 내가 나쁜 일을 했기 때문에 우정이 끊겼다는 느낌이 내 마음속에 있었다. 스스로 끊었기 때문에 끊긴 꼴이 된 것이다.

나에게 잘못을 저지른 사람에 대해서, 그가 최선을 다하다가 그렇게 된 줄 알면서도 유감을 갖는 것이 옳은 일일까? 우리는 동정심을 가지고 그를 용서해주어야 하지 않을까? 누군가가 당신한테 나쁘게 행동했다고 생각하고 그 사람을 책망하고 용서하지 않고 이해도 하지 않고 해방해주지 않는다면 당신은 결코 참다운 평화를 느낄 수 없다. 진정으로 자기가 옳다고 느낄 수 없다. 그러나 그 체험을 내던지고 그 사람을 해방해주고, 그가 당신에게 해주었으면 싶은 그대로 당신이 그에게 해줄 때 당신은 황금률을 실행하고 있는 것이다. 당신 자신이 최선을 다한 일에 대해서 누가 유감을 갖는다면 당신은 즐거울 수 있을까? 그것은 당신을 해치는 일이다. 그것은 잘못이다. 그와 마찬가지로 그도 당신에게 과실을 저질렀을 때 의심할 것 없이 그로서는 최선을 다 했다고 믿고 있다. 당신이 최선을 다했다고 믿으면서도 과실을 저지른 것처럼……. 그는 약하기 때문에 과실을 저지르기가 쉬웠는지도 모른다. 혹은 당신이 눈치채지 못한 무언가에 압박을 받고 있었는지도 모른다. 그의 이유가 무엇이든 간에 같은 사정 아래서 당신이 다른 사람으로부터 기대하는 것과 똑같은 행동을 그에게도 해주어야 한다. 그가 과실을 저지른 거라고 생각해라.

또 어쩌면 그는 계속 당신을 해칠 마음인지도 모른다. 당신은 형제를 몇 번 용서하는가? 일곱 번인가? 그리스도는 일곱 번씩 일흔 번을 용서하라고 말했다.

우리는 당신 자신의 좋은 일, 당신의 마음의 평화를 지금 생각하고 있는 것이다. 당신은 이웃 사람을 당신 자신을 사랑하는 것처럼 사랑하라. 그리고 당신에게 그가 해주기를 기대하는 것과 똑같은 마음을 그에게 보여주라. 그렇게 함으로써 당신은 해방되고 자유로워질 수 있다. 그를 벌주어야 한다고 당신은 말할지도 모른다. 그러나 왜 벌을 주는가? 벌을 주는 목적은 무엇인가? 잘못을 저지른 사람이 결과를 무서워하여 같은 잘못을 다시는 하지 않도록 하자는 것인가? 만약 그 사람이 벌써 자신이 잘못했다고 생각한다면 어떻게 하겠는가? 이미 후회하고 있다면 어떻게 하겠는가? 그에게 벌을 주거나 그를 피해서 얻는 바가 무엇인가? 만일 그가 태도나 견해를 바꾸고 있다면 벌로 두 사람이 얻을 수 있는 것은 아무것도 없다. 간디는 "미움은 미움받는 사람보다 미워하는 사람을 더 상하게 한다"고 말했다. 우리는 이 말을 깊이 생각하고 새겨들어야 한다.

노여움은 용서하면 고쳐진다

고등학교 교장인 중년 부인이 상담을 하러 찾아왔다. 그녀는 자기는 사는 것에 지칠 대로 지쳐버렸다. 자기에게는 아무 만족도 기쁨도 없다고 말했다. 몇 년 전에 그녀의 남편이 그녀를 버리고 다른 여자와 결혼을 해버렸다. 그녀는 재혼하지 않았다. 지금은 쓸쓸하게 살면서 적은 봉급으로 생활을 꾸려나가기 위해 열심히 일해야 한다고 말했다. 다른 부인들은 좋은 집과 사랑하는 남편이 있어서 행복한데, 대생명력은 그녀를 거들떠보지도 않는 것처럼 보였다. 이야기가 진행되면서, 전남편이 그녀에게 매우 몹쓸 짓을 여러 가지 저지른 것을 알게 되었다. 그녀가 특히 화를 내고 있는 것은 같이 살고 있을 때 1천 5백 달러의 은행 수표에 보증을 서달라고 해서 서주었는데, 남편은 그것을 지불하지 않았고 헤어진 뒤에 그녀가 봉급에서 조금씩 부채를 갚지 않을 수 없게 된 일이었다. 전남편은 지금은 상당히 부자가 되어 충분히 갚을 수 있게 되었는데도 갚지 않는다고 했다. 정말 그는 그녀를 무시한 것이다. 그러나 수표는 이미 오래 전에 시효가 넘어가버렸기 때문에 이제는 법정에도 내놓을 수 없게 되었다. 그녀는 원한에 꽉차 있었다. 한마디 한마디에서 노여움이 뚝뚝 떨어졌다.

"그가 제게 한 일을 생각하지 않으려 해도 그럴 수가 없는 거예요. 저는 이제 나이가 들어 재혼도 바랄 수 없게 되었고……."

나는 그녀에게 전남편하고 이혼하라고 말했다. 그러자 그녀는 깜짝 놀란 얼굴을 하고 말했다.

"이혼한 지 벌써 10년이에요."

"예, 법률적으로는 그렇지요. 그러나 당신은 미움과 노여움의 끈으로 아직도 그와 맺어져 있어요. 그래서 당신이 재혼을 할 수가 없는 겁니다. 그를 해방해줄 필요가 있어요. 그를 용서해요. 그리고 지난날의 경험에서 당신 자신을 자유롭게 해요. 그를 축복하고 그의 성공과 건강과 행복을 위해서 기도를 해보세요"

나의 충고는 그녀에게 쓰디쓴 알약이었다. 그러나 그녀는 그것을 삼켰다. 그러자 재미있는 일이 몇 가지 일어났다. 어느 날 그녀는 전화를 걸어 바로 만나러 오겠다고 했다. 기적이 일어난 것이다. 그녀는 사무실 안으로 뛰어들어와 내 책상 위에 1천 5백 달러를 늘어놓았다.

"어디에서 이렇게 많은 돈이 났다고 생각하세요?" 하고 묻고는 말을 이었다.

"저는 전남편이 잘 되라고 진심으로 기도했어요. 아시다시피 요 7, 8년 동안, 그를 만난 일도 없고 편지를 받은 일도 없습니다. 그런데 오늘 그가 저에게 전화를 걸어 만나고 싶다는 거예요. 그가 하는 말이 '요 며칠간 나의 가슴을 술렁거리게 하는 일이 일어났다'면서 1천 5백 달러를 제 무릎 위에 놓지 뭐예요. 그리고는 '지금까지 참 미안했어. 만일 내가 도움이 되는 일이 있으면 언제라도 찾아와줘' 하는 거예요. 믿을 수 없는 일 아니에요? 정말 꿈 같아요."

'기적'이라고 당신은 말할지도 모른다. 그러나 그것은 그녀가 노여움을 버리고 그를 용서했기 때문에 일어난 일이다. 전에 자기의 적이라고 생각하던 사람을 진심으로 사랑하고 그를 위해서 기도했기 때문에 생긴 일이다. 그녀는 그를 용서하고 그는 그녀가 용서한 것에 반응한 것이다.

여기서 이야기의 무대가 좀 바뀐다.

내가 이 중년 부인을 도와주고 있던 때에 다른 어떤 실업가의 상담도 맡고 있었다. 그 사람의 부인은 음악 교사와 뜨거운 관계가 되어 남편을 버리고 떠나갔다. 그는 혼자 살면서 매우 원망이 컸다. 그의 화는 그의 사업에도 나쁜 영향을 주었다.

나는 앞의 부인에게 한 것과 똑같은 충고 ─ 아내와 이혼하라는 ─ 를 이 사람에게도 했다. 그는 어이없다는 말투로 자기는 이혼한 지 4년이나 된다고 하였으나 나는 그가 마음속에서 아직 전부인하고 인연을 끊지 않고 있다는 것, 그녀를 용서해줘야 한다는 것, 그가 자기 자신을 위해 바라는 것과 똑같은 행복을 그녀를 위해서 바라야 한다는 것을 지적했다.

어느 날 밤 그는 말했다.

"제가 선생님과 상담을 시작한 지 꼭 1년이 되었습니다. 그 동안 저는 많이 달라졌습니다. 사업도 잘 되고 제 주위의 일도 잘 돌아갑니다. 저는 마음이 가라앉고 편안합니다. 자유로운 기분입니다. 먼저 아내를 용서했습니다. 그녀는 저보다 훨씬 마음에 맞는 사람하고 결혼한 거라고 확신합니다. 저는 교훈을 얻었습니다. 이제는 그녀의 행복을 바랍니다. 그녀와 그녀의 남편이 잘 되기를 희망합니다. 오늘에 와서 보니 지난날의 일은 신문에 난 한쪽의 기사 이상의 것이 아니라고 생각됩니다."

그가 나의 연구소를 막 나서려고 할 때 교장인 베이커 씨가 들어왔다. 나는 현관에서 두 사람을 소개했다. 물론 당신은 그 뒤가 어떻게 되었는지 잘 알 것이다. 2주일 가량 뒤에 나는 두 사람의 주례를 섰다. 두 사람은 지금 행복하게 잘 지내고 있다.

2천 년 전에 현인은 사람이 행복하고 건강하고 성공하는 길을 가르치며 말했다. "그러나 나는 당신에게 말한다. 당신의 적을 사랑하라. 당신을 저주하는 사람을 축복하라. 당신을 멸시하며 부리는 사람이나 당신을 괴롭히는 사람을 위해서 기도하라." 왜냐? 당신이 천국을 체험할 수 있게 하기 위해서이다.

많은 사람들의 열정적인 기도가 아무 응답도 받지 못하는 것은 적극적인 신념의 기도가 아니라 미움이나 노여움이나 거부, 또는 열등감을 가진 채 기도하기 때문이라고 나는 확신한다.

그들의 정신 조작의 통로에는 쓰레기와 잡동사니가 꽉차 있기 때문에 그것을 치워낼 — 용서할 — 필요가 있다. 만일 우리가 이러한 인격상의 장애를 고치지 않는다면, 이렇게 흐름이 막힌 채로 내버려두겠다고 고집을 부린다면 어떻게 정신을 써서 좋은 결과를 기대할 수 있단 말인가?

　누가 자신을 상처 입힌 기억을 몇 년이나 간직하게 되면 대생명력의 모든 것으로부터 외면당한 느낌이 들게 된다.

　60세가 되는 애리슨은 28년 전에 동업자가 자금을 몽땅 삼키고 자취를 감추었기 때문에 그 뒤 무엇을 해도 성공하지 못했다고 말했다. 그는 일생의 실패를 모두 이 동업자 탓으로 돌려버렸다. 나는 그가 동업자를 용서하고 실패의 모든 책임을 그에게 돌리지 말라고 충고했다. 그런 뒤 2년인가 3년이 지난 어느 날 내가 강의를 하고 있는 '대인 관계' 클라스에 이 사람이 출석했다. 어느 날 밤 그는 강의 중에 이야기를 하고 싶다고 신청했다. 그는 자기가 성공하지 못한 이유를 돈을 가지고 달아난 동업자 탓이라고 26년 동안이나 생각하고 있었다고 말을 꺼냈다. 그런데 나의 충고는 그 지난 일을 용서하고 오랫동안 만난 일도 없는 그 친구가 잘 되라고 기도해주라는 것이었다고 그는 설명하였다.

　"나는 그를 위해서 어떻게 기도하면 좋을지 몰랐지만 나를 위해서 바라는 모든 일을 그를 위해서 바라기로 작정하고 내 나름의 간단한 방법으로 기도했습니다. 나는 언제나 좋은 자동차를 좋아했고 좋은 여송연 피우는 것을 좋아했습니다. 그래서 나는 이 옛날 친구가 커다란 여송연을 피우면서 산뜻한 캐딜락을 몰고 가는 광경을 상상했습니다. 나는 상상 속에서 그를 불렀습니다. 그는 멈추었습니다. 뭔가 좀 난처한 것 같은, 수줍은 것 같은 모습인 그에게 말했습니다. '여, 빌! 이제 괜찮네. 나는 알고 있어. 자네를 용서해주겠네. 자네에 대해서 이제 아무 유감도 없어. 자네의 성공을 기뻐하네. 내가 좋아하는 것을 고스란히 자네가 가지고 있으니 나도 좋네. 지난 일은 용서하고 잊어버렸네. 자네는 이제 해방되고 자유롭단 말이야. 그래서 난 기쁘네. 왜냐하면 나도 해방되고 자유로워졌기 때문이야.'" 그는 그 뒤 얼마 안 있어 사업이 호전되었고 지금은 경제적으로 상당히 좋아져 매우 행복하게 살고 있다.

남을 해방시켜 주기 위해서는 지난 일을 자기의 의식 안으로 들여와 그것을 뒤집어보고 엎어보고 하며 이해할 수 있게 되기까지 분석해가야 한다. 이해하는 것은 용서하는 일이다. 당신이 완전히 이해하게 되면 용서할 일은 아무것도 남지 않게 된다. 이해하게 되면 자기 자신에게 바라는 모든 좋은 일을, 지난날 자기에게 해를 끼쳤던 사람에 대해서 바라는 것은 어려운 일이 아니다. 그런 방식으로 당신은 노여움의 밑바닥에 있는 토대를 완전히 치워버릴 수 있으며, 당신 자신의 마음 속에서 그 사람을 친구로 삼을 수 있다. 그것이 친구를 만드는 방법이다. 자기 자신에게 바라는 것과 똑같은 건강이나 성공이나 행복을 그를 위해서도 희망하라. 당신이 그에 대한 마음의 태도를 바꾸면 그는 당신에게 좋은 것이 오게 하는 통로가 되는 것이다. 그러한 장소에 당신은 서 있는 것이다. 이일을 완전하게 마치라! 당신의 마음에서 지난날의 원망을 깨끗이 씻어내라. 그러면 일이 완전해진다. 당신에게 상처를 입힌 사람을 해방해준 뒤에 그 사람이 당신 마음에 나타나면 "신이여, 그에게 축복을 주십시오" 하고 진심으로 말하라. 그리고 잊으라. 그러면 일은 깨끗이 끝난 것이다. 당신은 그것을 다시는 생각하지 않게 되리라. 왜냐하면 완전히 해방되었으므로.

어떤 사람은 "그런 일은 도저히 할 수가 없습니다. 해보았지만 아무래도 되지 않기에 그만두었습니다" 하고 말했다. 자, 당신은 이 인생을 고난 없이 가고 싶은가, 아니면 고난을 겪을망정 미워하는 마음이나 노여운 마음을 간직한 채 살아가고 싶은가? 당신은 어느쪽 길이든 갈 수가 있다. 선택은 당신 마음대로이다. 어떤 사람이 "나에게 상처를 준 사람을 용서해주려고 정말 애써 보았습니다만 용서할 수가 없었습니다" 하고 말했다. 나는 "진정으로 해보았습니까?" 하고 물었다. "그 사람한데 가서 '조지, 난 자네를 용서하네' 하고 말했습니까?" 하고 물었더니 대답은 "아니요"이었다. 그는 그것을 하지 않았던 것이다. 나는 다시 끈덕지게 물었다. "당신은 '자네에게 신의 축복이 있기를 비네, 조지. 그 일은 지난 일로 돌리세. 나는 자네에게 아무 유감도 없다네' 하고 말했습니까?" 그는 "아니요, 그것은 하지 않았습니다". "당신은 그 밖에 무슨 일을 했습니까? 그에게 격려의 편지를 보내거나 생일 축하 엽서를 보냈습니까?" 그러나 대답은 "아니요"였다. 그는 용서해주려고 하지 않은 것이다. 그저 의자에 기대앉아 자기의 미움과 노여움이 자기 몸을 소모하도록 내맡기고 있었던 것이다. 그러면서도 해야 한다고 생각하는 일을 하지 않은 자기 자신을 미워하고 있었던 것이다.

용서는 행동으로 나와야 한다

행동이 따르지 않는 신념은 죽은 것이나 마찬가지다. 당신의 것이라고 생각하는 어떤 것을 누가 가져가버렸다고 하자. 그런 일은 우리네 인생에 흔히 있는 일이다. 우리가 가진 것은 무엇이든 약간은 늘 남에게 빼앗기게 마련이다. 당신의 체험이라고 해서 다른 여러 사람의 체험과 다를 것은 없다. 당신의 주위에는 당신이 장래에 사용할 수 있는 것보다 좋은 것이 훨씬 많이 있다. 그것들은 어차피 우리에게 소속되지 않은 것이다. 우리가 땅 위에 있는 동안만 사용할 수 있는 것들이다. 이 지상에는 돈도 많고 친구를 사귈 기회도 많다. 다른 사람을 자유롭게 놓아두고 당신 자신도 자유로운 몸이 되라. 당신이 노여움을 간직하는 동안은 우주

연쇄 — 마음의 쇠사슬 — 가 당신을 상처 입힌 사람에게 묶어놓고 그 해를 당신에게 묶어놓는다.

　의식적이든 또는 무의식적이든 우리는 어렸을 때 우리에게 상처를 주었다고 느끼는 누군가에게 노여움을 가지고 있는지도 모른다. 누군가 우리의 야심을 꺾은 사람이나 우리가 가진 오늘날의 열등감이나 성공하지 못한 데에 책임이 있다고 생각되는 사람에게 노여움을 가지고 있을지도 모른다. 그러한 미움이나 잠재의식 속의 걱정은, 우리가 오늘날 유쾌하고 성공적인 생활을 하는 것을 대단히 방해하는 수도 있다. 어렸을 때 나의 부모는 나를 충분히 귀여워해주지 않았다. 부당하게 대했다고 느낄지도 모른다. 부모가 왜 그렇게 했는가는 우리가 그 자세한 사정을 알기까지는 결코 이해할 수 있는 일이 아니다. 이해만 가면 용서해줄 수가 있고 우리의 체험은 어둠에서 광명으로, 미움에서 사랑으로 바꾸어져간다. 우리는 어렸을 때 우리에게 너무나 엄격하거나 너무나 응석을 받아줌으로써 우리의 인생을 엉망으로 만들어버린 부모를 몇 십 년 동안이나 미워하고 있는지도 모른다. 그러나 이해하는 순간에, 우리를 때린 부모는 그 자신도 어렸을 때 누구에게 매를 맞았거나 응석을 부리며 자랐다는 것을 잘 알게 되리라. 어버이는 어버이대로 자신의 상처받은 체험을 우리에게 되풀이함으로써 어떤 보상을 받고 있었는지도 모른다.

　현명하고 상식적인 생각의 방식이란 사랑해주고, 이해해주고, 그리고 용서해주는 일이다. 사랑은 아픔을 고쳐주는 이 세상 최고의 약이다. 사랑할 때, 우리는 이해하고 용서한다. 그러면 그때까지는 미움, 복수, 노여움, 또는 원한으로 향했던 힘이 우리의 몸 안에 사랑, 선의, 동정이 흐르게 하고 많은 재화나 예기치 못한 은혜를 가져온다.

13
과거를 용서하는 것

　늙은 홀어머니와 단둘이 살고 있던 딸이 실업가로서 성공한 헨젤과 결혼했다. 어머니는 그 두 사람의 가정에서 함께 살게 되었다. 헨젤은 자주 업무상 여행을 했는데 그때 아내를 데리고 다니기를 좋아했다. 그래서 헨젤 부부가 여행을 나간 동안에는 누군가 다른 사람이 와서 묵으면서 어머니를 돌봐줘야했다. 어느 날 딸이 남편과 여행을 간 사이에 어머니는 심장마비를 일으켜 죽었다. 그 때문에 헨젤 부인은 마땅히 자기의 책임이었던 어머니를 간호하지 않았다는 생각으로 깊은 죄책감을 갖게 되었고 몇 년 동안이나 괴로워했다.

죄책감은 정신이나 육체의 병을 낳는다

　어머니를 방치했다는 것과 남편에게 성실해야 했다는 두 생각의 틈바구니에 끼어 그녀는 신경성 소화불량으로 괴로워했고 후회와 불만의 우울증이 발작적으로 일어났다. 그녀가 내 연구소를 찾아왔을 때는 신경쇠약으로 금방 쓰러질 것 같은 상태였다. 그녀 자신도 비참한 상태였지만 그녀의 주위 사람들도 모두 비참한 상태로 만들어놓고 있었다.

헨젤 부인에게는 10대인 아름다운 딸이 있었다. 나는 헨젤 부인에게 그녀는 그녀의 어머니의 입장에 있고 딸은 그녀의 입장에 있다고 상상해보라고 했다. 딸이 그녀와 똑같은 상태에 있다면 딸이 어떻게 하기를 바라겠냐고 물었다. 그녀는 바로 "물론 자기 남편하고 같이 가게 하겠어요. 나를 돌보기 위해서 집에 떨어져 있게 하고 싶지 않아요" 하고 대답했다.

거기서 그녀는 문득, 자신의 어머니가 자신보다 자비심이 없고, 사랑도 친절한 마음도 없는 사람이며, 자기가 한 일을 용서하지 않을 거라고 잘못 믿어왔다는 것을 깨달았다. 그렇게 이해하자 자신을 원망하는 마음이 가라앉았다. 후회가 사라지고 마음이 자유롭게 되자 그녀는 생활을 잘 조정할 수 있게 되었고 지금은 건강하고 행복한 부인이 되었다.

잘못된 행동을 나중에 생각해보면 우리는 "왜 내가 그때 그렇게 했을까? 좀더 잘 생각했어야 했는데. 그렇게 뻔한 일을 가지고……" 하고 말하게 된다. 그러나 그때 그렇게 한 것은 나름대로 그만한 생각이 있었기 때문에 그렇게 한 것이며 그러지 않아야겠다는 생각이 잠깐 들기는 했지만 최선을 다한다고 그렇게 한 것이다. 누가 최선을 다한다고 생각하며 한 일을 뒤에 가서 결과가 나쁘다고 용서하지 않을 것인가? 그렇지는 않다. 그러니 당신 자신에게도 같은 은혜를 베풀라.

이해는 치료이다

우리가 진상을 알면, 즉 이해를 하게 되면 거기에는 이미 용서 못할 만한 것은 남지 않게 되는 법이다. 만일 우리가 상상 속에서 다른 사람의 입장에 자기를 놓고 보면 그 배경도 알 수 있고 왜 그가 그때 그렇게 했는가 사정도 알게 되어 동정심도 솟고 자동적으로 용서하게 되는 것이다. 현명한 솔로몬 왕은 "네가 얻는 것 모두를 주고 이해를 얻으라"고 말했다. 용서를 거절하는 사람은 심한 근시안을 가진 사람이다. 만일 우리가 용서하지 않으면 자기 자신에게 상처를 줄 뿐이다. 한 번 해버린 일은 되돌릴 수 없다. 하지 않은 것처럼 될 수는 절대로 없다. 유일한 현명한 길은 그것을 이해하고, 용서하고, 그리고 의식에서 사라져가게 하는 일이다. 비난을 계속하는 한 — 우리를 해친 사람을 용서하고 풀어주고 자유롭게 해주지 않는 한 — 절대로 평화로워질 수가 없는 법이다. 그러니 어떻게든 우리 자신의 생각을 바꾸고 다른 사람이 나에게 해주었으면 하는 행동을 그 사람에게 해주어야 한다.

우리가 우리를 해친 사람에게 사랑이나 친절을 베풀려고 애를 쓰지만 용서해줄 수가 없다면, 그것은 아마 우리가 제대로 이해하지 못하고, 다른 사람의 입장에 자기를 놓을 줄 모르고, 자기만을 해방시켜 자유롭게 되려고 몸부림치기 때문이다.

그리스도는 "너희를 멸시하며 부리고 또 박해하는 사람을 위해서 기도하라"고 말했다.

세 아이의 어머니인 조지 부인은 전간(癲癎)이라는 진단을 받은 발작을 20년 동안이나 정기적으로 되풀이하고 있었다. 그녀의 말로는 그녀가 아직 소녀였을 때 아버지로부터 폭행을 당했다고 한다. 그러나 이제는 아버지를 용서했기 때문에 지금의 병의 원인은 아니라고 그녀는 확신하고 있었다. 그녀가 나에게 상담하러 오기 12년 가량 전에 그녀의 아버지가 중병에 걸린 일이 있었다. 그때 이제는 마지막이라고 생각하고 아버지는 무서운 과오를 모두 고백했다. 그녀의 어머니, 즉 아버지의 아내도 아버지를 용서했다. 행인지 불행인지 아버지는 죽지 않았고 그 뒤로 부녀는 사이 좋게 지냈다. 적어도 1주일에 한 번은 가족이 모두 모여 저녁 식사를 했다.

그러나 나는 그녀의 용서가 뭔가 완전하지 않다고 직감했다. 그래서 내가 말하는 대로 하면 틀림없이 좋아질 것이라고 그녀에게 말했다. 그것은 하루에 두 번씩 어두운 방에 들어가 무릎을 꿇고 아버지를 위해서 큰소리로 기도하는 것과 그녀가 자신을 위해서 바라는 모든 좋은 일 ― 건강, 평화, 행복 등을 아버지가 갖도록 진심으로 기도하는 것이었다. 나는 그 두 가지를 권했다. 이렇게 했더니 그 뒤로는 발작이 일어나지 않았다. 무릎을 꿇는 일과 아버지가 잘 되라고 비는 그녀 자신의 목소리를 스스로 들음으로써 완전한 용서를 할 수 있었던 것이다.

60세가 넘은 아놀드 부인은 정신과학으로 사람을 고치는 치료사였다. 그런데 그녀 자신은 정신적으로 불안정하여 혼란에 빠져버렸다. 그녀는 어느 계곡에 아주 좋은 집 한 채를 가지고 있었는데 그것을 팔아버리고 도시로 옮겨갔다. 처음으로 도시에서 살았는데 거기에서 남편을 잃자 다시 시내의 집을 팔고 시골로 옮겨갔다. 그런데 또 시골이 재미가 없어져서 다시 도시로 돌아왔다. 이렇게 몇 번을 옮겨다녔지만 언제나 바라는 마음의 안정은 얻을 수가 없었다. 죽은 남편에 대해서 이야기할 때 그녀는 매우 격한 감정을 나타냈다. 그래서 나는 그녀가 불사라는 문제에 확고한 신념을 갖지 않은 것이 아니냐고 말했다. 그러자 그녀가 매우 화를 내며 말했다.

"너무 말씀이 심하시군요! 저는 정신치료사예요!"

"그렇습니다. 그러나 털어놓고 말씀해보세요. 바깥양반이 아직 살아계시다고 믿으십니까? 당신이 마음의 안정을 못 얻는 것은 그 일에 대해서 무슨 의문을 갖기 때문이 아닐까요?" 하고 나는 말했다. 그러자 한동안 생각에 잠기더니 그럴지도 모른다고 말했다.

한동안 대화를 하면서 나는 인간의 불사에 대한 확실한 증거를 그녀에게 보여주고 내가 불사에 대해서 확신을 가지고 있다고 말했다. 그러자 그녀의 마음의 혼란은 사라져버렸다. 이제는 시골집을 팔지 않기로 했으며 그 뒤 만나보니 부지런하고 즐겁고 마음의 안정을 가지고 있었다. 마음의 혼란이 주위의 여러 가지 일을 혼란으로 이끄는 것은 사실이다.

60세가 넘은 남편이 아내를 데리고 나에게 상담을 하러 왔다. 만일 자기 아내가 마음의 평화를 얻지 못한다면 정신병원에 입원을 시킬 수밖에 없다고 말하고 그는 돌아갔다. 나는 그녀에게 어디가 안 좋으냐고 물었다. 그녀는 솔직하게 말했다. "장래의 일이 무서워요. 남편이 죽고 내가 혼자 남게 될까 봐 무서워요."

나는 아까 본 바로는 바깥양반은 기운이 좋으신 것 같다고 말했다.

"예, 나도 그렇게 생각해요. 하지만 그는 언젠가는 죽을 거예요. 그리고 나는 남편말고는 달리 가족도 없어요."

아내의 얼굴에는 고뇌의 빛이 역력히 드러나 있었다. 젊었을 때 남편은 사업 관계로 여행이 잦았고 그녀는 남편을 늘 따라다녔다. 그런 사정 때문에 두 사람은 아이를 갖지 않았다.

그녀가 지금 마음속에 지닌 고통은 그녀가 아이를 태어나지 않게 한데서 나온 죄책감이라는 것을 나는 그녀에게 알아듣게 설명해주었다. 그녀는 한동안 생각에 잠기더니 자기를 살인범이라고 생각하고 있었다고 고백하고, 그 죄 때문에 마땅히 벌을 받아야 한다고 믿고 있다고 말했다. 그녀는 자신이 한 행동이 그 당시로서는 최선이었다는 것을 이해하게 된 뒤로 자신을 용서하게 되었다. 그리고 평화로운 사람이 되어 지금은 편안하고 안락하게 살고 있다.

우리 각자는 날마다 조용히 앉아서 자기를 향해서 다음과 같은 말을 하고 그것을 성실하게 지키는 것이 좋으리라.

"오늘 나는 과거의 모든 불쾌한 체험과 그 체험에 얽힌 사람들을 해방하고 자유롭게 해준다. 나는 그 사람들을 사랑으로 축복한다. 그리고 (상상 속에서) 내가 갖기를 바라는 것과 똑같은 것을 그들 모든 사람들이 갖는 것을 마음속으로 본다. 모든 사람들은 내가 만들어진 것과 똑같은 본질로 만들어진 것을 인정한다. 우리 각자는 커다란 무한의 대생명력의 일부이며 생명력은 실재의 전부이다. 그 대생명력 속에서 우리 모두는 살고 움직이고 그리고 실재한다. 이것은 진리이므로 내가 행한 모든 잘못에 대해서 나 자신을 용서한다. 그리고 크건 작건 나를 해친 모든 사람들을 용서한다. 용서해주면 모든 체험에 있어서 좋은 일만이 내게 온다는 것을 알고 있으므로 내가 행한 하나하나의 잘못은 보다 큰 이해와 보다 큰 기회의 디딤돌이 되므로 과거의 모든 체험을 나는 축복한다. 어떠한 과거의 체험도 오늘이나 또는 미래에 나를 해치지 않는다. 내가 용서받고 싶은 것처럼 나는 모든 것을 용서한다."

14
신을 용서하는 것

앞 장까지 우리는 자신과 다른 사람, 과거를 용서하는 일에 대해서 이야기했다. 여기서는 의식하든 의식하지 않든 조물주의 죄라고 생각되는 체험을 상기하여 신을 용서하지 않으면 안 된다는 것에 대해서 이야기하자.

신에게는 고난이나 전쟁, 질병 등에 대한 책임이 없다

이 일은 어떤 사람에게는 이해가 가지 않을 것이다. 그들은 이 괴로운 세상에 대한 책임은 모두 신에게 있다고 생각한다. 그들은 만일 자신이 우주 경영을 맡아서 한다면 좀더 잘 할 거라고 생각한다. 많은 사람들은 이 혼란한 세계의 상태를 보고 신이 사업에 실패한 거라고 생각한다. 세계의 그러한 불쾌한 현상은 신과는 아무 관계도 없다는 것을 이해하지 못하는 것이다. 잡초와 독초가 만연하는 것과 같은 그러한 상태는 부정적인 생각의 방식 — 인간 자신의 부정적인 신념 — 속에서 자라고 또 만연하는 것이다. 그런데도 어떤 사람들은 늘 자기네의 고난이나 고뇌가 신의 잘못에서 나왔다고 비난을 계속한다.

절친한 친구나 사랑하는 사람을 잃고 비탄에 잠긴 사람들은 신을 책망한다. 인류의 모든 죄나 괴로움이 신의 책임이라고 믿는 사람들은 신을 탓하고 욕설을 퍼붓는다. 어떤 사람들은 신이 자기가 하기 싫은 더러운 일을, 하늘에서 쫓겨나 땅에 떨어진 천사에게 시킴으로써 인간을 괴롭힌다고까지 믿고 있다. 어떤 부인이 나에게 말했다. "신이 나에게 지운 고뇌나 고난 때문에 전 신을 미워해요." 이렇게 생각한다고 신이 응답하는 것은 아니다. 오히려 그녀 자신을 고뇌나 고난에 묶어매는 셈이 된다. 행복해지고 싶으면, 번영하고 건강하고 만족스러운 인생을 보내려면, 신을 용서해야만 한다.

많은 사람들은 악행 같은 좋지 않은 일도 뭔가 자기 힘이 닿지 않는 외계의 힘이 자기에게 가져다준 거라고 믿고 있다. 그들은 재산을 잃은 것도 가족이 앞서간 것도 — 즉 비탄이나 걱정이나 공포의 씨가 된 충격은 모두 그들 자신이 만든 것이 아니라고 생각하고 있다. 신이 그들의 앞길에 장애물을 놓은 것이라고 생각하고 있다. 그들 자신이 선택하여 일부러 불건전한 가정이나 환경 속에 태어난 것이 아니라고 생각하고 있다. 신이 원인이라고 생각하고 있다. 그러나 그들이 해방되어 자유롭게 되고, 진리를 보고, 어떤 사람, 어떤 사물, 그리고 자기 이외의 외계의 어떤 힘에 대해서 노여움이나 저주를 버리게 되기까지는 — 자신을 저주하는 것을 그만두기까지는 — 적극적 · 창조적 · 조화적 활동, 건강한 활동에 들어설 수 없으리라.

돌은 사람을 넘어지게 하기도 하지만
디딤돌이 되기도 한다

난제에 부딪쳐서 그것을 이해하고 초월하게 되면, 우리는 보다 많은 힘과 지혜를 얻게 된다. 그리하여 장래에 있어서 다른 더 큰 문제와 대결할 수 있게 된다. 세상에는 좋은 것도 나쁜 것도 없는 법이다. 그저 우리가 좋다고 생각하거나 나쁘다고 생각할 뿐인 것이다. 만일 우리가 어려운 문제를 하나의 기회, 또는 격려해주는 도전이라고 본다면 우리를 약하게 만들거나 무능하게 만드는 것은 하나도 없다. 모든 사태는 걸려 넘어지는 돌이거나 그렇지 않으면 진창 속의 디딤돌이다. 모든 진보는 문제를 정복하고 도전을 이겨낸 결과로 얻어진다. 대생명력은 끊임없이 우리에게 격려의 도전을 해오고 있다. 대생명력은 우리 몸 안의 힘에 작용을 걸어오고 있다. 우리의 성공은 도전에 응하여 성장하고 발전함으로써 얻어지는 것이다. 만일 가끔 어려운 문제가 우리에게 싸움을 걸어오지 않는다면 우리는 성장할 수 없다. 식물의 씨는 싹을 터서 딱딱한 흙을 뚫고 바깥 세계로 나아가, 중력에 항거하여 새싹이 되어 자란다. 이러한 것이 자연계에 있어서의 성장과 발달의 계기라면 대생명력이 우리 앞에 마련해놓은 어려운 문제나 도전에 우리는 감사해야 한다.

교육만 받으면 인생에서 많은 것을 가질 수가 있는데 교육을 받지 못했기 때문에 가질 수 없다고 믿는 사람들이 많다. 그러나 정식 교육을 받지 못했다는 것은 대생명력을 표현하거나 행복의 기회를 잡는 데 영향을 미치지 못한다. 위대한 자선가 중 많은 사람들은 가난해서 정식 교육을 받지 못한 사람들이었다.

어려서 사랑받지 못했기 때문에 상처를 받았다는 생각을 일생 동안

안고 사는 사람들을 나는 안다. 한편 어려서 불우하게 자랐지만 이제 가족이 협력하고 노력함으로써, 그리고 가족 사랑의 가치나 긴밀한 조화를 더욱 깊이 깨달음으로써 어렸을 때의 역경을 딛고 일어선 사람들도 나는 알고 있다. 그들은 어렸을 때의 체험에서 귀중한 교훈을 얻고 그것을 통해서 자기의 자녀들을 보통 사람들보다 훨씬 깊이 사랑한다. 쓰라렸던 어릴 때의 체험을 좋은 것으로 바꾼 것이다. 찾아내고자 하면 모든 체험에서 좋은 것을 찾아낼 수가 있는 것이다. 모든 역경은 좋은 기회의 씨를 갖는다.

당신의 상처를 낫게 하고 손해를 보상해줄 수 있는 좋은 방법이 한 가지 있다. 그것은 그러한 체험의 결과로 당신이 얻은 좋은 일에 대해서 표를 만들어보는 것이다. 만일 그러한 불행한 체험을 갖지 않았다면 당신에게 찾아오지 않았을 좋은 일들을 하나하나 거짓 없는 표로 만들어보는 것이다.

어려서부터 앞을 잘 볼 수 없었던 파머 부인은 까다롭고 화를 잘 내는 사람이었다. 그 결과 여러 가지 사회적 열등감을 갖게 되었다. 희미하게 볼 수는 있었지만 그것으로 사람을 알아볼 수는 없었다. 그녀는 여기저기에 모여서 대화하고 있는 사람들 틈에 낄 때 매우 조심스럽게 귀를 기울여 목소리로 사람들을 알아냈다. 그래서 그녀가 거의 앞을 못 본다는 것을 아는 사람은 매우 적었다. 그녀는 친구들로부터 "어제는 거리에서 만났으면서 왜 모른 체하고 지나갔니? 물끄러미 쳐다보기만 하고 한마디 말도 없이……"라는 말을 들을 때는 무척 당황했다. 그러나 그런 때도 사실을 말하지 않고 핑계를 대어 넘겼으므로 자연히 자기가 앞을 잘 못 보는 것에 대한 노여움이 더해갔다. 나는 눈이 안 보였기 때문에 그녀의 생애에 찾아온 좋은 일에 대해서 얘기했다. 먼저 그녀를 깊이 사랑해주는 좋은 남편을 만난 일을 들 수 있었다. 그 밖에도 앞을 못 보기 때문에 그녀에게 찾아온 좋은 일은 많이 있었다. 그러한 좋은 일에 마음을 향하도록 했더니 그녀의 노여움의 밑바닥이 허물어졌다. 그녀는 앞을 못 보는 자신의 눈을 축복하기 시작했다. 그러자 딱딱한 긴장이 풀리며 몸이 편안해졌다. 성격도 달라졌다. 가장 놀라운 변화는 그녀가 볼 수 있게 된 것이다. 그녀의 눈은 보통 사람에 가까운 시력을 갖게 되었다. 고난을 넘어선 것이다. 그녀는 그때까지 좋지 않았던 일을 좋은 일로 바꾸어놓은 것이다. 지금 그녀는 매우 행복하고 조화롭고 건강하고 성공적인 삶을 누리고 있다.

행복이나 성공은 우리가 체험에 어떻게 반응하느냐에 달려 있는 것이다. 사슴의 걸음이 빠른 것은 적으로부터 달아나기 위해서 자기의 몸 안의 힘에 의존했기 때문이다. 인간은 자연계로부터의 도전을 자기 힘으로 극복하기 위해서 추리와 지성을 발달시켰다. 다음의 두 가지 중의 하나를 선택하는 것은 우리의 특권이다. 받아들이고 좋은 점을 찾아 용서하고 그럼으로써 해방되어 자유로워지고 전진하느냐, 아니면 화를 내고 자신을 불쌍하게 생각하고 자기만을 생각하며 매우 비참한 꼴로 살아가느냐이다. 어느편이 건전한가에 대해서는 물을 필요가 없으리라.

역사 속에서 민족의 영웅이 된 사람들 중에는 자신이 가진 것이 없다는 것을 통감한 사람이 많다. 그러나 그들은 원망하지 않았다. 위대한 과학자 카버는 흑인으로 태어난 것을 한탄할 만했지만 그러지 않았다. 그는 인간의 존엄성 ― 모든 사람은 평등하다는 것을 인정하였다. 자기 중심적이 되고 미움을 기르는 대신 세계에 봉사하는 데 마음을 기울이고 사람들로부터 사랑받는 위인이 되었다. 그는 자신이 신 ― 대생명력 ― 의 가족의 한 사람이라는 것을 알고 있었다. 링컨도 젊었을 때의 불우한 환경을 원망할 법도 했다. 그러나 그가 불우한 환경을 원망만 했다면 미국에서 가장 사랑받는 사람이 되지 못했으리라.

부유한 집에 태어나 일을 할 필요가 없거나 또는 다른 사람과 어울리는 노력을 할 필요가 없기 때문에 능력이 자라지 못하여 자기의 일생을 망쳤다고 말하는 사람을 나는 많이 보았다. 모든 경우와 주위의 상황은 우리의 이해력에 도전하게 되어 있다. 우리는 재능과 책임을 가지고 대생명력과의 조화 있는 관계에 스스로를 지켜가는 방법을 알고 있다. 그것에 의해서 우리는 눈부신 생활을 해나갈 수가 있다.

조화 있는 조정이 건강을 부른다

육체의 건강은 육체의 수준을 조정한 결과이다. 음식물, 기후, 물질계와 교묘하게 조정하여 살아간 결과이다. 정신의 건강은 조화롭게 생각하는 것의 결과이다. 바른 사고와 정신적 조화를 한 결과 얻어지는 것이다. 혼의 건강은 대령(大靈, 우주에 생명을 주며 전 인류의 영혼의 원천이 되는 것으로서 에버슨이 만든 용어)에 대한 조정을 의미한다. 대령은 우리의 직접적인 환경이고 우리는 그 속에서 살고, 움직이고, 그리고 실재하고 있는 것이다.

지난날의 과실, 손해, 충격 때문에 괴로워할 필요가 없는 것이다. 다만 하나하나의 체험에서 교훈을 얻고 그것을 해방시킴으로써 자유롭게 되고, 그리고 더욱 건강한 생활을 계속해가면 되는 것이다. 신은 우리에게 벌을 주지 않는다. 원인과 결과라는 자연계의 법칙을 통해서 우리 자신이 벌을 주고 있는 것이다. 우리가 잘못된 일을 하지 않을 때 벌은 그치게 된다. 과거를 내던지고 바르게 출발할 때 대생명력은 우리에게 새로운 태도를 나타내기 시작한다. 모든 도전은 좋은 기회이다. 가만히 있을 수가 없게 되어 있는 것이다. 마음속의 투쟁 없이 미래를 향해서 가기를 바라는 것은 과거나 현재에 달라붙어서 우리를 심적으로 괴롭힌 지난날의 기억을 되풀이해서 떠올리며 살아가는 것이다. 그것은 자신에게 상처를 주고 좋은 일이 오는 길을 막는다. 우리의 책임은 대생명력을 풍부하고 완전하게 표현하는 일이다.

과거나 자신, 다른 사람 및 신을 용서하는 것은 당연하다. 그렇게 해서만이 공포, 번민, 걱정, 거부감, 열등감, 노여움, 자기 연민에서 벗어날 수가 있다. 그렇게 함으로써 비로소 우리에게 좋은 일이 오게 할 권리가 있다고 믿을 수가 있는 것이다. 우리에게 좋은 일을 오게 할 권리가 있다고 믿을 수 있을 때 — 그것을 우리가 받아들이는 것이 자연스럽다고 믿을 수 있을 때, 그때가 바로 우주의 자연의 법칙을 신뢰하고 그것을 가지게 되는 때이다. 용서를 통해서만 신념의 기도를 할 수 있다. 용서를 통해서만 우리에게서 과거를 떼어낼 수 있다. 그러므로 만족한 목적지를 향해서 걸어가려고 한다면 과거를 떼어내는 일이 절대로 필요하다.

I. 스탄리는 이렇게 썼다.

> 한 단 위로 오를 때는 아랫단에서 손을 떼어야 한다.
> 그렇지 않으면 위에 오를 수가 없다.
> 아랫단에서 손을 떼어야 한다.
> 위로 한 단 오를 때마다 더 눈부신 빛과 사랑의 태양이 보인다.
> 윗단에 오를 때는 아랫단에서 손을 떼라.

15
자기 분석과 재교육

이 장에서는 당신이 자기 분석을 할 수 있도록 도와주려고 한다. 당신에 대해서, 또 당신의 문제나 괴로움에 대해서 서로 이야기하고 응용 심리의 견지에서 그것들을 치료하는 방법을 이야기하기로 하자. 여기에 이 장을 마련한 것은 당신이 자기 자신을 더욱 분명하게 볼 수 있게 하기 위해서이다. 자기 자신을 능력 있고 가치 있고 중요한 인물로 보게 하기 위해서이다.

모든 방향으로부터 될수록 많은 빛을 당신에게 비추어봄으로써 당신이 자기 자신을 이해하게 하고 자신에게 어려운 문제가 생기는 까닭을 찾아보게 하자는 것이다. 그리고 이 책의 제2부로 들어갈 수 있게 준비하자는 것이다. 제2부에서는 어려운 문제를 해결하기 위해서, 또 당신의 소중한 욕구의 달성을 위해서 정신이라는 위대한 도구를 어떻게 사용할 것이냐 하는 방법을 제시한다.

부정적인 정신은 많은 병의 원인

정신분석의 창시자인 프로이트 박사는 이런 발견을 했다 — 인간의 몸 안에 있는 동적인 충동을 억누르면 몸에 병이 생기거나 그렇지 않으면 인격상에 문제가 생긴다. 그러한 동적인 충동은 우리가 의식적으로 그것을 바른 방향으로 돌려주지 않으면 나쁜 통로로 흘러들어가서 정신이나 몸에 병을 불러일으킨다. 마음의 부정적인 자세나 잠재의식 속에 숨어 있는 콤플렉스, 즉 정서적인 관념의 복합은 보통 이런 동적인 충동을 나쁜 쪽으로 끌고 가서 여러 가지 고장이 일어나게 만든다.

어떻게 해서 정신 속에 콤플렉스 같은 그런 묘한 것들이 생겨나 세력을 차지하게 되는가, 그리고 그것을 잠재의식 속에 그대로 방치해두면 어떤 일이 일어나는가에 대해 생각해보자.

가령 당신의 마음을 하나의 우물이라고 생각해보자. 시골길을 걸어가다 보면 들 한켠에 돌로 벽을 쌓은 우물에 물이 거의 가장자리까지 고여 있는 것을 볼 수 있다. 당신은 자신의 마음이 그러한 우물이라고 생각하기 바란다. 그 우물의 밑바닥은 우리가 무한의 생명력이라고 부르는 물이 차 있는 큰 바다로 통하고 있다고 하자. 대생명력인 바다의 물이 우물의 밑바닥을 통해서 이 우물로 올라와 그 수면에 나오면 사람의 체험이 되는 것이다. 당신이 물을 볼 수 있는 유일한 곳은, 그리고 물을 체험할 수 있는 유일한 곳은 우물의 수면이다. 그러면 다음으로 넘어가자.

당신은 하나의 우물이므로 수면을 당신의 현재의식이라고 부른다. 그것은 당신이 의식을 하는 곳 — 당신이 체험을 감지하는 곳이다. 그러므로 그곳은 의식하는 마음이라고도 불린다. 그 의식하는 수면, 혹은 대정신의 표면 바로 밑에는 잠재의식이라고 불리는 구역이 있다. 마음이 잠재하는 이 부분에 당신은 일상 생활에 사용하게 되는 심적 이미지를 모두 간직해두고 살고 있다. 구구단, 당신의 이름, 친구의 이름, 주소, 전화번호 같은 당신이 늘 생각하지 않아도 되는 것을 필요할 때 꺼내 쓰기 위해서 거기에 간직해두고 있다. 그래서 당신이 필요할 때는 그것들을 언제든지 쉽게 의식의 표면으로 끌어낼 수가 있다. 이들 현재의 수준과 잠재의 수준의 그 아래에는 커다란 물의 원기둥이 우물의 벽까지 꽉차 있다. 이것은 당신의 커다란 부분 — 당신의 무의식의 세계이다. 그것은 직접 대생명력의 바다와 이어져 있고, 또 그리로 녹아들어가고 있다.

콤플렉스는 어떻게 만들어지나

당신은 의식의 표면, 다시 말하면 현재의식의 수준에서 지각이 따르는 체험을 갖게 된다. 쉽게 말하면, 당신이 가령 큰 상처를 받았다고 하자. 가족 중에 누구를 잃었다거나 재산이나 중요한 친구를 잃었거나 혹은 몸에 큰 부상을 입었다고 하자. 그 뒤 당신은 이 기억을 늘 생각하는 것이 아니라 일단 생각 밖으로 밀어내놓는다. 잠재의식으로 밀어내놓거나 무의식의 부분으로 떨어뜨린다. 그것을 날마다 생각하는 것은 괴로운 일이므로 당신은 그것이 될수록 현재의식의 수준으로 떠오르지 않게 한다. 그런데 그 뒤 또 다른 아픈 상처를 정신적으로나 육체적으로 받게 되면 그 기억은 당신의 마음 밑으로 가서 먼저 상처의 기억에 엉겨붙게 된다. 이렇게 하여 뒤를 이어 상처를 받기만 하면 그들 모든 불쾌한 기억은 한 덩어리가 되어버린다. 당신 자신은 그것을 어디에 갖다버린 줄 알지만 그것은 당신의 마음속에서 죽지 않고 살아 있는 것이다. 이것이 콤플렉스(나쁜 정서의 복합)이다. 당신이 대생명력이 당신에게 불친절하다거나 모든 일이, 모든 사람이 자기에게 적대적 태도를 갖고 있다고 느끼게 되는 것은 그 때문이다.

상처뿐 아니라 과실도 마찬가지이다. 당신은 중대한 과실을 저지를 때마다 불쾌한 일을 잊어버리기를 바란다. "끝나버린 일이다. 어쩔 수 없었던 일이다. 깨끗이 잊어버리자. 마음이나 편해지게 생각하지 않도록 하자" 하고 자기에게 말한다. 당신은 그것을 잊어버린 일로 알고 있다. 그러나 그것은 잊혀진 것이 아니라 당신 자신의 잠재의식, 또는 무의식 속에 가라앉아 있을 뿐이다. 그 뒤에 당신이 또 다른 과실을 저질러 그것을 마음 깊숙이 떨어뜨리면 역시 먼저의 여러 과실의 기억과 어울려서 한 덩어리가 된다. 뒤를 이어 계속되는 상처와 과실의 기억들은 거기서 한 덩어리가 되어 콤플렉스가 된다. 잠재의식 속에 억눌려 있는 이들 기억은 없어진 것이 아니라 모두 활성을 띠고 숨어 있는 것이다.

당신이 용기를 가지고 현실에 마주설 수 없어서 나는 못난이라는 생각이 들었다고 하자. 그리하여 실패로 끝난 일이나 실업의 기억을 잠재의식으로 보내게 되면 그것들은 나는 못난이라는 콤플렉스가 된다.

해결하지 않고 놓아둔 이런 콤플렉스는 성공과 행복에 대한 신념을 방해하여 그것을 갖지 못하게 만든다.

누구의 예에서 보나 그가 이 세상에 태어나 맨 처음 받은 상처는 큰 감정의 전기를 띠고 있다. 감정과 엉켜 있다. 그리하여 뒤를 잇는 여러 상처의 기억 중 첫 상처와 같은 곳에 보내어진 것들은 모두 같은 감정의 전기를 띠게 된다. 그 결과 이들은 잠재의식 속에서 부정적인 경향이 우세한 마음의 상태를 만드는 것이다. 그것이 콤플렉스이다.

그러니 콤플렉스란 다름 아닌, 잠재의식 속에 깊이 뿌리를 내린 감정적인 기억들이다. 그것들은 보통 불쾌한 경험, 혹은 오해한 체험이 연속적으로 들어가서 한데 뭉쳐서 형성되어 거기에 묻혀 있는 것이다. 우리는 흔히 "그 체험을 나는 벌써 잊어버렸다. 이제 나하고는 아무 관계도 없다"라는 말을 한다. 그러나 그 기억들은 현재의식에는 좀처럼 나타나지 않지만 그 기억의 감정은 현재의식의 수면 위로 떠오른다. 첫 상처의 체험을 말끔하게 잊어버린 먼 훗날에 가서도 그 감정만은 자꾸 수면으로 떠오르게 된다.

다시 낡은 우물의 이야기로 되돌아가자. 우물 밑바닥에서 수면으로 떠오르던 맑은 물은 열등감이나 공포, 걱정이나 죄책감 따위의 부정적인 콤플렉스 때문에 묘한 빛깔로 착색되어 있는 것을 볼 수 있다. 이러한 착색된 물은 수면(의식하는 마음)에 떠올라와서는 부정적인 마음의 자세를 갖게 만든다. 그 결과 병, 고난, 불행, 좌절 등의 체험이 나타나게 된다. 우리는 이러한 괴로운 체험을 좋아하지 않기 때문에 어떻게든 그러한 콤플렉스를 마음 바깥으로 치워내야 한다. 부정적 경향이 우세한 사고의 자세를 어떻게든 신념, 사랑, 선의, 행복 등의 긍정적 경향이 우세한 상태로 바꾸어놓아야 한다. 그리하여 대생명력의 맑은 물이 우물 밑바닥에서 수면으로 올라올 때, 그것이 투명하고 순수한 물이 되도록 해야 한다. 대생명력이 위로 올라오면서, 잠재의식을 지나오면서 착색되지 않고 맑은 물 그대로 올라와야 비로소 건강과 아름다움의 흐름이 되는 것이다.

마음의 잠재적인 부분에서 상처나 손실이나 공포나 노여움 따위의 콤플렉스를 깨끗이 청소해내는 방법은 여러 가지가 있다. 그러나 어느 방법을 쓰든 거기에는 용서가 어떤 형태로든 존재해야 한다.

잠재의식에 가로놓인 부정적인 콤플렉스는 우리 인생의 표면에 떠올라 객관적인 맑은 체험을 모두 흐려놓게 된다. 만일 우리가 평화롭고,

건강하고, 그리고 행복하게 살기를 원한다면 이들 앙금을 떠오르게 하는 원인을 제거해야 한다. 어떻게 하면 그럴 수 있을까? 그것은 신념의 자세를 의식적으로 바꿈으로써 할 수 있다. 좋은 일의 힘이 우리 속에서, 우리를 위해서, 우리를 통해서, 끊임없이 표현된다는 신념을 갖기까지는 우리 잠재의식의 깊은 곳에 있는 공포나 열등감, 우울증, 좌절감, 실패감 따위의 콤플렉스를 버릴 수가 없다. 그리고 또 우리의 몸이나 주위에 불쾌한 체험이 계속되는 것을 피할 수가 없다. 그러한 일은 모두 처치되고 이해되고 용서되지 않으면 안 되는 일이다.

우리는 다른 많은 우물들 — 다른 사람들 — 에 에워싸여 있다. 그들 우물 중에는 부정적인 콤플렉스를 안고 있는 우물도 있다. 그러한 우물의 물은 매우 오염이 되어 있어 우리 우물로 오염된 물이 스며들기도 한다. 그러므로 우리 우물의 벽을 적절히 보강해서 그것을 막아야 하는 일도 생겨난다. 바꿔 말하면 조심스럽게 자신을 다른 사람으로부터 떼어놓지 않는다면 — 다른 사람과는 전혀 다른 개인으로서의 인생을 살고, 자기 내부의 이끌림에 의해 스스로 결정을 내리지 않는다면, 다른 사람들의 신앙을 쉽게 받아들이게 된다. 자신의 의식 — 우리 자신의 개성 — 이 침해되지 않게 지킬 필요가 있는 법이다.

어떻게 부정적 콤플렉스를 제거하는가

해로운 콤플렉스는 심리적 분석에 의해서 의식의 표면으로 끌어낼 수가 있다. 그것은 위에서부터 손을 집어넣어 병균을 틀어잡아 햇빛 속으로 끌어내어 이해해야 한다. 이해함과 동시에 정서적인 내용물인 콤플렉스는 흩어져 사라져버리게 된다. 만일 분석해주는 사람이 솜씨가 있는 사람(물고기를 잘 잡는 어부같이)이라서 콤플렉스를 잘 잡아주면 그것은 매우 좋은 치료법이 된다.

또 하나 다른 방법은 사랑이나 선의, 신념, 행복 같은 것을 우물에 끊임없이 부어넣는 일이다. 이것도 해로운 콤플렉스를 완전히 치워준다.

이 두 가지를 비유로 설명하자면 이러하다. 당신이 흙탕물이 든 병을 하나 가지고 있다고 하자. 그 흙탕물을 맑은 물로 바꾸어놓는 데는 두 가지 방법이 있다. 흙탕물을 모두 쏟아내버리고 새로 맑은 물을 부어넣는 것이 한 가지이고, 또 한 가지는 위쪽에서 맑은 물을 자꾸 부어넣어 병 속의 물이 모두 맑아지게 하는 것이다.

공포나 미움을 제거하는 두 가지 방법

자기 자신을 위해서, 또 모든 사람을 위해서 당신 마음속에 사랑과 신념과 선의를 자꾸 부어넣으라. 당신의 체험이 모두 좋은 체험이 되도록 하라. 공포나 미움의 원인을 이해함으로써 분석해서 꺼내라.

당신이 누군가에 대해서 화를 내거나 또는 당신 자신에게 화를 낼 때 ─ 만일 누군가가 당신을 해치거나 또는 자신이 스스로를 해쳤을 때 ─ 바로 그때 지난날에 피해를 입었던 기억이 무의식에서 의식으로 나오려고 한다. 또는 당신이 공상에 잠기거나 잠을 자고 있는 동안에 의식이 문단속을 야물게 하지 못해서 피해를 입었던 지난날의 기억이 무의식에서 의식으로 나오려고 한다. 또 당신이 조용히 앉아서 마음을 탁 풀어놓고 있을 때 당신을 해쳤던 사람들의 일이 생각나기도 한다. 그것은 자연계가 당신에게 그 쓸모 없는 불건전한 기억을 끌어내서 치워버리라고 알려주는 것이다.

콤플렉스는 또 흔히 꿈을 통해서 나타난다. 마음의 표면에서 일어나는 일은 모두가 마음의 밑바닥에 있는 것과 무언가 관계가 있다는 것을 익숙한 정신분석가는 잘 알고 있다. 표면에 나타나는 모든 것은 아래쪽에 있는 것에 물들어 있거나 혹은 영향을 받고 있다. 당신이 분석가에게 당신의 꿈이나 늘 마음에 떠오르는 일에 대해 이야기해주면 — 당신의 괴로움이 무엇인가를 이야기해주면 — 그는 연상의 법칙을 통해서 당신의 잠재의식 속에 있는 것을 끌어내어 당신의 부정적인 콤플렉스를 당신에게 보여줄 것이다.

본능은 건전하게 표현되어야 한다

대생명력은 자기를 표현하려는 의욕을 근본으로 삼고 있다. 종족을 연속시키고 싶은 욕구 — 섹스의 욕구, 자기 보존의 욕구, 목적 달성의 욕구 — 는 모두 정상적인 욕구들이다. 건강을 위해서는 정상적인 본능(욕구)에 건전한 표현의 길을 열어주어야 한다.

정상적이고 본능적인 욕구는 본래 나쁜 것이 하나도 없다. 우리가 그것을 악이라고 생각하는 것은 원래 착했던 것을 남용하거나 잘못 사용했기 때문이다. 악덕은 선덕을 뒤집어놓은 것이다. 이해하고 알맞은 방향을 주면 섹스의 욕구는 아름다운 가정 생활로 우리를 인도해준다. 방향을 잘못 잡거나 또는 알맞은 방향 없이 그것들이 표현되면 그 결과로 골치 아픈 일들이 일어난다.

정상의 본능들은 그것을 억누르면 반드시 우리의 건강이나 행복을 해치게 된다. 그러므로 건강하고 행복해지고 싶으면 모든 정상의 본능을 될수록 최고의 수준으로 표현해주어야 한다는 것을 잊어서는 안 된다.

자연의 충동(본능)이 잠재의식이나 죄악감, 나쁜 신앙의 지배를 받거나 혹은 공포심의 지배를 받게 된다면 건강하고 건전한 방향을 가질 수 없다.

대생명력이 표현되는 네 개의 면

대생명력은 당신을 통해서 자기를 표현하려고 하는데 그때 네 가지의 주요한 방법으로 자기를 표현하고 싶어한다. 그 하나는 창조의 방법이다. 대생명력은 당신의 일에 의해서 자기를 표현하고자 한다. 두 번째는 레크리에이션이다. 당신의 오락을 통해서 대생명력은 자기를 표현하려고 한다. 세 번째 대생명력은 당신을 통해서 사랑으로 나타나려고 한다. 그리고 마지막으로 대생명력은 정신적으로, 지적으로 높게 성장하기를 바라고 있다.

그리스의 십자가를 생각해보라. 그리스의 십자가는 네 개의 길이가 똑같다. 이 십자가로 당신의 인격을 나타내보기로 하자. 첫째 가지의 끝에 '일'이라고 쓴 종이를 붙여라. 둘째는 '놀이' 세째는 '사랑' 네째는 '숭고'이다. 균형이 잡힌 인격은 네 방향의 길이가 같고 또 완전히 표현되어 있다. 당신이 만일 균형이 잡힌 건전한 인격을 바란다면 이들 네 가지 면에서 골고루 대생명력을 표현할 뿐 아니라 어느 것이나 건전하게 표현하여야 한다. 모두가 똑같이 중요한 것이다.

일은 창조적 활동이다. 당신은 창조하지 않는 동안은 자기에게 만족할 수 없다. 하루가 지나고, 일주일이 지나고 또는 한 해가 지나고 나서 "나는 무엇을 창조했다, 무언가 도움이 되는 일을 했다, 무언가 가치 있는 일을 했다"고 말할 수 없다면 당신은 만족을 얻을 수가 없다. 당신은 만족스런 일, 직업, 또는 창조 활동을 가져야 한다.

놀이 — 레크리에이션을 갖는 것도 중요하다. 놀이는 생명의 자유로운 흐름이다. 놀이는 삶의 간소한 기쁨 — 대생명력, 그것의 해방 — 의 표현이다. 놀이는 햇빛의 춤, 흐르는 물의 잔물결, 나뭇잎의 속삭임, 새의 노래, 아이들의 웃음이다. 그것은 표현의 순진한 기쁨이다. 동력적인 대생명력의 환희 — 사는 것과 표현하는 것의 기쁨 — 이외에 그 자체에 아무 목적도 없다.

인생에 있어서는 일이나 놀이와 마찬가지로 사랑도 중요하다. 자기 자신을 대생명력 속으로 감정적으로 던져넣는 것 — 자기 자신을 무언가에, 또는 누구에겐가에 무제한으로 감정적으로 부어넣는 것, 자기를 내던져 버리는 것 — 자신을 무언가에 감정적으로 주어버리는 것도 중요하다.

숭고는 당신을 재충전해준다

만일 당신이 잘 되기를 원한다면 당신이 나아가는 방향에 뭔가 이상을 가져야 한다. 참다운 숭고는 당신의 혼에 전기를 충전해준다. 그것은 당신의 깊은 본질에 표현을 주는 것이다. 대생명력에 대한 경외감이다 — 대생명력을 우러러보는 일이다. 당신의 혼과 당신을 에워싸는 위대한 생명력 — 에머슨이 말하는 대령(大靈) — 과의 친근한 교제이다. 대생명력과 일체가 되는 일이다. 지성과 추리가 자라나는 일 — 당신의 정신의 펼쳐짐 — 이다. 스스로를 혼이 있는 존재로서 인식하게 되고 자기보다 더 큰 대생명력과 하나로 합쳐지는 느낌에 이른다. 숭고는 당신 자신을 한층 깊은 수준에서 발견하는 일이다. 이것은 매우 중요한 일이다. 당신의 참다운 본질이 숭고함을 통해서 표현되지 않는다면 그것은 억눌려 있는 것이다.

자기가 어떻게 되어가고 있는지 도대체 알 수가 없다고 의아스럽게 생각하는 사람도 많다. 돈도 많이 벌었고 무엇 하나 불편한 것이 없지만 그런데도 어딘가 허전한 구석이 있는 것이다. 주위에서 "나는 나 자신에 만족할 수가 없어요. 인생에 만족하지 못해요" 하고 말하는 사람을 본 적이 있을 것이다 그것은 인생의 네 가지 면의 어딘가에서 그의 표현이 균형이 잡혀 있지 않기 때문이다.

이것은 다른 무엇보다도 중요한 일이다! 당신은 무언가 늘 일을 하고 있다. 그 활동은 당신이 아는 한에서는 최고의 수준에서 표현되어야 한다. 최고의 만족을 가져올 수 있는 방법으로 당신의 일에 표현을 주어야 한다. 그렇지 않으면 당신의 마음속에서 양심의 투쟁이 일어날 것이다. 당신은 자신을 존중하지 않게 된다. 자신을 좋아하지 않게 되면 거의 틀림없이 병이 나게 된다. 가령 당신이 창조적인 활동에 관심을 가질 수가 없으면 노름을 시작할 수도 있다. 그것은 길치고는 아주 그릇된 길이다. 도박꾼은 누구도 행복해질 수 없다. 도박을 직업적으로 하는 사람이 행복하지 못한 것은 자기가 반사회적인 일을 하고 있다는 것을 마음 밑바닥에 느끼며 또 너무나 잘 알고 있기 때문이다.

같은 말을 우리는 놀이에 대해서도 할 수 있다. 우리는 놀아도 건전하게 놀아야 한다. 이 세상에 불건전한 오락이 있다는 것은 누구나 잘 아는 일이다.

당신이 무엇을 사랑하는 것은 사람으로서 매우 자연스러운 일이다. 당신 안의 대생명력은 당신을 무언가에 또는 누군가에 매어놓는다. 심지어 자기애를 느낄 정도로 무언가를 사랑하지 않고는 못 배기게 되어 있다.

당신은 잘못된 사람이나 물건을 사랑하여 쓰라림을 겪을 수도 있다. 이것은 사랑의 정도가 아니다. 그런데도 사랑하게 되는 것이다. 이는 당신의 사랑에 건전한 길을 줄 수가 있으며 그럼으로써 당신은 행복해질 수 있다. 숭고에 있어서도 많은 그릇된 일이나 미신이 있다. 그것들은 흔히 공포, 실패감, 무력감, 그리고 질병을 불러들인다.

일과 놀이와 사랑과 숭고함이 그릇된 방법으로 표현되는 대로 방치해둘 수도 있다. 그러나 네 가지 면에서 모두 대생명력이 표현되고 있다면 당신은 행복하고 신뢰감과 의의를 느끼며 살아갈 수 있다.

자기 자신의 도표를 만들라

그리스 십자가의 네 개의 정점은 저마다 중요한 것이다. 자신을 분석하여 어느 것이 짧고 긴가를 찾아내라. 너무 많이 일하는지, 너무 많이 노는지, 사랑에 너무 매달리는지, 숭고함에 너무 치우치는지, 그렇지 않으면 그 어느 표현도 부족하지 않은지를 찾아내라. 대생명력의 표현에 있어서 어디에 불균형이 있는지를 알아내라.

이 도표를 완성하고 자기 자신을 비판의 눈으로 살펴본 뒤에 이번에는 자신의 이상적인 초상을 그려라. 그리고 자신이 그것이라고 상상하라. 자신이 어떻게 살고 자기를 어떻게 표현할까를 생각나는 대로 그려라.

이 이상의 그림에 비교하면서 자기 자신을 있는 그대로 분석하라. 그리하여 자신의 인격이 균형을 가지려면 어디를 더 뻗어나게 해야 하는지를 알아내라. 내가 아는 어떤 의사는 환자의 증상을 살펴보기보다 환자가 균형 잡힌 인격이 되려면 무엇이 필요한가를 보고 진단을 내린다고 말했다. 이것은 현대적이며 권할 만한 진단법이다.

완전한 인격자가 되려면 무엇을 바꿀 필요가 있는가를 먼저 결정하라. 앞에 말한 이상을 자기라고 인정하게 되면 자신이 저절로 그쪽으로 걸어가는 것을 알게 되리라. 자신을 위해서 새로운 계획을 받아들이는 것은 대생명력의 위력에 새로운 방향을 주는 것이다.

자아의 이미지

우리가 어떻게 대생명력 속으로 들어가고 있는가, 어떻게 대생명력에서 후퇴하고 있는가, 우리가 어떻게 보이는가, 우리가 어떻게 행동하는가에 대해서 우리 자신이 생각하는 마음의 그림이 있다. 그 그림을 우리는 자아의 이미지라고 부른다. 과거에는 불행이나 실패, 혹은 성공이나 병, 건강 같은 체험을 겪음에 따라서 자아에 대한 그림을 그리게 된다고 생각했었다. 그러나 그것은 말 앞에 수레를 다는 것 같은 거꾸로 된 생각이다. 우리는 이제 사실은 그와 반대라는 것을 알고 있다. 왜냐하면 우리가 자신에 관해서 그린 그림은 대생명력에 하나의 형식을 주기 때문이다. 대생명력은 반드시 우리가 주는 그 형식에 따라서 움직이기 시작한다. 우리가 마음에 자신에 대한 그림을 간직하면 그 그림이 우리의 체험을 만드는 원인이 된다. 체험이 그림의 원인이 아니고 그림이 체험의 원인인 것이다.

당신의 마음의 그림은 결과가 아니라 원인인 것이다.

자아 이상

자신을 위해서 자아 이상을 만들었다고 하자. 당신은 의욕이 있으며 선택할 수 있는 자각이 있는 존재이다. 당신이 내가 무엇을 하고 싶은가, 어떻게 되고 싶은가에 대해서 이상을 선택했다고 하자. 그 이상의 그림을 당신은 자기의 새로운 자아 이미지라고 인정했다고 하자. 마음속에서 이렇게 되고 싶다고 생각하는 모습 — 이렇게 되어야 한다고 생각하는 형 — 속에 자기 자신을 던져넣으라. 이상을 만들어내는 당신의 일부분은 초자아 또는 상위 자아라고 불리며 이상의 계획이나 그림을 만들어낸다. 이것은 당신을 감시하는 무의식적인 양심이기도 하다. 이 초자아는 이상의 분야에 자기 자신을 던져넣는다. 이 새로운 그림 — 당신 자신의 새로운 초상 — 을 자신의 기초로 삼으라. 그리고 당신의 낡은 자아 이미지를 이 새로운 자아 이미지로 바꾸어놓으라. 이것이 인격을 만들어내는 새로운 시대의 기술인 것이다. 지금까지 가지고 있었던 자아 이미지를 이상적인 자아 이미지로 바꾸어가지라. 당신이 지금까지 이것이 나라고 생각하던 이미지의 입장에서 생각하는 것이 아니라 이상의 입장에서 자기 자신을 생각하라. 내가 바로 이상 그것이라고 믿으라. 나는 건강하고 행복하다고 믿으라. 일에 있어서 놀이에 있어서 사랑에 있어서 숭고함에 있어서 — 지적·영적으로 성장해가는 생애에 있어서 자신을 건전하게 표현하여 가고 있다고 믿으라. 그러면 당신은 상상력을 건설적으로 사용하고 있는 것이다. 이제는 당신이 해야 하는 일의 사고가 저절로 당신에게 올 것이다. 바로 거기서 행동을 시작하라! 만일 끈기 있게 열심히 노력하면 당신이 바라는 성과가 손에 들어올 것이다.

　조그만 메모 수첩을 가지고 다녀라. 당신이 실현하고 싶다고 생각하는 모든 것을 일, 놀이, 사랑, 숭고함의 항목으로 나누어 표로 만들어 적으라. 그 표를 자세히 검토하여 그 표에 적힌 것이 당신에게 실재하는가 어떤가, 그것을 가질 수 있는가 어떤가, 또 그것을 가질 자격이 있는가 어떤가를 확인해보라. 표를 하루에 세 번, 네 번 되풀이해서 읽으라. 그렇게 하는 동안에 당신은 표에 적은 것을 가질 수가 있으며 또 당신이 그렇게 될 수 있다고 믿게 되는 것이다. 당신 자신에 대한 이 새로운 그림을 받아들이라. 그것에 대해서 조용히 생각하라. 그러면 당신은 무의식적으로 그쪽으로 움직여갈 것이다. 당신은 일생을 위해서 이상의 계획을 세운 것이다.

실제는 이렇다고 생각되는 이미지에 등을 돌리고 이러해야 한다고 생각되는 이미지를 향해서 나아가라 — 다시 말하면 자아 이미지에서 자아 이상으로 나아가라. 만일 당신이 그렇게 하기 싫다는 느낌이 든다면 그것은 의심할 것 없이 당신이 잠재의식 속에 건전하지 못한 몇 개의 콤플렉스를 소중하게 간직하고 있기 때문이다. 당신은 무의식적으로 두려움을 소중하게 지키려고 하고 있는지도 모른다. 열등감이나 또는 죄악감을 지키려고 하고 있는지도 모른다. 또는 죄인이라는 생각을 아끼며 간직하고 있는지도 모른다. 그런 것이 모두 당신에게 자기도 모르게 뭔가 야릇한 만족감을 주고 있는지도 모른다. 지금 당신이 어떻게 하면 좋은가를 알고서도 자아 이상을 생각해보려고 하지 않는다면, 그것은 의사로부터 약을 받고도 먹으려고 하지 않는 사람과 똑같다. 혹은 심리치료사에게 "이것은 그 사람의 잘못입니다. 내 잘못이 아니에요" 하고 말하는 사람과도 같다. 힘을 발견하고서도 그것을 사용하려고 하지 않고 자신의 나약함을 소중하게 간직하고 있는 것이다.

성바오로는 늙은 자신을 벗어내던지고 새로운 자신을 몸에 지녀야 한다고 말했다. 부정적인 마음의 자세에 달라붙어 있는 자위심을 자기 자신에게 주지 말라. 하고 싶은 일, 혹은 해야 할 일을 왜 당신이 할 수 없는지에 대해 말하는 당신의 생각을 잘 살펴보라. "일이나 놀이, 사랑이나 숭고함, 혹은 성장에 있어서, 내가 올바른 방법으로 나 자신을 표현하지 못한다고 믿게 된 것은 무슨 까닭일까? 내가 할 수 없는 데에 정말 정당한 무슨 이유가 있는 것일까?" 하고 자기에게 물어보라. 당신은 언제나 많은 변명을 둘러댈 것이다. 그러나 사실은 정당한 이유는 하나도 없다. 그렇게 못하는 이유에 대해서 당신이 어떠한 이유를 둘러댄다 할지라도 그것은 모두 거짓말이다! 그렇지가 않은 것이다. 당신은 그저 자기를 숨기고, 되지 못한 변명을 늘어놓고, 자기의 연약함을 지키려 하고, 자기의 신경증을 소중하게 아끼고만 있는 것이다.

당신의 이상을 향해서 나아가라

진화의 과정에 따라 인간은 자기 자신을 자각하게 되었다. 그것은 스스로를 인식하는 일이었으며 ─ 자기가 실재한다는 것을 알고 또 자기가 욕구한다는 사실을 인식하게 된 것이다. 자신의 욕구를 채우는 데 있어서 어떤 방법으로 나아갈 것인가를 자신이 결정할 수 있다는 것을 발견한 것이다.

고통에서 벗어나 즐거움 쪽으로 가려는 욕구는 진화와 성장을 촉진하는 수단이 되었고 우리의 본성 속으로 스며들어가게 되었다. 고통에서 벗어나 최대한의 즐거움을 얻으려고 하는 것은 모든 사람들의 기본적인 강한 충동이다. 만일 우리가 최대로 좋은 것과 최대의 즐거움을 희망하고 채택한다면 그것을 얻을 수 있다는 것을 알게 될 것이다. 가장 좋은 것을 선택함으로써 우리는 대생명력의 가장 화려한 체험으로 이끌려가게 되는 것이다.

자신을 자각하는 것은 당연히 자각하고 선택하는 재능이 있다는 이야기다. 우리는 감정보다 뛰어난 이성을 발달시킬 수 있으므로 한층 좋은 것을 선택할 수가 있다. 즉 내일이면 안 했으면 좋았을걸 하고 후회할 일은 오늘 하지 않을 수가 있게 되었다. 이성이 있음으로써 우리 중심의 감정의 힘을 가장 좋은 방법으로 밖으로 향하게 할 수가 있게 되었다 — 최대한 좋은 일과 즐거움으로 향하게 할 수 있게 된 것이다.

자기 자신이나 다른 사람을 위해서 가장 좋은 일을 선택할 줄 알게 된 것이다. 힘을 모아서 해야 할 사업에 있어서 모든 사람이 하나로 이어져 있다는 것을 알았기 때문이다.

사랑은 응답이다

이상은 최대로 좋은 것을 우리에게 가져다준다. 우리가 왜 자기 자신을 사랑하는 것처럼 이웃을 사랑해야 하는가 하는 이유는 바로 알 수 있다. 그것은 우리와 이웃은 같은 일을 하는 동료이기 때문이다. 협력에 의해서 고통을 줄이고 즐거움을 늘일 수 있기 때문이다. 우리는 신, 즉 대생명력을 사랑한다. 왜냐하면 신을 사랑하는 것은 모든 것을 사랑하는 것이 되기 때문이다 — 아무것도 미워하지 않고 반항하지 않게 되기 때문이다.

당신에게 최대로 좋은 것을 얻을 수 있게 도움을 주는 것은 도덕이다. 도덕이란 건전한 표현의 법칙 이외의 다른 것이 아니다. 당신에게 최대로 좋은 것은 당신 이웃에게 최대로 좋은 일과 따로 떨어질 수가 없다. 당신이 최대로 좋은 일에 이르는 삶을 살 수 없으면 당신 마음속에 어떤 내부 과정이 일어나 당신을 불행하게 만들고 고통을 준다. 마음속의 이 과정을 양심이라고 부른다. 당신의 양심이 당신을 해치게 되는 것이다.

대생명력은 지적인 존재이다. 당신이 만일 고통을 떠나 최대의 즐거움에 이르고 싶으면 당신의 이상을 향해서 나아가야 한다. 본능에만 이끌리는 동물처럼 산다면 당신은 자기를 방해하는 사람을 죽이는 데 아무 주저도 느끼지 않을 것이다. 이상이 없으면 양심도 없는 것이다.

그러한 단순한 본능적인 자기 의식에서 자라나 "나는 그를 죽여버리고 싶으나 만일 내가 그를 죽이면 그의 친구들이 나를 죽일 것이라고 나의 이성이 말해준다"라고 생각하기에 이를 것이다. 누구를 죽이는 일로는 최대의 즐거움에 도달할 수 없다는 것을 알게 되는 것이다. 한걸음 자랐기 때문에 자신에게 고통을 줄 일은 하지 않는 것이다. 그러나 좋지 않다는 걸 알면서도 그 욕구가 여전히 마음속에 있는 것을 허락한다면, 언제든 그 욕구가 밖으로 튀어나와 그를 죽이게 될 수도 있다. 당신이 방향이 다른 두 개의 이미지를 갖는 한 — 하고 싶은 일과 해야 한다고 생각하는 일이 서로 다를 때 — 당신의 몸 안에는 투쟁이 있게 마련이다. 제일 현명한 것은 언제나 해야 할 일이 하고 싶은 일이 되는 것이다. 당신의 감정을 이성과 양심에 비추어 누르는 길을 배우라. 그리하여 성장이 다음 단계에 오면 당신은 누구를 죽이는 것을 바라지 않게 된다. 그 사람을 사랑함으로써, 그와 협력함으로써, 또는 그 사람이나 그의 친구들의 협력을 얻음으로써 더 좋은 일이 생긴다는 것을 알게 된다. 그러나 그러한 단계는 자기의 감정 — 몸 안의 본능적 충동 — 을 자기 뜻대로 휘어잡고 이상에 비춘 추리의 힘으로 방향을 돌리기 전까지는 이룰 수 없다.

"너 자신에 진실하라. 그러면 밤이 낮을 따르는 것처럼 너는 어떠한 사람에게도 거짓일 수 없게 되리라." 이 말은 진리이다.

당신 자신 안에 죄악감, 공포, 미움, 노여움 등의 콤플렉스를 갖는 한, 당신은 자기에게도 이웃에게도 신에게도 성실할 수가 없는 것이다. 마음속에 그러한 것이 우세한 상태에 있으면, 그것들이 당신을 해서는 안 될 일을 하도록 밀어붙일 것이다. 이런 부정적인 마음의 자세를 깨끗이 쓸어내지 않는 한, 자기 안에 투쟁이 그치지 않는다. 병, 불행, 혼란, 실패 같은 것이 되어 나타나게 되는 마음의 투쟁이 그치지 않는다.

만일 본능의 충동(감정)이 우리를 고난에 빠뜨리고 여러 가지 시끄럽고 재미없는 사태를 불러일으킨다면 우리는 그 충동을 재교육해야 한다. 감정과 이성 사이에 투쟁이 있을 때는 결국 감정이 이기기 마련이다. 감정 — 본능 — 은 추리력보다 더 오랜 옛날부터 있어왔던 우리의 밑바탕을 이루는 것이므로 그것을 재교육해야 한다. 근대의 문명 사회에서 양심의 투쟁 없이 살아가려면 본능적인 감정이 새로운 방향으로 눈을 돌리도록 해야 한다.

공포와 노여움은 우리가 대생명력을 완전하고 또 건전하게 표현하는 데 방해가 된다. 그것들을 신념과 사랑으로 바꾸어놓아야 한다. 만일 당신이 삶에 열의를 가지고 나아가고 싶다고 생각하면 그러한 내부의 콤플렉스나 투쟁, 열등감, 충족되지 않는 느낌, 공포, 저항 같은 것을 모두 치워내는 대작업을 해야 한다.

우리는 자신에 대한 커다란 진리를 깨닫고 스스로를 지배할 수 있어야 한다. 해야 할 일을 실행하는 데까지 이르러야 한다. 일과 놀이, 사랑과 숭고의 생활 안에서 자라나야 한다. 이러한 일들을 건전하게 행하는 길 위에 가로놓인 방해물을 치워내야 한다. 그렇지 않으면 우리는 도피하게 되고, 핑계를 대게 되는데 그것은 상처 위에 진통제를 바르는 것과 같다.

한 남자가 대인 관계에 문제가 있다고 하자. 그는 모든 사람들이 자기를 싫어한다고 느낀다. 그래서 그는 친구를 고소하고, 동료를 고소하고, 마침내 자기 아내까지도 법정에 끌어낸다. 그리하여 그는 친구와 동료, 아내와의 관계를 끊어버린다. 그래도 그는 여전히 계속 골치 아픈 일들을 불러일으킬 것이다. 그는 어디를 가든지 자기 자신을 지니고 가기 때문이다. 그는 이러한 문제의 진정한 원인을 찾아내서 그것을 고쳐야 한다. 그러기 전까지는 그는 늘 변명만 할 것이다. 그는 변명을 늘어놓음으로써 자신의 위신을 세우려고 할 것이다. 그는 이렇게 말할 것이다. "신이 나를 이렇게 만든 거야. 나는 문제를 일으키도록 태어난 거야. 이대로 살아갈 수밖에 나에게 무슨 길이 있겠나." 그는 또 자신을 불쌍하게 생각함으로써 양심에 진통제를 바르겠지만, 그것은 아무 치료도 되지 않는다.

표면의 증상

초조, 싸움, 오해, 불행, 다른 사람과의 알력, 음주벽, 좌절감 등은 모두 표면의 증상 훨씬 아래쪽에 있는 뭔가 잘못된 것을 비쳐낸 것이다. 오만, 신경질, 이기심, 따돌림당하고 있다는 느낌, 자기 연민, 폐쇄성 등도 모두 잠재의식 속에 가로놓인 어떤 것의 결과로 나타나는 증상이다. 이러한 표면의 증상들만 치료해서는 별 효과를 얻을 수 없다. 아래쪽에 숨어 있는 원인을 찾아내서 그것을 제거해야 한다. 정신과 육체의 병은 속에 있는 좋지 않은 것들의 결과이다. 우리는 우리의 불행한 체험을 찾아내어 용서해야 한다. 그 불행한 체험들을 쏟아내야 한다.

앞에서 이야기한 것처럼 용서하고 이해하면 치료가 되는 것이다. 우리가 과거로부터 해방되면 만족스런 목표를 보게 되고 그것을 향해서 나아갈 수가 있다.

사람은 어째서 무의식적으로 자기 자신에 대해서 그릇된 관점에서 생각하게 되는 것일까? 가령 당신이 뭔가 상처를 받았거나 잘못을 저질렀기 때문에 열등감을 가지게 되었다고 하자. 당신은 자신이 남보다 못난 존재라고 느낀다. 그러나 우리가 앞에서 검토했듯이 사실 당신은 남보다 뒤떨어지는 존재가 아니다. 이 세상에 있는 모든 힘을 다 갖추고 있는 강한 존재이다. 당신은 대생명력의 무한의 지혜를 가지고 있는 현명한 존재이지만 스스로를 열등하다고 믿고 있는 것이다. 당신은 착한 사람이다. 왜냐하면 당신은 대생명력이고 대생명력은 착하기 때문이다. 그러나 당신은 자신에 대한 진리를 알지 못하고 스스로 죄 있는 사람이다, 나쁜 사람이다 하고 덮어놓고 정해버리고 있다. 남에게 따돌려진 것처럼 느끼고 그 느낌을 그대로 믿고 있는 것이다. 당신이 자신은 열등하다고 믿거나 죄가 있다고 믿으면서 일을 하면 당신이 하는 일은 모두 그러한 잘못된 생각 — 자기 자신에 대한 그릇된 신념 — 에 의해서 착색이 될 것이다. 그리하여 당신은 결국 그처럼 잘못된 행동을 하게 될 것이다. 사람은 누구나 자기에 대해서 믿는 그대로 행동한다. 왜냐하면 '당신이 믿는 바에 따라서 당신이 받기' 때문이다.

당신은 대생명력이며 대생명력은 선이다. 이것이 당신에 대한 진리이다. 그러므로 당신은 이 관점에서 자기 자신을 보아야 한다. 자신이 열등하다고 믿는 것은 그릇된 중심점 — 그릇된 관점에서 보고 있는 것이다. 그렇게 믿는다면 당신은 참다운 진리로부터 자기 자신을 찢어내는 것이다. 그 결과 분열된 인격이 되는 것이다.

인격의 분열

모든 신경병자는 인격분열증이다. 그들은 자기 자신에 대해서 옳지 못한 것을 믿으며 옳지 못한 행동을 하기 때문이다. 그 분열된 곳에서부터 고장이 자라나고 성장하는 것이다. 이것은 분명한 일이 아닌가? 우리는 자기가 믿고 있는 일을 분석하여 진리를 찾아내야 한다. 진리가 아닌 것은 버리고 진리는 받아들여야 한다. 그리스도는 "진리를 알라. 진리가 너희를 자유롭게 하리라"고 말했다. 당신이 자신에 대한 진리를 알고 자기 자신을 참다운 관점에서 보게 되면 마음속에 투쟁이 없어지고 바른 행동을 하게 되는 것이다.

자기 자신을, 모든 사람을, 모든 일을 용서함으로써, 그리고 당신이 그 일부를 이루는 대생명력의 중심 사상의 둘레에 자기 자신을 다시 세움으로써 당신 존재의 모든 에너지는 개방되고 바른 방향으로 유효하게 움직여 나아가게 될 것이다. 공포 대신에 추리력과 지성에 의해서 통제되고, 지금까지처럼 한꺼번에 여러 방향으로 나아가는 것이 아니라 반듯하게 앞쪽으로만 나아갈 수 있게 될 것이다.

공포 앞에서는 누구도 전진할 수 없다. 공포 때문에 나아가야 할 길과는 반대쪽으로 쫓겨갈 것이다. 그것은 자신을 둘로 쪼개는 것이다. 판단력은 당신을 달성하고 싶은 욕구 쪽으로 끌어가고 공포심은 당신을 반대쪽으로 끌고 가는 것이다.

그리스도는 말했다. "만일 당신이 마음속에 형제에게 반항하는 무언가를 가졌다면 곧바로 그 형제한테 찾아가서 그와 화해하라." 기도하기에 앞서 누구든지 모두 용서하고 무엇이든지 다 용서하라. 그렇지 않으면 당신이 바라지 않는 것을 달라고 기도하는 결과가 될 것이다. 미움과 공포의 기도를 하게 될 것이다. 노여움을 내버려라. 만일 누구에게나, 또는 무엇에 대해서 무서움이나 노여움을 가졌다면 마음과 감정을 깨끗이 하기 위해서 기도하라.

당신 자신 안에 있는 위력의 핵심을 발견하라. 그것을 찾아내고 그것을 활용하라. 그렇게 하면 정신적 · 감정적 · 육체적인 힘이 모두 하나의 방향으로 끌리게 될 것이다. 목표나 이상을 정하라. 그렇게 하면 당신은 그것을 향해서 나아가게 될 것이다. 당신 몸 안의 정신 속에 욕구와 달성의 힘이 모두 있으므로 당신이 바라는 것은 무엇이나 가질 수 있다. 만일 해답이 없다면 당신이 그것을 진정으로 욕구하지 않았기 때문일 것이다. 당신의 욕구는 대생명력 그것이 이제부터 당신에게 줄, 혹은 당신이 이제부터 될 어떤 것의 그림이다. 그러나 만일 당신이 무력증(無力症)을 느끼거나 열등감을 갖거나 노여움, 미움, 또는 공포의 콤플렉스를 안고 있다면 당신은 달성의 방향으로 나아갈 수가 없다. 혼란은 당신의 기도를 막아버린다.

마음의 평화는, 당신이 자기 마음 안의 모든 투쟁을 자기로부터 떼어냈을 때 ― 즉 신념, 사랑, 용서 등을 확립했을 때 ― 찾아온다. 그것은 대생명력의 본질인 무한 · 신성 · 불사의 본질과 당신의 개성이 동일화했을 때 온다. 당신이 자신의 부정적인 생각의 방식이나 믿음의 방식, 태도를 모두 풀어서 밀쳐내고 긍정적이고 좋은 것 모두를 뒤에 남겼을 때 찾아온다.

밤 사이에 용서하라

밤에 잠들기 전에 당신의 하루를 되돌려 생각하여 그날 있었던 모든 일을 깨끗하게 정리하라. 자기 자신을 용서하라. 자기를 해친 모든 것을 용서하라. 그렇게 하면 마음의 긴장이 풀리고 몸이 편안해질 것이다. 상처들이 마음 밑바닥에 가라앉아 잠재의식이 되기 전에 하나하나 찾아서 모두 용서하라. 그것이 아직 객관적인 형태를 가지고 마음속에 생생하게 살아 있는 동안에 손을 쓰라. 그렇게 하지 않으면 그것은 당신에게 달라붙어서 고질적인 종기가 된다. 아직은 고질이 되지 않았다. 만일 무언가 손을 쓸 방법이 있다면 상처가 무엇인가를 잘 알아본 뒤에 손을 쓰라.

마음속에서 오늘 아침부터 있었던 일을 모두 다시 생각해보는 것이다. 그러면 하루는 깨끗이 청소가 되는 것이다. 그렇게 하면 상처들이 당신의 잠재의식 속에 남아서 잠을 못 자게 하거나 신경을 건드리는 일은 없을 것이다. 불면증은 대부분 오늘 받은 상처와 내일의 걱정을 안은 채 잠자리에 들기 때문에 생긴다.

그날 하루를 용서한 뒤 "나의 하루는 끝났다. 자아, 내일을 준비하자" 하고 마음속에서 말하라. 내일 아침 좋은 기분으로 일어나는 당신을 마음의 눈으로 보라. 당신 행동의 이상안을 상상 속에서 계획하라. 계획한 것을 하루 종일 열심히 — 자신감을 가지고 쉽고 훌륭하게 — 하는 자기 자신을 마음으로 보라. 그리고 나서 이런 생각을 가지라.

"나는 오늘을 마쳤다. 내일의 계획도 세웠다. 자아, 잠을 자자. 평화롭게 쉬고 기쁨 속에 눈을 뜨자. 나는 언제나 풍요와 건강과 자유 속에서 살고 있다."

16
창조하는 힘

자신의 내면에서 권위를 발견한 사람은 자기의 사고나 감정, 행동을 각성한, 높은 곳에서 지휘하는 사람이다. 말하자면 그는 신이 된 사람이라고 할 수 있다.

그는 자기 세계의 통솔자로서, 운명의 결정자로서, 자신이라는 배의 선장으로서 그 자리를 차지하는 것이다.

창조 이야기

우리가 지금 필요로 하는 것, 장차 필요하게 될지도 모르는 것은 모두 이 세상에 존재한다는 것에 반대할 사람은 없으리라고 나는 확신한다.

지금은 손을 댈 수 없지만 무엇인가가 만들어지기를 기다리고 있는지도 모른다. 또는 부분으로 존재하면서 인류에게 도움이 되는 기계에 의해 만들어지기를 기다리고 있는 것이 있을지도 모른다.

성서의 창세기 1장에는 천지창조에 대한 이야기가 나온다. 그것은 영감이 있는 천재가 인간의 창조력에 대한 진리를 통찰하고 쓴 이야기 같다. 땅은 모양이 없고 텅 비어 있으며 신의 영이 물위를 움직이고 있다고 했다. 이 말은 정신의 창조력을 설명하고 있다.

당신은 창조할 수 있다. 당신이 '나'라고 부르는 지각의 중심은 당신의 혼이다. 창조하는 대생명력 그것이다. 그러므로 당신에게 창조력이 있는 것은 당연한 일이다. 대생명력의 지각 있는 중심으로서 대생명력의 정신을 사용하고 있는 것이다. 당신은 세계의 신인 것이다. 모세가 발견한 것처럼 당신 자신의 '나는 있다'는 대생명력이나 신의 '나는 있다'와 똑같은 것이다. 세계는 모양이 없고 텅 비어 있어 누군가 창조해주기를 기다리고 있다.

당신의 내면이나 당신의 주위에는 지성, 활력, 아름다움, 기쁨, 사랑, 평화, 위력 같은 신이 갖는 소질이 골고루 갖추어져 있다. 그리고 그 모든 것은 형체가 없고 당신의 선택과 결심과 상상력으로 모양이 주어지기를 기다리고 있는 것이다. 가령 아름다움은 우리 마음속에 있는 하나의 생각이므로 모양도 없고 텅 비어 있기 때문에 당신이 모양을 창조해야 한다. 당신이 그림을 그리거나 노래를 부름으로써 그 아름다움을 객관적인 것으로 만드는 것이다. 당신의 선택이나 마음의 그림, 그리고 행동에 의해서 그때까지 모양이 없었던 것을 객관적인 세계로 가져오는 것이다. 실체인 아름다움은 누구를 위해서나 실재한다. 당신이 주의를 그것에 돌리고 상상력으로 모양을 주고 신념과 사랑으로 그것을 바라보고 아름다운 체험으로 객관화하는 것이다 ─ 아름다운 집, 아름다운 환경, 아름다운 인생 같은 것으로.

이렇게 설명을 해보자. 연필을 한 자루 손에 들고 종이 위에 동그라미를 그려보라. 처음 그려보는 동그라미는 완전한 동그라미가 될 수 없다. 다시 한번 그려보라. 먼젓번 것보다 조금 낫게 그려진다. 몇 번이고 몇 번이고 그려보라. 드디어 거의 완전에 가까운 동그라미가 그려질 것이다. 동그라미를 더 많이 생각하고 더 연습하게 되면 눈앞에 나타나는 체험은 더욱 완전한 것이 된다. 신념과 물릴 줄 모르는 연습에 의해서 완전을 향해서 접근하게 되는 것이다. 완전한 원이라는 것이 어딘가에 실재하고 있는 것일까? 있다. 분명히 당신의 마음속에 있다. 마음속의 이미지는 완전한 원이지만 그것을 체험하기 위해서는 먼저 마음의 눈으로 보아야 한다. 그리고 그것에 신념을 담아넣고 행동해야 한다. 그 생각에 몰두하여 싫증내지 않고 연습하면 완전에 가까운 것이 될 것이다. 완전에 가까운 것을 체험하면 완전한 동그라미를 마음속으로 생각하는 것이 필요하다.

동그라미를 그리려고 하면서 마음속으로 삼각형을 생각하면 어떻게 될까? 아마 원을 그리지 못할 것이다. 당신은 어떻겠는가? 당신은 반드시 동그라미를 생각해야 한다. 만일 동그라미를 바란다면 사각형이나 삼각형을 생각하면 안 된다. 언제나 원을 생각하여 그 생각이 몸으로 흘러들게 함으로써 욕구에 모양을 주어야 한다. 그것의 체험에 관심을 기울여야 한다. 그 생각을 사랑하고 열정을 가지고 주의를 기울여야 한다. 그러한 감정이 팔과 손끝에 흘러들게 해야 한다.

이상을 조용히 생각하라. 그 이상은 실체이다. 종이 위에 그린 것은 마음에 실체 또는 이상을 가지고 있는 당신의 체험이다. 당신의 사고는 그것에 모양을 주고 대생명력의 자동적인 행동을 통해서 현실의 체험을 가지게 된다. 채택, 결의, 관조, 묵상, 신념, 사랑, 지속 같은 것을 통해서 당신의 체험 속으로 끌려간다. 당신이 원을 경험할 가능성은 얼마든지 있으며 지금까지도 언제나 있었던 것이다. 당신은 언제든지 그 가능성을 당신을 위해서 이용할 수 있다. 당신이 지난날에 어떤 생각이나 사상을 가지고 있었든지 지금은 하나도 상관이 없다. 그러한 과거의 사상은 지금 바꿀 수가 있으며 따라서 새로운 체험을 가질 수가 있다. 당신은 지난날에 늘 삼각형이나 사각형을 생각하고 있었는지도 모른다. 그러므로 완전한 원을 생각하기 시작하고 그 생각에 따라서 행동해야 한다. 그것은 바로 욕구의 결과를 체험하기 시작하는 것이다.

완전한 동그라미가 실체이며 우리가 그것을 체험할 수 있는 것처럼 이상적인 사업이나 장사도 완전한 실체이며 우리가 체험할 수 있는 것이다. 그러나 만일 당신이 실패한 사업이나 쇠퇴하는 장사, 부당한 경쟁 등을 생각한다면 당신이 지휘하는 창조의 정신은 당신에게 완전한 사업을 가져오지 않을 것이다. 당신은 완전한 사업에 신념을 가지고 그것을 생각해야 한다. 완전한 사업의 가능성은 이미 마음속에 실재하고 있다. 그것을 체험의 세계로 가져오려면 정신의 활동만 있으면 되는 것이다. 당신을 위해서 그 이상을 사용해야 한다. 그것을 사랑하고 묵상하고 결심하고 마음속의 안내가 이끄는 데 따라서 행동해야 한다. 그렇게 하면 완전한 대인 관계를 가질 수 있다. 그러나 만일 당신이 부조화, 고생, 혼란, 논쟁, 싸움 같은 것을 생각하게 되면 완전한 대인 관계라고 하는 것은 절대 당신의 체험 속에 나타나지 않는다. 그러므로 당신은 오직 조화, 완전한 대인 관계, 협력, 성공적인 체험만을 생각해야 한다.

선택과 신념에 따라서 대생명력을 지휘하라. 대생명력은 당신이 사랑과 신념을 가지고 묵상하는 것을 체험할 수 있는 세계로 가져다준다. 그것은 대생명력의 성질이다. 이상적인 완전한 육체라는 것도 실재한다. 그러나 만일 당신이 병, 허약함 같은 것을 묵상하게 되면 그 이상적인 완전한 육체는 당신의 체험의 세계에는 나타나지 않는다. 그러므로 완전한 육체, 완전한 건강을 생각하라. 완전한 건강을 표현하고 있는 사람에 대해서 생각하라. 그리고 그것이 당신의 건강이라고 진심으로 생각하고 열심히 그 생각을 기르라.

당신이 바라지 않는 것에 대한 낡은 사고나 이미지를 버리고 바라는 것에 대한 이미지를 가져라. 그러면 바로 지금 이 순간에 완전히 바른 행동에 대한 신념을 가지게 된다. 즉 사업, 주변의 일, 대인 관계, 육체 등에 관하여 완전히 바른 행동에 대한 신념을 가지게 되는 것이다. 당신이 바라는 좋은 것에 대해서도 그것이 실현될 것이라고 믿을 수가 있다. 당신 자신을 그것에 몽땅 쏟아넣을 수가 있다. 이상을 조용히 생각하고 사고를 감정이나 육체를 통해서 행동으로 흘러들게 할 수가 있는 것이다. 만일 그렇게 하면 당신이 바라는 성과가 당신의 체험의 세계에 모습을 나타낸다. 완전이라는 이상은 이미 실재하고 있으며 누군가가 그것에 손을 대어 모양이 있는 것으로 만들어주기를 기다리고 있다. 대생명력은 당신의 정신을 통일하고, 당신의 채택과 신념에 따라서 무엇이든 창조하고 낳아주는 것이다.

대생명력은 자신을 당신에게 나누어주었다

무한의 대생명력이 화신하여 당신이 되고 그것이 갖는 창조의 위력이 당신에게도 나누어진 것이다. 그래서 당신은 자기 자신의 체험의 세계를 만들 수 있는 것이지만 그렇게 하기 위해서는 당신에게 그런 능력이 있다고 인정하지 않으면 안 된다. 그러한 도구도 가지고 있다는 것을 인정해야 한다. 그리고 그것을 사용해야 한다. 놀라운 위력을 당신은 많이 가지고 있다. 당신은 오늘날까지 자기가 가진 것을 조금도 알지 못하고 있을 수도 있다. 그리하여 당신은 그것도 모른 채 이들 도구들을 잘못된 방법으로 사용하여 바라지 않는 것을 만들어왔는지도 모른다. 그러나 그렇게 했다 하더라도 당신이 만일 새로운 생각의 방식을 받아들이면 언제라도 신이 준 그들 도구들을 바라는 것을 위해서 쓸 수가 있는 것이다. 이상도 받아들일 수가 있다. 실패에 대한 생각을 그만 하고 성공을 선택하면 당신은 언제든지 성공을 생각할 수가 있다. 그렇게 되면 그 순간부터 전과는 다른 새로운 체험을 갖게 되는 것이다. 그러한 마음의 자세를 계속 가지면 당신의 체험은 시간마다 좋은 것으로 바뀌어간다. '영광에서 영광으로'의 걸음을 계속 걸어가게 되는 것이다.

당신이 사용하는 힘은 무슨 힘일까? 그것은 대자연의 힘이며 신의 창조의 위력이다. 신은 만능이다. 즉 모든 위력을 가지고 있다. 신은 전지(全知)이다. 모든 지혜를 가지고 있다. 신은 편재(遍在)이다. 모든 곳에 있다. 그의 위력이나 전지를 당신은 사고하는 중심에서 사용하는 것이다. 사실에 있어서 신의 정신과 신의 소재(所在)는 바로 당신 자신의 정신과 소재이다. 당신이 생각할 때, 당신을 위해 완전한 원을 창조해주는 그 힘은 다른 것이 아니라 대생명력의 무한의 힘인 것이다. 그 힘을 조용히 생각하라. 그것을 사랑하라. 그것을 믿고 기대라. 결코 당신을 버리지 않을 것이다. 실망시키지 않을 것이다. 만일 그 힘을 적당히 사용하면 그것은 당신이 바라는 모든 체험을 당신의 생애에 가져올 수 있고 또 반드시 가져오게 된다.

당신의 몸 안에 있는 지성 있는 위력은 나무를 기르고 머리칼을 자라게 하고 마당에 풀을 자라게 하는 그 힘과 같은 힘이다. 그 힘은 육체를 자라게 하고 부러진 뼈를 이어주고 고장난 심장을 치료해준다. 그 힘은 바로 대자연 — 대생명력 — 신인 것이다.

17
정신 치료의 준비

　당신 자신, 친구, 신, 법칙, 대생명력의 영속성 등에 대한 당신의 관념은 당신이 행하는 모든 일에 영향을 준다. 그뿐 아니라 당신 자신은 알건 모르건 당신이 받는 모든 일에도 영향을 준다. 당신의 생활 전반의 형(型) ― 당신이 느끼고 말하고 하는 일 모두 ― 육체의 건강에서 가계 (家計)나 대인 관계에 이르는 모든 체험 ― 은 당신이 앞에 적은 중요한 일들에 대해서 어떠한 신념을 갖느냐에 따라서 정해지는 것이다. 당신이 세상 사람들을 어떻게 생각하고 그들에 대해서 어떻게 나오는가에 따라서 그들은 당신에게 응답을 준다. 당신의 몸은 당신의 마음의 자세에 반응한다. 몸에 대해서 당신이 어떻게 생각하느냐와 대생명력에 대한 당신의 일반적 태도가 무엇이냐에 따라서 몸은 반응을 나타낸다. 그뿐 아니라 모든 생물, 동물, 그리고 식물까지도 그것들에 대해서 당신이 어떠한 신념을 갖느냐에 따라서 반응한다. 가족, 친구, 동료, 손님, 나아가서는 거리에서 스쳐가는 아무 인연도 없는 사람들까지도 당신의 태도나 생각에 반응하고, 당신의 마음속에 세력을 가지고 있는 신앙이나 신념에 반응을 나타낸다. 이것은 널리 알려진 사실이다.

당신이 태도를 바꾸면 당신의 모든 체험도 바꾸어진다. 당신이 이 사실을 정말로 알게 되면, 지금 당신이 체험하고 있는 일이 바람직하지 않다면 신념이나 환경, 태도를 바꾸는 것이 좋다는 것을 바로 판단할 수 있게 된다. 사랑해야 하는 것을 바른 방법으로 사랑해야 한다. 상상력을 건설적으로 사용해야 한다. 다른 결과를 얻을 목적으로 정신의 태도를 의식적으로 바꾸는 것을 정신 치료라고 한다. 그러나 효과적인 치료를 하는 데는 육체를 치료하건 정신을 치료하건 어느 정도의 준비가 필요하다. 정신 치료를 하기 위해서 필요한 이 준비를 우리는 묵상이라고 부른다.

묵상이란 무엇인가

묵상(默相)이란 마음을 어떤 조용한 상태에 오래 두는 것이다. 그것은 정신 치료의 근본이다. 묵상을 함으로써 당신은 자기 마음을 효과적으로 치료할 수 있다는 신념 ― 확신 ― 에 도달한다. 묵상을 통해서 당신 자신, 세상 사람들, 신, 정신의 창조력, 또 세계 등에 대해서 적극적인 신념의 자세에 이를 수 있는 것이다. 당신의 사고에도 손을 대서 노여움, 저항, 걱정, 번민, 미움 등을 떼어내는 일까지도 하는 것이다. 그 위에 사랑, 마음속의 평화, 자신감, 대생명력이 우리에게 응한다는 굳은 신뢰가 확립하게 된다.

묵상은 감정을 깨끗하게 씻어주고 방해물을 치우고 티 없이 만들어주기 때문에 이 좋은 세계를 알게 되고 그 세계에 있는 사람들과 모든 사물이 근본적으로는 좋다는 것을 알게 된다. 모든 상황에 있어서 좋은 일이 존재하고 나날의 시간에 좋은 일을 끌어낼 수 있다는 것을 인식하게 되는 것이다. 묵상에 의해서 당신 자신이 신의 무한의 생명력이라는 것을 알게 되고 또 이해하게 되는 것이다. 선과 진이 당신 자신의 실체일 뿐 아니라 당신을 둘러싸는 대생명력의 실체라는 사실이 이해되는 것이다. 묵상과 정신 치료는 일부의 사람들이 생각하는 것과는 달리 같은 것이 아니다. 묵상은 정신 치료의 터를 닦는 일이다. 그리고 정신 치료는 창조하는 힘을 특수한 행동에 향하게 해서 바라는 효과를 만들어내는 일이다.

묵상의 중요성

나는 죄인이다 — 나쁜 사람이다라고 생각하면서 동시에 어떤 좋은 체험을 갖기를 바란다면 그것은 매우 어려운 일이다. 죄가 있다고 느끼는 것은 불행한 체험이 찾아올 거라고 믿는 것이다. 불행한 일을 겪어 마땅하다고 믿게 되는 것이다. 그런 신념을 가지고는 바라는 좋은 일은 얻을 수 없다. 그러므로 당신 자신에 대해서 새로운 신념에 도달해야 한다. 조용한 묵상에 들어가서 동기나 자기 자신을 분석함으로써 그러한 신념에 도달해야 한다. 나는 정말 무엇인가 — 사람의 형태를 한 신의 존재가 아닌가라는 생각에까지 이르러야 한다. 당신 자신에 대한 이 근본 진리를 가지고 정신을 채우게 되는 것이다.

우리는 용서를 이해하기 위해서, 그리고 과거의 체험은 악한 것도 흉한 것도 아니라는 것을 이해하기 위해서 지금까지 많은 페이지를 할애하였다. 과거의 체험은 좋은 교훈이다. 그것은 대생명력에 대해서, 대생명력의 즉응성에 대해서, 또 우리 자신의 위력에 대해서 많은 것을 가르쳐준다.

만일 자신이 다른 사람보다 못하다고 믿는다면, 다른 사람들이 당신을 배척하고 따돌리고 있다고 느낀다면, 세계가 근본적으로 당신에게 반항하고 있다고 믿는다면 좋은 일을 기대하기 전에 그러한 부정적인 신념을 마음에서 깨끗이 청소해버릴 필요가 있다.

마음을 청소하여 정상적인 정신으로 만들었을 때 비로소 정신 치료— 과학적 기도 — 의 효과가 나타나는 것이다. 부정적인 사고나 신념, 태도나 동기 따위를 버리지 않는다면, 자기도 모르는 사이에 자기가 바라지도 않는 것을 얻기 위하여 기도하게 된다. 왜냐하면 걱정이나 무서움은 자동적으로 그러한 마음의 그림을 만들어내기 때문이다. 좋은 체험을 가질 자격이 있다고'믿고, 대생명력이 그러한 좋은 체험을 가져올 거라고 믿어야 한다. 자신은 병에 의해서 벌을 받아야 한다고 믿으면서 동시에 건강하게 되기 위해서 정신력을 쓸 수는 없기 때문이다.

일부 사람들은 신은 기도에 응해주지 않는다든가 신은 인간이 행복하길 바라지 않는다고 믿기도 하고, 공언하기도 한다. 이것은 각자가 가지고 있는 신념의 자세 — 공포, 죄악감, 열등감 같은 것 — 에 맞닿아 있는 것이다.

묵상은 긴장감을 푸는 것, 이해, 용서 이렇게 세 가지로 이루어져 있다. 묵상은 창조적인 것이 아니다. 그것은 창조가 이루어지도록 정신적 분위기를 만들어내는 일이다. 당신이 자신의 정신 자세를 통어하는 정도에 따라서 정신 치료를 할 수가 있다. 정신을 바꾼 그대로 간직할 수 있는 사람이면 누구에게나 효과적인 정신 치료법을 행할 수가 있는 것이다. 이 말을 당신의 의식 안에 깊이 간직해두라. 당신의 마음을 바꾸고 바꾼 그대로 간직해둔다는 것은, 매우 어려운 일이다. 자유와 신뢰와 마음의 평화가 비결이다.

묵상은 미움, 걱정, 번민, 노여움을 사랑으로 바꾸어놓는다. 공포는 적극적인 신념으로 몰아낼 수 있다. 묵상은 자각적인 선택에 대한 당신의 권리를 행사하는 것이다.

선택하여 결정한다는 이 힘은 아마 신이 준 최대의 위력이리라. 무엇을 믿을지를 선택하는 힘, 무엇을 사랑할지를 선택하는 힘, 상상력을 향해서 무슨 계획을 보낼지를 선택하는 힘 ― 이것이 당신 자신의 천국도 만들고 지옥도 만드는 힘이다.

18
고치는 힘

우리는 지금 육체의 상태나 인간 관계를 개선하는 일에 깊은 관심을 가지고 있다. 그러므로 '치료하는 힘 — 고치는 힘 — 은 무엇인가?' 하고 묻는 것은 매우 자연스런 일이다. 우리가 한 가지 목적을 가지고 생각할 때, 신념의 자세를 바꾸고 상상력의 흐름을 바꿀 때, 무언가 힘을 끌어낼 수 있다. 그러므로 '그 힘은 무엇인가'라는 의문이 생기는 것은 매우 당연한 일이다.

오직 하나뿐인 고치는 힘

어떤 의사도, 심리학자도, 정신치료가도, 혹은 정신과학 시술자도 아직까지 환자를 고친 사람은 하나도 없다. 정직하고 자존심 있는 의사라면 환자의 병을 자신이 고쳤다는 말을 결코 할 수 없을 것이다. 의사는 상처를 씻어서 깨끗이 해줄 뿐이다. 병은 신이 고치는 것이다. 정직한 심리학자나 정신치료가라면 아무도 자기가 누구를 고쳤다고 주장할 수 없으리라. 그는 대생명력이 정상적으로 걸어가는 길에 가로놓인 방해물을 치우고 대생명력을 자극하여 그것이 환자의 몸 안을 건강이라는 형태로 흐를 수 있게 했을 뿐이다. 세상에 고치는 힘은 오직 하나뿐이다. 그 힘은 대자연, 대생명력, 신, 섭리, 무한의 지성, 사랑 — 뭐라고 부르든 상관이 없으나 오직 하나이다.

치료자가 할 수 있는 일은 대생명력의 흐름을 방해하는 장애물을 치워서 대생명력을 개방하고, 전진시키고, 그것에 방향과 자극을 주어 행동을 이끌어내는 것뿐이다. 대생명력이 완전한 행동으로 나오게 하기 위해서 길을 막은 장애물을 치우는 방법은 여러 가지가 있다. 또 대생명력의 위력을 자극하는 데도 여러 방법이 있다. 대생명력의 위력만이 정신을 고칠 수 있는 유일한 힘이다. 그 힘은 모든 것 안에 있으며, 마찬가지로 당신 안에도 있다. 만일 대생명력에 적당한 방향을 주면 당신의 몸이나 모든 병상을 나타내는 당신 주변의 여러 일들을 그 힘으로 고칠 수가 있고 실제로 고쳐준다. 당신이 어떤 인종이든 어떤 종교에 속하든 그 위력은 당신을 위해서 활동한다. 무신론자라 할지라도 당신의 손가락의 상처는 대자연이 고쳐준다.

대생명력의 내부적인 창조의 위력을 성바오로는 '그리스도'라고 부르고 그리스도는 '하늘에 계신 아버지'라고 한다. 심리학자는 '잠재의식'이라고 부르는데, 바로 그것이 고쳐주는 힘이다. 그리스도는 무한이며 지성이 있고 위력과 의도를 가진 대생명력이 모든 사람과 모든 사물의 본질이며, 또 우리가 그 대생명력을 의식해서 사용하면 바로 응답해준다는 생각에 매우 깊은 인상을 받은 것같이 보인다. 그는 그 대생명력을 '아버지'라고 부르고 그것이 당신의 몸 속에 있다고 설명했다. 그 대생명력은 당신의 아버지이며 당신의 기원이므로 당신에게 관심을 가지고 있다. 그것은 어떤 목적을 가지고 당신을 이곳에 데리고 왔으므로 당신을 위해서 할 수 없는 일은 아무것도 없다.

그 대생명력을 특히 당신의 필요를 위해서 사용하려면, 하나의 무한의 위력이나 지성으로써 그 실재를 인정해야 한다. 그리고 그것이 당신의 신념이나 신앙이나 사랑에 따라 응답해준다는 것을 인정해야 한다. 그리스도는 우리에게 조그만 방에 들어가거나 조용히 문을 닫고 바깥 세계의 잡음을 막은 뒤, 마음 안에 잠재하는 지성의 위력을 인정하고 활동시켜 그것으로 하여금 당신의 요구에 응하도록 하라고 가르쳤다. 기도할 때는 바라는 결과를 이미 받은 것으로 상상하라고 그는 말했다. 그러면 이 무한의 대생명력인 아버지는 당신의 자각에 의한 선택과 자각에 의한 요구에 응답할 거라고 그는 말했다. 이것은 우리가 알아두어야 할 가장 중요한 일이다. 그것은 바로 근대의 정신과학자가 정신 치료의 조처를 할 때에 하는 일이다.

오직 하나의 존재인 대생명력이 정신을 통해서 모든 것 — 나무, 풀, 바람, 땅 — 에 작용하고 있는 것이다. 왜냐하면 모두 살아 있기 때문이다. 우리는 지성과 위력이 있는 이 대생명력이 개인으로 존재한다 — 하나의 인격으로 존재한다 — 는 자각에 스스로 눈을 뜨고 있다. 지성이 있는 대생명력은 동물, 광물 및 식물계에도 본능으로, 경향의 법칙으로, 성장의 법칙으로 운행하고 있다. 자연계의 대생명력은 인간에 대한 자각을 가지고 있다. 그러므로 사람은 대생명력의 자각 있는 중심으로서, 자기 자신의 좋은 일을 위해서, 또 자기의 필요에 따라서 대생명력의 무한의 위력이 있는 본질에서 무엇이든 골라내서 결정하고 방향을 주어도 되는 것이다. 결정과 방향 주기의 정신 활동을 정신적 조처 또는 과학적 기도라고 부른다.

선택하는 힘은 누구나 타고났다

대생명력은 오랜 시대에 걸쳐서 발달하고 진화하여 왔다. 그리하여 오늘날처럼 자기를 자각하는 인간의 활동 무대에 나타나기에 이르렀다. 스스로에 눈을 떴다는 것은 스스로 선택하는 힘을 가진다는 것을 뜻한다. 그리하여 선택하는 힘은 한 사람 한 사람 속에 내재하고 있다. 정신을 자각적으로 쓰는 사람은 그 자신을 위해서 대생명력의 법칙을 자각적으로 선택하고 또 방향을 줄 수가 있다. 이 세상에 있는 유일한 힘, 즉 신의 위력을 사용할 수가 있는 것이다. 더구나 그 힘은 무한이다. 신의 힘은 신의 지혜에 의해서 이끌린다. 그것은 우주의 지혜일 뿐 아니라 당신 안에 있는 지성이다. 당신의 지성이다. 자연계의 힘, 신의 힘, 마음의 존재 상태를 통하여 상상력을 빌려서 방향을 정하는 것이다. 자기 자신을 알고 그것을 받아들이는 것은 치료의 힘, 성장의 힘, 진화의 힘을 발견하는 것이다. 그리고 그 힘은 의식적으로 잡을 수가 있다. 인간적 존재로서의 당신, 즉 대생명력의 자각하는 중심으로서의 당신이, 자신을 위해서 대생명력에 무엇을 시킬까를 선택할 수 있는 것이다.

믿는 힘도 인간에게 주어져서 대생명력은 그가 믿는 바에 따라서 그를 위해서 일을 한다. 사람이 자유 의사를 가졌다는 것과 믿음을 선택할 수 있다는 것은 얼마나 눈부신 일인가! 불행하게도 대부분의 사람들은 이것을 이해하지 못한다. 자신의 믿음, 또는 신념의 자세를 자각하여 선택할 수 있다는 것을 모른다. 그 때문에 그들은 대체로 동식물 수준에서 생활할 뿐 대생명력의 여러 가지 위력을 자각하여 지휘할 줄을 모른다.

그들은 실패, 무력감, 불행, 실망 등을 믿으며 그 믿음 때문에 인류로서의 평범한 체험에서 벗어나지 못할 것이다.

이것은 상상력 — 마음속의 기술 부문 — 속에서 당신이 만들 이미지를 어느 것으로 선택하느냐 하는 간단한 일이며 그 새 이미지를 계속적으로 가지는 일이다. 만일 당신이 이 일을 하게 되면 대생명력은 당신을 위해서 무엇이든 가져다준다. 한편 당신이 자각하여 마음을 지휘하지 않는다면 대생명력은 당신의 잠재의식 속에 있는 사고에 따르게 된다. 대개의 사람들은 자기도 모르게 다른 사람들이 생각하는 것, 다른 사람들이 믿는 것을 그대로 받아들여 생각하고 믿고 있다. 그러므로 대부분의 사람들이 한계와 고난과 실망을 믿고 있는 것이다. 그러면서 그들은 그러한 상태가 정상이라고 믿고 있다. 그러나 당신은 그러한 부정적인 신념이 아니라 긍정적인 신념을 선택해야 한다. 당신 자신 안에 있는, 저 깊은, 지휘하는 중심에 눈을 뜸으로써 — 무엇을 생각하고 무엇을 느낄까를 선택할 수 있는 중심에 눈을 뜸으로써 — 당신 자신과 당신을 둘러싸고 있는 여러 가지 일에 대해도 지배권을 잡을 수가 있는 것이다.

과학적 기도 또는 정신 치료 조처란 무엇인가

심적 조처 또는 영적 조처란 무엇인가? 그것은 자기가 체험하고 싶은 어떤 생각의 형태나 계획을 선택하는 일이다. 사고나 생각의 형태는 정신의 한 모습이다. 당신은 사고나 마음의 그림을 만드는 무한한 능력을 가지고 있다. 정신 치료 조처는 사고를 바꾸는 것이며 당신이 싫어하는 일에 대한 생각을 밀어내고 좋아하는 일에 대한 생각으로 바꾸어놓는 일이다.

기도 또는 정신 치료 조처는 어떤 결과를 얻기 위해서 자기의 마음의 자세를 자각해서 선택하고 계속 그 마음의 상태를 유지하는 것이다. 정신적 또는 영적 치료의 조처는 일정한 목적을 위해서 하는 일정한 정신 행위이다. 그것은 어떤 특수한 효과를 얻기 위해서 마음을 특수한 상태로 이끄는 것이다.

정신의 조처는 당신의 사고를 확대하는 일이다. 가령 백 달러라는 당신의 사고를 확대해서 십만 달러로 할 수가 있다. 그 액수는 실재하는 것이다. 십만 달러가 실재할 뿐 아니라 백만 달러도 실재한다. 당신은 어느 만큼 믿는가? 어느 만큼이면 납득이 되는가? 스스로 어느 만큼이라고 생각하고 있는가?

완전한 육체 또는 완전한 사업은 실재한다. 그것은 당신이 믿는 바에 따라서, 스스로를 위해서 어떤 생각을 갖느냐에 따라서 체험할 수도 있다. 우리는 이 정신적 또는 영적인 조처에 대해서 매우 큰 관심을 가지고 있다. 왜냐하면 우리는 자기 주변의 일을 통어하고, 많은 사람들이 서로 경쟁하고 있는 평범한 체험보다는 훨씬 앞으로 나아가고 싶기 때문이다. 우리가 약한 자나 실패자나 고난에 짓눌린 인간이 될 이유는 하나도 없기 때문이다.

어느 날, 잭크 라이트라는 사람이 옛날 학교 친구에 이끌려서 나에게 왔다. 정신도 혼도 앓고 있을 뿐 아니라 몸도 엉망이었다. 그는 심한 알코올 중독자였다. 그는 나에게 시간을 들여서 자기에게 무엇을 해보았자 쓸데없는 일이라고 말했다. 그는 자신이 알코올의 노예라고 생각하고 있었다.

나는 한 권의 책을 책상 위에 세워놓고 잭크에게 그 책을 위스키 병이라고 생각하고 그것에 말을 걸라고 했다. 그 위스키 병을 보고 "나는 너보다 강하다. 왜냐하면 나는 생각할 수 있지만 너는 생각할 수 없기 때문이다" 하고 말하라고 했다. 몇 번의 부탁 끝에 마침내 그가 말하기 시작했다. 그런 뒤 나는 다시 이렇게 말하라고 했다. "나는 너의 노예가 아니다. 나는 너를 내 마음대로 할 수 있다. 너를 개수대에 부어버릴 수도 있고 너를 마실 수도 있다. 내가 하려고만 하면 너를 어떻게라도 처치할 수 있다. 명령권은 내가 갖는 것이다. 네가 갖는 것이 아니다." 나는 한 시간 이상 그를 그런 식으로 이끌어보았다. 그러자 그는 마침내 자기가 생각하려고 선택하는 것은 무엇이든 생각할 수 있고, 느끼려고 선택하는 것은 느낄 수 있고, 행동하려고 선택하는 것은 행동할 수 있다는 것을 알았다. 이 선택의 위력을 알게 됨으로써 잭크는 자기 자신에 대해서 새로운 신념에 도달할 수가 있었다. 그처럼 자기 자신을 존귀한 것으로 인정한 그는 알코올이나 다른 무엇이 자기를 지배하고 있다는 믿음에서 벗어날 수가 있었다. 무엇이든 선택하기만 하면 그것을 자기 것으로 삼을 수 있는 것이었다.

꼭 두 번의 상담을 했을 뿐이다. 그리고 그는 나에게서 떠나 직업을 얻게 되었다. 그 후로 알코올이 그를 지배하는 일은 한 번도 없었다. 2주쯤 지나자 그는 더 좋은 일을 얻었고 6개월이 지나자 상당히 큰 공장의 감독이 되었다. 가족과도 다시 함께 살 수 있게 되었고 자존심이 있는 훌륭한 남자로서 동료들로부터 존경도 받게 되었다.

선택의, 그리고 결심의 중심, 당신 안에 있으며 "나는 선택할 수 있다, 나는 결정할 수 있다"고 말하는 그 중심은 당신의 몸 안의 혼의 중심이다. 당신 자신의 심오한 중심이다. 많은 사람들은 자기 자신의 이 깊은 혼의 중심을 알아볼 수 없기 때문에 자기의 일생을 건전하게 지휘하는 일을 선택하지 않는 것이다.

몇 년인가 전에 알코올의 노예였던 또 다른 사람을 나는 바로 얼마 전에 만났다. 4년인가 전에 나는 그에게 그의 몸 안에 있는 선택과 결심의 중심을 찾아내게 하고 그것을 활동시키는 법을 가르쳐주었다. 최근에 만났을 때 그에게 물었다. "존, 자넨 돈도 많이 벌고 건강한 것 같군. 일이 잘 되나보지?" "예, 제가 보스라고 생각한 뒤로는 만사가 잘 되어 가고 있지요."

당신의 자유의 열쇠는 바로 당신 안에 선택하고 결심하는 힘 속에 있다.

19
적극적 신념에의 단계

그리스도의 가르침을 다시 한번 숙고해보자. 그것은 근대 정신과학의 치료나 근대 심리학자가 말하는 교훈이기도 하다. 그것은 "무엇이든 네가 바라는 것을 기도할 때는 이미 그것을 얻었다고 믿으라. 그러면 얻어지는 것이다"이다. 당신이 기도할 때 그 기도에 긍정적인 응답을 얻기를 바라면 미리 용서라는 단계를 거쳐야 한다. 그리고 자기가 바라지 않는 것을 믿는 부정적인 마음의 자세를 버리고 자유로워지라는 것도 그리스도가 말해준 그대로이다.

묵상을 통해서 과거를 풀어주고 내버려야 한다. "나는 열등한 존재이고 대생명력으로부터 거부당한 존재이다"라는 따위의 믿음은 버려야 한다. "나는 근본적으로 죄가 있는 사람이며 내 안에는 아무것도 좋은 것이 없다"라는 생각은 버려야 한다.

무한의 대생명력이 당신의 생명력이며 대생명력의 재능이 모두 당신의 몸 안에 들어 있다는 신념에 이르러야 한다. 대생명력이 제공하는 모든 좋은 것을 나도 이용할 수 있다는 신념에 이르러야 한다.

그런데도 누군가 혹시 이렇게 말하는 사람이 있을지도 모른다. "만일 나의 상상력을 바르게 사용하여, 내가 가지고 싶다고 생각하는 것을 정말로 가지고 있다고 믿고, 가지고 있는 것처럼 행동하면 대생명력이 나에게 응답을 해준다는 이치는 나도 안다. 그러나 내가 실제로 가지고 있지 않은 것을 어떻게 가지고 있다고 믿을 수 있단 말인가? 어떻게 하면 그렇게 믿을 수 있단 말인가?"

만일 당신이 지금까지 부정적인 사색가였다면 앞에서 말한 것과 같은 신념의 단계에 이르는 것은 쉬운 일도 아니고 얼른 할 수 있는 일도 아니다. 어떤 종류의 정신적 단계를 한걸음 한걸음 밟고 나아감으로써 비로소 앞에서 말한 수준에 오를 수 있는 것이다.

사람은 누구나 건강, 행복, 번영을 바라지만 대부분의 사람들은 이것들이 자기에게 어떠한 의미인지 확실히 모르고 있다. 그들이 가진 욕구는 대개 추상적 관념인 경우가 많다. 가령 무엇이 먹고 싶을 때 음식점에 들어가서 주인에게 "먹을 것을 주시오. 배가 고픕니다" 하고 말하지는 않는다. 어떤 음식을 얼만큼 달라고 주인에게 말해서 욕구를 만족시킬 만큼의 음식물을 주문한다.

욕구는 실현의 기초가 되는 주춧돌이다. 그것은 무언가 특정한 것이 되어 있어야 한다. 욕구가 요구(要求)로 진전하게 되려면 특정한 것이 될 필요가 있다. 그럼으로써 우리의 기도는 응답을 받게 되는 것이다. 많은 사람들은 욕구를 분명하게 규정하는 일에 너무나 겁을 낸다. 바르게 선택하지 못했을 경우의 책임을 지고 싶지 않은 것이다. 그러나 만일 성과를 거두고 싶다면 책임을 무서워해서는 안 된다. 성실하고 정직한 의도에 높은 목표와 어울리는 동기를 가지고 있다면 저절로 바른 선택에 이르게 될 것이다. 최선의 것을 바라면 언제나 바르게 겨냥되기 마련이다. 그런 뒤에 자기가 바라는 것이 무엇이든 반드시 응답이 있다고 믿어야 한다.

바라는 것을 이미 가졌다는 신념에 이르기 위한 네 단계가 있다.

1. 당신의 욕구에 대한 응답이 어딘가에 실재한다고 믿으라.
2. 그것은 당신을 위해서 존재한다고 믿으라.
3. 그것을 가질 수 있다고 믿으라.
4. 나는 그것을 가질 자격이 있다고 믿으라.

당신은 진정 무엇을 실현하고 싶은가, 왜 그것이 당신을 위해서 실재한다고 믿는가, 왜 당신은 그것을 가질 자격이나 권리가 있는가 등을 종이에 쓴 다음 그것을 실현하기 위해서 기꺼이 힘을 다 하겠다고 생각하면 정신이 창조하는 법칙을 적극적으로 사용하게 되며 당신의 욕구는 실현된다.

당신이 바라는 바와 욕구가 실현될 것이라는 신념을 쓴 것을 하루에 두세 번 가량 읽으라. 그러면 그것을 이미 가졌다는 확신이 들게 된다. 신념을 통해서 실현이 이루어지는 것이다.

어떤 사람이 지난날 나에게 이렇게 말했다.

"내가 바라는 일들을 써서 그것을 다시 한번 읽어보면 그 순간 나의 신념에 특별한 일이 일어납니다. 나는 그 종이를 보며 절대적인 확신을 가지고 '물론 나는 이것을 가질 수 있다. 나는 이것을 갖는다. 세상 없어도 갖는다' 하고 말합니다."

종이에 적음으로써 그의 생각이 자기에게도 분명해진 것이다. 그리고 그것이 그에게 실현의 가능성을 확신시켜 주는 것이다. 신념에 실현이 따르게 한 것이다.

자세한 단계

바라는 것을 이미 가지고 있다는 확신, 또는 신념에 도달하는 제1단계는 자기 자신에게 이렇게 묻는 것이다.

"응답이 되어 나타날 것은 실재하고 있는가? 실현은 가능한가? 그것은 대생명력에 포함되어 있는가? 물론 나는 아직 그것을 체험하지 않았다. 그런데 그것은 어디에 존재하고 있는가? 내가 일 속에서 구하는 것, 수입, 건강, 우정, 사랑은 어디에 실재하고 있을까?"

욕구와 동시에 응답할 가능성이 없다면 대생명력에 아무것도 바랄 필요가 없다. 대생명력은 무엇이든 될 수 있다. 응답하는 것은 실재하고 있다. 어떤 사람이 "욕구란 무엇이 가져지기를 기다리는 것, 바로 그것이다"라고 매우 재치 있는 말을 했다. 그것은 실재하는가란 물음에는 그렇다고 대답해야 한다.

다음에 "내가 욕구하는 것이 나를 위해서 존재하는가?" 하고 자신에게 물어보자. 예를 들어 좋은 집이 나를 위해서 존재한다는 것을 믿을 수 있는가? 사람의 우정과 관계를 믿을 수 있는가? 그러한 것이 내 인생에 속해 있을까? 이러한 질문에 긍정적으로 대답하지 못하는 한 다음 단계로 넘어간다 해도 아무 의미가 없다. 일부 사람들은 인종이나 가문, 초기에 받은 교육 때문에 다른 사람들보다 못하다고 믿고 있다. 욕구하는 것은 실재한다고 믿지만 그것이 자신들을 위한 가능성으로 존재한다고는 믿지 않는다. 열등감 때문에 대생명력으로부터 거부당했다는 느낌을 가지는 탓이다. 좋은 것은 다른 사람들만 체험할 뿐, 자신은 그럴 수 없다고 생각한다.

그러나 조금만 더 생각해보면 열등과 우등의 구별은 어디에도 없다는 것을 알 수 있으리라. "모든 사람은 비록 떡잎의 형태로나마 신이다" "그들은 모두 신이며 높고 높은 자의 아들이다"라는 말이 있다. 우리는 가문, 민족, 초기의 교육 같은 것에 의해 제한받지 않는다. 지난날의 체험은 우리의 참다운 개성과는 아무 관계도 없는 것이다. 모든 사람은 자유와 평등 — 신, 신성 — 의 존재이다. 머리를 다른 사람들보다 높이 치켜들고 있는 사람이라고 해서 입에 금수저를 물고 이 세상에 태어난 것도 아니다. 그리스도는 목수의 아들이었고 조그만 시골 읍 출신이었다. 과학자 카버는 흑인이었고 노예의 아들이었다. 모든 것이 다 인류 전체의 것이다. 우주의 좋은 것은 피부색이나 민족이나 어렸을 때의 경험 같은 것에 상관 없이 누구에게나 골고루 주어지는 것이다. 링컨은 통나무 집에 태어났고 다윗은 양치기의 아들이었다. 모두 다 그들의 요구에 대생명력이 응답한 것이다. 우리에게도 대생명력은 똑같은 일을 해준다. 자기 자신의 생각을 수정하여 이것은 나를 위해서 존재하는가란 물음에 그렇다!라고 대답하는 데까지 이르도록 하자.

자아, 그런데 우리에게는 더 중요한 질문이 남아 있다. 그것은 바로 나는 이 바라는 것을 가질 권리가 있다고 믿는가이다. 내가 욕구하는 것은 실재한다는 것, 그것은 나를 위해서 존재한다는 것 등에는 동의할 수 있게 되었지만 그것을 가질 권리가 있다고는 아직 믿지 못하고 있는 것이다. 만일 권리가 없다고 믿는다면 정직한 대생명력의 법칙은 우리가 그것을 가질 수 없다고 생각한다. 대생명력의 법칙은 가질 권리가 없는 것은 주지 않는다. 그러므로 이 일에 대해서 좀 자세히 검토해보자.

우리가 남을 해치지 않는 한 자신을 위해서 좋은 것을 실현시킬 권리는 분명히 가지고 있다. 우리에게도 좋고 그것에 관계 있는 모든 사람에게도 좋은 것을 가질 권리가 있다는 것이다. 우리 각자를 위한 직업과

보수가 존재하며 그것을 가질 권리도 있다. 집도 있다. 그러나 어떤 사람들은 과거의 과실 때문에 자신은 뭔가 특수한 좋은 것에 대한 권리가 없다고 믿는다. 신은 자기를 벌주기 위해서 좋은 것을 주지 않는다고 믿는다. 그러나 만일 그가 죄나 과실의 압박에서 벗어나 좋은 일을 하게 되면 과거의 잘못은 그에게 아무 힘도 미치지 못한다. "악을 떠나 착한 일을 하라"라는 말을 자주 듣는다. 만일 어떤 상거래를 하거나 재산을 사고 팔 때 "이 거래를 하는 것은 바른 일인가?" 하고 자기에게 물어보는 것이 좋다. 바라는 일이 그 일에 관계된 사람들 모두에게 바르지 않으면 우주의 정신은 우리를 위해서 움직이지 않는다. 그것을 잊어서는 안 된다. 우주의 정신은 우리의 바른 행동만을 바란다.

우리에게 가질 권리가 있다고 믿을 때 우리는 이 좋은 것을 체험으로 갖기 위해서 할 수 있는 모든 일을 해도 좋다는 확신을 가지게 된다. 우리가 행동하는 것이 옳다고 믿게 되면 우리의 몸 안에 있는 지도부문이 우리에게 무엇을 하면 좋은가를 말해주고, 우리가 바라는 좋은 것과 적당한 접촉을 할 수 있게 이끌어준다. 우리는 바른 행동으로 이끌려가는 것을 좋아한다. 가만히 앉아서 20달러의 돈이 무릎 위에 뚝 떨어지기를 기다릴 수는 없다. 만일 우리의 생각이 바르다면, 그것을 얻기 위해서 무엇을 할 것인가에 대해서 바른 정신이 우리에게 알려준다. 만일 어떤 특수한 좋은 것을 가질 권리가 나에게 있다고 믿는다면, 그리고 그것을 얻기 위해서 해야 할 모든 일을 한다면 그것은 우리 눈앞에 나타나게 되는 것이다. 다른 사람이 즐기고 있는 것을 가져올 필요가 없는 것이다. 누구한테서 무엇을 빼앗아올 필요도 없다. 이곳은 풍부한 세계이다. 각자를 위해서 많은 것이 준비되어 있는 것이다.

우리는 우리의 욕구를 분석해보았다. 우리가 바라는 좋은 것은 실재하고 있으며, 그것이 우리를 위해서 존재하고 있으며, 우리가 가질 수 있으며, 또 가질 권리가 있다고 믿을 수 있는 곳까지 왔다. 그것을 가질 권리가 있다고 믿기 때문에, 또 대생명력과 그 법칙은 완전무결하다고 확신하기에, 그것은 이미 내 것이라고 믿어야 한다. 정직하고 지성이 있는 우주의 힘이 우리가 가질 권리가 있는 그러한 것을 건네주지 않거나 건네줄 수 없는 경우는 없다. 만일 우리에게 권리가 있다면 그것은 지금 내 것이다.

적극적 신념에 이르기 위한 네 단계가 이것으로 다 설명되었다. 내 생애에 가장 위대한 순간의 하나는 이때였다. 즉 좋은 것을 가질 권리가 내게 있다는 것을 알면 그 좋은 것이 반드시 내게로 오거나 혹은 내가 그쪽으로 이끌려간다는 것을 알았을 때였다.

대생명력이 완전무결하다는 것을 믿을 수가 없다면 그야말로 이 세상에는 기댈 수 있는 것이 아무것도 없는 셈이 된다. 욕구하는 것들을 실현하기 위해서 무슨 기적을 나타내자는 말이 아니다. 거기에 마술의 냄새는 하나도 없다. 정신의 법칙은 물리의 법칙처럼 명확한 것이다. 대생명력은 꼭 법칙대로 움직인다. 모든 법칙은 초물질적이고 비물질적이지만 절대적인 신뢰성이 있다. 그것은 우리 눈에 보이지 않는 어떤 것이지만 그것이 하는 일은 우리에게 보인다. 창조의 법칙은 신념에 의해서 방향이 지어진다. 대생명력에 대한 신념과 우리의 신념의 사용법에 따라서 대생명력은 응답을 해준다.

20
정신 치료의 기술

정신적 조처란 무엇인가. 앞에서 말한 대로 그것은 자기의 바람직하지 않은 사고를 마음에서 밀어내고 바람직한 사고로 바꾸어놓는 것이다. 어떤 결과를 얻기 위해서 자기 마음의 자세를 자각하고 선택하여 계속 그 마음의 상태를 간직하는 것이다. 특수한 효과를 얻기 위해서 마음을 특수한 상태로 놓는 것이다. 즉 정신의 조처란 자기의 사고를 확대하는 일이라고 할 수 있다. 백 달러의 생각을 십만 달러로 확대하는 것이다.

대생명력은 그것에 대한 신념과 태도에 따라서 우리에게 응답을 해준다. 우리의 과학적 기도나 정신적 조처는 자연스러운 것이 되어야 한다. 당신이 정신을 조처할 때는 단골 의사나 변호사를 찾아가서 상의할 때처럼, 혹은 아내나 남편을 부를 때처럼 자연스러워야 한다. 그러한 마음으로 정신, 다시 말하면 창조하는 우주의 원질을 불러야 한다. 즉 모든 좋은 것이 가득 담겨 있는 창고를 다루는 것이므로 어느 특정의 목적을 위해서 요구할 때는 신중하게 의식해서 요구해야 한다.

모든 창조의 조작에는 순서가 있어야 한다. 정신과학은 물론 과학적이어야 한다. 당신의 조처가 성공하기 위해서는 당신이 마음의 자세를 바꿀 수 있고 어떤 결과를 얻을 수 있다는 것을 믿어야 한다. '오직 하나뿐인 숭고한 힘'인 창조하는 정신을 사용하는 것이므로 당신의 몸뿐 아니라 주변의 일에도 특정한 성과를 얻을 수 있게 사용해야 한다. 더욱 놀라운 것은 그 힘을 자기뿐 아니라 누군가 다른 사람을 돕기 위해서도 사용할 수 있다는 것이다. 당신은 자신이 쓰는 그 힘을 믿고 또 그것을 향해서 나아갈 권리와 재능이 있다고 믿어야 한다. 정신은 중력처럼 그것이 사용되는 곳에서 개별화되고 있다. 또 수학의 원리처럼 보편적이며 누구에게나 어디에서나 언제나 사용될 수 있다.

사물의 형태는 유동적인 것이다. 하나의 순간에서 다음 순간으로 옮겨가면 결코 같은 것이 아니다. 형상, 시간, 공간은 의식 안에 있는 심적 구조물이다. 또 우리의 체험은 모두 의식 안에 있는 것이며 우리 마음속에 있는 것임을 잊지 말아야 한다. 우리는 바깥, 저기에 체험을 가지고 있는 것이 아니다. 안, 여기에 체험을 가지고 있다. 그것은 바깥에 있는 것처럼 보이나 사실은 우리가 그렇게 해석하고 있을 뿐, 실은 정신 안에 있다. 머릿속에서 그것을 객관화하고 있는 것이다. 과학은 이것을 증명하고 철학은 이것을 긍정한다. 신비주의자는 그것을 오랫동안 알고 있었다.

당신의 정신은 창조적이다

당신은 하나의 인격으로 화한 대생명이다. 또 개별적으로 생각하고 정신 — 즉 창조하는 정신 — 을 사용하므로 그것을 어떻게 사용할까를 자유로이 선택할 수 있다. '나'는 정신의 법칙을 어떻게 사용할까를 스스로 선택한다. 그러므로 대생명력은 그 자신의 눈을 뜨고 창조하게 하는 존재이다. 그 '나'는 대생명력, 즉 신이 개성화한 것이다. 모세는 자신을 위해서 이 위대한 발견을 했다. 그리스도도 자신을 위해서 같은 것을 발견했다. 우리도 우리 자신을 위해서 그것을 발견할 때 위대한 힘을 느낄 수 있다.

그리스도는 "너희가 만일 내 안에 살면 나의 말은 너희 안에 살리라" 하고 말했다. 이 말을 바꾸어하면 "당신이 만일 자신이 우주의 위력이나 지혜와 하나라는 사실에 눈을 뜨게 되면, 당신이 정신을 쓰는 재능을 가졌다는 사실에 눈을 뜨게 되면 그때는 바라는 것을 갖겠다고 마음먹어라. 그것은 당신에게 주어지리라"이다. 이것은 참 놀라운 생각이다. 그런데 어떤가? 그리스도는 그것을 실증했다. 그리고 당신도 자기 자신의 체험 속에서 그러한 일을 목격했다고 확신한다. 그리스도는 위대한 예외자가 아니었던 것이다. 그는 위대한 실례였다. 그는 우리에게 어떻게 생각할 것인가, 어떻게 창조의 원질을 사용할 것인가를 가르쳐준 것이다.

'나'는 대정신을 사용한다. 정신은 기계이고 '나'는 기사라고 할 수 있다. 이 '나'(위대한 혼)가 선택하면(요구하면) 창조하는 정신이 응답해주는 것이다.

당신이 정신적인 조처를 할 때 당신 자신이 무슨 일을 하는 것이 아니다. '일을 하는 것은 안에 계시는 아버지'이다. 정신의 창조하는 법칙 — 잠재의식 — 이 당신에게 봉사하여 그 일을 하는 것이다. 그것은 자동적으로 당신에게 응답한다. 당신의 의지력을 쓸 필요가 있다는 생각은 버리는 편이 나으며 당신을 위해서 사물을 조작해주는 어떤 실체가 바깥 세계에 있다는 따위의 생각도 내버리는 것이 좋다. 당신은 단지 창조의 법칙을 사용하기만 하면 되는 것이다. 창조의 법칙은 당신에게 응답하지 않을 수 없게 되어 있다. 그것이 창조의 법칙이 갖는 본질이다.

당신의 잠재의식은 당신의 의식이 결정하면 그것에 따른다. 그것은 이런 일과도 같다. 당신은 뜰에 잡초가 자라면 뽑아내고 감자나 채소 같은 당신이 좋아하는 것을 갖다 심는다. 당신이 원인을 뿌리뽑기 전까지 잡초는 없어지지 않는다. 이러한 잡초는 사람이 갖는 부정적인 생각의 방식에 견줄 수가 있다. 그러나 당신은 자기 뜰에 좋아하지 않는 것이 있으면 언제든지 파내고 당신이 좋아하는 것을 가져다 심을 수 있다. 창조의 원질로서는 그것이 잡초든 감자든 아무래도 좋은 것이다. 잡초가 나면 잡초를 자라게 해주고 감자를 심으면 감자를 자라게 해준다. 전에 감자를 심은 적이 한 번도 없었다 하더라도 그것을 자라게 해준다. 마당은 좋고 싫고가 없다. 성장의 법칙도 좋고 싫고가 없다. 그저 응답할 뿐이다. 선택은 당신이 하는 것이다!

당신의 체험을 어떻게 바꿀 것인가

지금까지와는 다른 체험을 갖고 싶은가? 객관의 세계를 부정하지 않는 것, 병이나 부조화나 결핍의 체험을 거부하지 않는것, 이런 상태가 계속될 필요가 없는데라고 말하는 것, 무엇을 하려고 선택하는 것, 창조의 본질을 전과는 다르게 사용하려는 것 — 그 어느 편으로 나아가든 방향을 지시하는 것은 깊은 안쪽의 중심인 혼, 또는 '나'이다. 그것이 출발점이고 자기 자신에 대해서 눈을 뜨고 있는 장소이다.

혼이란 자신을 아는 힘이며 선택하는 힘이다. 당신이 존재하는 중심에서 당신은 혼이다. 그 중심에서 당신은 사물이 어떻게 있어야 한다는 것을 조용히 생각한다. 말없이 조용히 생각할 때, 당신은 창조적인 존재가 된다. 조용한 생각은 계획 — 형(型) — 을 대생명력에게 준다. '나는 있다'가 조용히 생각하는 것이다. 심사숙고는 그림을 바꾼다. 당신은 사물의 모습이 바깥에 보이는 그대로가 아니라고 조용히 생각한다. 당신은 사물은 이렇게 되어 있어야 한다고 생각한다. 그때 당신은 천지창조의 법칙을 사용하는 것이므로 하나의 조물주이다.

신이 개인으로 화한 존재인 당신은, 자기가 그렇다고 믿는 범위에서만 체험의 신이 되는 것이다. 당신의 개성에 대해서 누구에게 기댈 필요도 없는 것이다. 당신도 역시 그리스도나 마찬가지로 '아버지가 낳은 독생자'인 것이다.

당신이 무엇을 욕구할 때, 그것은 대생명력이 그 자신을 표현하려고 욕구하고 있는 것이다. 왜냐하면 당신은 대생명력이기 때문이다. 욕구는 우주의 충동이 당신을 통해서 작용하는 것이다. 그리고 당신 속에 추리력이 발달한 것은 대생명력의 욕구를 번역하여 그것을 높은 수준으로 끌어내기 위해서이다.

당신은 정신적 조처를 할 때 분명하고 또 정확해야 한다. 생각이 맑지 않으면 창조하는 정신은 무엇을 해야 할지 분명히 알지 못한다.

조처는 당신의 의식 안에서 이루어지는 것이다. 당신의 사업을 조처할 때도 당신이 생각하는 중심에서 조처하는 것이다. 만일 당신이 누군가 다른 사람의 마음을 조처할 때에도 당신이 생각하는 곳에서 조처하는 것이다. '저쪽 그곳'이나 또는 '바깥 저곳'의 어디에서, 혹은 누구 다른 사람이 있는 곳에서 하는 것이 아니다. 당신이 생각하는 곳 — 즉 의식 안의 당신의 중심에서 조처를 행하는 것이다.

정신적 조처

정신적 조처는 자기의 마음에 대해서만 하는 것이 아니다. 다른 사람에 대해서, 혹은 어떤 상태에 대해서도 하는 것이다. 정신적 조처는 최면술이 아니다. 그것은 누구에게 당신의 생각을 보내는 것이 아니다. 그것은 당신의 사고를 통해서, 당신이 의식한 사고의 형을 통해서 대생명력의 법칙을 향해서 간다고 믿음으로써 할 수 있는 것이다.

당신의 사고는 라디오의 전파처럼 실려가는 것인지도 모른다. 내가 마이크에 대고 이야기할 때는 백 킬로 떨어진 곳에 무슨 일을 일으키려고 하는 것이 아니다. 창조의 법칙은 자동적으로 움직이는 것이다. 라디오 방송국의 PD가 무엇을 일으키려고 하는 것이 아니다. PD는 그것이 일어나는 조건을 제공할 뿐이다.

다른 사람에 대해서, 또는 무슨 사물에 대해서 정신적 조처를 할 때도 당신은 굳이 그곳에 무슨 일을 일으키려고 하는 것이 아니다. 손을 쓰거나 하지 않는다. 신을 향해서 "만일 나에게 천 달러를 주신다면 그 반을 구세군에게 기부하겠습니다" 따위의 말을 하는 것이 아니다. 물론 또 무슨 실재를 향해서 거래나 계약을 하는 것이 아니다. 애원하고 하소연하는 것도 아니다. 정신적 조처는 다만 당신의 마음에서 혼란한 상태를 깨끗이 치우고 맑게 한 다음, 신 — 창조하는 정신 — 은 당신이 생각하는 곳에도 있고, 또 당신이 무슨 일을 일으키고 싶다고 생각하는 곳에도 있다는 것을 인식하는 것이다. 같은 정신이 양쪽에 있는 것이다. 당신이 생각하는 한 지점에서 그것을 지휘하고 있는 것이다. 당신이 무언가를 일으키고 싶은 곳에 정신이 있고 그곳에서 당신의 명령에 따라서 행동하는 것이다. 당신은 자각 있는 사고에 의해서 무슨 행동이 일어나기를 바라는 그곳의 행동을 지휘하고 있는 것이다.

고쳐지지 않는 것은 없다

대생명력은 무엇이나 될 수 있다! 모든 것은 대생명력이다. 만일 당신이 이 사실을 인식할 수 있다면 고칠 수 없는 것은 없다는 것을 알게 되리라. 대생명력이 다룰 수 없는 것은 아무것도 없다.

우리는 결코 고칠 수 없는 상황이 있다는 사고 방식을 받아들여서는 안 된다. 의사가 "이것은 결코 고칠 수 없는 병이다"라고 하는 말을 믿으면 안 된다. 변호사가 "당신은 해결할 수 없는 문제에 빠져들었다! 이런 곤경에서는 아무도 빠져나올 수 없다"고 하는 말에 귀를 기울이면 안 된다. 어떠한 곤경이라도, 그것이 아무리 큰일이라 할지라도 반드시 빠져나오는 길이 있다는 것을 알아야 한다. 우리의 몸 안에 운행되고 있는 정신 — 창조적이고 지성적인 정신 — 은 모든 문제를 어떻게 해결할지를 알고 있다. 그러므로 그것이 그 일을 할 수 있게 방향만 잡아주면 혼자 일을 해나간다. 무한의 정신 앞에는 일에 크고 작고의 구별이 없는 것이다.

어느 날 방송을 마친 뒤 한 부인이 나에게 전화를 걸어왔다. 자기 집에 와달라는 것이었다. 매우 중대한 일이라고 했다. 내가 그 집에 가니까 그녀는 침대 위에 일어나 앉아서 나와 이야기를 나눴는데 조용한 미소가 얼굴 위에 떠돌고 있었다. 1년 가량을 병상에 누워 있었는데, 두 달 전에 의사는 이제 그녀가 조금밖에는 살 수 없다고 말해주었다고 한다.

그녀는 라디오 다이얼을 돌리며 음악을 찾다가 우연히 내 방송을 듣게 되었는데 내 이야기가 그녀의 흥미를 끌어 날마다 듣는다고 했다. 그리고 의사의 말에도 불구하고 그녀는 자기가 나을 수 있다고 믿기로 결정했다고 말했다. 병이 나으면 무엇을 할까 하는 계획도 세웠다. 나의 일요일 강연에 출석하겠다고 그녀는 약속했다. 그리고 1개월 뒤에 그녀는 그약속을 실행했다. 그것은 몇 년 전의 일이며 그녀는 지금도 건강하다.

우리는 제인 아담스의 이야기를 알고 있다. 그녀도 대학을 나오자마자 의사로부터 앞으로 몇 달 — 아마도 여섯 달이었을 것이다 — 밖에 살지 못한다는 선고를 받았다. 그녀는 그렇다면 살아 있는 동안 한순간 한순간을 뜻있게 보내겠다. 짧은 자신의 생애를 온 힘을 다해서 가치 있게 살겠다고 결심했다. 그리고 그녀는 시카코 시에서 복지 사업을 시작했다. 그러는 동안에 여섯 달이 지났지만 그녀는 죽기에는 너무나 바빴다. 그녀는 유명한 할 하우스라는 빈민의 집을 세우고 일하면서 여러 해를 살았다.

그렇게 모든 어려운 문제에는 그것을 해결하는 방법이 있다. 모든 고난에는 빠져나가는 길이 있다.

정신적 조처의 5단계

당신이 효과적인 정신적 조처를 하려면 무엇보다도 마음의 긴장을 풀어야 한다. 그리고 그리스도가 가르친 것처럼 치료하는 존재는 만능이며 전지이며 편재한다는 것을 인식해야 한다. 그리고 정신적으로 그 커다란 것과 하나가 되어야 한다. 하늘의 아버지와 당신은 하나가 되는 것이다. 다른 사람에게 조처할 때도 마찬가지이다. 상대는 당신과 마찬가지로 대생명력의 것이며, 같은 대정신 속에 있는 것이다. 당신이 생각하고 있는 바로 그 장소에 치료의 위력이 있다는 것을 인식하라. 그 위력은 당신이 어떤 일이 일어나기를 바라는 바로 그 장소에도 있다. 그 힘을 당신의 사고 — 상상력 — 를 통해서 지휘하는 것이다. 그리고 그 일이 되어야 할 그대로 되었다고 인정하라. 그리고 그 일에서 당신의 손을 떼고 그것을 해방하라. 그런 뒤 감사하라! 이것으로 정신의 치료는 끝나는 것이다. 그 일이 모두 잘된 것처럼 행동하라, 그러면 잘 된다.

이를 단계를 지어서 적으면 다음과 같다.

1. 몸과 마음의 긴장을 풀어라.
2. 창조의 본질을 다루고 있다는 것을 인정하라.
   그 무한의 힘을 인정하라.
3. 그것과 하나가 되라.
   하늘의 아버지와 나는 하나이다.
4. 당신의 희망이 채워졌다고 인정하라!
   그것이 채워진 것을 상상하라.
   그것이 채워졌다는 것을 알라.
5. 그 일을 당신 손에서 놓고 감사하라.
   열의를 가지고 결과를 기대하라.

몇 년 전에 나는 골프 레슨을 받은 적이 있다. 코치는 나에게 왼팔을 반듯하게 뻗고 공에서 눈을 떼지 말라고 했다. 그리고 바르게 서는 자세도 가르쳐주었다. 그렇게 하고 나니 공을 칠 수가 없었다. 그렇지만 공을 그린 중앙의 조그만 컵까지 날아가게 하려면 그 자세를 소화해내야 했다.

처음에는 단계를 의식하면서 해나갔다. 그러자 차차 익숙해져서 마침내 자동차를 운전하는 것처럼 저절로 할 수 있게 되었다.

몸과 마음의 긴장을 풀라! 먼저 이것에 대해서 생각해보자. 중국에는 무위를 행할 수 있는 자는 모든 일을 행할 수 있다는 격언이 있다. 너무 바싹 다가서지 말고 한걸음 떨어져서 보는 태도를 갖는 것이 좋다. 다루는 문제를 객관화해야 한다. 당신은 오늘날까지 "나는 병을 앓고 있다"고 말하며 살아왔는지도 모른다. 이 말은 "병은 나의 일부다"라는 말이나 똑같다. 그러나 병은 하나의 불쾌한 체험에 지나지 않는다. 그것은 체험이지 그 사람의 일부가 아니다. 그 상태를 정신적으로 조처하려면 그것을 우리 몸에서 떼어내야 한다. 당신이 자신을 병이라고 생각하는 동안은 아마 그 체험을 계속하게 될 것이다. 당신이 "나는 튼튼하고 건강하다"고 믿고 또 말하는 것은 잡초를 뽑고 채소 씨앗을 뿌리는 일과도 같다.

"나는 가난하다" "나는 곤란에 처했다" 같은 말은 진실성을 가진 말이 아니다. 당신은 어떤 종류의 불쾌한 또는 성공적이 아닌 체험을 가지고 있는지도 모른다. 그러나 그것은 당신의 일부가 아니므로 그 상태를 지속할 필요는 없는 것이다.

당신이 몸과 마음의 긴장을 탁 풀고 푸근한 태도를 가지면 사물들을 객관적으로 바라볼 수가 있다. 자신의 외부에 그것을 놓고 잘 바라볼 수 있게 하라. 그리고 그것이 사실은 체험이라는 것을 인정하라. 그것은 당신의 뗄 수 없는 일부가 아닌 것이다.

특정적인 것이 되게 하라

당신의 조처는 특정적인 것이 되어야 한다. 즉 어떤 일에 딱 들어맞는 구체적인 것이 되어야 한다. 당신의 팔에, 당신의 위에, 혹은 당신의 다리에 완전한 행동을 시키자는 것이다. 어떤 사람의 건강에, 어떤 사람의 사업에 조처를 하자는 것이다. 우리 모두가 어떤 특정한 일을 하자는 것이다. 그리스도는 팔이 마비된 사람을 조처할 때 "너의 팔을 뻗으라!"

하고 말했다.

긴장을 풀고 여유 있는 마음을 가진 다음에 우리가 밟을 단계는 인정을 하는 것이다. 우주에는 오직 하나의 큰 힘이 있으며 그것은 모든 것에 대한 위력이다. 즉 당신의 대생명력이기도 하고 또 당신이 치료 조처를 해주고 있는 상대방의 대생명력이기도 한 오직 하나뿐인 대생명력이 있다는 것을 인정하자는 것이다. 하나의 정신이 어디에서나 운행되고 있는 것이다. 같은 대생명력이 당신의 몸에도 있고 당신의 사업에도 있는 것이다. 이 대생명력 속에는 악 같은 것은 눈곱만큼도 들어 있지 않다. 악은 대생명력을 인정하지 않거나 그것을 그릇된 방법으로 사용하는 것이 아니다. 대생명력은 악의 존재가 아니므로 당신의 조처에 저항하는 것은 아무것도 없다. 대생명력은 언제나 당신에게 동의하고 있다. 그것은 늘 '예스'이며 '아멘'(그렇게 될지어다)이라고 한다.

당신은 대생명력의 한 중심이며 선택할 권리를 가지며 그 선택의 성과를 체험할 권리가 있다. 당신의 선택을 거절하는 것은 아무것도 없다. 당신의 말이 대생명력의 위력에 방향을 주는 것이다. 그것을 잊지 말라! 정신은 당신의 하인이다. 그것이 자연계의 법칙인 것이다.

이제 당신은 긴장을 풀고 푸근한 마음이 되어 자기 자신을 무한의 지성이나 위력과 동일한 것으로 인정했다. 당신이 조처를 해주려는 상대방이나 상황도 그 무한의 것과 동일한 것이다. 그 힘은 당신이 사용하는 힘이다. 어서 그 힘을 사용하라.

고난에 빠진 사람이나 병에 걸린 사람은 자기가 대생명력으로부터 떨어져나왔다고 믿고 있다. 성서에 나오는 방탕아처럼 먼 나라에 가서 고난에 빠진 것이다. 이러한 잘못된 신념이 그와 그가 바라는 좋은 것 사이를 가로막고 있었던 것이다. 우리는 좋은 것으로 되돌아갈 권리가 있을 뿐 아니라 그럴 책임도 있다. 그리스도의 말처럼 대생명력은 참새에게도 충분한 먹을 것을 주고 들의 백합꽃에도 아름다운 입을 것을 주고 있는 것이다.

시간이나 공간, 사물의 형상 같은 실재물이 우리에게 오는 좋은 것을 방해하지는 않는다. 시간도 공간도 형상도 모두 자기 마음속에 있는 구조물이다. 정신이 어떤 종류의 형상, 또는 체험을 만든 것이다. 그러므로 그 형상이나 체험은 그 원인이 된 낡은 사고나 관념이 치워지지 않는 한, 그리고 새로운 사고로 그것을 바꿔놓지 않는 한, 언제까지나 계속되는 것이다.

기억하라. 당신의 고난, 병, 어려운 문제는 당신의 정신 자세가 만들어낸 결과이다. 당신이 잡초를 파내고 채소를 심지 않는 한, 언제까지나 잡초만이 자라날 것이다. "나는 그것을 신에게 맡기겠다"라는 말은 하지 말라.

그보다는 "여기서 지금 행동으로 나아가자. 그것을 어떻게든 내 힘으로 해보자. 내게 주어진 힘을 사용하자"라고 말하라.

좋은 일을 당신의 체험에 가져오라

당신은 마음을 바꿈으로써 사태를 바꿀 수 있다. 지금 당신이 사용하고 있는 정신은 당신의 정신이면서 동시에 조처를 베풀고 있는 상대방이나 상황의 정신이다. 같은 정신이, 같은 법칙이 모든 곳에 작용하고 있는 것이다. 그것은 끊임없이 창조하고 또 재창조하고 있다. 그러므로 무엇을 받기 위해서 '저쪽 먼 곳'에 손을 뻗을 필요가 없는 것이다. 당신이 생각하는 그 자리에서 정신의 법칙에 인상을 주고 방향을 주기만 하면 되는 것이다. 무엇을 해주면 좋겠는가를 말하면 되는 것이다. 그것이 어떤 방법이나 순서로 될 것인가는 말할 필요가 없다. 왜냐하면 대정신은 두 개가 아니고, 법칙도 두 개가 아니고, 위력도 두 개가 아니기 때문이다. 그저 하나뿐이다. 당신도 당신이 조처하는 상황도 모두 그 하나에서 분리될 수가 없는 것이다.

그리고 그 바라는 일을 완성된 것으로 인정하고 상상하는 것이다. 그럼으로써 당신은 그 그림 ― 계획 ― 을 만들고 그것이 완성되었다는 인식에 이른 것이다. 당신이 마음의 눈으로 보았던 그 계획을 받아들이라. 그것을 상상하라! 그것을 느끼라! 마음속에서 그것이 이루어졌다면 그것은 창조하는 정신 속에서 이루어진 것이다. 그것을 이미 받았다고 믿으라. 그러면 그것을 가지게 된다. 상상력 속에서 그것이 이미 이루어진 상황을 그림으로 그려라. 당신의 심장이 튼튼하게 고동하고 몸의 각 기관이 건강하게 움직이는 것을 보라. 믿으라! 이렇게 되었으면 하는 상태에 있는 것을 보도록 하라! 건강하고 행복한 자기 자신을 보라!

싫은 것을 생각하지 말고 바라는 것을 생각하라

싫은 것을 치워내려고 애쓰지 말라. 바라지 않는 것을 바라는 것으로 바꿔놓도록 하라. 무엇을 거부하려고 하지 말라! 당신이 무엇을 거부하는 것은 그것이 아직도 존재한다는 것을 인정하는 것이다. 거부함으로써 그것은 당신의 사고 위에 머물게 되며 당신에게 매어지게 된다.

이상을 바라보라! 그것을 진실한 것으로 받아들이라. 그것을 받아들여 실현되었다고 믿게 되었을 때 당신에게는 평화가 찾아온다. 실현은 당신의 마음속에서 지금 하는 것이지, 장래 언제 하게 되는 것이 아니다. 그것이 지금 실현되었다고 인정하는 것이 무엇보다도 중요한 일이다. 당신의 눈이 미래를 보는 동안은 그 일은 언제나 미래 속에만 있게 되는 것이다. 사람들은 흔히 "나는 언젠가 부자가 될 것이다" "언젠가 몸이 좋아지겠지"라고 말한다. 그가 '언젠가'는 부자가 되고 건강해진다고 믿는 동안은 자기가 바라는 일을 따라갈 수가 없다. 그것은 늘 미래에만 있게 되기 때문이다. 그가 마음속에서 회답을 미래 속에 보류하고 있기 때문이다.

대생명력에 당신의 계획을 주고 그것이 다른 때가 아닌 바로 지금 이루어진다는 것을 인정하라. 그것이 대생명력이 움직여나가는 방식이다. 정신의 법칙을 활동시키라. 당신은 씨를 뿌리고 그것이 자라난다는 법칙을 믿는다. 무서워하지 않고 의심하지 않는다. 땅에 뿌렸던 씨는 다시 파 일구어서 그것이 자라는지 어떤지 보거나 하지 않는다. 그것을 떠들어보는 것은 성장의 법칙을 의심하는 것이다. 그것은 당신이 대생명력에 주었던 법칙과는 다른 종류의 신념 — 부정적인 신념이다. 아까 심었던 씨 위에 다른 씨를 또 심는 것이다. 의심하지 않아야 한다. 믿어야 한다. 어떻게 그 씨가 식물로 자라나는가 하는 것은 정신이 잘 알고 있는 일이다. 정신은 어떻게 만들까, 어떻게 재창조할까를 알고 있다. 어떻게 해서 당신에게 좋은 일을 가져다줄까를 잘 알고 있다.

당신은 씨앗을 심었다. 당신은 계획을 세워서 그것을 실체인 대정신, 다시 말하면 하늘의 아버지에게 건네준 것이다. 그리고 나서 상상력 속에서 바라는 수확을 보자. 그것에 대해서 열의를 갖자. 가장 중요한 것은 열의를 갖는 것이다. 그것을 가볍게 여겨서는 안 된다. 열의만큼 대생명력에게 활기를 주고 자극을 주는 것도 없다.

감사는 힘

감사하는 태도는 믿음에 도움이 된다. 당신이 가지고 있지 않다고 생각하는 동안은 무엇을 위해서 감사할 수 없다! 당신이 감사를 나타냈을 때 일을 끝낸 것이다.

이제는 조처를 다 마쳤으므로 돌아서서 당신의 일상의 일로 되돌아갈 수가 있다. 그러나 돌아선 뒤 만일 의심 때문에 다시 뒤를 돌아다보았으면 다시 한번 처음부터 조처하도록 권고하겠다. 만일 필요하다면 몇 번이나 조처를 되풀이하여 신념이나 기대가 긍정적인 것이 될 때까지, 당신에게 확신이 솟아날 때까지 거듭하라.

초조해하지 말라

걱정하거나 의심하는 것은 채소의 씨앗 위에 잡초의 씨앗을 심는 것과도 같다. 이마에 주름을 잡거나 주먹을 틀어쥐는 것은 의심 때문이다. 초조해하거나 안달을 내지 않는 것이 좋다. 당신이 씨앗을 뿌리고 나면 대생명력의 법칙이 가져다줄 일에 대한 신념을 가져라. 그것을 믿고 있으면 반드시 이루어진다.

무한의 위력은 우리가 언제나 쓸 수 있는 것이다. 우리가 쓰도록 늘 준비가 되어 있다. 당신이 써주기를 기다리고 있다. 강요하거나 채근하거나 애원하거나 하소연할 필요가 없다. 만일 억지로 하려고 한다면 그것은 당신의 신념이 적극적이 아니기 때문이다. 만일 긴장하고 있다면 당신의 욕구를 다시 살펴보라. 감정에 거슬리는 조처를 하려 하고 있는지도 모른다. 예를 들면 사실은 자기가 병을 앓고 싶으면서도 건강하게 되려고 조처하고 있는지도 모른다. 그런 사람들을 나는 알고 있다. 그들은 건강하게 되려고는 했으나 마음 한편에는 사람들이 자기를 걱정해주고 돌봐주기를 바랐던 것이다. 내가 아는 한 부인은 치료 덕에 몸이 좋아지기 시작하자 "부디 제 치료를 중지해주세요. 저는 너무 좋아지면 곤란해요. 남편이 가정부를 두지 않게 되거든요" 하고 말했다. 그녀는 파티에 나갈 수 있을 만큼 몸이 좋아지고 싶었으나 가정부를 두어야 할 만큼 병을 가지고 싶었던 것이다.

정신의 치료 조처는 대생명력의 창조적 본질을 다루는 것이다. 상상할 수 있는 한 최고의, 그리고 최대의 가치를 선택해야 한다. 정신의 치료 조처에는 의지의 힘은 사용하지 않는다. 기를 쓰고 하거나 억지로 하지 않는다. 상상력과 신념을 사용한다. 자동차 운전을 할 때 자동차를 팔로 밀 필요가 있는가? 핸들을 밀어야 하는가? 그래 봤자 속도는 더 빨라지지 않는다. 힘은 차체 속에 있는 것이므로 당신은 좌석에 조용히 앉아서 편안한 기분으로 차를 운전하기만 하면 되는 것이다. 차는 당신이 가라고 명령하는 곳으로 간다. 공중전화 박스에도 들어갈 것이다. 모든 것은 당신의 뜻대로 된다.

기대하는 태도를 간직하라

적극적 신념의 태도 — 기대하는 자세 — 를 계속 가져라. 의식과 잠재의식이 일치할 때 효과가 나타난다. 의식에도 부정(否定)이 없고 잠재의식에도 부정이 없으면, 논의를 벌이거나 억지를 쓸 필요가 없다. 몸을 땅 위에 세우기 위해서 중력에 힘을 보탤 필요가 없는 것과 똑같다. 물이 언덕에서 떨어질 때 힘을 보태거나 자라나는 씨앗을 잡아끌어올릴 필요가 없는 것과 똑같다. 당신이 할 일은 방향을 잡는 것뿐이다. 당신은 자연의 법칙을 다루고 있다. 당신은 아무것도 자라게 할 수가 없다. 당신의 의지력은 자기의 적극적 신념을 계속 간직하는 것말고는 아무데도 적용할 데가 없다.

조처를 마치고 난 뒤에 되돌아보고 "이 조처의 결과로 무슨 일이 일어난다고 생각하는가?" 하고 자기에게 물어보는 것은 좋은 습관이다. 그것에 대해서 만족하게 대답할 수 없으면 그때는 자기 자신을 조처해야 한다. 자기 자신을 조처해서 자기는 효과적인 조처를 할 수 있다는 것을 밝혀야 한다. 당신의 사고를 바꿀 수 있는 권리와 재능에 대해서 조용히 생각하라. 의식하여 정신을 사용하는 것이므로 의식하여 대생명력의 위력을 향하고 있다는 사실에 대해서 조용히 생각하라. 그리고 "언제 이것이 일어난다고 생각하는가?" 하고 자신에게 물어보라. 상상력 속에서 이것이 이미 일어났다고 인정할 수 없으면 그때는 다시 한번 조처하라.

법칙은 내일이라는 것을 모른다. 오늘을 알 뿐이다. 에머슨은 "이 순간은 영겁 속의 어느 순간이나 마찬가지로 고귀하다" 하고 말했다. 이 생각은 언제나 나를 감동시킨다. 내가 감정적으로 맥이 풀려 있을 때 — 내 경험 속에 나에게 좋지 않은 일이 있어 내가 그것에 성공적으로 대처할 수 없을 것 같을 때 — 내 머리에 이 순간은 영겁 속의 어느 순간이나 마찬가지로 고귀하다는 생각이 나면 그 순간에서 좋은 것을 집어내는 것이 나의 임무라는 생각이 들게 되는 것이다.

만일 당신이 조처할 권리가 있는지 없는지에 대해서 마음이 흔들릴 때, 선택의 권리가 있는가에 대해서 의심이 날 때, 혹은 좋은 조처를 했는지 어떤지 의심이 날 때, 그때는 다시 한번 조처하라. 처음부터 새로 해보라. 그러면 이윽고 아무 의심도 일어나지 않으며 마음대로 편하고 자유롭게 조처할 수 있는 데까지 이르게 될 것이다.

　당신의 신념은 신의 신념이라는 것을 알기 위해서 자기 자신을 조처하라. 이 말에 놀라지 말기 바란다! 당신의 신념은 신의 신념인 것이다! 신의 신념은 이 세상에 있는 신념의 전부이다. 하나의 대정신, 즉 신의 대정신, 당신이 사용하는 대정신이 있는 것이다. 그리고 신념은 그 대정신의 자세이다. 그래서 당신의 신념은 신의 신념이어야 한다. 이것을 알라. 그러면 자기의 신념을 믿을 수가 있을 것이다.

자기 자신을 위해서 기도하라

　당신의 조처가 유효하다는 확신에 이르면 그 마음의 자세를 계속 간직하라. 자신은 유효하게 조처, 또는 기도할 권리도 있고 재능도 있다는 신념을 계속 간직하라. 그러면 당신이 조처할 때마다 수속의 모든 단계를 의식적으로 밟을 필요가 없게 된다. 그리스도는 만일 당신이 신은 살고 있다는 의식의 자세로 살면 당신이 바라는 것이 당신에게 주어질 것이라고 말했다.

　다윗은 "그는 높고 높은 곳, 은밀한 장소에 있으며 전능한 신의 그늘 속에 산다"고 말했다. 그 사람은 대생명력에 요구하여 응답을 기대할 수 있다. 나는 그 '산다'는 말을 좋아한다. 바깥 일이 나쁘다고 집 안으로 뛰어드는 게 아니라 언제나 거기에 살고 있는 것이다. 당신은 그가 있는 곳에 살 수 있다. 그리고 방탕아처럼 떠났다가 다시 돌아올 수도 있지만 그것은 시간의 낭비이다. 마음의 적극적인 자세를 계속 간직하라. 그러면 당신은 견실하게 한걸음 한걸음 전진할 수 있을 것이다. 세 걸음 나갔다가 두 걸음 물러나는 것이 아니라 줄곧 앞으로만 나아갈 수 있을 것이다.

대생명력을 신뢰하라

당신을 이곳으로 데리고 온 대생명력을 신뢰하라. 당신을 받쳐주는 대생명력에 기대라. 당신 속에 창조할 수 있는 힘, 병을 고칠 수 있는 힘이 있다는 것, 또 그 힘은, 당신에게 가까이 오는 사람은 누구나 고쳐주고 또 생기를 주기 위해서 당신을 통해서 흘러나온다는 것을 알라.

당신을 통해서, 당신을 위해서, 당신이 되어 일하는 그 힘에 의지하라. 당신의 소화기관, 심장, 허파를 믿으라. 당신의 친구를 믿으라. 대생명력에 기대라. 당신이 중력이나 수학의 원리에 의지하는 것처럼 치료하는 힘에 의지하라. 어떻게 그것이 일어나는가 — 어떻게 법칙이 그것을 가져다주는가에 대해서 당신은 아무것도 모른다. 아무도 그것이 어떻게 진행되는지 모르며 또 왜 그것이 되는지도 모른다. 5×5가 왜 25가 되는지 아무도 모른다. 그러나 그것은 그렇게 되는 것이다! 우리 손으로 그것이 되게 할 필요는 없다. 우리는 대생명력을 법칙에 따라서 운용할 뿐이다. 대생명력은 언제나 긍정적인 자세로 응할 뿐이다. 다시 말하면 당신이 그런 일이 일어나지 않는다고 말하면 결코 일어나지 않는다는 말이다.

당신은 건강, 바른 행동, 부유함, 올바른 표현, 그리고 직감을 얻기 위해서 정신적으로 조처할 수가 있다. 왜냐하면 대생명력은 당신이나 다른 누구인가가 필요로 하는 것이 있으면 무엇이든 될 수 있고 또 모든 것이 될 수 있기 때문이다. 대생명력 — 대정신력에게는 일에 있어서 크고 작고가 없다.

당신의 조처를 적어라

만일 욕구의 성과를 분명하게 마음의 눈으로 보기가 어려우면 종이와 연필을 가지고 당신의 조처를 적어라. 나는 자주 그렇게 한다. 나는 지금도 성과가 있었다는 확신이 서지 않을 때는 그것을 글로 써서 자주 봄으로써 나의 잠재의식에 인상을 준다. 쓴 것을 큰소리로 읽고 그 말을 내 귀로 듣는다. 신경계통을 통해서 정신에 인상을 보내며 내가 그것을 믿는 것처럼 행동한다. '행동이 따르지 않는 신념은 죽음'이기 때문이다. 당신 안에 있는 치료의 큰 힘은 자각의 자세, 정신의 자세이며 거기에서 당신은 모든 대생명력의 통일체를 받아들이고 있는 것이다. 모든 대생명력은 통합된 하나의 실체이다. 당신은 그 대생명력이다. 사물은 위대한 혼에 속한다. 당신의 좋은 것을 법칙에 따라 취하라. 그리고 감사하고 그것을 받아들여라.

마음을 푹 놓으라! 생명력의 창조하는 원질을 인정하라! 그것과 하나가 되라. 당신이 가지고 싶은 것을 가졌다고 인정하라! 열의를 가지고 그 일을 마무리짓고 그리고 감사하라! 이 다섯 계단을 밟으라. 그러면 당신은 효과적인 정신적 조처를 다 마친 것이다.

신은 모든 지혜와 사랑과 힘이다. 신은 모든 선과 진과 화와 미이다. 나와 나의 아버지는 오직 하나이다.

제2부

몸을 건강하게 해주는 마음

대인 관계에 성공하는 마음

새로운 습관을 만드는 법

열등감은 어떻게 제거하는가

공연한 걱정을 그만두는 법

21
몸을 건강하게 해주는 마음

　정신과학에 관해서 우리가 배운 새 지식을 응용하는 첫째 경우는 몸의 건강이다. 정력이 넘쳐흐르는 건강은 분명히 대생명력이 인간에게 보내준 최대의 선물이다. 건강하게 산다는 것은 우리의 특권이며 책임이기도 하다. 우리는 넘칠 것 같은 육체의 건강을 누리며 살아가야 한다. 건강은 우리가 이미 가지고 있는 것이다. 왜냐하면 우리는 대생명력이고 대생명력은 건강과 활력과 정력이기 때문이다. 우리 자신이 대생명력을 완전히 표현하려면 완전한 건강을 체험하고 있어야 한다.

　건강해지기 위해서 병을 몰아내려고 해서는 안 된다. 병이라는 생각은 아예 하지 말고 열심히 완전한 건강만을 생각하는 것이 좋다. 대생명력이 당신이므로 건강이 이미 당신의 몸 안에 있다는 것을 알아야 한다. 건강은 당신의 것이며, 당신이 그것을 표현해주기를 기다리며, 당신의 몸을 통해서 나타나려고 늘 준비하고 있다고 믿으면 당신은 건강을 체험하기 시작하게 된다. 마음을 주면 무엇이든 자라나기 때문이다. 건강을 꺼내서 그것에게 표현을 하면 더욱 커다란 표현이 돌아오게 된다.

만일 몸에 불편을 느끼면 건강이 나빠진 것에 주의를 돌리지 말고 당신이 갖게 될 건강에 주의를 돌려야 한다. 불쾌(不快)의 '불(不)'은 무언가가 없거나 빠져 있다는 것으로 '불쾌'는 '좋은 기분을 못 가졌다, 즉 건강이 빠져 있다'는 뜻이다. 그러므로 건강이나 활력이나 에너지 쪽으로 생각을 돌려서 그것을 표현하기 시작하면 병은 저절로 사라진다. 다음과 같은 민요를 아는가?

> 병을 생각하면 병이 자라고
> 건강을 생각하면 병이 사라진다.
> 가난을 생각하면 가난이 자라고
> 부를 생각하면 가난이 달아난다.
> 고난을 생각하면 고난이 자라고
> 융화를 생각하면 고난이 떠난다.

방 안에 빛을 가져오면 어둠은 저절로 사라진다. 당신은 건강에 대한 권리를 가지고 있다. 지금 그것은 당신의 것이다. 당신의 상상력 속에 완전한 건강의 그림을 그려라. 그 건강의 그림을 가지고 상상력이 풍부한 잠재의식 — 당신의 몸 안의 마음 — 에 깊은 인상을 주라. 마음의 눈으로 똑똑히 보라. 대생명력은 건강과 활력이다. 당신이 대생명력이므로 대생명력은 당신이다. 건강에 대한 적극적 신념을 가짐으로써 병에 대한 신념은 밀려나는 것이다. 당신의 마음의 자세가 하나의 신념이라는 것을 잊지 말라. 당신이 가진 신념 그대로를 당신은 받게 된다. 정신은 당신을 위해서 일하고, 당신의 신념에 따라서 건설하고 재건하고 창조하고 재창조한다. 건강을 못 가졌다는 생각이나 정력이나 위력이 없다는 생각을 하지 말고 건강을 믿고 정력과 위력을 믿어라.

절대로 자기가 바라지 않는 어떤 것이 되었다고 말하지 말라. 그보다는 "나는 이미 내가 되고 싶은 것이 되어 있다"고 말하고 또 그렇게 믿으라. 대생명력 그것의 위력이 당신 안에 있으므로 몸과 마음의 건강도 당신의 것이다. 당신이 건강과 건전한 활동을 곰곰이 생각하게 되면 당신에게 열려 있는 무한의 대생명력과 에너지를 자극하게 되고 그 에너지는 당신의 몸을 통해서 빛나는 건강으로, 또는 약동하는 활력으로 파도처럼 밀려들 것이다. 당신 자신을 위력과 활력이 있는 개인으로 생각하고 또 그렇게 마음의 그림을 그려보라. 그 이상의 그림을 마음 안에 그리고, 그것을 자기라고 생각하라.

완전한 건강을 가지고 있는 사람에 대해서 생각하라. 모든 일을 쉽게 하고 또 열의를 가지고 있는 사람, 음식물을 잘 소화하고 편안하게 잠을 자는 사람에 대해서 생각하라. 그리고 천천히 자기 자신을 그 그림의 한가운데에 갖다놓아라. 그 사람과 당신은 같은 대생명력의 성질을 표현하고 있다는 것을 상상하라. 당신의 몸이 활력으로 좀이 쑤실 지경이라고 상상하라. 당신 몸 안의 완전한 지성은 몸의 각 부분을 고칠 줄 알고 있다는 것을 깨달으라. 처음 그 지성은 당신의 몸 같은 완전한 몸을 창조하는 방법을 알고 있었으므로 지금도 여전히 그 방법을 알고 있다. 그 지성은 당신의 몸을 고치는 방법을 알며, 대생명력의 법칙은 당신을 고치기 위해서 언제나 거기에 있는 것이다. 지성이 있는 그 위력은 당신 안에 있는 신의 정신이다.

당신 자신에 대한 새로운 자각 — 새로운 마음의 그림을 창조하라! 당신 자신을 활력 있고 건강하고 생생하고 정력이 넘치는 사람으로 생각하고 다음과 같이 말하라.

"이것이 나다! 내가 과거에 체험한 일은 이제 나와 아무 상관이 없다. 건강은 나의 것이 되었다. 숨을 한 번 쉴 때마다 몸 안에 건강이 맥박치며 움직이고 있는 것을 느낀다. 나의 몸의 모든 기관, 모든 조직, 모든 기능은 눈부신 건강과 활력과 위력에 차 있다. 대생명력이 지금 나의 몸 안에서 창조의 정신을 통해서 일하고, 조직들을 재건하고, 정신과 육체의 모든 장애를 제거하고, 완전한 건강의 체험으로 나를 이끌어주고 있는 것을 나는 안다. 완전한 건강을 거절하는 나의 모든 사고는 지금 물러나고 있다."

"내 안에 있는 무한의 정신은 몸 밖으로부터 음식물을 받아들일 줄 안다. 그리고 그것을 소화와 동화라는 신비로운 방법으로 나의 살아 있는 조직으로 바꾸어가고 있다. 무한의 정신은 내 속에서 끊임없이 기적을 행하고 있다. 지혜 있는 대생명력은 음식물과 공기와 햇빛과 물을 결합하여 나를 위해서 완전한 몸을 건조한다. 나의 몸 안, 모든 원자와 세포 안에 있는 지혜는 나의 허파에게 호흡을 하게 하고 심장을 고동치게 하고 피를 순환하게 하고 소화기관을 운행시키고 그 어느 것이나 완전한 조화를 갖게 하고 있다. 나는 그것을 알고, 신뢰하고, 축복한다. 대생명력이 지혜를 가지고 그렇게 효과적으로 나에게 봉사해주는 것에 감사한다."

"대생명력은 나의 모든 부분을 청소하고 정화하고 활력을 주고 있다. 나는 힘이 넘치고 기분이 좋다. 대생명력에 불가능한 일은 없다. 나는 대생명력이다. 대생명력에 기대고 또 신뢰한다. 대생명력의 치료의 힘이 지금 나의 몸을 치료하여 강하고 완전하게 해준다. 나는 그것을 잘 안다."

"나는 공포와 걱정을 모두 내던진다. 마음이 편안해지고 대생명력이 아무 방해를 받지 않고 자유롭게 내 몸 안에서 활동한다. 나는 완전히 긴장을 풀고 있다. 몸의 모든 조직을 통해서 대생명력은 정상적으로 자연스럽게 순환하고 있다. 모든 세포는 팽팽하고 기운에 차 있다. 나는 건강에 감사한다."

"완전한 대생명력이 내 눈을 통해서 활동하고 있다. 나는 보려고 애를 쓰지 않아도 도처에 대생명력의 아름다움을 본다. 나의 시력은 완전하다. 밝고 뚜렷하게 본다. 나의 귀는 좋은 일만 듣는다. 편하게 들을 수 있으며 긴장하지 않아도 잘 들을 수 있다. 듣는 힘은 예민하고 또 분명하다."

22
경제적 안정을 가져오는 마음

경제적 안정은 사람의 행복에 대단히 중요한 조건이다. 경제적 안정은 개인의 자유를 보장해준다. 사실 돈은 대생명력이 사람에게 주는 최대의 은혜의 하나이다.

돈은 당신의 생활에 매우 좋은 것을 가져오는 수단이며 바르게 쓰면 다른 사람의 생활에도 매우 좋은 것을 줄 수 있다. 돈은 부와 풍족한 생활을 상징하고 자유와 위력을 나타낸다. 생명력의 어느 은혜나 마찬가지로 돈도 감사하는 마음으로 받아들이고 즐기며 좋은 목적을 위해 사용해야 한다.

돈은 공기나 햇빛처럼 쉽게 당신의 손에 들어온다. 당신이 주고받는다는 간단한 자연계의 법칙만 사용하면 돈은 당신에게 몰려들 것이며 당신의 것이 된다. 돈이란 좋은 것이라는 생각을 마음에 새겨두라. 당신이 돈을 가지고 할 수 있는 좋은 일, 하게 될 좋은 일을 조용히 상상하라. "왜 나는 돈을 가지고 싶은가? 돈을 벌려는 나의 목적은 무엇인가?" 하고 자기에게 물어보라. 당신의 동기가 바르고 비난할 여지가 없으면 ─ 만일 당신이 정직하고 착하다면 ─ 당신은 마음속에 돈을 가질 권리가 있다고 느낀다. 당신에게 돈을 가질 권리가 있으면 당신은 틀림없이 그것을 얻을 수 있다.

돈이든 또는 다른 무슨 좋은 것이든 그릇된 방법으로 얻거나 파괴적인 곳에 사용하면 불행한 결과가 오게 된다. 그 죄는 돈에 있는 것이 아니다. 죄는 당신의 동기와 돈을 쓰는 그릇된 방법에 있는 것이다.

일부 사람들은 가난과 결핍 속에 사는 것이 도덕이라고 믿고 있다. 그러나 돈을 건설적이고 착한 일에 쓴다면 그것은 한 인간으로서 가질 권리이기도 하다. 우리는 결핍이나 불편의 체험 밖으로 걸어나와야 한다. 그것은 물론 당신의 신념에 따라서 할 수 있는 일이다. 대생명력의 선함을 믿으라. 대생명력의 건전한 표현인 당신을 믿으라. 대생명력이 당신에게 애정을 가지고 바로 응한다는 것을 믿으라. 당신을 축복하고 다른 사람에게도 봉사하는 당신의 풍부한 생각을 믿으라.

최근 한 남자의 이야기가 책으로 출판되어 유명해졌다. 그는 외상이 쌓여만 가기 때문에 매우 곤란에 빠져 있었다. 그러다가 그리스도가 했던 "진실로 너희에게 고하노니, 만일 너희가 겨자씨 같은 신앙을 가진다면 이 산을 향하여 저리로 옮겨가라고 하면 산이 그리로 움직여가리라. 너희에게 불가능한 것은 하나도 없다"는 말을 여러 번 읽어보았다. 그리하여 이 말이 그의 마음에 뿌리를 내리게 되었다. 그는 거기에서 하나의 힌트를 얻어 겨자씨를 한가운데에 박은 조그만 플라스틱 구슬을 제조하는 사업을 상당히 크게 일으켰다. 처음에는 호주머니에 넣고 다니는 구슬을 만들다가 차츰 생각이 발전하여 겨자씨를 속에 박은 반지, 팔찌, 귀고리, 넥타이핀 같은 것을 생산, 판매함으로써 신앙이라는 것을 상기

시켜 주었다. 이것은 더 나은 세상을 위해서 실용에 옮겨진 좋은 생각이다. 당신도 이러한 착상을 하도록 노력하라. 이러한 생각은 누구에게나 솟아난다. 좋은 생각이 솟아났을 때, 그것을 경솔하게 밀어내지 말고 아껴서 간직하고 사용하라! 그것을 당신을 위해서, 또 세상 사람들을 위해서 도움이 되도록 하라.

이런 질문을 당신에게 던져보라. "어떻게 하면 나는 세상에 봉사할 수 있을까, 어떤 고안, 어떤 재능이 내 안에서 잠자고 있을까?" 그러한 의문을 마음속에 계속 가지고 있으라. 그리하여 답을 기다리고 있으면 무슨 착상이든 솟아나기 마련이다. 그러한 생각이 솟아나면 그것이 무엇이 되었든 결코 함부로 하지 않는 것이 좋다. 지성 있는 대생명력이 당신을 이끌고 방향을 주고 있으므로.

성서의 제2왕편(第二王篇) 4장 동방의 이야기는 착상을 얻어서 그것을 사용하는 것의 중요성을 말해주고 있다. 현대적으로 번역하면 그것은 다음과 같은 내용이 된다.

예언자 조합 회원의 아내가 엘리샤라는 예언자를 찾아가서 애원하였다.
"당신의 하인인 제 남편은 죽었습니다. 아시다시피 그는 영원의 신을 우러러 받들었지만, 채권자가 몰려와서 두 아들을 노예로 삼겠다고 합니다."
엘리샤가 말했다.
"내가 당신에게 무엇을 해주면 좋겠소? 집에 무엇이 있는지 말해보시오."
"당신의 하인의 집에는 아무것도 없습니다. 오직 올리브 기름이 한 병 있을 뿐입니다."
"그럼 이웃 사람들에게 빈 그릇을 많이 빌려 집으로 가지고 돌아가시오. 그리고 당신도 아이들도 집 안에 들어앉아 그릇에 기름을 따르시오. 그리고 그릇에 기름이 찰 때마다 옆으로 내놓으시오."
그녀는 집으로 가서 엘리샤의 말대로 했다. 아들은 그릇을 빌려왔고 그녀는 기름을 부었다. 많은 그릇들이 채워졌다. 그녀가 아들에게 다른 그릇을 가져오라고 하자 아들은 "이제 그릇은 하나도 없어요" 하고 대답했다. 거기서 기름은 더 흘러나오지 않게 되었다. 그녀가 엘리샤에게 가자 예언자는 그 기름을 팔아 빚을 갚고 남은 돈으로 생계를 꾸려가라고 가르쳐주었다.

이것은 마술이나 기적의 이야기가 아니다. 우리의 고난을 어떻게 극복하여 번영으로 이끌어가야 하는가를 가르쳐주는 하나의 교훈이다.

과부나 여자는 이야기 속에서 대개 우리 마음의 잠재의식, 즉 정신의 창조를 맡은 부분을 상징한다. 그 부분은 사고하거나 선택하는 객관적이고 의식적인 부분하고는 대비가 되는 부분이다. 이야기 속에서 남편이나 남자는 객관적이고 의식적으로 생각하는 정신이다. 과부 — 창조적이고 주관적인 정신 — 는 공포에 차 있다. 무서울 때는 추리를 진행시키는 힘을 잃는다. 커다란 고난을 만났을 때는 제대로 생각을 할 수가 없고 일을 성취할 힘을 잃는다. 잠재의 정신은 무엇을 형성하는 정신이므로 사고가 주어지면 어떤 것이든 그것에 형체를 준다. 우리가 일시적이라도 추리력이나 감정을 지배하는 힘을 잃게 되면 상상력 속에 공포의 이미지를 만들고 그 결과 매우 무서운 일이 발생하게 된다. 공포 — 가난이나 실패에 대한 두려움 — 에 사로잡히게 되면 분명한 추리를 할 수 없을 뿐 아니라 더욱 깊은 부채나 고난에 빠져들게 되고 마침내는 가치의 관념을 모두 잃어버리고 감정에 의해서 지배를 받게 된다. 이 이야기 속에서 과부는 고난에 빠져 엘리샤를 찾아간다. 남성은 정신 속의 추리력을 상징한다. 예언자는 이성을 나타낼 뿐 아니라 높은 수준의 직감이나 영감을 나타낸다.

이 우화는 공포에 사로잡혀 어쩔 줄 모를 때는 조용히 마음을 가라앉히고 우리 마음속의 영감을 자극해서 그 깊은 지혜로 하여금 무엇을 할 것인가를 말하게 해야 한다고 가르쳐주는 이야기이다. 공포나 미래에 대한 걱정으로 마음이 뒤집힐 때는 누구나 그렇게 해야 한다. 이 과부가 한 것처럼 정신의 높은 수준을 찾아가서 해답을 구해야 한다.

과부에게 준 회답은 다음과 같다. "당신 자신을 위해서 생산할 수 있는 오직 한 사람은 바로 당신이다. 고난에서 벗어나려면 당신이 이미 가지고 있는 것을 사용해야 한다. 해답은 바로 당신의 집에 있다. 그것을 사용하면 되는 것이다."

우리도 모두 이처럼 해야 한다. 다른 사람이 나를 도와주고 격려하고 이끌어줄지도 모른다. 그러나 무엇을 할 것인가 하는 바른 생각이나 성취하는 데 필요한 힘을 얻는 근거지는 바로 우리 자신의 몸 안에 있다. 과부인 그 여자처럼 나 자신의 힘으로 되돌아가야 한다. 우리 집 안에는 무엇이 있는가? 내가 지금 이용할 것을 깜빡 잊고 있는 무엇이 있을까? 봉사와 성공에 대한 생각은 우리가 가질 수 있는 가장 가치 있는 것이다. 만일 그것을 쏟아낼 수만 있으면 그것은 부로 바뀐다. 우리에게 필요한 것은 사고, 즉 좋은 착상이다.

지식이 없는 사람은 이 과부가 도움을 청하는 것처럼 밖에서 무엇을 잡으려고 한다. 많은 사람들은 끌어주는 '줄'에 매달리려고 한다. 누군가 다른 사람이 생각을 공급해주어야 한다고 생각하는 것이다. 그러나 사람은 누구나 부를 자기 몸 안에, 자기 집 안에 가지고 있다. 그것을 인식하고 잘 조직해서 행동으로 끌어내면 되는 것이다. 이 과부는 조그만 생각을 가지고 있었는데 그것으로 충분했던 것이다. 영감은 그것이 가치 있다는 것을 가르쳐주었다. 많은 그릇을 빌려오라고 격려받은 것은 그녀의 기름에는 한계가 없다는 것을 나타내는 것이다.

세계에서 가장 부자였던 자동차 왕 포드는 만일 그가 갑자기 모든 재산과 사업체를 잃어버렸다고 가정한다면 어떻게 하겠느냐는 질문을 받은 적이 있다. 그는 이렇게 대답했다.

"모든 사람들이 근본적으로 필요로 하는 것을 새로 생각해낸다. 그리하여 그것을 누구보다도 싸게, 그리고 효과적으로 공급한다. 5년 안에 다시 몇 천만 달러를 벌 수 있다."

봉사할 기회는 우리 주위에 꽉차 있다. 좋은 기회는 모든 사람의 손 안에 있다. 그것을 인정하고 그 좋은 기회를 잡아 효과적으로 사용하기만 하면 우리는 빚을 갚고 안정된 생활을 할 수 있다. 대생명력이 필요한 모든 것을 건네준다. 그 과부가 기름을 붓는 일을 계속하고 있는 동안 기름이 끊이지 않고 계속 나왔다는 것은 무슨 뜻인가? 당신이나 내가 사고, 에너지, 좋은 기회를 사용하면 할수록 더욱 많은 사고나 에너지가 뒤를 이어 나와 계속 사용할 수 있게 해준다는 뜻이다. 처음 과부는 자기가 가진 것을 그다지 높이 평가하지 않았다. 그것은 세상에 봉사하는 데 사용할 수 있는 하나의 조그만 생각에 지나지 않았다. 그러나 그 생각을 사용하기 시작하자 그것만으로도 그녀의 필요를 채우는데 충분하다는 것을 안 것이다. 누구나 세상을 위해서 쓸 수 있는 가치 있는 기름통을 몸 안에 지니고 있다. 그 가치를 알기 위해서는 혼란과 내일에 대한 걱정과 근심을 우선 극복하면 되는 것이다.

자기의 깊숙한 마음 안을 향해서 조용히 영감을 구하고 내가 가진 것을 어떻게 쓰면 제일 좋은가를 묻고 자기의 활동을 이끌어가게 하면, 가진 것을 쏟아내는 방법이 발견되고 다른 사람을 위한 봉사가 되고 자기 자신을 위한 이익도 올릴 수 있는 것이다. 인류의 필요를 채워주면 그것이 돌고 돌아 자기를 부자로 만들어주고 좋은 대접을 받게 된다. 봉사를 위한 사고는 건강과 행복과 성공에 이르는 사고와 함께 우리의 몸 안에 있는 것이다.

시간을 내서 세상 사람들에게 봉사할 수 있는 당신의 재능, 사람들이 기꺼이 값을 치를 만한 재능에 대해서 일람표를 만들어보라.

돈을 버는 것만을 기획하는 것은 창조적인 것도 못 되고 현명한 일도 아니다. 우리가 정직하고 또 현명하게 대생명력에 봉사하면 그다지 큰 노력을 하지 않아도 돈은 저절로 굴러들어오고 행복과 만족을 얻을 수 있다. 신선하고 맑은 공기는 언제나 우리를 둘러싸고 있으며 우리는 그것을 받아들이고 있다. 좋은 목적을 위해서 들이마시고 있다. 돈에 대해서도 그와 똑같은 태도를 유지하면 풍부한 공급을 받게 된다. 우주에는 결핍이 없는데, 그것을 모르는 사람들이 자신에게 좋은 것을 보지 못하고 받아들이지 못하고 있는 것이다. 생명력에 봉사하고 그 보답으로 대생명력에 의해서 봉사를 받을 수 있는 자기 자신의 자질이나 재능을 인정하지 못하고 있는 것이다. 안정과 행복은 대생명력의 위력이나 에너지를 적절하고 바르게 사용함으로써 비로소 오는 것이다. 우리는 가질 권리가 있다고 확신할 수 있는 길로 살고 또 봉사해야 한다. 성공이 자기 것이라고 믿을 때, 우리는 그것을 가질 수 있으며, 가질 권리가 있다고 믿을 때, 대생명력은 우리에게 봉사한다. 그때에야 비로소 우리는 그것을 가질 수 있는 것이다.

무슨 일이든 당신 자신이 만족할 수 있는 방법으로 그것을 하라. 상상 속에서 자기가 다른 사람들의 필요를 위해서 더욱 많은 봉사를 하고 있는 그림을 보라. 이 봉사가 당신에게 더욱 많은 부를 가지고 오는 것을 마음의 눈으로 보라. 상상 속에서 당신의 이기적이지 않은 봉사에 대해서 대생명력이 응답하는 것을 마음의 눈으로 보라. 세계의 누구에 대해서나 마찬가지로 당신에게도 쉽게 돈이 흘러들어오는 것을 믿으라. 그것이 얼마이든 들어올 때는 고마운 마음으로 받고 현명하게 사용하라.

돈은 보편적인 물질이다. 모든 사람들의 것이다. 모든 사람이 쓰기 위해서 있는 것이다. 자신은 그것을 많이 가질 수 없다든가 가져서는 안 된다든가 하는 그릇된 믿음을 깨끗이 버려라. 돈은 당신을 통해서 대생명력의 충분하고 자유롭고 행복한 표현을 하기 위해서 필요하다.

당신 자신에게 말하라.

"나는 돈을 건전하고 건설적이고 올바른 방법으로 아낌없이 쓴다. 공기나 햇빛을 외면하거나 거절하지 않는 것과 마찬가지로 돈을 외면하거나 거절하지 않는다. 대생명력이 아낌없이 나에게 주는 선물을 나는 열정적으로 받아들인다. 나는 돈을 나의 하인으로 본다. 그것이 나에게도 좋은 것을 가져오고 다른 사람의 생활에도 좋은 것을 가져오도록 쓴다. 나의 바른 사용법으로 세상 사람들은 복지를 가진다. 창조적인 생각이 나의 경제적인 성공을 위해서 끊임없이 나에게로 온다. 다른 사람을 위해서 좋은 것을 더욱 많이 구할 때 대생명력의 모든 통로 — 사람들, 내 주위의 상황이나 조건 — 는 더욱 많은 돈을 나에게 가져온다. 모든 경우에 있어서 나는 가치를 찾고 또 발견한다."

"내 안에 있는 대생명력의 무한의 힘에 의해서 나는 해야 할 일을 열의를 가지고 성공적으로 한다. 성공은 나를 위해서 실재하며 나는 성공을 찾을 권리가 있다. 왜냐하면 지식과 재능을 최대한 발휘해서 이 땅에서의 나의 운명을 채우고 있기 때문이다. 나는 대생명력 — 착한 대생명력 — 을 충분하고 건전한 방법으로 표현하고 있다. 용기와 이해를 가지고 매일을 살아가고 있다."

"나는 필요한 만큼 돈을 벌고, 쓸 수 있을 만큼 충분히 가지고 있다. 세상에는 돈의 부족이라는 것이 없다는 것을 알고 있다. 돈은 영적인 물질이라는 것을 인정한다. 대생명력이 나에게 응답해주는 힘은 무한하

다. 대생명력은 1달러를 보내주는 것과 똑같이 쉽게 백 달러를 보내준
다. 나의 신념에 따라서 내가 받을 액수가 정해진다. 그것을 알고 있으
므로 정신적·육체적인 나의 모든 길을 있는 대로 열어서 풍부한 부를
내보내고 또 받아들인다."

"나는 돈을 끌어당긴다. 돈은 쉽게 넘칠 만큼 흘러들어온다. 그것은
모든 공급의 마르지 않는 원천에서 나에게로 오는 것이다. 나는 부에 대
해서 명료하고 확고한 마음의 그림을 가지고 있다. 풍족하고 사치스럽
게 사는 데 필요한 돈을 가지고 있는 나 자신을 본다. 부를 다른 사람에
게 나누어주고 있는 나 자신을 보고 큰 기쁨을 느낀다. 나의 마음은 다른
사람에게 주기 위해서 열려 있다. 나의 손은 푸짐하게 받아들이기 위해
서 펼쳐져 있다."

"나는 현명하고 안전한 투자를 한다. 그 하나하나는 만족할 만한 배
당을 가지고 온다. 돈을 버는 좋은 기회는 날마다 찾아온다. 그것은 계
속적으로 예상하지 않을 때 찾아온다. 부를 얻는 것은 호흡이나 마찬가
지로 나에게는 정상이고 자연스럽다. 부에 대해서 고맙게 생각한다. 좋
은 일을 할 수 있는 곳에 그것을 사용한다. 은행의 예금을 늘어나게 할
생각이 끊임없이 나에게 흘러오기 때문에 나는 그 하나하나를 활용한다.
이기적인 일이 아니라 사람들을 돕고 봉사하기 위해서 활용한다. 나의
성공은 확실하고 끊어지는 날이 없다. 내가 하는 일은 무엇이든 잘 된
다."

23
수양을 위한 마음

　현재까지 쓰여진 글 중에서 가장 널리 알려지고 존경받는 글은 구약 성서 시편 23장이다. 양치기가 양을 이끌고 지키는 것처럼 신이 자기를 돌보아주었다고 다윗이 말한 대목이다. 그것은 몸 안을 지도하는 원질이 그를 평화롭고 행복한 이익을 주는 곳으로 이끌어주었다는 말이다. 큰 시련을 만났을 때도 그 지도는 그를 떠나지 않은 것이다. 즉 그는 대생명력을 믿었고 대생명력은 그의 믿음에 대답을 해준 것이다.

　다윗이 말한 신이란 무엇인가? 그것은 당신 안에 있는 신성의 지혜의 힘이다. 당신 안에 있으며 당신을 받쳐주며, 현명하고 목적의식적이며, 창조적인 본질이다. 신성의 지혜는 당신의 대생명력이다. 그것은 결국 당신 자신의 본질이다.

　신과 같은 내부의 지도의 본질을 믿고 기대는 것은 우리 자신에게 기대는 것이며 또 자신의 지성과 지혜를 믿는 것이다. 그것은 자신감을 갖는 것이며 공포나 두려움, 낙담이나 열등감의 반대이다. "너 자신을 알라"의 너 자신이다.

　　당신은 무엇인가? 당신은 대생명력이다. 대생명력은 자신을 표현하는 도구로 삼기 위해서 당신이 되어 나타났으므로 대생명력에게 당신은 중요한 사람이다. 당신이 이 중요성을 뜻있게 할수록 대생명력은 당신에게 관심을 기울이며 당신을 뒷받침해준다. 깊이 생각해볼 만한 눈부신 사상이 아닌가! 대생명력은 자신을 표현하기 위해서 당신이 된 것이므로 당신에게는 대생명력을 위해서 해야 할 특별한 일이 있으며 당신은 특별한 사람이다. 왜냐하면 당신은 전세계 다른 어떤 사람과도 다르기 때문이다. 당신은 다르다. 생각도 다르다. 당신은 다른 천성이 있고 다른 사람에게서 볼 수 없는 재능이 있다. 남과 다른 방법으로 대생명력을 표현할 수 있다. 전세계의 다른 누구도 할 수 없는 방법으로 무언가를 할 수 있는 것이다. 남과 다르게 특별히 몸에 두른 것이 있기 때문에 할 수 있는 것, 해야 하는 것을 하면 당신의 운명 또는 존재의 이유가 채워지게 된다. 그 일을 하라. 그러면 틀림없이 행복해진다. 그것을 거절하면 대생명력은 꼭 그 정도만큼 표현되지 않게 된다. 당신은 중요하다. 그 중요성을 인정할 때, 대생명력이 준 숙제를 수행할 때, 대생명력에 대한 당신의 임무를 다 할 때, 온 힘을 다해서 대생명력의 삶을 살 때, 당신이 맡은 바를 채울 때, 당신은 자기의 중요성을 느끼게 되는 것이다. 그때는 반드시 내부 지도와 높은 자기 존중감을 느끼게 되는 것이다.

　　우주 안에서 당신은 중요한 존재여야 한다. 만일 그렇지 않다면 대생명력이 당신을 창조했을 턱이 없다. 더구나 대생명력 자신의 소질이나 재능 — 신념, 상상력, 추리력, 선택과 행동의 힘 같은 것을 줄 턱이 없다. 만일 당신이 중요한 존재가 아니었다면 대생명력이 가진 활력, 에너지, 평화, 사랑, 침착성, 행복 같은 것을 당신에게 불어넣지 않았을 것이다.

대생명력은 당신 앞에 숙제를 내놓은 것이다. 좋은 기회를 준 것이다. 또 당신이 그 숙제를 하는 데 필요한 모든 도구도 주었다. 대생명력은 당신을 통해서 자신을 특수한 방법으로 평화롭게 표현하기를 바라고 있는 것이다. 그렇지 않다면 당신을 만들어낼 턱이 없다. 당신이 자신의 독특한 방법으로 대생명력을 충분히 표현할 때 당신은 행복하고 성공할 수 있다. 대생명력 자신도 행복하고 성공할 수 있다. 그 결과 당신에게는 꽉 채워진 아늑한 느낌이 든다. 이것이 할 일을 한 것에 대한 보수이다.

동기가 바를 때, 바른 방법으로 바른 일만을 욕구할 때, 욕구가 바른 행동에 있을 때, 내부의 지도가 오는 것이다. 바른 사람은 버려지지 않는다고 한다. 바른 것을 구할 때는 풍족함이나 자기 존경, 자기 존중의 느낌이 든다. 만일 당신의 동기가 다른 사람에게 그럴듯한 인상을 주는 데에만 있거나, 자기를 높여 보이거나, 돈을 버는 데에만 있거나, 또는 다른 무슨 물질적 보수만을 위할 때는 그런 느낌이 들 수 없고 또 들려고도 하지 않는다. 바른 일을 위한 봉사에 최선을 다했을 때는 물질적 이득보다도 훨씬 높은 보수를 얻는다. 그리고 당연히 당신은 물질적 보수도 기대할 수 있다. 얻을 만한 값어치가 있으므로 그것을 얻게 되는 것이다.

당신은 틀림없이 과오를 저지른 적도 있을 것이다. 잘못 판단한 적도 있을 것이다. 과실이 없는 사람이 세상에 어디 있단 말인가? 동기가 바를 때는 과오를 성공의 디딤돌로 바꿀 수가 있다. 간단하게 과거를 용서하라. 자신감을 가지고 두려움 없이 전진하라. 앞으로 나아가 거기에 놓인 일을 하며 당신이 아는 최선을 다할 때 당신은 구원받고, 안내받고, 지도받고, 뒷받침받고, 보호받는 것을 느낄 것이다. 힘을 느낄 것이다. 결과에 대한 공포도 사라질 것이다. 올바른 일을 바른 방법으로 행할 때 당신과 함께 일하고 또 당신을 위해서 일하는 대생명력의 모든 힘을 갖게 되리라. 당신의 손이 깨끗하고 주장이 옳고 최선을 다했다는 것을 느끼게 되면 용기라는 이름의 높은 언덕에 오를 수 있다.

언제나 당신이 아는 가장 좋은 방법으로 일을 하라. 모든 수단을 다해서 자기에게 감사하고 자기를 잘 대접하고 있다고 칭찬하라. 물론 누구나 자기가 아는 최선의 일 이상의 것을 할 수는 없다. 그러나 만일 오늘 자신이 아는 최선의 일을 다 했다고 하면 내일은 그 이상을 알게 될 것이다. 이해란 하루하루 늘어나는 것이므로.

당신이 무서워할 때, 무엇이 일어날까 싶어 걱정할 때, 일의 성과보다 자기 자신에게 주의를 돌릴 때는 혼란이 오고 마음이 꺾이고 불안정하게 되고 자기 자신을 높이 평가할 수 없게 되고 용기가 꺾여질 것이다. 대생명력이 당신에게 시키기 위해서 마련한 그 일을 할 때, 자기에게 진실할 때, 무엇이 일어날까에 대한 공포를 갖지 않을 수 있다. 왜냐하면 사는 일에 있어서 당신은 목적을 다 한 것을 알고, 대생명력의 지혜 있는 전능의 힘에 의해서 지켜지고 뒷받침되고 있다는 것을 알기 때문이다.

내가 아는 어떤 남자는 노력과 기획과 과로로 자신의 사업을 크게 발전시켰지만 심장 장애로 쓰러지고 사업은 큰 타격을 받았다. 거액의 빚이 쌓이고 완전한 실패에 직면한 것같이 보였다. 그러던 그가 마침내 자기 사업은 세상 사람들에게 봉사하는 좋은 기회라는 것을 깨닫게 되자 — 대생명력이 자기에게 사업을 준 것은 표현의 한 수단이었으며 그것에 의해서 대생명력은 종업원이나 세상 사람들에게 봉사를 하려고 했다는 것을 깨닫게 되자 — 마음을 조이던 느낌이 사라지고 건강을 되찾았다. 그는 자기가 대생명력을 위해서 그 사업을 운영하는 지배인이라고 생각하게 되었다. 그러자 자신감이 되돌아왔고 지금은 사업이 크게 성공하여 많은 이익을 내고 있다. 모든 것은 사람의 마음의 자세에 달려 있다.

당신 안에는 뛰어난 권위의 중심이 있다. 당신이 '나'라고 부르는 지각의 한 중심이 있다. 지각의 그 중심은 어떠한 바깥 세계의 소란이나 혼란에도 지배받는 경우가 없다. 그것은 실패를 모른다. 그 중심에서는 선택을 하는 것이다. 거기에서 결정을 하는 것이다. 무엇을 생각할 것인가, 어떤 감정을 가질 것인가, 어떻게 행동할 것인가, 그리고 무엇을 할 것인가 등을 선택하는 것이다. 당신 안에 있는 위력과 지혜가 숨겨진 놀라운 장소, 바깥 세계의 어떤 체험도 만져볼 수 없는 그 장소를 깊이 생각하여, 그 중심에서 바깥 세계를 향하여 살아가도록 하라. 바깥 세계에서 안을 향해서 살아가려고 하지 말라. 그 지각의 중심은 당신 자신의 개성의 중심이고 거기에 무한의 대생명력 그것이 개인화되어 당신이 되고 있는 것이다. 당신 안의 이 높은 지혜와 힘의 중심을 조용히 생각하라. 그러면 그것이 주변의 여러 가지 일이나 활동에 완전한 지배력을 갖는 것을 알 수 있으리라. 외계의 어떤 것도 당신을 지배할 수 없으며 또 지배하지 않는 것을 알게 되리라. 이제부터 시작하여, 눈앞에 가로놓인 일은 무슨 일이든 자기 내부의 승인을 얻을 수 있는 방향에서 행할 결심을 하라. 모든 일을 자기를 만족시킬 수 있는 방향에서 하라.

저녁마다 조용히 앉아서 몸과 마음을 탁 풀어라. 당신이 얻은 성과에 만족과 기쁨을 가지고 하루를 돌아보라. 이것이 습관이 되면 얼마 안 가 평화를 느끼고 마음속에 약동하는 힘을 느끼게 될 것이다. 자기 자신에게 감사하는 마음이 솟아나고 완전한 자신을 가지고 살게 될 것이다. 스스로가 운명의 주인공인 것을 알게 될 것이다. 왜냐하면 그렇게 하면 결국 내부의, 저 무한의 지혜가 있는 숨겨진 장소에서 당신의 모든 결정을 하는 셈이 되기 때문이다.

적극적인 확신을 가지고 당신 자신에게 이렇게 말하라.

"나는 평온하고 정결하고 자신감이 있다. 내 주변에서 발생하는 모든 사태에 조용하고 확실한 태도로 대처할 수 있다. 내 안에 있는 대생명력의 무한한 지혜는 모든 문제를 해결할 수 있다. 나는 대생명력을 믿고 기대한다. 내 안에 있는 신 — 무한한 대생명력 — 의 지혜는 필요한 때 의식의 표면으로 나온다. 그래서 어떤 문제든 나 자신의 밖으로 내놓을 수 있으며, 그것을 나 개인에 얽매이지 않고 조용히 관찰할 수 있다 — 나는 그곳에서 그것을 분명히 볼 수가 있다. 그리고 쉽게 완전하게 처리할 수 있다."

"어려운 문제를 분석할 때 그것에 대한 진상을 알고 싶으면 위에서 보고, 둘레에서 보고, 또 그것을 뚫어지게 본다. 그러면 그것은 이미 어려운 문제가 아니라 하나의 도전이고 좋은 기회이다. 그리고 나의 기지에 기대어 처리한다. 어려운 문제는 내 일부가 아님을 주지하라. 그것은 일시적인 체험에 지나지 않으므로 나를 지배할 수 없으며 해결은 간단하고 쉽다."

"나는 눈앞의 모든 숙제를 냉철함과 자심감을 가지고 깨끗하고 확실성 있게 다룬다. 언제든지 내 안에 있는 지혜와 힘의 그 중심에 눈을 뜨고 있다."

"나 자신을 믿고 있으므로 무엇이든 하겠다고 생각하는 일을 할 수 있는 나의 재능을 믿는다. 나 자신을 믿는다. 자연계의 대생명력, 즉 신의 대생명력은 나의 대생명력이라는 것을 알기에 나는 나를 높이 평가한다. 하루하루를 조용하고 착실하게 보낸다. 나의 결정에 신념을 갖는다. 왜냐하면 그것은 무한한 지혜와 각성의, 그 높은 신의 수준에서 나온 것임을 늘 잘 알고 있기 때문이다. 나는 언제나 재능을 완전히 지배하고 있다."

"대생명력에 대한 신념은 나를 용기 있고 자신감 있고 기지 있는 강한 자로 만들어준다. 나는 완전한 자신감과 확실성을 가지고 말하고 행동하게 된다. 나의 다리는 용수철을 단 것처럼 가볍다. 나의 눈의 관찰은 날카롭다. 나는 머리를 높이 치켜든다. 목소리는 힘있고 완전히 나의 뜻대로 소리를 낸다. 나의 외모는 사람들의 존경을 불러일으킨다. 나의 사고는 조용하고 명확하다. 나는 사람과 이야기할 때 그 사람의 눈을 똑바로 바라본다. 말이 유창하게 나오고 전하려는 생각이 그림처럼 선명하게 전해진다."

"나는 남의 말을 열심히 듣는다. 친구나 동료들은 나에게 협력한다. 그들의 행복에 내가 관심을 갖기 때문이다. 나는 친절하고 상냥하기 때문에 많은 친구가 있다. 사람들은 나를 존경한다. 내가 그들을 존경하고, 또 나 자신을 존경하기 때문이다. 자기의 판단에 자신을 가지며 정직하고 신뢰할 수 있는 인간이기 때문이다. 나는 완력과 위력과 용기를 가졌다. 자신감 있고 침착하다. 나를 믿고 나를 존경한다. 나를 높이 사고 있다. 하나의 성취에서 다음의 성취로 전진해나간다. 그것이 나에 관한 진실이다."

24
푸근한 마음

몸이나 마음의 긴장을 푸는 것은 스피드와 긴장과 소음과 혼잡이 가득 차 있는 요즈음의 시대에 가장 필요한 것이 아닐 수 없다. 푸근한 마음의 자세는 바로 육체에 반영되어 몸의 긴장이 탁 풀어진다. 무엇을 무서워하거나 저항하지 않아야 푸근한 마음을 가질 수 있다. 할 수 없는 일이라도 사실이면 그것을 받아들이고, 세계의 모습을 그대로 승인해주고, 그것이 어떻게 보일지라도 그것으로 됐다고 인정할 수 있는 지혜가 있어야 한다.

체험이란 우리가 사는 세계는 좋은 세계이므로 모든 일이 결국은 잘되리라고 납득하는 것이다. 긴장이나 긴박감은 건강의 적이다. 창조하는 정신의 원활한 작용을 뒤엎는 것이다. 긴장하면 간단한 일도 어렵게 만들게 된다. 긴장이 머리에 확 치밀어오르면 가족이나 친구나 동료들까지도 혼란에 빠지게 만든다. 그때 인간 관계는 유쾌한 것이 못 되며 고통스러워진다. 긴장은 정력을 낭비하고 수명을 줄인다. 사람들은 최고의 속도로 사는 것이 도덕인 줄 알고 있다. 그리하여 그들은 날마다 서둘고 뛰고 당황하고 차를 급히 몰고 음식을 씹지도 않고 삼키면서 자기 몸을 학대한다. 그러한 마음의 **빳빳한** 긴장은 그대로 근육 조직에 나타나 소화기관을 엉망으로 만든다. 대생명력은 창조하는 정신에 기댐으로써 비로소 당신의 몸을 만든 것이다. 당신이 긴장 같은 해로운 간섭을 주지 않는다면 대생명력은 당신의 몸이 원활하게 조작해나가도록 해준다.

마음의 긴박감은 대개 두려움이나 노여움 때문이다 — 미래에 무슨 일이 일어날까 하는 걱정이나 공포, 혹은 과거에 일어난 일에 대한 노여움 때문이다. 공포는 흔히 노여움이 되어서 나타난다. 자기 자신을 지키기 위해서 공격 자세로 선수를 치는 것이다.

당신을 해친 모든 사람을 용서함으로써 당신의 마음의 긴장을 풀어야 한다. 모든 사람, 모든 상황에 있어서 당신에게 고통이나 걱정, 노여움의 원인이 된 것을 모두 용서해야 한다. 과거의 피해를 마음 바깥으로 쫓아내고 과거의 모든 실수에 관해서 자기 자신을 용서하라. 누구든지 실수는 저지르는 법이다. 당신이 다른 사람들을 용서해주는 것처럼 당신 자신도 용서하라. 과오란 것은 그렇게 중대한 것이 못 된다. 다만 과오를 계속 되풀이하는 것이 해로운 것이다. 당신 자신에게 이렇게 말하라.

"그렇다, 나는 잘못을 저질렀다. 이것을 되풀이하지 않도록 주의하자. 잘못을 저지르기 전의 상태로 되돌릴 수는 없으므로 적으나마 이 일에서 무슨 좋은 것을 꺼내자. 바로 지금 과거를 완전히 떠나보내자. 과거는 이제 나에게 아무 힘도 미치지 않는다. 나를 둘러싸고 있는 대생명력이 좋은 것임을 인정한다. 대생명력이 나를 창조한 것이다. 그것은 나를 지킬 수가 있고 바로 지금 지켜주고 있다. 나는 대생명력에 기댄다. 대생명력은 나를 사랑하고 나는 대생명력을 사랑한다. 나는 대생명력을 믿는다. 나는 이제 용서한다. 노여움과 공포심을 모두 해방한다. 사랑과 이해와 신념을 받아들여 계속 지닌다. 긴장이나 긴박감을 모두 버린다. 지금 나는 마음이 푸근하다. 내가 세계를 조정하겠다는 생각은 하지 않는다. 내 의지의 힘으로 세계를 모두 묶으려는 시도는 하지 않는다."

당신은 또 자기에게 이렇게 물어보는 것이 좋을 것이다.

"지금 나를 괴롭히는 일에 대비해서 무언가 건설적인 일을 하려고 생각하고 있는가? 그렇지 않고 초조해하고 안달만 계속하고 있는가?"

만일 업무가 당신을 지배한다면 당신에겐 어려움이 그치지 않는다. 반대로 당신이 업무를 지배하고 있다면 당신은 한가롭고 느긋하게 일을 할 수가 있다. 만일 당신이 몸의 지배 아래 있으면 늘 혼란이 계속된다. 그러나 당신이 지배권을 쥐면 평화롭다. 당신은 또 환경을 지배해야 한다. 당신은 환경의 노예가 아니다.

흔히 우리는 해야 할 많은 일과 일을 할 수 있는 적은 시간을 생각하며 초조감을 느낀다. 어떤 유명한 의사는 말했다.

"내일의 걱정과 어제의 실패에 오늘의 어려운 문제까지 함께 짊어진다면 누구나 견뎌낼 재간이 없다."

우리는 한 번에 한순간밖에 살지 않는다. 그리고 눈앞의 순간에는 대처하는 방법이 있으니 미래의 고난을 미리 보고 겁을 내지 않는 것이 현명하다. 그것보다는 차라리 앞길에 좋은 일을 기대하고 하루하루가 더욱 좋은 일을 가져올 거라고 진심으로 믿도록 노력하라.

몸의 긴장을 풀기 위해서는 사랑을 가지고 몸에 말을 걸며 긴장을 풀고 느긋한 태도를 가져야 한다. 좋아하는 의자에 편안히 앉아서 의자 등에 기대고 허리와 다리를 뻗고 이렇게 말하라.

"얼굴의 힘살은 탁 풀어져 있다. 어깨도 힘이 빠져 있다. 두 팔도 편안하다. 손가락도 편안하다. 발이나 발가락도 편안하다. 몸 속의 신경과 근육도 편안하다. 어려운 문제는 하나하나 내던져버렸다. 다른 사람의 문제도 모두 내던져버렸다. 나를 괴롭히는 걱정은 아무것도 없다."

깊은 숨을 찬찬히 토하면서 마음에 걸리는 어려운 문제를 밀어내라. 몸도 마음도 편안하게 가져라.

긴장을 푼 자신이 의자등에 걸쳐진 젖은 수건처럼 흐늘흐늘하게 축 늘어져 있다고 상상하라. 개가 두세 번 맴을 돌고는 온몸을 땅에 붙이고 축 늘어지는 것을 생각해보라.

조용히 흐르는 물을 생각해보라. 냇물이 언덕 아래를 이리저리 굽이 돌면서 초원으로 흘러가는 광경을 생각하라. 냇물의 근원은 태양에 있다. 바닷물이 기류를 타고 하늘로 올라, 거기서 구름이 되어 흘러와 농축되어 비가 내린다. 물은 언덕 꼭대기에서 떨어져 목적지인 바다를 향한 여행을 떠난다. 흐름은 싸우지도 않고 저항도 하지 않는다. 변함없는 발걸음으로 참을성 있게 앞으로 앞으로 흘러간다. 흐르는 물은 바위를 스치면서 돌고 나무 아래를 지나고 언덕 기슭을 굽이돈다. 아무것도 그것을 방해하지 않으며 절망하게 하지 않는다. 물은 장애물을 만나도 저항도 하지 않는다. 장애물을 비켜가거나 그 위로 흘러간다. 끈기 있고 참을성 있고 무저항적이지만 물은 그 앞길에 있는 것을 무엇이든 깎고 닳게 한다. 그 흐름을 생각하라. 당신은 그 흐름과도 같다. 당신의 근원도 역시 대생명력이라는 커다란 바다이다.

당신 안에는 눈앞에 나타나는 모든 사태를 처리할 힘이 있다. 당신은 한 번에 하루를, 한 번에 일순간만을 살고, 한 번에 한걸음을 간다. 이 순간이 당신에게 가져오는 것에 당신은 언제나 대처할 수 있다. 그리고 그 순간과 마주설 때는 과거의 모든 피해를 내던지고 눈앞에 나타나는 어려운 문제를 모두 대처하는 힘이 있다고 인정하면 느긋하게 마음을 가질 수 있으며 자신감이 솟고 다음 순간에는 더 잘 대처할 수 있을 것이다. 당신은 무한의 대생명력의 흐름이다. 당신의 발걸음을 방해하는 것은 아무것도 없다. 당신을 통해서 흐르는 대생명력의 흐름은 냇물과 같은 변함없는 흐름이며 대생명력이 가는 길에 가로놓인 것은 무엇이든 실어가버린다.

자기 자신에게 이렇게 말하라.

"몸도 마음도 푸근하다. 조용한 자신감을 가지고 좋은 일을 만나기 위해서 앞으로 나아간다. 대생명력이 좋은 것을 날이 갈수록 더욱 많이 가져다줄 것을 알기 때문이다. 온갖 불안한 생각이나 마음을 괴롭히는 문제들을 모두 풀어놓았다. 깊은 평화가 나의 모든 신경, 근육, 기관에 골고루 스며드는 것을 느낀다. 몸의 모든 부분이 아늑하다. 깊은 평온을 느낀다. 일이 모두 잘 되어간다는 것을 알고 있다."

"완전히 평화로운 모습이 상상력을 가로질러간다. 날은 따뜻하고 기분 좋고 평화스럽다. 나는 혼자서 한가하게 숲을 거닐고 있다. 부드러운 미풍이 머리 위의 가지들을 흔든다. 반짝이는 햇살이 흔들리는 나뭇잎 사이로 비쳐들어 발 아래 싸늘한 푸른 이끼에 그림자를 떨어뜨린다. 풀덤불 속에서 오랑캐꽃 향기가 코로 흘러온다. 여름의 평화를 느낀다. 조용히 걸어나가 숲 한가운데의 조용한 못가로 나선다. 이 아름다운 풍경을 말없이 바라보고 있으면 평화가 찾아온다. 몸도 마음도 위안받고 치료받아 아늑함 속에 있는 것을 느낀다."

"이 여름의 맑은 날에 대자연의 모든 평화와 청순함을 느낀다. 호수 위에는 잔물결 하나 일지 않는다. 모든 것 위에 평화와 순결함이 내려와 있다. 상상 속에서 호숫가에 조용히 앉아 있자 부드러운 미풍이 나의 볼을 스쳐가고 자연의 아늑하고 깊은 평화가 느껴진다. 햇살은 따뜻하다. 몸의 각 부분에 푸근한 기쁨이 스며들고 고통이 사라진다. 이 침묵의 숲, 고요한 호수, 다사로운 햇빛에서 대생명력의 순결함을 느낀다. 내 주위의 그림자에도 머리 위에서 조용히 살랑거리는 나뭇잎에도 아름다움이 있는 것을 느낀다. 나는 느긋하고 평화롭다."

"내일 아침 충분히 자고 눈을 떴을 때 기분은 상쾌하고 자신감에 차 있을 것이다. 눈앞의 문제를 얼마나 쉽게 자신감을 가지고 해결할 수 있는가를 알게 될 것이다. 내일의 모든 순간을 즐기자. 나는 날마다 좋은 일이 올 거라고 기대한다. 순간은 영겁 속의 순간이며 영겁 속의 어느 순간이나 좋은 것을 가지고 있다. 나는 한가하고 맑고 평화롭다. 자신감을 가지고 더욱 풍요하고 영광스런 생애로 들어가자."

25
대인 관계에 성공하는 마음

누구나 기분 좋은 장소에 마음이 끌리는 법이다. 사람도 기분 좋은 사람에게는 누구나 끌리도록 되어 있다. 파우스트 부인이 몇 년을 두고 겪는 문제는 대인 관계의 어려움이었다. 이웃이나 가족 사이에 늘 말썽이 끊이지 않았다. 그러나 이제 그녀는 내가 아는 가장 인기 있는 부인의 한 사람이 되었다. 그 무렵 그녀는 나에게 이렇게 말했다.

"제 인생은 완전히 달라졌습니다. 그것은 몇 년 전에 선생님께서 강연에서 하신 말씀을 듣고 나서부터였습니다. 그것은 '누구나 가장 기분 좋은 장소에 끌리기 마련이다'는 말씀이었어요. 저는 그 말씀을 가슴에 새기고 집으로 돌아와 제 주위의 공기를 기분 좋게 만드는 일에 착수했던 거지요. 지금은 많은 사람들이 제가 있는 곳으로 몰려오니 참 놀라울 뿐입니다."

사람들은 당신이 자기를 좋아할 때, 자기를 믿을 때, 자기의 지식을 믿을 때, 그리고 당신이 열심일 때 틀림없이 반응을 나타낸다. 만일 그들이 당신을 믿어주기를 기대한다면 무엇보다도 우선 당신이 자기 자신을 믿어야 한다. 그들이 당신을 신뢰해주기를 바란다면 당신이 먼저 자기 자신을 신뢰해야 한다.

마음속에 간직한 자기 자신에 대한 믿음은 바로 바깥에 나타나게 되어 있다. 세상 사람들은 우리의 외관을 보고 끌리기도 하고 반발하기도 한다. 마음이 약하고 소극적으로 혼자 있기를 좋아하는 사람은 걸음새나 옷매무시나 말투로 그것이 바깥에 나타나는 법이다. 누가 투쟁적 태도를 가졌거나 오만하거나 뽐내는 마음이 있으면 다른 사람은 바로 그것을 알아채고 자동적으로 그에 대해서 방어 태세를 하게 된다.

당신이 누구를 만났을 때 당신이 어떠한 사람인가 하는 첫인상은 당신의 외관에 의해서 만들어진다. 그는 당신을 보고 무의식적으로 결정하게 된다. 당신이 어떻게 보이는가? 사람에 대해서 어떻게 반응하는가? 어떻게 행동하는가? 어떤 복장인가? 등을 보고 그는 무의식적으로 "나는 저런 모습을 좋아하지 않는다. 저 사람은 자신을 너무 소홀하게 생각하는 것 같다" 하고 말할 것이다. 만일 당신이 자신을 소홀하게 생각하는 낌새를 보이면 다른 사람도 역시 당신을 소홀하게 생각할 것이다.

사람들은 당신의 외모와 말소리를 듣고 첫인상을 결정한다. 말할 때 속도, 억양, 목소리가 좋은가 귀에 거슬리는가 등을 판단 자료로 삼는다. 그리고 내용(무엇을 이야기하는가)에 의해서 판단한다.

당신의 외관이 다른 사람을 쫓아버릴 수도 있다. 당신 자신도 다른 사람의 외관에 의해서 반발을 하는 수도 있다. 당신은 자기를 표현하는 방법, 옷매무시, 동작 같은 것에 의해서, 또 당신의 말에 의해서 사람을 끌기도 하고 쫓기도 한다. 당신의 동기는 얼굴 표정이나 몸짓, 말하는 투에 나타난다. 말하는 내용에서뿐 아니라 말하는 모습에 의해서 판단

된다. 당신의 태도는 외관에 나타나고, 말에 나타난다. 사람들은 그것으로 당신에게 어떻게 반응할까를 결정한다. 그리하여 그들은 당신을 좋아하거나 싫어하게 된다! 당신 자신도 자기가 좋아하는 사람에게 더 잘 협력한다. 다른 사람도 당신을 좋아하게 되면 더 잘 협력해준다.

사람들의 협력을 얻기 위해서는 그들이 당신을 믿고 당신이라는 인간을 신뢰하게 만들어야 한다. 당신은 자신이 말하는 내용을 알고 있다 — 지식을 가지고 있다고 그들이 믿게 되어야 한다. 당신은 당신이 다른 사람에게 구하는 협력이 당신 자신을 위해서뿐 아니라 그들에게 있어서도 역시 바르고 또 좋은 일이라는 것을 확신해야 한다. 그들이 무엇을 해주기를 바라는가에 대해서 당신이 분명하게 알고 있어야 한다. 그리고 그것을 제시하는 데 열심이어야 한다. 열성과 동시에 끈기가 있어야 한다. 당신이 보는 그대로 그들도 보게 할 만한 기술도 있어야 한다. 간단한 일 같지 않은가? 상대방을 자신과 마찬가지로 사랑하기 전에 먼저 자기 자신을 건전하게 사랑하고 있으면 일이 매우 쉽다. 상대방의 협력을 얻기 위해서는 그의 마음속에 그 일에 대한 그림을 당신이 보는 만큼 분명하게 그려주어야 한다. 당신 자신이 그것을 분명하게 보고, 그것이 절대로 옳다는 것을 확신하지 않는 한, 그것은 할 수 없는 일이다.

우리를 위해서 누가 무슨 일을 해주기를 바랄 때 가장 나쁜 방법은 "이렇게 해주시오" 하고 말하는 것이다. 만일 누가 나에게 그렇게 말하면 나는 반발할 것이다.

"당신은 그렇게 해주기를 바란다! 당신은 나에게 그렇게 할 의무가 있다! 만일 나를 사랑한다면 그렇게 해줄 것이 틀림없다."

그러한 요구는 그들의 반항심을 끌어낼 뿐이다.

우리의 욕구는 사는 것, 체험하는 것, 표현하는 것이다. 상대방도 우리와 똑같은 것을 바라고 있다는 것을 인정하지 않는 사람은 매우 어리석은 사람이다. 비록 우리가 나 자신을 사랑하는 것처럼 그를 사랑하고 있다 하더라도 그도 역시 우리와 마찬가지로 누구에게 지배받는 것을 좋아하지 않는다. 내가 누구 다른 사람의 것이 되는 것을 좋아하지 않는 것처럼 그도 누구의 것이 되고 싶어하지 않는다. 그는 자기가 소유되는 것을 싫어한다.

그러나 그들은 우리와 협력하고 우리의 욕구에 동의하는 것이 자기에게 이익이라는 것을 알면 친절하게 나오고 협력하게 된다. 무엇이 그들을 위해서 좋다는 것을 알면 그들은 자동적으로 그쪽으로 움직여간다. 그러나 그들은 자기가 결정하기를 바란다. 결정의 권리를 남에게 빼앗기고 싶지 않은 것이다. 그들 자신이 선택하기를 바라는 것이다.

누구에게나 진리가 되는 것은 누구나 아는 자명한 것뿐이다. 어떠한 진리를 우리가 가지고 있다 하더라도 다른 사람이 그것을 보고, 받아들이고, 사용하지 않는다면 그 사람으로서는 아무 가치도 없다. 그가 자신을 위해서 혹은 우리 서로를 위해서 해야 할 일이든, 혹은 우리가 그에게 시키고 싶은 일이든 그가 자신에게, 또는 우리 서로에게 그것이 좋다는 것을 느끼지 못한다면 그에게는 아무 뜻도 없는 것이다. 그것은 우리 서로에게 좋은 것이어야 한다. 누구에게나 진리를 강요할 수는 없다. 그가 그것을 볼 때, 그리고 그것을 사용할 때만 이 진리는 그의 것이 된다.

당신이 나에게 서로에게 좋은 무슨 일을 해달라고 부탁하면서 "당신이 그것을 해주기 바란다 ― 당신이 반드시 그것을 해주기를 바란다"고 말한다면 그것은 당신에게 확신이 없다는 것을 의미한다. 그래서 상대도 어쩐지 확신을 갖지 못하게 된다. 당신이 확신을 가졌다면 오만하지도 위압을 주지도 뽐내지도 않을 것이다. 무서움을 갖지 않기 때문이다.

당신의 마음에 공포나 저항이 없을 때는 무서움도 걱정도 없이 다른 사람을 사랑하고 협력할 수 있다. 자기 자신의 실재의 법칙을 알 때, 그 것을 다른 사람에게 적용할 수 있다. 그 요령은 자기를 그 사람의 입장에 놓고 생각하는 것이다. 그것을 하는 데는 상당한 상상력이 필요하지만 그러나 당신이 못할 일이 아니다. 나의 동기가 바르다는 것을 확인하고 바른 동기는 다른 사람으로부터 욕구적인 회답을 가져온다는 것을 알라. 만일 당신이 미움, 공포, 소유욕 같은 동기에 사로잡혀 있다면 당신은 그저 어려움 속에 머리를 처박게 될 뿐이다. 당신은 사랑과 동정과 서로 의 이익을 위해서만 일을 시작해야 한다.

성공하느냐 못하느냐는 결국 따지고 보면 우리가 다른 사람과 얼마 나 잘 어울려나갈 수 있으냐에 달려 있다고 하겠다. 즉 여러 종류의 사람 들과 접촉하는 미로를 어떻게 뚫고 나가느냐에 달려 있는 것이다. 다른 사람과 잘 어울려나간다는 것은 그 사람을 부리는 것이 아니라 우리 자 신을 쓰는 것이다. 당연히 우리는 다른 사람이 협력해주기를 바란다. 그 러나 바라는 협력을 얻는 방법은 그들에게 하는 적절한 태도에 의해서 정해지는 것이다. 서로의 건전한 협력을 바라는 데서 얻어지는 것이다.

다른 사람과 협력하기 위해서는 먼저 자신을 사랑하고 귀하게 생각 해야 한다. 자기를 존중하지 않는 사람, 자기를 비난하고 자기를 멸시하 는 사람은 그 멸시나 비난을 다른 사람에게 돌리기 마련이다. 그리하여 그 반발로 다른 사람의 저항이나 비난을 받게 된다. 누구든지 자신과 잘 어울리지 못하는 한, 자신을 존중하고 건전하게 사랑하지 않는 한, 다른 사람을 사랑할 수 없다. 자신과 어울리지 못하면 다른 사람과도 어울릴 수 없다. 왜냐하면 자신의 문제가 협력을 방해하기 때문이다.

좋은 인간 관계를 위한 충고로는 그리스도가 "너 자신을 사랑하는 것처럼 이웃을 사랑하라"고 한 말보다 더 나은 말이 없다. 우리 자신을 건전하게 사랑하고, 그리고 나서 이웃을 우리처럼 사랑하라고 말한 것이다. 그 뜻은 먼저 자기 자신을 사랑하고 이어 한걸음 나아가 자신의 복지를 생각하는 것과 똑같은 마음으로 이웃의 복지에도 관심을 갖으라는 것이다.

이기적인 사람은 활발한 협력이 벌어지면 손을 떼어버린다. 그는 자기만을 사랑한다. 그가 다른 사람을 자신과 마찬가지로 사랑할 줄 알게 되면 그는 이미 이기적인 사람이 아니다. 그는 협력을 한다 — 다른 사람의 복지에 관심을 가지며 다른 사람들과 잘 어울린다. 사람은 자기를 사랑하는 것을 그만둘 수 없다. 그러나 건전한 자기애(自己愛)는 다른 사람을 소유하기를 바라지 않는다. 다른 사람과 협력한다. 그리고 거기에서 건전한 자기 표현을 찾아낸다.

힘있고 건강하고 활력에 차고 자존심 강한 인격일수록 다른 사람과 잘 어울려나갈 수 있다. 힘있는 인격을 가진 사람이 남을 가장 잘 도울 수 있는 사람이고, 가장 동정적일 수 있는 사람이고, 깊은 사랑을 가진 따뜻한 사람이다. 다른 사람의 존중을 받으려면 먼저 자기를 존중해야 한다. 자기 자신에게 동정을 가져야 한다. 자기 자신을 못났다고 느끼는 사람은 대생명력이 그 앞에 놓은 시련에 약하고 또 그것을 무서워한다.

우리는 자신을 높이 평가하도록 마음을 쓰고 또 그렇게 살아야 한다. 자기 자신에 대해서 화를 내거나 무서워해서는 안 된다. 자기에게, 다른 사람에게, 그리고 또 대생명력에 신뢰를 가져야 한다. 만일 우리가 자신을 죄인 — 약하고 남보다 떨어지고 무능한 존재 — 으로 생각한다면 남과 잘 어울려나갈 수 없다. 언제나 자기를 지키려고만 하면 남과의 사이에 벽을 쌓기 때문이다. 인간 관계에 생기는 대개의 어려움이란 자신의 죄악감이나 거부감이나 결핍감이나 열등감을 상대방에게 투사하여 마치 그가 죄를 짓고 거부하고 결핍되었고 열등하다고 느끼는 데서 생겨난다.

기분 좋은 행복한 인간 관계를 갖기 위해서는 자신을 사랑하고 협력할 가치가 있는 존재라고 믿어야 한다. 그만한 가치를 가졌다고 느끼며 살 때에 비로소 그런 느낌을 가질 수가 있다. 잘 어울려나가는 인간 관계는 바른 동기 위에서 비로소 가능한 것이다. 오직 하나의 정당한 동기는 자기뿐 아니라 다른 사람도 좋게 되기를 바라는 것이다. 그것은 다시 말하자면 자신에 대해서 순진하고 건전한 사랑을 갖는 동시에 접촉하는 모든 사람에 대해서도 똑같은 사랑을 갖는다는 것이다.

"나는 나 자신에게 이렇게 약속한다. 마음의 평화를 깨뜨리지 않기 위해서 내 안에 있는 신을 인정한다. 건강과 행복과 번영을 이야기한다. 인종과 신앙에 상관없이 모든 사람 안에 있는 신성과 아름다움을 인정한다. 내일이 보다 좋은 날이 될 것을 기대하여 준비한다. 자신의 성공에 열심인 것과 동시에 남의 성공에 대해서도 열의를 갖는다. 과거의 잘못이나 손해에 등을 돌리고 미래를 향하여 즐거운 시선을 보낸다. 남을 비판할 시간이 없을 만큼 사랑과 봉사를 충분히 표현하는 데 바쁘게 활동한다. 걱정을 못할 만큼 마음이 건전하고, 무서움을 모를 만큼 생각이 현명하고 지성적이며, 고난을 겪을 수 없을 만큼 행복하게 된다. 자기 자신을 좋게 생각하고 말로만이 아니라 행동으로도 그것을 널리 사람들이 알게 한다. 다른 사람을 좋게 생각하고 신뢰하며 그 신뢰가 틀림없기를 그들에게 기대한다. 좋은 것만을 사랑하기 때문에 세상의 모든 것이 나의 좋은 것을 위해서 협력하고 있다는 신념 아래 산다. 신이 내 옆에 있기 때문에 내가 반항할 일이 아무것도 있을 수 없는 것을 안다."

"나의 혼은 오늘 평화로 가득 차 있다. 나는 신과 하나이며 모든 신의 아들과 하나인 것을 알고 있다. 그러므로 나의 세계는 적도 없고 외국인도, 낯설은 사람도 없다. 신의 어떠한 부분에 대해서도 나는 노여움이나 저항을 갖지 않는다. 모든 사람을 포함한 사랑의 원을 의식하며 그린다. 나로부터 사랑과 선의가 나오기 때문에 나에게는 좋은 일만 돌아온다. 모든 불안한 생각으로부터 해방되어 나는 자유롭다. 내가 표현하는 신의 완전한 사랑이 모든 적개심이나 투쟁이나 혼란을 치료한다. 나의 세계의 모든 상황, 사물, 사고는 서로 잘 조화하고 있다. 이 아늑함과 평화 속에서 나는 편안히 숨쉬고 있다."

성공적인 결혼의 법칙

결혼은 대인 관계 중에서도 최대의 모험을 하는 대인 관계이다. 결혼이 성공하려면 사랑과 상호협력의 기대가 확고한 동기가 되어 있어야 한다. 배우자는 서로 자기를 사랑하는 만큼 상대방을 사랑하지 않으면 어떤 결혼도 성공할 수가 없다.

결혼하고 싶으면 남편을 얻고 싶다고 바라기보다 좋은 아내가 되고 싶다고 바라야 한다. 혹은 아내를 얻고 싶다기보다 좋은 남편이 되기를 바라야 한다. 만일 누구를 소유하려고 하면 당신 자신이 좌절을 겪게 될 것이다. 당신은 누구에게 소유되고 싶은가? 그렇지 않다. 당신이 만일 누구를 소유하게 되면 실은 그것은 당신이 소유되는 것이다. 만일 누구를 자기에게 붙들어매려고 한다면 자기가 그 사람에게 붙들려매이는 것이다. 만일 다른 사람이 자기에게 가까이 오지 못하게 둘레에 벽을 둘러치면 자기가 그 안에 갇히는 꼴이 된다. 그게 사실이 아닌가? 만일 당신이 나를 붙잡겠다 — 나를 소유하고, 지배하고, 당신 것으로 삼겠다 — 고 하면 나는 어떻게든 당신으로부터 달아날 방법을 궁리하게 된다. 한편 당신은 나를 저절로 따라오게 만들 수도 있다.

사람을 끌어당기는 것은 우리의 태도 여하에 달려 있다. 사람은 늘 자기와 같은 종류의 사람을 끌어당긴다. 거짓말쟁이는 언제나 다른 거짓말쟁이들에게 둘러싸여 있다. 불행한 사람들은 자연히 다른 불행한 사람들과 사이가 좋으며 행복한 사람은 행복한 사람들끼리 모인다.

결혼은 일종의 협동조합의 계약이다. 인생의 모든 면에 걸쳐서 조합 관계를 가지는 일이다. 15장에서 그 자신을 표현하는 데 네 가지의 중요한 면이 있다는 것을 우리는 살펴보았다. 즉 일 — 창조하는 것, 놀이 — 레크리에이션, 사랑 — 자신을 감동적으로 표현하는 것, 숭고 — 지적 및 영적 성장, 이렇게 네 가지이다.

두 사람이 창조(일)의 면에서 협동하여 사업을 수행하면 그들은 창조적 활동에 있어서 조합의 동료가 되는 것이다. 그들이 짝이 되는 것은 협력을 하면 그 결과 두 사람 모두 이상적인 사람이 되고 전보다 많이 가지며 더 많은 일을 할 수가 있기 때문이다. 한 사람은 사무를 보고 배달도 한다. 또 한 사람은 영업을 하러 나가 일거리를 맡아온다. 이런 식으로 협동해서 활동하면 둘이 다 이익이 된다.

결혼은 두 사람이 표현의 네 가지 면에서 일생 동안 조합에 들어가는 것이다. 최대의 성공은 두 사람의 활동이 가장 완전하게 합쳐졌을 때에 얻을 수 있다. 어울려 일하고 놀고 사랑하고 숭고함을 좇을 때에 오는 것이다. 대부분의 사람들은 이것을 이해하지 못하며 얻으려고는 하면서 주기는 싫어하는 수가 많다.

나는 많은 사람들로부터 결혼 생활의 문제에 대해서 상담을 받아왔다. 그리고 바른 동기에서 결혼한 사람이 매우 적은 것을 알고 놀랐다. 대부분의 사람들은 무슨 보상을 바라고 결혼한다. 그가 의식하든 안 하든 조합의 동료가 되기보다는 개인적인 이익을 얻으려고 한다. 그들은 헬쑥한 얼굴을 하고 나에게 말한다. "도대체가 제가 무엇 때문에 존 같은 사람하고 결혼했는지 통 알 수가 없는 거예요. 우리는 너무나 서로 달라요. 아무리 노력해도 잘 해나갈 수가 없어요. 마음이 맞아서 서로 눈을 마주보는 일이 한 번도 없었어요." 그것에 대한 나의 답은 이렇다. 두 사람 다 태도와 동기가 건전하지 못했다. 만일 건전했다면 애당초 둘이 결합될 턱이 없었다. 각자가 뭔가 자기가 내부적으로 갖지 못한 것을 상대방에 의해서 채우기를 바랐던 것이다. 둘이 다 신경증이었다고 말할 수밖에 없다.

우월감 콤플렉스를 가진 여성은 열등감 콤플렉스를 가진 남성에게 마음이 끌린다. 그녀는 누구에게 뽐내고 싶다. 그녀의 자아는 우쭐하고 싶은 것이다. 그래서 그녀는 뽐낼 수 있는 자리를 찾는다. 한편 열등감을 느끼는 남자는 우월감을 가진 부인 ─ 자기 머리를 기댈 수 있을 것 같은 사람 ─ 에게 끌린다. 그렇게 되면 여자는 아기를 다루는 것 같은 일에 싫증이 나버린다. 남자는 남자대로 코가 꿰어 끌려다니는 것에 넌덜머리가 나버린다. 정신적으로 병을 앓고 있는 그들이 무언가 병적 욕구를 채울 곳을 찾고 있지 않았던들 애당초 서로 상대에게 흥미를 가질 턱이 없었다. 불건전한 마음을 가진 사람은 자기를 닮지 않은 사람에게 끌려가는 법이다.

건전한 마음을 가진 사람들은 서로 닮은 사람들끼리 이끌린다. 당신이 건전한 마음을 가졌다면 당신이 생각하는 것처럼 생각하고 당신이 좋아하는 것과 거의 같은 것을 좋아하는 상대방을 끌어당긴다. 같은 흥미를 가질 수 있는 넓은 광장이 있는 곳에는 성공과 행복의 최대의 가능성이 있다. 두 사람이 똑같은 흥미를 가진다는 것은 있을 수 없으나 마음이 건전한 사람들은 약간의 조정을 하면 쉽게 어울릴 수가 있다. 마음이 건전한 사람들은 자기의 결함을 채워줄 사람을 구하지 않는다. 그들은 서로 협력을 바라고 있는 것이다. 자아를 만족시켜 줄 어떤 것을 얻으려고 하는 것이 아니다. 마음이 허전한 사람은 변화한 것을 얻기 위해서 아내를 찾고 남편을 찾지만, 건전한 사람은 그렇게 하지 않는다.

참으로 슬픈 일이지만 많은 사람들은 돈이나 성적 만족을 얻기 위해서 결혼하거나 난폭한 부모로부터 달아나기 위해서 결혼하거나 쓸쓸하기 때문에 결혼한다. 그들은 장래를 무서워하거나 또는 일하는 데에 싫증을 내고 있기 때문에 결혼한다. 무엇에서 벗어나려고 결혼하거나 무언가 모자란 것을 메우기 위해서 결혼한다.

두 사람이 바른 동기에서 결혼하고 일생 동안 일, 놀이, 사랑, 숭고에 있어서 조합 관계를 가질 때, 그들은 바라는 좋은 것을 얻을 수 있고 또 얻을 권리를 가진다. 가령 재산을 모았다가 그것을 잃어버리는 일이 있다 하더라도 두 사람이 협력하여 일을 하면 다시 재산을 모으게 된다. 재산을 잃었다고 해서 그것 때문에 서로 아웅다웅하는 일도 없다 — 두 사람은 조합의 동료인 것이다. 하나가 병에 걸렸다고 해서 다른 사람이 신경질을 부리거나 하지 않는다. 마음을 합하여 완쾌하도록 노력한다.

만일 한 사람이나 두 사람 모두가 바르지 못한 목적을 가지고 결혼했다면 그들이 결혼의 목적으로 바라던 것은 어느 사이에 사라져버리는 일이 자주 있다. 만일 여자 쪽에서 재산 때문에 결혼했다면(그녀 자신은 그것을 절대 인정하지 않지만), 남편이 재산을 잃어버린 경우에 '이게 뭐야. 내가 바란 것은 이게 아닌데' 하고 잠재의식 속에서 말하게 된다.

물론 그녀는 자기의 진짜 동기는 입 밖에 내지 않는다. 그러나 정신과 의사나 변호사에게 찾아가서는 "나는 그이를 더 참을 수 없어요. 그이가 하는 일은 모두 골칫거리예요. 아침에는 방 한가운데에 파자마를 벗어 내던지지 뭐예요" 하고 말한다. 또 만일 남편이 아내에게 뭔가 애정적인 불만이 있으면 "그녀의 행동을 참을 수가 없습니다. 늘 바깥으로 나돌아 다니고 집에 붙어 있지 않아요. 여자란 집에 있어야 하는 것 아니겠어요. 그녀의 부모도 나는 좋아하지 않습니다" 하고 말한다. 이것은 서로 그들이 '더 참을 수가 없다'는 진짜 이유가 아니다. 그것은 핑계에 불과하며 싸움을 시작하겠다는 구실이다.

내가 아는 한 남자는 아내가 치약의 튜브를 언제나 끝에서 눌러서 짜내지 않고 가운데를 눌러서 짜내기 때문에 화가 난다고 말했다. 또 한 부인은 남편이 코를 골기 때문에 아무래도 참을 수가 없다고 말했다. 그러나 이러한 것들은 화를 낼 만한 이유가 못 된다. 그것은 표면적인 이유에 지나지 않는다. 진짜 이유는 훨씬 깊은 곳에 있다.

사람은 좌절감을 느끼거나 속은 것을 알게 되거나 우롱을 받았다고 깨달으면 보통 화를 낸다. 그 노여움은 여러 가지 방법으로 표출된다. 잔소리를 많이 하는 것도 노여움의 한 표현이다. 어떤 남편이 아내가 자기의 자아를 재건시켜 주기를 바랐다고 하자. 그런데 아내가 그렇게 해주지 않으면 그는 무의식적으로 '내가 바라는 일을 해주기 전까지는 너를 계속 물고 늘어질 거야. 네가 그 일을 해줄 때까지 너를 못 살게 굴 테야' 하고 생각한다. 시끄럽게 잔소리를 하면서 늘 자기에게 신경을 쓰게 만들거나 기분을 상하게 한다. 자신의 요구를 아내가 들어주지 않는다고 계속 같은 명령을 해대면 그것이 바로 시끄러운 잔소리가 된다. 아내가 자신의 요구를 알면서도 해주지 않는 거라고 생각하게 되면 계속 잔

소리를 퍼부어대어 아내를 비참하게 만들고 싶어진다. 아내가 하고 싶어하지 않는다는 것을 알고 있는데도 그것을 시키려고 억지를 부리는 것이다.

멸시를 받았거나 위신이 떨어졌다고 느낄 때 반항하는 또 하나의 다른 방법은 토라져서 까다로운 사람이 되는 것이다. 토라지고 삐친다는 것은 노여움이 활활 타지 않고 연기만 내며 타는 것이다. 어떤 심리학자는 이것을 '바보 인디언 콤플렉스'라고 이름지었다고 한다. 지나치게 공손하지만 삐쳐서 본심을 밝히지 않는 것이다. 무언가 잘못된 일이 있었구나 하고 상대방은 짐작하지만 그것이 무엇인지, 그가 말을 하지 않으니 도무지 알 수가 없는 것이다.

물론 당신은 지금의 결혼 생활을 어떻게든 성공적으로 이끌어가고 싶다고 생각한다. 애당초 결합한 이유가 무엇이었든(그것이 잘한 일이든 잘못한 일이든) 이미 결합했고 아이도 있으니 결혼 생활을 개선해나가고 싶다고 생각할 것이다.

당신의 결혼 생활을 성공으로 이끌어가는 방법이 있을까? 있다! 당신이 진정 그것을 성공으로 끌고 가고 싶다고 생각한다면 방법은 있다. 그러나 당신이 거기에 대한 노력을 하고 싶지 않다면 그 사람은 성공할 수 없다. 그러나 노력만 한다면 틀림없이 결혼 생활을 잘 해나갈 수 있다.

여러 해를 상담에 응해보니 많은 아내들이 똑같은 이야기를 나에게 가지고 온다. 나는 언제나 그녀들에게 이 조합 관계를 성공시키고 싶은지 어떤지 물어본다. 그러면 그녀들은 영낙없이 이렇게 대답했다.

"그럼요. 불만은 많지만 저는 남편을 사랑하고 있어요." 그러면 나는 그녀의 남편에게 나와달라고 한다.

"당신은 지금의 결혼 생활을 성공시키고 싶습니까?"

"물론입니다. 무언가 좀 바꿀 필요가 있는지는 모르지만 하여튼 성공으로 이끌어가고 싶습니다."

그거 잘된 일이다! 둘 다 자기네 결혼을 성공으로 이끌기를 바라고 있다. 나는 두 사람에게 함께 나와달라고 한다. 이미 각자에게 결혼이란 조합 관계이며 저마다 개인적인 권리와 책임이 있다는 것을 설명해둔 상태이므로 당면한 문제는 그들이 일치하지 못한 여러 사항을 조정하는 것이다. 결혼은 일생 동안 생활의 각 부분에 있어서의 조합 계약이라는 것을 그들에게 인식시키고 이 기구를 어떻게 설립하고 어떻게 운영할까를 정한다. 두 사람의 장래를 위해서 분명하고 알기 쉬운 계획을 결정하는 것이다.

그러기 위해서 먼저 각각 네 장의 종이를 주고 거기에 일, 놀이, 사랑, 그리고 숭고에 있어서 그들이 어떻게 생활을 표현하려고 하는가를 상세하게 쓰라고 한다. 그들은 먼저 일에 대한 계획을 세운다 — 어떻게 이 부분에서 두 사람의 생활을 쌓아올릴 것인가? 각자 무엇을 할 것인가? 하는 계획을 세운다. 양편 모두가 중요한 존재이다. 창조적 생활은 남자에게나 여자에게나 필요한 것이다.

그리고 다음은 그들의 오락을 계획한다. 아내가 할 줄 모르니 남편은 골프를 치지 말라, 아내 역시 남편이 안 좋아하는 트럼프 놀이를 친구들과 하지 말라는 계획이 아니다. 만일 두 사람이 함께할 수 있으면 그보다 좋을 수는 없으나 그러지 않을 경우 남편이 아내가 낄 수 없는 어떤 오락을 하고 싶으면 아내도 그럴 수 있는 권리를 가지게 되는 것이다.

가정을 이룩한다는 점에 있어서는 두 사람이 함께 무엇을 할 것인가? 가정 생활의 계획은 무엇인가? 성장과 숭고의 생활에 있어서 무엇을 하려고 하는가? 등에 대해 둘이 다 만족할 수 있고 둘이 다 동의할 수 있는 계획을 세워야 한다. 이런 방법에 의해서만이 성공적인 결혼 생활의 프로그램을 가질 수가 있는 것이다. 결혼이라는 조합 관계도 실업계의 조합과 마찬가지로 계획이 필요하다. 여기서 나는 대개 그 계획 — 그것을 나는 서약이라고 부른다 — 에 서명을 하라고 한다. 두 사람은 새 출발을 하는 것이다. 진정으로 다시 결혼한 것이라고 나는 선언한다.

"부인은 이 남자를 남편으로 삼기를 원하고 선생님은 이 여자를 아내로 삼기를 원하고 있소. 당신들 각자는 상대방을 조합의 동료로서 원하고 있소. 이제 세워진 계획을 가지고 앞으로 나아가시오."

마지막 제언으로 나는 두 사람에게 오른손을 올리라고 하고 지난날을 입 밖에 내지 않을 것, 사랑에 찬 협력으로 앞에 말한 계획을 실천하는 데 전력을 다할 것을 약속하게 한다. 이 방법이 실패한 경우는 한 번도 없었다.

두 사람 중 어느 한편이 그런 노력을 하지 않겠다고 한 예는 있었다. 남자가 "아니, 나는 포기했습니다" 혹은 여자가 "저는 그를 믿을 수 없어요. 그 사람과는 조합 관계를 가질 수 없어요" 하고 말하는 것이었다. 조합원이 되라고 강요할 수는 없다. 당신은 상대방을 소유하고 있는 것이 아니므로 상대방이 자유 의사에서 그 지위에 오르지 않는 한, 누구도 당신과 조합 관계의 동료로 삼을 수 없다. 조합 관계는 서로를 위해서 좋은 일이 되어야 한다. 만일 각자가 정직하다면, 각자가 상대방을 소유하거나 자기가 상급 조합원이 되어 상대방을 지배하려고 하지 않고 그저 보통의 동료 관계를 가지려고 한다면, 만일 각자가 자기도 상대방도 똑같이 중요한 조합원이라는 것을 인식한다면 그 결혼 생활은 성공적인 것이 된다.

이 계획은 모든 대인 관계에 있어서도 마찬가지로 적용할 수 있다.

당신의 이웃을 자기 자신을 사랑하는 것과 똑같이 사랑하라. 당신들의 이익은 상호적이기 때문이다. 온 세계 사람들이 이 진리를 받아들이고 승인한다면 눈부신 일이 전개되리라. 그것이 장사건, 결혼 생활이건, 세계적 사건이건, 조합 관계가 성공적인 것이 되려면 모든 조합원의 이익이 상호적이어야 한다. 아내와 남편의 이익도 상호적인 것이 되어야 한다. 만일 내가 사업에서 어떤 사람과 조합 관계를 가진다면 그를 사랑하고 그와 협력해야만 한다. 왜냐하면 그가 1달러를 벌면 나는 그 반을 얻게 되기 때문이다! 우리의 이익은 상호적이다. 그보다 나를 더 사랑해서는 잘 어울려나갈 수가 없다. 장사와 손님의 관계도 그와 똑같다. 자본과 노동의 이익도 마찬가지이다. 아마 언젠가 그런 것이 인정될 날이 올 것이다. 사람들의 이해 관계는 국내든 세계든 마찬가지로 조합 관계이다. 언젠가 모든 지도자들이 이것이 진실이라는 것을 아는 날이 올 것이다. 함께 산다는 것은 협동조합의 기업인 것이다. 성공적인 인간 관계에는 이기라는 것이 끼어들 자리가 없다.

행복한 관계에는 예속의 느낌이 있을 수 없다. 거기에는 완전한 자유가 있어야 한다. 당신은 아무에게도 진실을 강요할 수 없다. 진실하게 행동하는 것이 자기의 이익이 된다고 믿을 때, 그리고 당신과 조합 관계를 갖고 싶다고 생각할 때만이 진실하게 되는 것이다. 각자에게 어디에 자기의 최대의 가치가 있는가를 선택하게 해야 한다. 물론 생각이 있는 사람이면 누구나 자기의 최대의 가치는 협동조합의 사업에 있다는 것을 인식한다. 먼길을 혼자 가는 것은 고달프다는 것을 잘 알고 있다.

두 사람이 조합 관계를 이루기로 정하고 조합의 계획을 만들 때, 즉 그들이 바른 동기를 가지고 다시 결혼을 할 때는 그리고 지난 일을 절대로 입에 올리지 않겠다고 약속할 때는 틀림없이 행복한 결혼 생활을 해나갈 수 있으며 건전한 기업을 쌓아올릴 수 있다.

당신이 결혼할 때는 예속이 아니라 자유를 기대한다. 사실에 있어서 결혼 생활의 중요한 영역에서는 이른바 '혼자 몸의 속 편함'보다 더 많은 자유를 기대할 수 있다. 이 더 큰 자유에 이르기 위해서는 언제나 얼마가량의 자유를 버려야 한다. 운전할 때 빨간불이 켜지면 차를 멈춘다. 그때 당신은 얼마 가량의 자유를 포기한 것이다. 그렇게 차를 멈추고 약간의 자유를 포기한 결과 사실은 더 많은 자유를 가지게 된다. 만일 거리에 교통신호라는 것이 없다면 안전도 자유도 거의 없어지게 된다. 빨간불이 켜져도 사람들이 멈추지 않는다면 모두가 자유롭지 않은 몸이 된다. 당신은 어느 만큼의 자유를 포기하고 더 많은 자유를 얻는 것이다. 이것이 당신의 결혼 생활이다.

우리는 상대방을 일방적인 의견으로부터 해방시켜 자유롭게 해주어야 한다. 그들에게 그들 나름의 의견을 가지게 하고 자신을 위해서 생각하게 하는 것은 어려운 일인지도 모른다. 그러나 결혼 생활에서 행복해지고 싶으면 상대방의 사생활 — 물질적으로나 심적으로나 — 에는 간섭하지 말아야 한다고 나는 단언하고 싶다.

우리는 상대방을 자유롭게 해주어야 한다. 구속은 그들로부터 뭔가를 얻어내기 위한 것이다. 그들을 사랑하기 때문이 아니라 나 자신을 사랑하기 때문에 하는 것이다. 모든 예속의 느낌으로부터 그를 풀어주어 자유롭게 해주어야 한다. 만일 종속시켜 놓으면 멀지 않아 그들로부터 저항이 인다는 것은 누구나 아는 사실이다.

조합의 동료에 대해서는 신뢰와 존경을 보내야 한다. 사업상의 조합원 사이에는 서로 신뢰를 가져야 한다. 한 동료가 물건을 팔러 나갔다면 사무실에 남아 있는 동료는 나간 동료가 어디 가서 트럼프 놀이나 하지 않나 술집에서 술타령이나 하지 않나 하고 생각해서는 안 된다. 조합의 동료 관계는 의무가 아니다. 자기가 스스로 책임을 질 때 외에는 책임도 아니다. 조합의 동료 관계는 특권이다.

행복한 결혼 생활을 바란다면 받을 줄 알 뿐 아니라 줄 줄을 알아야 한다. 잘 기억하라. 당신은 남편을 얻으려고 하는 것이 아니다. 아내를 가지려고 하는 것이 아니다. 좋은 조합 동료가 되려고 하는 것이다. 그것이 당신의 동기라면 당신은 행복한 결혼 생활을 누릴 권리가 있다. 거기서 당신의 인격을 세밀하게 검토하고 또 분석하라. 자기 자신에게 "나는 결혼을 하고 싶은가?" 하고 물어보라. 자기 자신을 잘 바라보고 자기의 인격에 무엇을 쌓아올려야 하는가를 파악하라. 자기에게 손을 대고 "나는 훌륭한 발견물이다. 나는 이상적인 사람 — 이상적인 배우자로부터 귀중하다고 인정받을 것이다. 그 이상적인 상대는 나와 조합의 동료가 되기를 원할 것이다" 하고 말할 수 있게 되기까지 자신을 다듬어라. 당신이 스스로 조합의 동료가 될 자격이 있다고 믿지 않는 한, 누구와 조합 관계를 가질 권리를 가질 수 없다. 당신이 그것을 믿을 수가 없는 것이다. 당신이 그것을 믿지 못하면 모든 것은 고달픈 투쟁으로 떨어지기 마련이며 싸움으로 얻은 것은 싸움에 의해서 지킬 수밖에 없다.

몇 년 전 어느 날 밤 나는 성공적인 결혼에 대해서 강연을 한 일이 있었다. 결혼하는 사람은 조합원이 되려고 생각해야 한다. 그리하여 자기는 귀중하다는 생각이 들기까지 자기에게 손짓을 하며 다듬어야 한다고 설명했다.

나의 강연에 언제나 빠짐없이 참석하던 한 여자가 이 회의장에 처음 나오는 한 남자 친구와 함께 왔다. 그 남자 친구는 나갈 때 "자아, 이제 한 가지 할 일이 생겼다" 하고 혼잣말을 했다고 한다. 그녀와 그 남자(그를 데이브라고 부르기로 하자)는 서로 깊은 관심을 가지고 있었으나 그 무렵 어떤 일로 한동안 멀어져 있었다고 한다. 그녀는 1년 반이나 그의 얼굴을 못 보고 6개월이나 소식을 못 받고 있었지만 그녀의 마음의 불은 꺼지지 않고 있었다고 한다. 강연이 있은 뒤, 그녀는 집으로 돌아가 그날 밤 강연에서 들은 일에 대해서 깊이 생각했다. 그리고 마침내 누구와 조합 관계를 가져야겠다고 생각했다. 자기와 딱 맞는 사람과 조합 관계를 가져야겠다고 결심하자 데이브가 자기에게 딱 맞는 사람처럼 생각되었다. 자기 자신을 훌륭한 조합원으로 만들기 위해서는 무엇을 해야 할까 — 그리고 그가 진정으로 자기와 조합 관계를 갖고 싶다고 생각하게 하기 위해서는 어떻게 하면 좋은가 하고 그녀는 열심히 생각했다. 그녀는 시간이 가는 것도 잊고 여러 가지 계획을 짰다.

새벽 3시경 그녀의 전화 벨이 울렸다. 데이브가 건 것이었다. 그는 말했다.

"잠을 잘 수가 없어. 당신에 대해서 계속 생각했어. 우리가 그 동안 관계를 끊은 것은 잘못이었다고 생각해. 우리 둘은 함께 있어야 할 것 같아. 비행기표를 사서 보낼 테니 이리로 오지 않겠어? 내가 가는 것은 지금 불가능해. 그리고 당신이 곤란할까 싶어서 왕복표를 사서 보냈어."

그녀는 바로 가겠다고 대답했다. 그러나 물론 돌아오는 비행기표는 사용하지 않았다. 데이브의 아내가 된 것이다. 요즈음 들리는 소문에 의하면, 그녀는 즐거운 결혼 생활을 하고 있다고 한다.

곡예사의 재주 넘기 같은 이야기로 들릴지 모르나 실지로 있었던 일이다. 그리고 우리는 그 일을 쉽게 이해할 수도 있다. 결국 생각해보면 마음은 우리 몸 안에만 있는 것이 아니라 공간에도 있는 것이다. 그녀가 데이브를 생각하면서 자기 마음을 가다듬고 있자니까 공간을 초월해서 데이브의 마음에도 무슨 일이 일어난 것이다. 당신과 누구 다른 사람도 무언가를 생각하고 있다가 같은 것을 동시에 말하기 시작한 경험이 몇 번 있을 것이다.

우리는 결코 다른 사람의 선택의 권리를 빼앗으면 안 된다. 선택하는 권리는 개성을 갖는 것이다. 만일 선택하는 권리를 누구한테서 빼앗으면 그 사람은 화를 낼 것이다.

만일 당신이 지금의 결혼 생활에 불만을 느낀다면 상대방을 재발견하라. 당신은 지금의 남편과 결혼했을 때 그를 사랑하고 있었음에 틀림없다. 그는 지금도 당신이 존경할 만한 몇 가지 성격을 가지고 있음에 틀림없다. 그러한 좋은 성격을 종이에 써서 표를 만들어보라. 그것은 어른이라면 누구나 할 수 있는 일이다. 그때 그의 결점에는 눈을 돌리지 말라. 그의 좋은 성격만을 자세히 보라. 두 사람의 다른 점을 부정적인 자본으로 삼고 출발하면 고난이 일어나게 된다. 사실은 그 차이가 인생을 흥미 있게 해주는 것이 아닌가! 그의 행복에 적극적인 흥미를 가지라. 성장하라! 어른이 되라! 그렇지 않으면 자기 자신만을 사랑하는 데 정신이 없을 것이다.

사랑은 소유하는 것이 아니다. 남에게 소유되어서 좋아할 사람은 없다. 사랑하는 사람과 또는 사랑해주는 사람과 같이 사는 것은 특권이지만 우리는 누구나 자기 자신에 속해 있는 것이다. 사랑은 두 사람을 관련시키지만 예속시키는 것은 아니다. 우리는 다른 사람에게 사랑받는 것을 좋아한다. 그 사람에 대한 특권을 가질 수 있기 때문이다. 그러나 스스로의 사랑을 표현함으로써 비로소 우리는 행복을 얻는다. 무엇을 하거나 두 사람 모두에게 좋은 일이 되어야 한다.

날마다 나는 사랑의 놀라운 힘에 깊은 감동을 받는다. 당신은 자기 자신을 사랑한다. 그리고 성장함에 따라서 다른 사람을 사랑하는 것을 배운다! 끊임없이 사랑을 확대해가는 것이다. 당신의 사랑은, 신의 사랑이 당신이라는 인격을 통해서 표현된 것이다.

우리가 신의 사랑이라고 부르는 우주의 사랑은 당신의 머리 위에 헤아릴 수 없을 만큼 풍부하게 쏟아지고 있다 — 공기, 햇빛, 좋은 땅이라는 형태로. 그런데도 신은 아무 보수도 바라지 않는다. 당신의 사랑이 완전한 신의 사랑의 표현이 되기 위해서는 누구를 소유하는 일은 그만두고 주는 사랑을 해야 한다. 사랑을 보내라! 당신은 받은 것도 많고 나누어줄 것도 많이 가지고 있다. 커다란 사랑의 우물은 절대로 마르지 않는다.

자기는 누구에게 사랑도 받지 못하고 친구도 없다는 결핍감의 뒷면에는 깊은 콤플렉스가 있으며 그 콤플렉스는 당신이 다른 사람을 거부하는 데에서 온다. 다른 사람들이 당신에 대해서 어떻게 생각한다고 보는가? 그들이 당신을 어떻게 생각한다고 짐작하든 그들은 하나도 그런 생각을 하지 않을 것이다! 그러나 당신은 그들이 나에 대해서 이러이러하게 생각하고 있다고 열심히 생각하므로 그들의 당신에 대한 생각은 자연히 당신의 그 믿음에 따라가게 될 것이다. 그들이 당신에 대해서 이러이러하게 생각한다고 믿는 그 병을 고쳐라.

나이에 대한 생각을 버려라. 늙어보이는 나의 외모는 언제나 나에게 손해라는 생각을 떨어내라. 경쟁의 관념을 버려라. 자기 자신에 대해서 신념을 가지라. 누구에 대해서 하는 말이든 그 말이 다시 당신에게 되돌아오면 곤란하게 될 소리는 하지 말아라. 마태오복음 12장 36~37절에 보면 당신은 "무슨 무익한 말을 하든지" 그에 대해서 책임이 있는 것이다. "심판의 날에 이에 대하여 심판을 받으리라"이다. 우리는 자신의 말에 의해서 자기를 비난하는 것이다!

입 밖으로 나온 말은 그림 — 영화 — 을 만들고 그리고 거기에 대한 판결을 받는다. 그 판결은 원인과 결과에 대한 자연법이 작용한 단순한 결말이다.

결코 남을 개혁하려 하거나 바꾸어놓으려고 시도하지 말라. 사람은 흔히 자기의 부정적인 생각이나 그림을 다른 사람에게 투사해서 그가 부정적인 생각을 가졌다고 보려고 든다. 자신의 결점, 죄악, 피해 같은 느낌을 떠넘기려고 하는 것이다. 자신의 사고 속에 있는 모든 종류의 특성을 다른 사람에게 돌림으로써 자기 자신의 결점을 덮어 숨기려고 한다. 그것은 자기를 속이는 일이다. 어떤 사람은 자기의 잘못된 의견을 바꾸려고 하기보다 차라리 다른 사람을 개혁하려고 나선다. 그러나 개혁이 필요한 것은 그 사람 자신이 아닐까. 자기는 죄가 있다는 느낌을 가지고 있기 때문에 그는 개혁이 필요한 것이다. 그가 죄악감을 갖지 않는다면 다른 사람들을 개혁하려는 생각 따위는 할 턱이 없다.

도덕적 노여움 — 다른 사람의 부도덕성에 대해서 화를 내는 것(그것은 사실은 우리가 할 일이 아니다) — 이 일어나는 것은 그 사람이 나쁘기 때문이 아니라 우리의 몸 안에 청소를 해야 할 것이 있기 때문이다. 다른 사람이 잘못했다 — 그것은 잘못이며 고쳐야 한다 — 는 생각은 우리 자신이 가진 결핍감이나 내부적인 불만족을 그에게 투사한 것에 지나지 않는다. 그것을 다른 사람에게 투사함으로써 그에게 떠맡기고 자기는 결점을 가졌다는 생각을 잊어버리려고 하는 것이다. 그것은 무거운 짐에서 자기를 건져내려는 그릇된 방법이다.

이기적 동기는 반드시 다른 사람에게 느껴지기 마련이다. 아무리 잘 덮어씌워도 눈을 가릴 수가 없다. 숨겨봤자 헛일이다.

따뜻한 우애가 담긴 미소로 선의를 보내라. 악수를 할 때는 당신의 우애가 당신의 손을 통해서 상대방의 손으로 전해지고 그가 그것을 느낀다고 믿어라. 당신 자신에게 말하라.

"나의 친구여, 당신에 대한 호의를 나는 의식한다. 이 악수를 통해서 당신은 그것을 느끼고 나의 미소에서 그것을 볼 수 있으리라. 우리의 이익은 상호적이다. 서로 이해하자. 우정이 우리 각자에게서 나와 또 각자에게로 되돌아온다."

구애를 위한 정신적 조처의 하나

"나의 눈은 모든 사랑스러운 것을 위해 열려 있다. 나는 결코 혼자가 아니다. 나의 사랑은 사람을 끌어당긴다. 나의 마음은 사랑에 응답한다. 나는 신의 큰 사랑이 내 몸에 가득 차 넘치게 하고, 사람들을 접촉함으로써 그에게로 흘러가 그의 병을 고치고 축복을 해준다. 그리고 그것은 천 갈래의 길을 통해서 다시 나에게 흘러들어온다. 나는 사랑스러운 것을 본다. 사랑의 음악 소리만을 듣고 사랑의 말만을 한다. 나는 사랑의 구현이다."

"나는 거짓 예언을 듣지 않는다. 다른 사람이 생각하고 행동하는 일에 동하지 않는다. 나는 바른 친구 — 나의 인생을 완성시켜 주고 내 속에서 완전함을 찾아내게 해주는 바른 친구 — 만이 있는 것을 안다. 그 사람들에 있어서 나는 바른 인간이다. 나의 사랑은 먼 땅 끝으로부터도 사람을 끌어오는 힘이 있다."

"큰 사랑의 법칙은 바른 행동만을 가져온다. 이상을 향한 나의 사랑은 완전한 나의 길동무 — 내가 그 사람을 필요로 하는 것처럼 그 사람도 나를 필요로 하는 사람 — 를 데려다준다. 나는 신의 무한한 선함을 믿는다. 나의 사랑은 확실하고 깨끗하고 참된 사랑이다. 나는 내가 가진 것 중에서 가장 좋은 것을 주며 나에게도 가장 좋은 것만이 돌아온다. 대 생명력으로 하여금 나에게 사랑을 가진 사람을 데려오게 한다. 그 사람 이 바로 오지 않아도 반드시 올 것을 나는 알고 있다. 그것이 대법칙이 다. 사랑은 절대로 일을 그르치지 않는다.

26
힘찬 인격을 쌓는 법

인격은 사람과 사람 사이를 이어주는 다리이다. 한 개인이 다른 개인과 교신하는 수단이다. 인격은 진짜 그 사람은 아니지만 당신이 어떤 사람을 보고 접촉하고 듣는 한은 그 사람이다. 인격은 대생명력을 표현하는 수단이다. 당신은 인격을 통해서 표현되는 무한의 대생명력이다.

대생명력은 다채로운 소질과 동적 재능 같은 것을 모두 가지고 바로 당신이 된 것이다. 그것은 무한의 대생명력이 당신으로 인격화되어 나타난 것이다. 당신은 당신의 상상력을 통해서 대생명력의 이러한 소질을 표현할 수 있다. 당신 몸 안의 활력으로, 또 외관상의 매력으로, 개인적 위력으로, 또 전 인격의 자력으로 그것을 표현할 수 있다. 당신의 인격은 진짜 자신을 표현하는 도구이거나 통로이다. 만일 당신의 인격이 색이 바랜 볼품없는 빛깔이면 당신은 대생명력의 소질을 매우 한정된 방식으로밖에 표현하지 않고 있는 것이다. 만일 그것이 색채가 눈부시고 사람을 끌어당기는 힘이 있고 힘찬 인격이면 당신은 대생명력의 무한한 소질에 풍부하고 완전한 표현을 주고 있는 것이다.

사람은 누구나 자기 성격에 충실, 진실, 정직, 재간, 침착, 호의, 정중, 아름다움 같은 특질을 쌓아올리길 바란다. 누구나 자기의 안 좋은 경향을 버리고 바람직한 것으로 바꾸고 싶다고 생각한다.

사람은 누구나 자기가 바라는 대로의 성격을 가질 수가 있게 되어 있다. 당신은 계획을 세워서 당신이 바라는 성격을 몸에 지닐 수 있다. 완전한 인격의 모든 요소가 이미 당신 안에 있으며 이들 요소나 특질은 어느 것이나 당신이 채택하는 데 따라서 표현할 수 있다. 그러나 당신이 스스로 선택해야 한다. 당신이 체험하고 싶은 어떤 적극적 특질을 표현하겠다고 스스로 선택해야 한다. 그 선택하는 힘은 당신 안에 있다. 대생명력과 대생명력의 모습 전부를 활발하게 표현하면 할수록 당신의 인격은 더욱 위력을 가지고 동적이고 자력적인 인격이 된다.

사람들에 대한 사랑, 대생명력에 대한 사랑은 당신의 눈을 통해서, 목소리를 통해서, 행동을 통해서 표현된다. 당신 내부의 행복은 조용하고 우애에 찬 미소에 나타난다. 당신의 선의는 힘찬 악수에 의해서 표현된다. 당신의 자기 평가는 깨끗한 인격과 매력 있는 개성이 되어 표현된다. 이렇게 당신 안에 본래 있는 성질을 활발하게 하고 그것을 자동적으로 표현하는 것이, 인격에 객관적 변화를 만들려고 하는 것보다 훨씬 좋은 방법이다. 가령 실제로는 행복감을 느끼지 않는데도 쾌활한 체하거나 마음속에 무력감을 느끼면서도 발걸음에 용수철을 단 것처럼 힘차게 걸으려고 하면서 객관적 변화를 만드는 것보다 훨씬 나은 방법이다.

내부의 힘은 상상력에 의해서 방향을 갖게 된다. 그러므로 자신이 바라는 모습을 자신이 가지고 있다고 상상하라. 분명하고 뚜렷하게 세부에 이르기까지 마음의 영상을 만들라. 활력 있고, 매력 있고, 자력적이고, 위력이 있는, 그리고 현명한 선택을 하는 자기 자신을 마음의 눈으로 바라보라. 푸근한 마음을 가지고 행복하고 자신감이 있고, 당신도 그들을 사랑하고 그들도 당신을 사랑하는 사람들에 둘러싸여 있는 자기 자신을 바라보라. 이 이미지를 계속 마음속에 간직하라. 그 이미지는 이내 현실의 모습을 갖추고 나타나 당신의 체험 속에 형성될 것이다.

건전한 사람은 사랑하고, 웃고, 그리고 행복하다. 어떤 사람들은 대생명력에 반항하고 화를 내고 대생명력과 싸운다. 훌륭한 성격의 사람은 대생명력을 사랑하고 열의를 가지고 자신을 대생명력에 투입한다.

잠깐 이런 일을 생각해보자. 당신의 손으로 땅에 심은 조그만 나팔꽃 씨앗을 한번 생각해보라. 그 씨앗은 대생명력이 자기 자신을 표현하는 중심이다. 그 씨앗 속에 한 식물의 형(型)이 들어 있는 것이다. 씨앗을 땅에 심으면, 흙, 물, 광물질, 공기, 일광 같은 모든 생산의 요소가 그 씨앗 위에 모여 씨앗에 흘러들어간다. 씨앗이 필요로 하는 것은 모두 와서 씨앗을 돕고, 자연은 자기의 계획 — 하나의 창조 — 을 완성하는 것이다. 그리하여 씨앗은 자기의 운명을 다하는 것이다.

여기에 한 남자가 있다. 그도 역시 대생명력이 그를 통해서 스스로를 표현하려는 하나의 중심이다. 사람은 씨앗이나 마찬가지로, 훌륭한 인격을 이루는 데 필요한 모든 요소에 둘러싸여 있다. 그러니 씨앗이 필요로 하는 것들이 씨앗에 흘러들어가는 것처럼 사람어 필요로 하는 것이 그에게 흘러들어가지 않는다고 어찌 생각할 수 있겠는가. 그는 또 자연계나 좋은 땅에 둘러싸여 있고 그를 사랑하고 그와 협력하고 그에게 좋은 것을 주게 될 사람들에게 에워싸여 있다. 어째서 대생명력이 그에게 봉사하지 않는다고 할 수 있겠는가! 만일 그렇게 말한다면 그것은 씨앗은 말없이 받아들이는데 사람은 거절하기 때문이다. 씨앗은 따지지 않는다. 자기의 환경과 싸우지 않는다. 거스르지 않고 화내지 않고 싸우지 않는다. 무서워하지도 않고 달아나지도 않는다. 자기를 땅에 주어버리고 모든 일을 내맡긴다. 하도록 마련되어 있는 일을 하고 있으며 대생명력은 씨앗을 위해서 일하고 있는 것이다. 그러나 사람은 흔히 무서워한다. 달아나려고 한다. 협력을 거절하는 것이다. 그 때문에 대생명력은 그에게 좋게 해줄 수가 없다. 대생명력이 그를 위해서 준비한 좋은 것으로부터 그는 몸을 빼고 있는 것이다. 저항은 자기 주위에 성벽을 쌓고 대생명력이 좋은 것을 건네주는 길을 막아버리는 것이다. 더구나 그는 씨앗보다 훨씬 훌륭한 자질을 가지고 있다. 즉 자유 의사에 따라 행동하는 힘을 가지고 있다. 그는 자기가 선택하는 대로 돌아다닐 수 있다. 그는 더 좋은 환경에 들어설 수 있다. 그러나 씨앗은 놓여 있는 환경을 그대로 받아들이고 그것을 최대한으로 이용할 뿐이다. 우리는 씨앗에게 교훈을 얻어야 한다.

약진하는 힘을 가진 힘찬 사람은 대생명력이나 다른 사람이나 자기 자신을 건전하게 사랑한다. 자기를 둘러싼 것에서 좋은 것을 본다. 다른 사람에게서 좋은 것을 본다. 발전적인 생각의 방식을 갖는다. 대생명력의 의도에 진실하다. 우리가 받아들이는 대로 주는, 무한의 착한 대생명력에 둘러싸여 있는 것을 느낀다. 푸근한 마음과 친절한 태도를 가진다. 언제나 다른 사람의 행복을 기뻐하고 그들을 도와주는 것을 좋아한다.

여기서 나는 어떤 부인이 생각난다. 그녀는 60세가 넘었는데 늘 미소를 띠우기 때문에 얼굴에 주름이 거의 없었다. 곁에 있으면 나도 저절로 즐거운 느낌이 드는 부인이었다. 그러나 그녀는 젊었을 때 큰 비극을 체험한 사람이었다. 어떤 사고로 약혼자를 잃고 그녀 자신도 얼굴에 큰 상처를 입었다. 그녀는 5년 동안이나 어두운 방에 틀어박혀 누운 채 사람을 만나려고 하지 않았다. 그러나 마침내 마음을 고쳐먹고 봉사에 자기를 바칠 결심을 하고 간호사가 되었다. 나는 이 사람보다 더 밝고 영광에 차고 약동적이고 그러면서도 침착한 사람을 본 적이 없다.

나는 나의 친구로부터 곱추로 태어난 한 소녀의 눈물겨운 미담을 들었다. 친구는 미술가 지망생들에게 통신교수를 해주는 학교를 위해서 일하고 있었다. 집에서 공부하려는 사람들에게 교재를 팔러 다녔는데 어느 날 올리버라는 이름의 한 부인으로부터 와달라는 부탁을 받고 가보았다. 17세가 되는 그녀의 딸을 위해 교재를 사겠다는 것이었다. 올리버 부인의 말에 의하면 그 소녀는 미술적 재능은 있지만 매우 큰 문제를 안고 있다고 했다. 자기 자신을 포함한 모든 사람들을 싫어하는 것이었다. 매우 신경질적이고 침울하고 비통한 성격에 집 밖으로 나간 적이 거의 없고 자기는 세상으로부터 따돌려졌다고 느끼는 것이었다. 그 까닭은 그녀가 다른 사람들과 다르기 ─ 곱추이기 ─ 때문이었다. 그때문에 그녀는 완전히 비뚤어져서 인생을 멸시하는 태도를 보임으로써 가족들을 어쩔 줄 모르게 만드는 것이었다.

내 친구는 미술가일 뿐 아니라 정신과학의 성실한 연구생이었다. 그는 정신의 힘을 알고 있었으며 그 소녀를 어떤 특이한 방법으로 구할 수가 있었던 것이다. 처음 내 친구가 그녀를 만났을 때 그녀는 심술궂고 무뚝뚝하고 사람을 믿지 않으며 투쟁적이었다. 그러나 그는 그것을 모른 체하고 그녀가 흥미를 나타내는 미술교육 과정에 들어가면 공부를 도와주겠다고 약속했다. 소녀의 이름은 에마였는데 그녀는 자기 모습이 보기 싫을 뿐 아니라 자기 이름도 매우 싫다고 씁쓸하게 말했다.

"좋습니다. 그럼 당신의 이름을 바꿉시다. 어떤 이름이 좋습니까? 어떤 이름이 아름답다고 생각합니까?" 하고 이 영리한 친구가 물었다.

그 말에 에마는 패트리샤라는 이름이 마음에 든다고 털어놓았다.

"좋아요. 그럼 지금부터 이름을 패트리샤로 바꿉시다. 패트리샤 올리버, 좋은 이름이군요. 어머니와 상의해서 법적 수속 밟고 이름을 바꿉시다."

그녀의 어머니도 협조적이었으며 이윽고 에마는 정식으로 패트리샤가 되었다.

이것만으로도 소녀는 놀라운 변화를 나타냈다. 그녀는 자기가 아름다움과 동일한 것이 되었다고 생각함과 동시에 이때까지와는 다른 사람처럼 느끼고 행동했다.

친구는 몇 권의 책 — 내가 쓴 책도 그 중 하나였다 — 을 그녀가 읽기를 바라고는, 잊어버린 것처럼 놓고 오기도 했다. 날이 지남에 따라서 패트리샤와 내 친구는 창조하는 정신의 위력에 대해서 자주 이야기하게 되었다.

"패트리샤, 당신은 이제 그렇게 귀여운 이름을 가졌으니까 그러한 이름을 가진 사람은 마땅히 이러한 모습이어야 한다고 당신이 생각하는 대로의 초상을 유화로 그려주었으면 해요. 물론 당신 자신의 초상이지요. 자화상이에요. 당신의 참다운 내면의 아름다움이 당신을 닮은 육체적 특징에서 비쳐나오도록 그려주세요" 하고 부탁했다.

패트리샤는 자기 자신의 초상을 그렸으며 몇 달에 걸쳐 수정에 수정을 거듭하였다. 그때마다 그녀 자신 속에 있는 아름다움을 찾아냈고 수정할 때마다 초상화는 더욱 깊은 미를 자아냈다. 그녀가 참다운 자신을 깊이 탐구하게 되었기 때문이었다. 그 그림을 그리는 동안에 패트리샤는 미술 전람회에서 일등상을 탔을 뿐 아니라 전혀 새로운 사람으로 바뀌었다. 그 몇 달 동안에 그녀는 완전히 성격이 달라졌다. 눈부실 만큼 밝은 성격의 사람이 되었고 자신감을 가지고 세상에 발걸음을 내딛었으며 예술가로서 사람들의 부러움을 받는 지위를 확보했다. 그녀의 성공은 드디어 확고한 것이 되었고 그녀의 일터에는 항상 그녀의 애호가들이 넘쳐흘렀다. 친구가 내게 말한 바에 의하면 패트리샤의 새 친구들은 그녀에 대해서 이렇게 말한다고 한다.

"가만히 잘 보면 패트리샤는 아닌게아니라 육체의 결함을 가지고 있어요. 하지만 너무나 밝고 화려하고 재미있는 사람이기 때문에 우리는 그녀의 결점을 깡그리 잊어버리게 돼요. 그녀의 내부의 아름다움이 태양처럼 비쳐나오고 있어요."

잘 기억하라. 사람들은 보기 싫은 인격적 특징의 껍데기로 자기 자신을 싸고 있지만 그 안에는 완전한 인격이 될 수 있는 잠재력이 들어 있는 것이다. 시인 브라우닝은 말했다.

"진리는 우리 안에 있다. 당신이 무엇을 얻든 그것은 바깥의 것으로부터 높여지는 법이 없다. 우리 모든 사람들은 저마다 깊숙한 중심이 있으며 거기에 진리가 완전한 터전을 잡고 있다. 그리고 그 주위는 벽이 층층 에워싸고 거친 근육이 그것을 가두어놓고 있다."

브라우닝은 이런 말도 했다.

"우리가 알아야 하는 것은 이 유폐된, 눈부시게 아름다운 것이 밖으로 빠져나오게 하기 위한 길을 트는 일이다. 밖에 있다고 생각되는 빛을 위해서 들어올 입구를 만드는 것이 아니다."

진리는 몸 안에 이미 완전한 모습을 하고 있으며 우리의 임무는 그것을 나타내는 것이다. 사람에 따라서는 겨우 눈꼽만큼 나타내기도 하고 또 엄청나게 많이 나타내기도 한다. 만일 그것을 건전하고 발전적으로 표현하지 않는다면 그 사람의 한심스런 버릇의 그물이 참다운 완성이나 참다운 인간성을 꽁꽁 묶어서 열 겹 스무 겹으로 에워싸버린다. 인격 개발의 과제는 사고나 행동 속에 있는 나쁜 버릇을 온건하고 좋은 사고나 행동으로 바꾸어놓는 것이다. 우리가 본능적으로 아는 것은 우리의 내부의 지도력이 자신의 행동을 더 완전한 방향으로 돌리려고 하기 때문에 알게 된다. 그것에 귀를 기울이자.

자기가 사고의 습관에 얽매지 않는다는 것을 인지하라. 우리의 참다운 자기는 지혜와 위력을 가지고 있다. 우리가 일단 자기 자신을 신성의 실재로 인정하게 되면 자기의 생활에 방향이 잡힌다는 것을 알게 되리라. 사고나 태도나 신념을 통해서 자동적으로 체험 속에 좋은 것을 가지고 오게 될 것이다.

따뜻한 미소를 띠우며 눈을 통해서 사랑과 선의를 표현하는 당신 자신을 상상하라. 다음과 같이 자신에게 말하면서 다른 사람과 인사하고 있는 자기 자신을 상상하라.

"나의 눈, 미소, 악수는 호의와 우정을 그에게 말해준다. 나의 인격은 성실한 좋은 인상과 이해를 표명한다. 내가 그를 좋아하는 것을 그는 알고 있다. 그는 나의 호의를 느낀다. 나의 멋진 외모는 그를 끌어당기며 나에 대한 호감을 불러일으킨다."

"내가 옆에 있으면 그는 언제나 기분이 좋다. 사람들은 자동적으로 더 즐거운 곳에 끌려간다. 나는 자신감이 있고 정중하고 재치 있고 친절하고 쾌활하고 열심이다. 내가 옆에 있으면 사람들은 기분이 좋다."

"나는 다른 사람의 말을 열심히 듣는다. 남의 성공을 기뻐하고 그들의 고난을 동정한다. 다른 사람들에게 자유를 주고 그들이 생각하고 계획하고 선택하는 대로 달성할 수 있게 돕는다. 나는 지배와 통제를 하려고 하지 않는다."

"나는 우정을 가지므로 친구를 끌어당긴다. 나 자신을 존중하고 다른 사람의 의견이나 권리를 존중한다. 어떠한 사태에서도 좋은 일이 올 것을 기대한다. 확신 있는 악수를 한다. 목소리는 힘차고 자력적이고 잘 울린다. 품위가 있고 존경을 부른다. 나의 외관은 내부의 자신감과 힘을 반영한다. 몸의 각 부분은 깨끗하고 결점이 없고 인간적 자력이 맥박치고 있다. 언제나 손질이 잘 되어 있다. 입는 것을 조심스럽고 현명하게 선택한다. 옷은 조용하고 침착하고 강한 인격을 반영한다. 성실하고 정직하다. 만나는 사람마다 나의 고결함을 느끼게 된다. 나의 상상력 속에는 나의 이상적인 인격의 뚜렷한 그림이 있다. 나는 그 이상을 나 자신으로 생각한다."

27
새로운 습관을 만드는 법

우리는 바른 자세로 앉아서 이야기하는 것을 배운다. 자동차를 운전하는 것도 배운다. 만일 우리에게 습관이라는 것이 붙을 수가 없다면 어떻게 될까? 습관을 붙이는 능력이 우리에게 없다면 이야기를 하면서 라디오를 듣고 동시에 자기의 다음 활동을 계획하는 일 같은 것은 도저히 할 수가 없으리라.

우리는 한 가지 일을 배우면 그것을 잠재의식 또는 몸 안의 신(神)에게 맡기게 된다. 그러면 다음부터 일일이 머리를 쓰지 않아도 저절로 그 일을 할 수 있게 된다. 자동적인 습관 행동은 정신의 놀라운 능력 중의 하나이다. 이것은 거의 기적에 가까운 것이라고 할 수밖에 없다. 기계를 운전하는 것, 걸음을 걷는 것, 쓰는 것을 배울 때는 그 조작 하나하나를 의식을 사용해서 해야 한다. 그러나 배우고 나면 몸 안의 잠재의식이 그것을 가져가서 맡아두었다가는 필요하게 되면 꺼내어 우리 몸이 습관과 버릇으로 행동하게 하는 것이다. 우리는 생각이나 행동의 습관을 의식적으로 계속 새로 만들 수 있기 때문에 성공적으로 살 수 있는 것이다. 그것에 대해서 좀더 자세히 이야기해보자.

사람은 자유 의사를 가진 존재이므로 무엇이든 그가 채택하는 대로 자기의 힘을 사용할 수 있다. 생각이나 행동에 있어 좋은 버릇을 만들 수도 있고 나쁜 버릇을 만들 수도 있다. 만일 그가 자기의 힘을 파괴적으로 사용하면 결과에 괴로워해야 한다. 모든 악덕은 도덕을 뒤집어놓은 것이라고 한다. 나쁜 것은 모두 뭔가 좋은 일을 그릇된 방법으로, 혹은 그릇된 목적으로 사용했다는 것을 의미한다.

신념도 그릇된 방향으로 사용할 수가 있다. 그것을 자신에게 거슬리는 공포로 사용하면 자기에 대해서 죄를 짓는 것이 된다. 사랑이나 연모의 정을 그릇된 방향으로 향하게 할 수도 있다. 그렇게 되면 고난을 불러일으키게 된다. 대생명의 위력에 그릇된 방향을 주도록 상상력을 사용해서 실패의 체험을 가져올 수도 있다. 그러나 한편 신념이나 사랑이나 상상력을 건전한 방향으로 되돌릴 수도 있다. 우리는 몸의 힘이나 팔의 힘을 누군가 다른 사람을 해치는 데 쓸 수도 있고 또 그 사람을 돕는 데 쓸 수도 있다. 그와 마찬가지로 우리는 건설적인 습관을 만들 수도 있고 파괴적인 습관을 만들 수도 있다. 습관을 만드는 것은 우리가 지령을 내릴 탓이다.

어떤 사람들은 나쁜 습관에 지배되고 있다는 말을 나는 듣는다. 그들이 자기의 습관을 바꾸려고 하지 않는 한 습관에 지배되는 것을 벗어날 수 없다. 그러나 정신이 만든 것은 정신이 고쳐만들 수 있다. 우리는 습관 없이 살 수 없지만 습관의 노예가 되서는 안 된다. 습관이야말로 우리의 하인이 되어야 한다. 우리가 건설적인 습관을 가질 때 행복을 체험할 수 있다. 습관이 우리를 지배하게 된다면 그것은 우리가 그것을 바꾸

294

는 데 필요한 수단을 쓰지 않았기 때문이다. 신으로부터 주어진 선택의 권리를 소홀히 한 것이다. 우리 몸 안에는 방향을 돌려놓는 힘이나 몸 안의 창조하는 힘을 의식적으로 지배하는 힘이 있다.

흔히 세상 사람들은 "신이 나를 이렇게 만들었으므로 나는 이대로 살 수밖에 없어" 하고 말한다. 그러나 그것은 무력증의 표명이다. 채택하고 결정하는 각자의 힘을 거부하는 것이다. 주벽을 가지고 태어난 사람은 없다. 원래 술고래인 사람은 아무도 없다. 그는 선택하는 힘을 가진 완전한 인격이었으나 불행하게도 과음하는 나쁜 버릇에 빠진 것이다. 그가 시작한 일이므로 그가 그것도 바꿀 수 있다. 그것은 결코 그의 일부가 아니다. 낡은 길에 머무르냐, 새 길을 열고 나아가느냐 하는 것은 그가 선택할 일이다. 이 세상에 원래 이기적인 사람은 없다. 자기가 갖고 싶은 것을 남의 권리를 돌보지 않고 손에 넣으려고 하는 나쁜 버릇을 가진 사람이 있을 따름이다. 원래 교만한 사람이 있는 것이 아니다. 으스대는 버릇을 가진 사람이 있을 뿐이다. 실패한 영락자(零落者)는 없으나 실패하는 버릇을 가진 사람은 있다. 게으름뱅이는 원래 게으름뱅이가 아니다. 흥미를 느낄 만한 건설적인 활동을 아직 그가 모르고 있을 뿐이다.

우리는 선택하는 힘이 있고 생활의 방향을 고쳐잡는 힘이 있다. 우리는 모두 습관과 버릇을 가지고 있다. 그 대부분은 좋은 것이지만 몇 가지는 바꾸어야 할 것이다. 충고해둘 것은 절대로 습관을 무리하게 내버리려고 해서는 안 된다. 그보다는 새로운 습관으로 바꾸어놓는 것이 낫다. 억지로 습관을 버리려고 하면 오히려 습관이 당신을 파괴하게 될 것이다. 바라는 것을 선택할 수 있는 당신 본래의 힘을 사용하라. 그러면 어떠한 습관이든 버릴 수 있다. 그것을 파괴하는 것이 아니라 다른 것으로 바꾸어놓자는 것이다.

어렸을 때 썰매를 타고 고갯길을 미끄러져 내려온 경험이 있는가? 먼저 썰매를 언덕 위로 가지고 올라가서 눈 위에 내려놓고 눈 위에 자국을 만들면서 밀고 내려간다. 다시 한번 언덕 위로 가지고 올라가면 이번에는 썰매가 아까의 자국을 따라서 처음보다는 편하게 빨리 내려간다. 이렇게 두세 번 반복하면 눈이 굳어져서 썰매가 달리는 좋은 길이 난다. 그러면 이제 언덕 위에 썰매를 가지고 올라가 그저 그 길 위에 내려놓기만 하면 된다. 그러면 아무 노력도 필요 없이 썰매는 저절로 눈길을 따라 미끄러져 내려가게 된다.

우리의 습관도 그와 마찬가지이다. 제일 처음 어떤 일을 할 때는 그 일을 의식하면서 방향을 잡아주는 노력이 필요하고 약간의 참을성이 필요하다. 무슨 습관이든 새로 선택하게 되면 그것을 위해서 자국이나 길을 내주어야 한다. 만일 옛자국이 당신을 그쪽으로 끌고 가려고 하면 딸려가지 않도록 애를 써야 한다. 이제까지와는 다른 방향으로 나아가려고 할 때는 의식적으로 새 길을 닦아야 한다.

우리는 오늘날 우리의 두뇌 속에 무슨 일이 진행되고 있는가를 생리학적으로 알고 있다. 우리의 신경은 전화줄과 같은 것이다. 지각신경은 외부의 정보를 뇌에 전해준다. 그것을 받은 뇌가 운동을 하라는 명령을 내리면 그 지령을 운동신경이 급히 근육에 전해준다. 혹은 지각신경이 정보를 뇌에 전해주면 그 정보는 뇌의 다른 부분으로 전해져서 거기서 정보가 분석이 되고 사고가 진행된 끝에 무엇을 할 것인가 하는 결정이 내려진다. 이 결정은 다시 운동신경에 의해서 무슨 행동을 하라는 지령을 근육에 전해주게 된다. 간단한 도식으로 설명하면 이런 일이 뇌 속에서 진행되고 있는 것이다.

누가 당신에게 무슨 말을 했다고 하자. 그 소리는 귀로 들어와 뇌의 청각중추로 간다. 그러면 뇌의 다른 부분에 전달되어 정보를 분석하여 어떤 답을 할까를 결정한다. 결정된 지령은 말을 하는 중추로 전해지고, 거기서 무슨 말을 하라는 명령이 신경을 통해서 입으로 전달되는 것이다. 또 다른 명령은 얼굴의 근육으로 가서 얼굴을 찌푸리라고 하거나 웃으라고 명령할 수도 있다. 뇌에 들어온 정보 하나에 대해서 대답하는 방식이 수를 헤아릴 수 없을 만큼 많다. 그래서 당신은 같은 일에 대해서 미소를 지을 때도, 달아나거나 대항할 때도 있다. 얼굴을 찌푸릴 수도 있고 싸울 수도 있고 무언가 의견을 말할 수도 있다. 선택할 가능성은 무한히 많다. 어떻게 결정하느냐 하는 것은 당신의 추리력, 감정, 지난날의 경험 등에 따르며 그 밖에도 많은 인자들이 이 결정에 작용한다.

당신이 어떤 일을 분석하고 결정을 내려 어떤 행동으로 나갔다고 하자. 같은 일을 또 겪게 되면 전에 결정한 경험이 있기 때문에 그 문제에 대해서는 이미 길이 나 있어서 처음에 나간 것과 똑같은 명령이 나가게 된다. 두 번째에는 무엇을 할 것인가를 결정하고 행동으로 나아가기까지 먼젓번보다 시간이 적게 걸린다. 그에 대한 의식의 활동도 적다. 이리하여 습관의 흔적이 뇌 속에 길로 패어서 나게 된다. 그리고 같은 정보가 들어올 때마다 차차 의식을 덜 쓰면서 같은 명령이 자동적으로 나가게 된다. 습관의 길은 차차 더 깊게 패인다. 이렇게 습관이란 자동적인 것이지만 처음에는 의식을 가지고 선택함으로써 만들어졌던 것이다. 신경학자는 섬세한 전기적 연락망이 뇌 속에 있어서 정보가 들어오는 입구에서 명령이 나가는 출구까지 전깃줄처럼 이어져 있기 때문에 일단 습관이 만들어지면 의식적인 사고는 필요 없게 되고 저절로 줄을 따라가게 된다고 한다. 그래서 우리가 어떤 사람의 얼굴을 보면 그 사람의 이름을 저절로 부르게 된다. 그리고 또 습관에 따라서 그 사람을 보고 미소를 짓거나 얼굴을 찌푸리거나 하게 된다.

보통 사람의 두뇌 속에는 그러한 연락망이 몇 백만 개나 있다. 그것은 매우 미묘하고 복잡한 기구이다. 가령 어떤 사람을 보면 얼굴을 찌푸리는 버릇이 당신에게 있다고 하자. 그러나 어느 날 얼굴을 찌푸리면 좋은 결과가 나오지 않는다는 생각에서 그 버릇을 고치려고 한다. 그 다음에 그 사람을 보면 당신은 조심을 하게 된다. 그 행동이 새 길을 낸다. 웃으라는 새 명령을 내보내는 것이다. 다음 그 사람을 만날 때는 일이 먼저보다 좀 쉬워진다. 그러는 동안에 새 길이 나고 그 사람을 볼 때마다 자동적으로 웃게 된다. 그러나 역시 한동안은 '썰매'가 새 길로 잘 들어가는지 조심스럽게 지켜보아야 한다. 그러다가 시간이 지나면 옛길은 차차 희미해지고 새 길이 매끈하게 굳어져서 생각하지 않고도 쓸 수 있게 된다.

내가 아는 어떤 사람은 위스키를 많이 마시는 나쁜 버릇이 있다. 그는 '썰매'를 몇 번이나 과음의 길로 밀고 나갔다. 하루에 몇 번이나 미끄러져내리기 때문에 길이 반들반들하게 굳어져버렸다. 그리고 '썰매'가 매우 자주 통제력을 잃었다. 그래서 그는 이래서는 안 되겠다고 술을 조금만 마시자고 작정했다. 다시 말하면 그는 새로운 길을 내는 일을 시작한 것이다. 그러나 그것이 잘 되지 않았다. 그가 말했다.

"집을 나서서 술 친구들하고 몇 잔 마시면 금방 기분이 들떠서 소란을 피우게 됩니다. 자신을 누를 길이 없습니다. 왜 나는 조금만 마시고 그런 소란을 피우지 않을 수가 없을까요?"

왜 그렇게 되는가를 우리는 '썰매'를 가지고 설명할 수 있다. 그는 언덕 위에 올라 '썰매'를 조금 밀었다. 그는 썰매가 저 아래까지 내려가지 않고 조금만 가다가 멈춰서기를 바랐던 것이다. 그러나 길이 너무나 반들반들하고 잘 미끄러져서 썰매가 멈추지 않고 아래까지 미끄러져 내려갔던 것이다. 나는 그에게 새로운 길을 내고 옛길이 희미해지면 많이 마실 위험이 적어져서 한 잔만 마시고도 그만둘 수 있게 된다고 말했다. 그러나 지금으로서는 아무래도 위험하니 한동안 술 마시는 '썰매' 길에 가까이 가지 않는 것이 좋겠다고 했다.

새 습관을 만들려면 먼저 그것이 바람직한 습관이라는 것을 스스로 확신해야 한다. 종교에서는 확신이라는 것을 대단히 강조했다. 그것은 의심을 품지 않고 믿는 것이다. 확신을 할 때는 결심을 한 것이 된다. 그래야만 그는 새로운 행동의 계획에 발을 내디디게 되는 것이다. 결심하지 않으면 낡은 길로 미끄러져 내려가게 된다. 결심을 하고 나서 새 길이 닦아지고 잘 미끄러지게 되기까지 이 길로 계속 다녀야 한다. 그렇게 하고 나면 새 길도 옛길과 마찬가지로 쉽게 미끄러져 내려갈 수 있게 된다.

또 하나 다른 설명을 하자면, 활력과 건강이 넘치는 친구를 어느 날 당신이 만났다고 하자. 어떻게 그렇게 건강할 수 있느냐고 묻자 그는 아침마다 냉수로 샤워를 하는 습관이 있기 때문이라고 대답했다. 당신은 아침마다 냉수로 샤워를 하는 것은 건강에 좋은 일이구나 하고 생각하게 된다. 그리고 나도 그 친구같이 건강체가 되었으면 하는 욕구를 갖게 된다. 드디어 당신은 확신을 하게 된다. 그리고 그것을 실천하겠다고 결심한다. 결심한 후에 결국 당신이 바라는 결과를 선택하게 된 것이다.

새로운 습관을 만들 때에 그 습관의 좋은 점에 계속 주의를 기울이고 있으면 그것은 그다지 어려운 일이 아니다. 욕구하는 일에 좋은 결과를 얻을 수 있다는 생각을 가지고 사는 것이다. 결심을 하면 감정의 에너지를 그 방향으로 해방하게 된다. 결심을 하면 일을 이미 반은 한 셈이다.

당신은 결심을 하고 준비를 한다. "내일 아침부터 나는 냉수 샤워를 시작하겠다" 하고 말한다. 시계가 15분 더 빨리 울리게 해놓는다. 샤워를 꼭 하겠다고 자기 자신에게도 말할 뿐 아니라 그와의 약속을 깰 수 없을 만한 누구 다른 사람에게도 공언을 하며 약속을 한다. 그것은 말하자면 서약서에 서명을 하는 것과도 같은 일이다. 어떤 사람은 또 신에게 약속한다. 이것은 자기 자신에게 강한 인상을 주려는 것이다. 왜냐하면 그 약속은 당신 자신에게 하는 것이기 때문이다. 그리하여 비로소 그 행동을 시작하게 된다. 당신이 결심한 것이다. 그러므로 당신이나 다른 사람이 그 일에 찬물을 끼얹어 그만두게 하는 일이 없는 동안에 어서 이 일을 시작해야 한다. 시작을 늦출수록 시작하기가 어려워진다. 결심을 하고 나서 연기를 하면 자꾸 연기하고 싶어진다. 자기에게 핑계를 대서는 안 된다. "너무 춥다"든가 "오늘은 늦게 일어났으므로" 하는 따위의 핑계를 대서는 안 된다. "오늘이 그날이다" 하고 결심을 해야 한다.

첫 냉수 샤워를 함으로써 당신은 오랫동안 계획했던 일을 실천한 것이다. 처음에는 춥고 몸이 떨릴 것이다. 그러나 내일은 몸이 좀 덜 떨리고 그 다음날은 더 쉬워질 것이다. 계속함에 따라서 새로운 습관이 만들어진다. 몸 안에는 낡은 편한 길을 가고 싶다는 부분이 있어서 "이렇게 고통스럽게 살게 뭐냐?" 하고 반대 의견을 내놓기도 할 것이다. 사흘째가 되면 "오늘은 편하게 하루 빠져볼까?" 하는 생각이 떠오를지도 모른다. 만일 그렇게 한다면 자기도 모르게 지난날의 길을 걸어가게 될지도 모른다.

자아, 여기에 새 습관을 만드는 데 도움이 되는 좋은 방법이 있다. 사람은 누구나 보상을 바란다. 바른 일을 했을 때는 만족감을 얻을 권리가 있다고 느낀다. 출발을 잘 했을 때는 자기에게 무언가 한턱을 내라. 우리는 모두 인정받고 감사받기를 좋아한다. 그러므로 자기 자신에게 감사하라. 자기 자신에게 감사한다는 것을 증명하라. 사탕을 한 상자 산다든가 무언가 자기에게 한턱을 낸다든가 해서 감사의 뜻을 나타내라.

이것이 습관을 새로 만들 때 밟는 대강의 단계이다. 이 단계는 냉수 샤워를 하는 데, 낙천적인 인간이 되는 데, 정직하고 유쾌하게 사는 데, 좋은 인생을 보내는 데 등 무슨 일에나 통할 수 있다.

확신 : 새로운 습관이 바람직하며 좋은 효과를 얻을 수 있다는 확신.
결심 : 시작을 하겠다는 결심.
준비 : 시작을 위한 준비.
시작 : 행동의 출발.
지속 : 자동적인 길이 나도록 지속.
감사 : 자신을 위로하고 자신에게 감사, 달성의 기쁨을 자신에게 허락.

B. 프랭클린은 매주 하나의 새 습관을 정해서 실천했다. 이번 주는 청결, 다음 주는 절제, 또 다음 주에는 쾌활 — 이런 식으로 차례로 실천에 옮겼다. 그것도 하나의 방법이다. 그러나 그가 그랬던 것처럼 가끔 예전의 습관으로 되돌아가서 고난이나 실패를 맛볼 바에야 한 달에 한 가지나 1년에 한 가지를 하더라도 한 가지 습관을 밀고 나가는 것이 현명한 일일 것이다. 자기 육체 안에 일어난 일을 상상 속에서 분명하게 보고 의식하여 과학적으로 착수할 때는 새로운 습관을 만드는 것이 그렇게 힘드는 일이 아니다.

자신에게 이렇게 말하라.

"나는 내 일생을 지배하도록 되어 있다. 무한의 대생명력이 사람이 된 것이 나이므로 나는 창조자이다. 낡은 습관과는 싸우지 않겠다. 더 좋은 것을 위해서 새 길을 선택하겠다. 과거를 돌아보거나 낡은 것을 비판하지 않는다."

"나는 자유롭다. 나의 행동은 자유다. 대생명력의 능력은 내가 사용하는 것이다. 그러므로 내가 지령한다. 새로운 행동 계획을 가지고 출발하면 그것이 습관으로 굳어질 때까지 지속하겠다."

"천국을 구하면 병도 가난도 저절로 물러난다. 노여움이 풀린다. 자기 통제와 침착성을 성격의 일부로 확립했기 때문이다. 증오나 질투는 이제 나를 괴롭히지 않는다. 사랑과 자기 감사를 표현하기 때문이다."

"나는 내 운명의 결정자이다. 내 혼의 주인이다. 나는 강하다. 모든 일을 신을 통해서 하기 때문이다. 나는 할 수 있다. 신의 힘을 가지고 나는 한다."

28
젊음을 간직하는 마음

대생명력은 결코 늙는 법이 없다. 대정신도 혼도 영구적인 것이므로 시간이라는 것에 좌우되지 않는다. 젊다는 것은 대생명력의 본질이다. 우리는 바로 대생명력이므로 늙어서 쇠잔해질 필요가 없다. 이 지구 위에 있는 동안은 젊고 활기에 차고 활동적일 수 있게 마음을 쓸 수가 있다. 이 지구를 떠날 때 비록 노인이라 할지라도 여전히 젊음을 느낄 수가 있는 것이다. 젊어지려고 노력한다는 것이 아니다. 영구히 젊다는 것을 인정할 수 있게 된다는 말이다.

자기의 육체가 늙었다면 그것은 우리가 오늘날까지 육체가 늙어보이게 스스로 만들어왔기 때문이다. 사실 육체는 나이를 먹지 않는다. 왜냐하면 몸은 늘 갱신되기 때문이다. 새로 바뀌어가는 것이다. 현대의 과학자는 우리 몸의 조직은 1년 이상 된 것이 하나도 없다고 말한다. 과거에는 육체가 7년마다 갱신된다고 했는데 지금은 연구가 진행되어 정신이 잠재적으로 활동을 해서 몇 개월마다 새 육체를 만들어낸다고 믿을 만한 학자가 보고했다. 모든 신경, 선(腺), 뼈, 근육 같은 것은 1년이 못 가서 새로운 세포로 다시 건조되는 것이다. 그러므로 몸의 조직은 늘 젊다. 우리가 지금 사용하고 있는 조직은 한 살 난 아기의 조직과 다를 것 없이 젊다. 정신은 늙지 않고 — 정신은 오직 하나뿐인 무한의 정신을 개인적으로 사용하는 것이므로 — 몸은 한 살 이상 나이를 먹는 경우가 결코 없으므로 우리는 항상 젊은 것이다.

새로운 지식에 의하면 나이를 먹었다는 체험은 그 사람의 마음의 자세 때문에 오는 것이다. 대체로 그것은 민족이 갖는 나이에 대한 생각 — 나이를 먹음에 따라서 사람은 늙기 마련이라는 대부분의 사람들이 받아들이는 생각 — 을 받아들이기 때문인 것이다. 그러므로 누구든 청년과 같은 마음의 자세를 간직하면 그 사람은 청년의 자발성이나 활발성이나 건강의 체험을 가지는 것이다.

우리가 이미 청년과 같은 마음의 자세를 잃고 노인과 같은 생각의 방식이나 노인의 습관을 몸에 익혔다 하더라도 여전히 청년과 같은 태도나 외관을 되찾을 수는 있다. 청년의 자세는 우리가 일생을 통해서 의식적으로 간직할 수가 있다. 나이를 먹어도 지각을 둔하게 만들거나 창조적 활동을 포기하지 않는 사람은 많이 있으며 그러한 사람들은 보기만 해도 젊은 기운이 넘쳐 있다. 글래드스톤은 85세에 영국의 수상이었다. 미술가 치치안은 90세에 일생의 가장 좋은 작품을 내놓았다. O.W. 홉즈는 80세에 미국 최고 법정의 의자에 앉았고 90세에 "무언가 신념을 가질 때 당신은 정신적으로 젊음을 간직한다"고 말했다. 청년의 자세를 간직한다는 것은 어떤 특징을 갖는다는 것인가? 청년의 특징은 무엇인가?

청년의 특징의 하나는 야심이다. 아무리 나이가 젊다 하더라도 만일 그가 야심이 없다면 그는 이미 노인이다. 비록 나이로는 노인이라 하더라도 만일 야심이 있다면 그는 정신에 있어 아직 젊다. 이미 건설이나 창조나 성장을 바라지 않게 되면, 그저 표류하는 대로 그날그날을 보내는 데에 만족하게 되면 그는 늙음을 경험하고 있는 것이다. 되고, 하고, 갖는 것에 대한 욕구를 잃어버리면 그는 노인이다. 양심을 갖는 사람들은 더 오래 살고 해가 바뀔 때마다 의의가 깊어진다. 더욱 완전히 살기 때문이다.

사람들이 인생에 지쳤다고 말할 때 그것은 그가 차지하고 있는 장소에 싫증이 났다, 지난해나 올해나 똑같은 일을 하는 데 넌더리가 났다는 것을 뜻한다. 그런 사람들은 틀에 붙들려 빠져나올 수 없는 사람이다. 그들은 인생이 따분하다. 인생에 대해서 무슨 매력이나 스릴 있는 목표가 없기 때문에 인생에 넌더리를 내고 있는 것이다. 나이가 몇 살이든 인생에 열의를 갖길 바란다면 우리를 끌어당기며 전진시킬 만한 목표를 늘 가지고 있어야 한다.

청춘은 다채로운 체험을 갖는다. 나이는 그의 체험이 좁아지게 만든다. 그러니 사물에 대하여 폭넓고 다채로운 관심을 잃지 않도록 해야 한다. 새로운 친구를 사귀고 새 책을 읽고 새롭고 재미있는 행로를 찾아내어 모험을 해야 한다. 따분함은 아무리 뛰어난 사람도 늙게 만든다. '변화는 인생의 향미료'이다. 모든 것은 영구히 변화한다는 사실만이 달라지지 않는 유일한 것이며 그 밖에는 무엇이고 영구히 변화하고 있다. 이 놀랄 만큼 흥미에 차 있는 우주 안에서 대생명력을 따분하게 만드는 것은 어리석은 일이다.

청춘은 성형하고 적응하고 탄력을 가진다. 대생명력에 딱딱하게 거슬리기보다는 연하게 휘어 그것을 따라서 나아가는 성질을 가지고 있다. 고무 같은 탄력성이 있고 무슨 일이 일어나도 아래로 처지지 않고 아래에 머물러 있지 않는다. 늘 반발한다. 몸이나 마음을 활동시키지 않고 놓아두면 당신은 처박아둔 자동차 타이어처럼 금방 망가져버리게 된다. "사용하거나 그렇지 않으면 잃어버려라" 하고 자연계는 말한다. 사용하는 것 — 활동하는 것 — 과 바꿀 대용품은 없다.

청춘은 늘 새로운 사고(思考)에 문을 열고 있다. 그럴 뿐 아니라 그 새로운 생각을 실천에 옮기는 모험도 무서워하지 않는다. 예감이나 직감, 마음속의 지혜를 믿는 것을 무서워하지 않는다. 그러나 사람이 많은 경험을 쌓고 나면 무엇을 자꾸 비꼬려고 한다. 큰 상처를 받고 나면 새로운 생각을 무서워하게 되고 성장을 망설이게 되고 야심 갖는 것을 꺼리게 된다. 그러나 상처를 받았다고 해서 그렇게 움츠러들 필요는 없다. 눈부신 목표를 마음에 그림으로써 풍족하고 충만한 미래를 예견하는 습관을 기르면 된다. 현재를 즐기며 장래를 기대할 일이다.

나이에 관심을 가지는 사람은 '지난날의, 그리운 때의' 일을 늘 생각하고 또 입에 자주 올린다. 그러나 젊음을 간직하기 위해서는 지난날의 실패는 물론 과거의 성공에 대해서도 커튼을 내려야 한다. 지금 성공하고 있는 일에 대해서, 그리고 장래에 더욱 큰 성공과 만족이 있다는 희망을 가지고 미래에 손을 뻗음으로써 젊음을 간직할 수 있는 것이다. 실업계에 종사하는 사람들의 말을 들으면 나이든 사람의 불리한 점은 낙담이다. 나이 든 사람들도 생산적 작업 능력은 충분히 가지고 있지만 젊은 사람들에게 희망적인 태도에 있어서 이점이 있다는 것이다.

청춘은 늘 무언가 보다 좋은 것을 보며 앞으로 나아간다. 누군가가 "희망이 죽으면 늙음이 뛰어오네" 하고 말했다.

다음의 생각을 선택해서 종이에 적어 책상 위나 부엌 개수대 위에 매달아놓고 자주 읽어보라.

"나는 언제나 새로운 생각을 받아들인다. 나의 믿음, 나의 생각은 정지하지 않는다. 이 우주는 확장과 성장의 세계이다. 그것이 나의 본질이기도 하다. 나는 이 본질에 충실하다."

청춘은 모든 것을 이해하고 다른 사람에게 관대하다. 청년은 사람을 있는 그대로 받아들인다. 청년은 남의 결점을 들추어내지 않는다. 남의 결점을 들추어내는 것은 나쁜 버릇이며 나이를 먹게 하는 습관이다. 다른 사람의 좋은 점을 찾을 때, 그 사람들이 훌륭하다는 것을 알게 된다.

> 만일 내가 당신을 알고 당신이 나를 안다면
> 만일 우리 둘이 서로 똑바로 볼 수 있다면
> 그리고 내부의 신성의 시력을 가지고
> 당신의 마음과 내 마음의 의미를 안다면
> 우리의 차이는 분명 크지 않으리.
> 그러므로 우정을 가지고 서로 손을 잡자.
> 우리의 생각은 반갑게도 딱 들어맞는다.
> 만일 내가 당신을 알고 당신이 나를 안다면.
> ─ N. 위트먼

극악한 죄인이라 할지라도 속을 들여다보면 틀림없이 따뜻한 인간성을 가지고 있는 것을 알게 되리라. 우리는 자력적이면서 동시에 비판적일 수는 없는 것이다.

우리가 가진 것 중에서 제일 좋은 것을 보아주는 사람을 우리는 가장 좋아한다. 다른 사람의 최선의 것을 보아주면 그들은 자기의 가장 좋은 점을 나타내게 된다. 우리는 우리를 나쁘게 생각하는 사람보다 좋게 생각하는 사람에게 끌린다. 우리의 좋은 점을 그가 보아주기를 바란다면 그의 행동에 좋은 의도가 있는 것을 인정해야 한다. 결점을 들추기보다 보물을 찾는 것이 바람직하다. 그 어느쪽이나 모두 사람의 습관이지만 하나는 사람을 늙게 만들고 하나는 사람을 젊게 만든다.

청춘은 진보적이고 연구로 가득 차고 전례에 묶이지 않는다. 청년은 쉽게 변화한다. 습관이나 버릇의 밧줄로 자신을 묶으면 쉽게 늙는다. 버릇의 노예가 되어서는 안 된다. 필요하다면 습관과 버릇을 바꾸어야 한다. 습관에 지배되기보다 습관을 지배해야 한다.

청춘에는 열정이 있다. 열정(enthusiasm)은 신성의 취기라고 한다. 'en'은 '속에' 'theos'는 '신'을 의미하므로 'enthusiasm' '신 안에' — 즉 당신 안의 신, 또는 신 안의 당신 — 를 의미하므로 그것은 파괴되지 않는 불사, 그리고 신성 그것이다. 청년은 자기의 생각에 취해 있는 것이다. 노년은 마음이 착 가라앉은 시대이다. 청년은 열정이 담긴 시대이다. 노년은 눌려서 짜부라들고 민감하고 환멸을 느끼고 있다. 청춘은 지금 여기서 천국을 보고 있다.

청춘은 사랑 속에 있다. 사랑은 젊어지는 위대한 약이다. 만일 당신 속에 사랑이 없다면 그것은 불행한 일이다. 대생명력도 살 가치가 없는 것처럼 보인다. 늘 사랑을 살려두어야 한다. 죽여서는 안 된다. 다른 사람이 그것에 응답을 하건 않건 사랑 속에 살으라. 몸 안에 사랑의 감정이 움직이고 있으면 모든 병을 고쳐주고 희망을 되살아나게 해준다. 사랑은 결코 실망을 시키지 않는다. 당신은 분명 다른 사람에게 사랑받고 싶다. 자기를 사랑해주는 사람에 대해서 특권을 가질 수 있기 때문이다. 어떠한 경우이든 사랑을 하라! 사람들, 자연, 당신의 일, 생각, 이상을 사랑하라. 그리고 신을 사랑하라. 사랑하는 것은 당신의 최대의 특권이다.

만일 우리의 체험에 그릇된 가치를 주면서 대생명력 속을 걸어간다면 우리 자신을 저주하고 다른 사람을 저주하는 습관을 몸에 익힐지도 모른다. 저주하는 사람은 깐깐해지고 부서지기 쉽다. 사람을 용서하지 않는 것은 그가 부서지기 쉽다는 것을 의미한다. 대생명력에 대해서는 반항적인 태도로 나오게 된다. 그 때문에 육체적 및 심리적 고장을 일으킨다. 비난과 노여움은 몸에 독을 준다. 그 독은 차츰 조직을 부수고 관절을 메우고 심장 장애나 신경질, 소화불량을 일으키게 된다. 그런 그릇된 버릇을 버리지 않으면 젊음을 보존하고 몸을 부드럽게 간직할 수가 없다.

청춘의 느낌을 계속 간직하려면 인생에 대한 만족스런 철리(哲理)를 만들어 간직함으로써 사는 것에 의의를 느끼는 것이 필요하고, 미래에 신념을 가져야 한다. 불사(不死)를 믿어야 한다. 만일 그렇게 하지 않으면 "나는 무엇 때문에 존재하는가?"라는 말이 나오기 쉽다. 우리를 격려해주고 영감을 주는 어떤 것을 앞길에 바라볼 수 없으면 사는 의의가 꺾여버린다. 이 현재라는 존재를 죽지 않는 대생명력의 체험으로, 발달의 한 형태로, 신성이 있는 계획의 일부로 볼 수가 없게 되면 열정을 가지고 미래를 향해 손을 뻗을 수가 없다.

주위를 둘러보면 걱정이나 근심의 주름살을 가진 노인의 얼굴이 많이 있다. 그러나 항상 잊지 말아야 할 것은 80세의 노인이라 할지라도 사실은 한 살보다 더 늙지 않았다는 놀라운 사실이다. 그의 육체는 늘 갱신되고 있으며 그의 혼은 연령이 없다. 우리의 젊음을 간직하려고 노력하는 것이 아니다. 젊다고 인정하기만 하면 되는 것이다. 나이를 믿고 생일을 헤아리는 동안은 나이의 표시를 기대하게 된다. 그러면 자동적으로 우리에게 응답을 해주기 마련인 대생명력은 노인의 외관 — 밝지 못한 눈, 주름이 잡힌 피부, 딱딱 소리를 내는 관절 — 을 우리에게 가져올 것이다. 우리는 시간이 얼마 남지 않았다고 생각하고 완성할 에너지가 모자랄까 싶어서 새로운 활동에 들어서는 것을 망설이게 될 것이다.

나이를 먹는다는 것은 어젯밤의 꿈 이상으로 진실성을 갖지 못한다. 왜 늙고 꼬부라진다고 믿어야 하는가? 왜 힘은 약해지고 몸의 기관의 기능은 줄어들기 마련이라고 믿는가? 60세나 70세 때는 30세 때보다 신이 우리 몸에 적게 있는가? 신은 점차 우리 몸에서 빠져나가는가, 그렇지 않으면 그대로 우리의 화신으로 여전히 존재하는가? 낫는 힘은 여전히 있는 것인가, 그렇지 않으면 어디로 사라지는 것인가? 어떤 사람은 다른 사람보다 많은 신을 가지고 있는가? 해가 지남에 따라서 신은 점점 우리로부터 빠져나가게 되어 있는가? 이런 어리석은 생각에서 벗어나야 한다. 우리 자신이 할 수 있는 최악의 일은 상상력을 그릇되고 파괴적인 일에 쓰는 것이다. 나이를 잊어버리고 대생명력을 생각하는 것이 더 낫지 않겠는가? 언젠가 우리는 이 육체에서 벗어나겠지만, 그것은 결코 살기를 그만두는 게 아니다. 노인으로 살 것인가, 젊은이로 살 것인가? 우리 자신이 어떻게 살 것인가를 정하는 것이다. 당신의 상상력 속에서 노년이 아니라 청춘과 활력의 스탬프를 찍지 않겠는가?

청춘은 인생의 계절이 아니라 마음의 자세이다. 그것은 핏기 있는 볼, 빨간 입술, 건강한 무릎의 문제가 아니다. 그것은 상상력의 질의 문제이다. 감정의 강도의 문제이다. 겁을 이기는 용기이다. 공포나 따분함을 이겨내는 모험심이다. 누구나 여러 해를 살았다고 그만큼 노인이 되는 것은 아니다. 사람들은 이상을 더 바라보지 않기 때문에 늙는다. 세월의 햇수는 당신 얼굴에 주름을 긋고 갈 수도 있으리라. 그러나 열정을 내버리면 당신의 혼에 주름이 잡힌다.

걱정, 의심, 자기 불신 및 절망은 당신의 머리를 무겁게 하고 혼으로 하여금 당신의 몸 밖으로 달아날 곳을 찾게 한다. 당신은 당신이 느끼는 그대로 젊고 당신이 의심하는 그대로 늙는다. 당신의 자신감처럼 젊고 당신의 공포처럼 노약해진다. 당신의 희망처럼 청년이 되고 당신의 절망처럼 노인이 된다. 당신의 마음이 사랑과 아름다움과 희망과 쾌활함과 용기와 환희에 불타는 동안 당신은 젊은 것이다.

자기 자신에게 이렇게 말하라.

"청춘의 혼, 대생명력이 혼을 화하여 내가 됐다. 나는 파괴되는 법이 없다. 나는 불사이다. 그러므로 불사의 존재답게 행동한다. 대생명력은 끝이 없다는 것을 나는 안다. 나는 언제나 활동적이고 생기가 팔팔하고 각성을 하고 지각이 있다."

"나는 나이에 대한 관념을 내버렸다. 영구한 청춘, 영구한 활력과 건강에 대한 생각을 몸에 지녔다. 나의 욕구와 기대는 사는 것, 영원히 사는 것이다."

29
걱정과 공포를 어떻게 없애는가

걱정과 공포는 인간의 최대의 적이다. 걱정과 공포는 인간의 진보를 방해한다. 과거에 일어났던 일에 대한 무서움과 미래에 대한 무서움은 전진을 가로막는다.

몇 년 전에 나는 매우 앓고 있는 C씨를 상담했다. 기승을 부리고 있는 그의 병은 공포에서 나온 것임을 나는 이내 알았다. 그는 젊었을 때 과실을 저질러 그 죄과로 형무소에 들어간 적이 있었다. 풀려난 뒤 늘 공포심을 가지고 살아왔다. 자기의 지난날이 사람들에게 탄로가 나지 않을까 하고 항상 겁을 먹고 살아왔던 것이다. 회사에 근무하는 그는 지위가 자꾸 올라갔는데 그러면 과거에 대한 조사가 필요하기 때문에 그는 한사코 높은 자리에 앉기를 싫어했다. 그 때문에 그는 회사를 이리저리 옮겨다녀야 했다. 왜냐하면 C씨는 훌륭하고 유능한 사람이었기 때문에 어디서나 직위를 올려주지 않을 수가 없었던 것이다. 더구나 그는 결혼하여 행복한 가정에 마음을 바치고 있었다.

병이 나기 몇 달 전에 매우 번창하는 회사에 들어가 갑자기 직위가 올라갔다. 그때까지는 만사가 잘 되어나가고 있었다. 그러나 또 새로운 직위가 눈앞에 열렸기 때문에 신원증명서를 내놓아야 했다. 그래서 그는 병이 난 것이다.

나는 그의 회사의 사장을 만나러 갔다. 그리고 C씨의 병에 대해서 알고 있는지 어떤지 물어보았다.

"예, 잘 알고 있습니다."

"그리고 실은 그 병의 이유에 대해서도 추측하고 있습니다. 그것은 공포심 때문이라고 생각합니다. 그에게 말을 해주셔도 좋겠습니다. 우리는 그의 이력을 잘 알고 있었습니다. 그것은 우리와 아무 상관이 없는 일이지요. 그는 과거를 지난 일로 돌려버리고 지금은 완전히 개심을 하고 있지 않습니까. 지금 그는 이 회사의 귀중한 사원이며 모두가 신뢰하는 사람입니다. 그의 과거는 이 회사에서 전혀 출세의 방해가 되지 않습니다."

이리하여 몇 년 동안을 C씨는 비참한 노예처럼 생활하고 있었던 것이다. 아무 필요도 없이.

아이들은 밤중에 잘 운다. 잠을 못 들면 무서워지는 것이다. 침대 밑에 곰이 있다고 생각한다. 그래서 그의 침대 밑에 곰이 없다는 것을 보여주면 안심하고 더 무서워하지 않게 된다. 그리고 조용히 잠이 든다. 주위의 사정은 변화가 없지만 아이들의 믿음이 바뀐 것이다. 그와 똑같이 공포는 누구든 — 아이들이나 어른이나 — 정신 자세의 노예로 만들어버린다.

정신은 당신이 갖는 최대의 힘이다. 당신은 당신의 신념에 의해서 정신의 힘을 쓰고 있다. 믿는 힘은 당신의 최대의 자신의 하나이다. 어떻게 믿느냐, 무엇을 믿느냐를 선택하는 권리는 대생명력이 당신에게 준 최대의 선물이다. 정신을 사용함에 따라서, 사고의 습관에 따라서 그대로의 운명을 불러들이게 되는 것이다. 나쁜 일, 병, 걱정, 혹은 불행을 믿는 것은 무한의 정신력을 당신 자신에게 거슬리게 쓰는 것이다. 건강이나 성공이나 대생명력의 선의를 믿고 거기에 신념을 갖는 것은, 정신력을 당신의 좋은 일을 위해서 쓰는 것이다. 당신의 신념에 따라서 — 그 신념이 적극적이든 소극적이든 — 대생명력은 응답을 해준다.

구약성서 속의 인물 욥이 "무서워하던 일이 내 몸 위에 떨어졌다"라고 소리쳤을 때 그는 모든 사람의 체험을 이야기하고 있는 것이다. 왜냐하면 그의 몸에 떨어진 일은 그가 정신을 사용하던 방식 — 그의 부정적인 생각 — 의 결과였기 때문이다. 공포와 그 영향을 극복하기 위해서는 적극적인 신념을 확립하지 않으면 안 된다.

당신의 마음은 언제나 활동하고 있으므로 늘 무슨 신념을 갖고 있는 것이다. 언제나 무엇인가를 생각하고 — 늘 무엇인가를 믿고 있다. 당신이 신념에서 빠져나올 수 없는 것은 당신의 두 다리에서 떨어져 나올 수 없는 것과 같다. 왜냐하면 신념은 마음의 자세이기 때문이다. 그러나 당신은 신념의 방향을 다시 선택할 수가 있다. 만일 지금 불쾌한 경험을 하고 있다면 그 신념을 다른 방향으로 돌림으로써 체험을 다른 결과로 가져갈 수 있다. 지금 당신은 재미없는 상황 속에 있을 수도 있고, 좋아하지 않는 체험을 겪고 있을 수도 있다. 그러나 그 불쾌한 체험 속에서도 좋은 일을 찾음으로써 — 거기에도 좋은 일이 있다는 것을 앎으로써 — 그것을 찾아내기까지 계속 노력함으로써 — 그 불쾌한 체험을 바꿀 수가 있다. 또 그 불쾌한 체험에 등을 돌려 뭔가 다른 것 — 뭔가 당신에게 기쁨을 주는 것, 무언가 당신이 바라는 것 — 에 주의를 기울이고 상상력 속에 새로운 모습을 만들게 함으로써 체험을 바꿀 수도 있다. 당신이 일을 하면 창조의 법칙은 이 새로운 계획에 따라서 움직이기 시작하고 당신에게 새로운 체험을 가져다준다. 자기 자신을 향해서.

"왜 나는 부정적인 신념을 갖는가? 왜 나는 무서워하는가? 그것은 단지 사고의 습관에 지나지 않는가? 나는 나의 신념을 정말로 분석해본 적이 있는가? 나의 현재의 신념은 합리적인 기초 위에 서 있는가?" 하고 물어보는 것도 좋은 일이다.

많은 사람들은 병적인 습관에 빠져서 의식하여 선택하지 않고 까닭도 없는 공포를 지닌 채 전 생애를 보내고 있다. 무엇을 믿을 것인가, 하고 결정하는 노력을 하지 않고 그 일에 시간도 들이지 않기 때문이다.

이 책의 4장 '믿음의 마술'에서 우리는 대생명력의 네 가지 면에서 적극적인 신념을 가져야 한다는 것을 알았다.

> 1. 우리를 둘러싸는 위대하고 무한한 대생명력에 대한 신념.
> 2. 다른 사람들과 우리 자신을 포함한 인류 전반에 대한 신념.
> 3. 대생명력의 법칙에 대한 신념.
> 4. 불사에 대한 신념.

이들 네 가지 기본 원칙에 신념을 가지면 모든 공포의 토대를 제거하게 된다.

"나는 무한의 대생명력을 믿는가, 그리고 그것을 신뢰하는가?" 하고 스스로에게 물어보라. 만일 당신이 자신에게 정직하다면 지성 있는 대생명력은 모든 것 — 식물, 동물, 광물 — 의 실질(實質)이라는 것을 알게 되리라. 어떠한 모습을 갖는 대생명력은 모든 위력과 지혜이다. 그것은 모든 성장을 맡는 우주 속의 조물주이다. 당신은 가는 곳마다 창조의 활동을 보게 되리라. 그리고 거기에 조물주가 없으면 안 된다는 것을 알게 되리라. 무(無)에서 무엇이 나타난다는 것은 있을 수 없는 일이기 때문이다. 어떠한 노력과 시간을 들이더라도 무한의 조물주 ― 대생명력 그것 ― 에 대한 적극적인 신념을 확립하라. 당신은 실재하고 있으며, 그리고 당신은 무에서 생겨날 턱이 없으므로 대생명력은 당신 자신에게 당신을 주었고 당신의 복리를 위해서 필요한 모든 것을 마련해주고 있는 것이다. 공기, 일광, 음식물, 친구가 될 사람들 ― 그들 모든 것은 당신의 것이며 당신이 가지고 즐기고 사용하는 것은 당신 뜻대로이다. 대생명력은 당신을 사랑하고 당신이 그것에 협력하면 당신에게 봉사를 해준다. 대생명력은 당신을 위해서 그 모든 일, 아니 그 이상으로 많은 일을 해주므로 대생명력을 믿고 신뢰하라.

당신은 대생명력이므로 당신 자신을 믿고 신뢰하라. 모든 사람이 당신과 똑같이 대생명력이므로 당신이나 마찬가지로 건강과 행복과 성공을 바라고 있다. 그러므로 그들에 대해서도 믿음을 가져라. 당신이 사람들을 믿을 때, 그들을 사랑하고 그들에게 협력할 때, 그들도 역시 당신을 사랑하고 당신에게 협력한다. 매우 까다로운 얼굴을 하고 있는 사람을 누구 하나 선정해서 그 사람 속에서 좋은 것을 찾아내려고 노력하라. 그의 좋은 점을 생각하고 특히 그에게 호의를 기울여 친절하게 해주고 무슨 일이 일어나는가를 기다려보라. 아마 깜짝 놀랄 일이 일어날 것이다.

우리는 살아간다는 사업에 있어서 조합 관계에 있으며 서로 협력하면서 함께 살아간다. 사는 사람과 파는 사람, 남편과 아내, 부모와 자식, 고용주와 고용인 등이 그것이다. 서로의 신뢰와 존경이 서로의 협력을 낳는다. 자기를 위해서 바라는 것과 똑같은 좋은 일을 다른 사람을 위해서 바랄 때 그는 우리의 필요에 반응을 나타낸다. 여기에 성공적인 대인 관계의 원칙이 작용되는 것이다. 황금률인 "다른 사람이 나에게 해주기를 바라는 그대로 다른 사람에게 해주라" 하는 그리스도의 말이 행해지는 것이다. 우리 중에 매우 많은 사람들이 이 일을 까맣게 잊어버리고 있다.

과학은 대생명력이 모든 곳에 있으며 불변의 법칙을 따라서 일을 하고 또 지배하고 있다고 가르쳐준다. 운이나 우연은 없다. 화학, 수학, 중력, 전기, 정신 ― 이 모든 것은 법칙에 지배되고 있다. 당신은 그 법칙의 사용법을 배울 수 있다. 이 책을 읽어나가면서 그것을 배우고 있는 것이다. 사람은 그가 마음에 생각하는 대로의 사람이 된다. 당신이 알건 모르건 당신은 자신의 운명을 지배하고 있다. 왜냐하면 당신은 사고하고 있기 때문이다. 생각하는 동안에 싫든 좋든 대생명력의 법칙을 어떻게 사용할까를 선택하는 것이다. 행복 또는 불행을 가져오기 위해서, 성공 또는 실패를 가져오기 위해서 당신이 그 법칙을 사용하는 것이다. 수학의 법칙에 신념을 갖는 것과 똑같은 정도로 인과의 법칙이나 인력의 법칙에 신념을 갖도록 위의 일에 대해서 조용히 생각하라. 그렇게 하면 운명이나 하늘에 대한 모든 공포는 날아가버릴 것이다.

당신은 대생명력이고 대생명력은 불사이다, 그래서 당신도 불사이다, 하는 것을 알 수 있게 된다. 물론 언젠가는 당신도 지금의 몸을 빠져나가게 되리라. 그러나 그것은 불사의 대생명력 속에 있어서의 또 하나의 다른 체험에 지나지 않는다. 끝없는 불사의 대생명력이라는 것을 믿게 되기까지 그 일에 대해서 되풀이 생각하고 또 생각해보라.

대생명력의 네 가지 면 ― 대생명력 그것, 당신을 포함한 모든 인류, 대생명력의 법칙, 그리고 불사 ― 에 대해서 적극적 신념에 이르게 되면 모든 공포에서 풀려날 것이다. 당신은 적극적 신념의 길 위를 자유롭게 전진할 것이다.

당신 자신에게 이렇게 말하라.

"대생명력은 선이며 자기 자신을 우리에게 기울여붓는다. 그래서 우리 모두는 좋은 것으로 둘러싸여 있다. 대생명력이 내가 된 것이다. 대생명력은 늘 우리를 받쳐준다. 우리는 지금 좋은 것을 받아들이고 있다. 아무것도 무서울 것이 없다. 나의 생각은 세계 최대의 위력 — 정신 — 을 지휘한다. 나의 좋은 생각에는 좋은 것만이 끌려온다. 왜냐하면 나는 나에게 좋은 것, 다른 사람에게 좋은 것만을 생각하기 때문이다. 내게서 나간 것은 반드시 내게로 돌아오도록 되어 있는 것이다."

"호흡하는 공기 속에 대생명력의 선을 느낀다. 만나는 사람마다 얼굴에 좋은 것과 아름다운 것이 반영되어 있는 것을 본다. 모든 상황 속에 좋은 기회가 들어 있는 것을 안다. 나는 가는 곳마다 좋은 것을 발견한다. 늘 그것을 찾고 기대하고 있기 때문이다. 신념을 가지고 찾으면 언제나 찾는 것을 발견한다."

"나는 불사의 존재라는 것을 알기 때문에 죽음이라고 불리는 체험을 무서워하지 않는다. 죽음이란 나의 영원의 대생명력 속에서 하나의 체험에 지나지 않는다는 것을 알고 있다. 그것은 충분히 이해가 되고 있지는 않지만 대생명력 속에서의 하나의 새로운 시대라고 받아들인다. 마치도 내가 탄생을 대생명력 속에서의 새로운 체험의 시작으로 받아들이는 것처럼 나는 영원히 존재한다는 신념을 갖는다. 나는 대생명력이므로."

30
열등감은 어떻게 제거하는가

    마음에 깊이 뿌리를 박은 열등감은 창의를 짓밟아버린다. 그것은 용기의 반대가 되는 것이다. 열등감에 시달리는 사람은 결과를 무서워하므로 어떤 결정을 내릴 수가 없다. 결정할 수 없으면 성공할 수 없으며 지도자가 될 수도 없다. 열등감은 업적을 망가뜨려버리며 전진을 가로막는다. 전진을 무서워하는 사람은 걸으려고도 하지 않으며 더구나 그렇게 무서워하는 자기 자신을 미워한다.

    열등감은 얼굴 표정에, 입는 옷에, 좋아하는 색에, 자세에 그것이 나타난다. 목소리에도 나타난다. 그는 나이보다 빨리 늙는다. 그의 몸에도 마음에도 투쟁이 있다. 그에게 대생명력은 끊임없는 투쟁이다. 그는 자기 자신을 몰아세워 앞으로 나아가게 하려 하지만 공포가 뒤에서 그를 잡아당기므로 그는 감정적으로 찢겨나게 된다.

    적어도 다섯 사람 중에 네 사람은 무엇에 대해서건 얼마 가량의 열등감을 가지고 있다. 대학생이나 대학교수, 은행장이나 은행원, 노동자나 노동계의 우두머리 사이에도 열등감을 볼 수 있다. 그것은 사회의 특별한 수준이나 산업이나 지식에 상관없이 퍼지고 있는 감정의 병이다.

당신의 감정은 다이나모와도 같은 힘을 가진 위력이다. 그러므로 이 살아 있는 수원을 막아놓을 수는 없다. 막아놓으면 언젠가는 둑을 무너뜨리고 쏟아져나오고야 만다. 열등감을 가진 사람은 자기를 억지로 결함이 없는 사람처럼 꾸미고 있지만 그것도 별 소용이 없는 노릇이다.

당신은 이러한 열등의식의 감정을 누르려고 하지만 잘 되지 않는다. 의지에 의해서 ─ 스스로에게 무엇을 강요함으로써, 열등감에 거스르는 방법으로 행동하게 함으로써, 혹은 무언가 자기가 믿지 않는 일을 믿으라고 자신에게 강요함으로써 ─ 효과적으로 다루어보려고 하나 그것은 아무 소용도 없는 일이다. 그저 혼란을 더할 뿐이다.

모든 사람은 일하고, 존재하고, 그리고 성장하고자 하는 욕구를 가지고 있다. 종족을 영속시키기를 바라고 자기를 보존하기를 바란다. 자연계는 젊은 사람들을 대생명력 속으로 나아가게 ─ 결혼하고 가족을 이루고 직장을 가지고 세계적인 일을 하게 ─ 하고 있다. 자연계는 끊임없이 모든 사람을 저마다 새 생활의 분야에 내보내서 주위의 사태를 이겨 나가도록 하고 있다. 갓난아이가 부단한 노력 끝에 자기의 발가락을 입에 가져가는 것을 보아도 알 수 있다. 뉴욕의 엠파이어스테이트 빌딩이나 샌프란시스코의 금문교 같은 대건조물을 짓는 사람에 의해서도 그것은 확증이 된다.

인간은 자기 자신, 자기의 힘, 그리고 자연계에서 그를 둘러싸는 대생명력을 잘못 해석하여, 또 흔히 자기의 체험을 잘못 이해하여 스스로 열등하다고 믿게 된다. 그러한 사람에게는 인생이 어렵고 강대하고 얄궂은 함정으로 가득 차 있는 것처럼 보인다.

아이들은 일찍부터 대생명력의 문제에 대처할 수 있게 가르쳐야 한다. 용기를 내어 나아간다면 성공할 수 있다는 것을 알게 해야 한다. 잘 못된 방향을 향해서 표류해가는 대로 방치해두면 그는 자기와 자기의 능력에 대해서 그릇된 신념을 가지고 어디로 도피하거나 무턱대고 투쟁하는 버릇을 만들게 된다.

아이들은 자기의 키가 너무 작다든가 크다든가 너무 뚱뚱하다든가 하는 것을 느끼게 된다. 그 아이가 남과 다른 점에 대해서 잘 설명해주지 않으면 — 자기에 대해서 좋은 생각을 갖도록 지도해주지 않으면 — 나는 남보다 못한 아이라고 믿기 쉬우며 잘못된 그 믿음이 일생을 좌우한다. 무슨 수단으로든 그것은 시정해주어야 한다.

만일 아이들이 나는 싸우다가 부모한테 달려가면 언제든지 부모가 나서서 보호해주고 대신 싸워준다는 생각을 갖게 되면, 그는 나는 약하다고 믿는 나쁜 버릇을 갖기 쉽다. 그는 늘 누구에게 보호를 바라고 신이나 정부나 이웃에 도움을 바라는 버릇을 갖게 될 것이다.

부모가 자식에게 "너는 힘이 세지 않아, 다른 아이와 달라"라고 말하면 아이는 자기도 모르는 사이에 나는 약하다는 생각을 기르게 된다. 어떤 부모는 자기적인 사랑의 태도 — 아이들을 소유하고 그에게 마땅히 주어야 할 독립을 주지 않는 경향 — 를 가지고 있다. 이것은 아이들을 지배하려는 태도이기 때문에 별 수 없이 아이는 약한 아이가 되어버린다.

사내아이는 멋장이 형보다 자기가 못났다고 느낄 수도 있고, 여자아이 같으면 얼굴이 훨씬 예쁜 언니를 따라갈 수 없다고 느낄 수도 있다. 굴욕감에 시달리고 있는 어른도 있다. 그런 사람은 가족 중에 누가 집안의 체면을 깎는 일을 했기 때문에 변명을 할 필요를 느끼거나 자기가 어처구니없는 집안에 태어났다고 느낀다. 그 밖에도 자기는 교육이나 명성, 지위가 없다는 생각 때문에 늘 괴로움을 갖는 사람도 있다. 이러한 피해감은 고쳐지지 않으면 굳어져버려서 열등감의 콤플렉스가 된다.

소수의 사람들은 모든 열등감을 고쳐서 열의에 찬 생활을 하고 있다. 그러나 한편 다른 사람들은 공포나 불만의 희생물이 되어 비참한 꼴을 하고 살아가고 있다.

대생명력의 충동은 사람을 누구나 활동 속으로 밀어내어 그 사람이 앞으로 나아가기를 바란다. 그가 힘과 용기를 느끼면 나아가서 큰 성공을 얻게 된다. 그는 나아가면 나아갈수록 더욱 재주 있게 조정해나갈 수 있다. 만일 그가 망설이고 뒷걸음질치는 버릇을 갖게 되면 무서움을 참아가면서 그럭저럭 때워넘기며 살아가게 될 뿐이다.

공포나 결핍은 그에게 많은 잘못을 저지르게 하는 원인이 된다. 그는 너무나 크고, 너무나 무섭게 보이는 것으로부터 달아나려고 할지도 모른다. 달아나는 것은 실패라는 것을 알면서도 "여기를 떠나자, 떠나서 나 혼자서 살자" 하고 말할지도 모른다. 걱정이나 공포가 앞을 가로막는데도 밀어내며 나아가기란 그로서는 힘에 겨운 일이다. 그래서 고독을 찾게 되지만, 그러나 달아난다고 해서 그의 앞길이 좋아지는 것은 결코 아니다. 결국 그는 될 대로 되라는 식이 되어 약이나 술에 의해서 슬픔을 잊어버리려고 하고 자기 자신으로부터 달아나려고 한다. 혹은 자기가 영웅이 된 환상이나 백일몽을 꾸는 버릇을 갖게 되는 사람도 있다. 그런 것으로 일종의 대리 만족을 얻고 있는 것이다. 웅장한 망상가도 있다. 혹은 여행을 하고 늘 새로운 장소나 새로운 풍경을 찾아다니며 자기의 쓰라린 실패감을 달래려는 사람도 있다. 혹은 이루지 못한 희망이 아쉬운 나머지 '호언장담'을 늘어놓다가 앞뒤가 맞지 않자 어떻게 수습할 수가 없게 되어 모습을 감추어 사람을 놀라게 하는 예도 있다. 그들은 열등감 때문에 갖게 된 실패의 고통에서 달아나기 위해서 어떠한 자극을 간절히 바란다. 어떤 사람은 혼자 있기를 싫어하고 늘 재미 있는 친구를 찾아다닌다. 자기의 결핍감을 메우기 위해서 남을 자꾸 비난해대는 사람도 있다. 혹은 간단하게 항복하고 쉽게 손을 들어 부랑자가 되기도 한다. 어떤 사람은 세상에서 몸을 빼고 고행자가 되고 은둔자가 되어 공포의 노예가 되어 혼자 살고 있다. 극단적인 도피는 자살이다. 샌프란시스코 시는 미국에서 자살률이 최고라는 발표가 나 있다. 알코올 중독도 최고라는 사실은 재미 있는 일치 현상이다.

자기의 열등감을 어떻게든 메워보려고 하다가 자랑쟁이가 되는 사람도 있다. 대생명력은 그를 활동으로 내몰았는데, 무서워지자 자기를 지키기 위해서 그릇된 방어벽을 쌓는 것이다. 그들은 교만하고, 큰소리나 탕탕 치고 다니고, 자기를 높이 올리려고 하여 흔히 거만하고 비꼬는 인간이 된다.

열등감에 대처하는 방법인 도피와 방어는 모두 잘못된 것이다. 도피하는 사람은 겁쟁이, 부끄럼쟁이가 되며, 자기를 대생명력에 대해서 방어해야 한다고 느끼는 사람은 허세를 부리고 공연히 싸움을 하곤 한다. 대생명력이 그에게 반항한다고 생각하기 때문에 언제나 공격 자세로 나오는 것이다.

객관적 조정을 했다고 해서 문제의 핵심을 잡는 것은 아니다. 어려운 문제로부터 도피나 방어로 반응하고 있는 동안 그는 늘 마음속에 자기는 약하다는 느낌을 간직하고 있다. 그렇게 해서는 절대로 고칠 수가 없다. 공포, 그것이 고쳐져야 하는 것이다.

아무리 교양이나 재물을 많이 쌓았다 해도 객관적 조정은 거의 아무 도움도 되지 않는다. 부자가 되거나 결혼하거나 권력을 잡거나 혹은 높은 지위에 올랐다 하더라도 그런 외부적인 성공을 가지고는 내부의 상처를 고칠 수가 없다. 조정은 내부에서 행해져야 한다. 자기 자신에 대해서 새로운 견해를 가져야 한다. 마음 안에 있는 힘과 안정의 원천을 찾아내야 하는 것이다.

많은 사람들이 자기의 고난의 원인은 자기 바깥에 있다고 믿는다. 자기의 고용주나 이웃, 가족, 부모, 국가, 정부 같은 존재가 자기에게 덮어씌운 것이라고 믿는데 이것은 매우 불행한 일이다. 죄가 환경에 있다고 믿는 것은 커다란 잘못이다.

사람의 마음이 깨지고 감정이 상처를 입으면 신경이 과민해지고 자기 중심이 되기 쉽다. 그는 자기가 대생명력의 질이 나쁜 농락을 받았다고 생각하고 그 때문에 자기 연민에 빠지게 된다. 자기는 다른 사람과 다르다고 믿게 된다. 대생명력은 자기보다 다른 사람에게 더 잘 해준다고 믿는다. 자기는 남보다 못하다, 운명은 유별나게 자신에게 가혹하다, 신은 자신을 특별히 가려내어 괴로움을 주고 있다 하고 중얼거리면서 약간의 만족을 갖는다. 그러나 그래 봐야 무언가 책임을 다하지 못한 느낌이 남아서 뒷맛이 좋지 않다. 그는 무엇을 성취한 것도 아니고 자기 운명을 향해서 건전하게 전진하고 있는 것도 아니다. 고난을 자기 바깥의 무언가에 뒤집어씌우고 있는 동안은 결코 마음이 편할 수가 없다.

그의 고난은 패배에 있는 것이 아니다. 패배에 대한 걱정이나 공포에 있는 것이다. 문제는 우리가 무서워하는 것에 있는 것이 결코 아니다. 그것은 늘 걱정이나 공포에 있는 것이다. 문제는 내부에서 일어나는 것이다. 문제는 사물에 있는 것이 아니라 우리가 사물에 대해서 어떻게 생각하느냐에 있다. 이러한 우리의 생각은 바꿀 수 있다.

그러므로 열등감을 가진 사람의 문제의 중심은 밖에 나가서 일과 마주서려고 하는 충동과 일에 대한 무서움으로 꽁무니를 빼려는 생각이 서로 마주치고 투쟁하고 있는 데에 있는 것이다. 그것은 마음속에 투쟁을 불러일으킨다. 앞으로 나아가려고 하는 욕구와 나아가는 것에 대한 공포가 충돌한다. 이 싸움은 흔히 정신 또는 육체의 고장의 원인이 된다. 사람이 객관적으로 조정하는 것은 증상만을 처리하는 것이므로 정신의 고통이 일시적으로 가벼워질 뿐이다. 그가 바깥 세계에서 아무리 일을 휘몰고 다녀도 그의 마음속에서 사고의 조정을 하지 않는 동안은 불행이 계속된다.

고난이 자기 바깥에 있다고 믿는 동안은 자신을 구해낼 수가 없다. 그는 주위의 사정 때문에, 가족 때문에, 혹은 대생명력이 자기를 그렇게 다루기 때문에, 자기가 그렇게 되었다고 죄를 딴 데에 떠다밀 것이다. 그러나 그는 여전히 대생명력과 마주서거나 아니면 죽을 수밖에 방법이 없는 것이다. 도피나 방어는 영구적인 구제가 되지 못한다. 가치 있는 조정은 각 개인의 내부의 힘을 끌어내는 데 있다. 문제는 그의 생각하는 방식에, 믿는 방식에 있는 것이다. 그의 신념이 새로운 방향을 잡아야 하는 것이다.

지난날을 돌아보고 이러한 잘못된 마음의 자세가 어떻게 생겨났는가를 알 수가 있으면 그때야말로 그 죄가 일어난 이유를 이해할 수가 있다. 이해란 즉 용서하는 일이다. 만일 문제의 원인을 용서할 수 있으면 문제가 해결된다. 결함이나 실수를 이해하고 고치고 초월해야 한다. 사람은 누구나 대처해야 할 문제를 가지고 있다. 다윗은 양치는 소년이었지만 그것을 이겨내어 위대한 왕이 되었다. 모세는 주워온 아이였지만 고대의 유명한 입법자가 되었다. 그리스도는 목수의 자식이었다. 위대한 과학자 카버는 흑인 노예의 아들이었다. 대시인 밀턴은 장님이었고 대음악가 베토벤은 귀머거리였고 링컨은 독학자였다. 이러한 사람들은 환경의 도전에 꺾이지 않았다. 자기 마음속의 힘을 지각한 것이다. 그들은 부잣집 아들이 아니었다.

풍요와 빈곤은 사람이 어떻게 그것에 반응하느냐에 따라서 저주도 되고 축복도 된다. 열등감에 괴로워하는 사람에게 내가 하는 충고는 그와 똑같은 처지에 있는 누군가를 마음에 그려보고 그 사람에게 어떤 충고를 할까를 자기에게 물어보라는 것이다. 그에게는 처리해야 할 난제가 있을 뿐이다. 그의 창의와 연구를 필요로 하는 도전이 거기에 있을 뿐이다. 그러나 그 난제는 사실에 있어서는 그의 일부가 아닌 것이다. 세상에는 뛰어난 사람이나 열등한 사람이라는 것이 따로 정해져 있지 않다. 자기를 이해하지 않는 사람이 있을 뿐이다. 누구나 대생명력의 중심이며, 대생명력의 원질을 자신의 몸을 통해서 어떻게 방향을 갖게 할 것인가 하는 선택력을 가지고 있다. 그러므로 자기의 어려운 문제를 객관화해서 자기의 바깥에 놓고 보도록 하는 것이 좋다.

만일 당신이 열등감에 시달리고 있다면 상상력 속에서 누구 다른 사람을 당신의 입장에 놓고 생각해보라. 그 사람이 어떤 일을 할 것인가를 자기 자신에게 물어보라. 그 대답을 스스로에게 말하라. 열등감에 시달리는 사람에게 또 하나의 다른 제안이 있다. 그것은 여러 사람에게 매우 도움이 되었던 제안인데, 자기의 이력을 한 번 제3자의 입장에 서서 써보는 일이다. 누구 다른 사람에 대해서 쓰는 것처럼 객관적인 눈을 가지고 당신이 어려서부터 기억하고 있는 모든 일을 써보는 것이다. 자기 자신을 다른 사람으로 보자는 것이다. 믿고 있는 일들을 믿는 그 사람으로부터 떼어놓고 보자는 것이다. 자기를 문제로부터 분리해서 보는 것이다. 이렇게 하면 당신은 다른 사람이 자기를 보는 것처럼 자신을 볼 수가 있다. 그리하여 자기에게 무언가 좋은 충고를 해줄 수가 있다. 자기 자신을 잘 전망함으로써 어려운 문제에서 자기를 건질 수가 있다.

여기에 또 누구나 할 수 있는 일, 어떠한 열등감도 고칠 수 있다고 생각하는 나의 소신이 있다. 그것은 당신이 하는 일이 당신을 만족시킬 수 있도록 하라는 것이다. 매일 아침 당신은 일어나서 샤워를 하고 수염을 깎거나 혹은 화장을 한다. 그리고 나면 자기 자신을 보고 그 일을 "잘 했다"고 말한다. 옷을 입은 후에도 자신에게 "잘했다"고 말한다. 아침 식사 후에도 자신에게 "참 잘 먹었다"고 말할 수 있게 먹자는 것이다. 어떤 상황을 만나든지 "내가 한 일이 옳다"고 말할 수 있게 행동하는 것이다. 물론 무슨 일로 과실도 더러 저지르게 되리라. 그러나 언제나 자기를 돌아보고 "하여튼 나의 동기는 옳았다. 그리고 앞으로는 더 잘 하자"고 정직하게 말할 수 있게 하는 것이다.

이렇게 당신이 사흘 동안 당신이 하는 모든 일에 대해서 자기 자신에게 "나는 내가 한 일에 찬성이다"라고 할 수 있게 일을 해나가다 보면 사흘째가 되는 날은 어깨를 활짝 펴고 "나는 나 자신을 시인함으로써 모든 열등감을 극복했다"고 말할 수 있게 될 것이다. 나는 당신이 그렇게 될 수 있다고 단언한다.

당신은 대생명력과 경쟁을 하고 있는 것이 아니다. 이것을 잊어서는 안 된다. 다른 사람과 경쟁하고 있는 것이 아니다. 당신에게 필요한 유일한 비교는 오늘의 당신과 어제의 당신을 비교하는 것이다. 자기 자신에게 말하라. "남이 뭐라든 나는 나를 시인한다. 그리고 내가 진정으로 시인한다는 것을 알고 있다. 왜냐하면 세계는 내가 나에게 내리는 평가를 그대로 받아들이기 때문이다." 이것은 오만이 아니다. 오만한 사람은 자기 자신을 시인하지 않는다. 오만은 방어의 자세이다.

당신은 다른 사람보다 못한 사람이 아니다. 못하다고 잘못 믿고 있을 뿐이다. 당신은 신의 화신이며 신은 열등이라는 것이 없다. 또 당신은 다른 사람보다 나은 사람도 아니다. 모든 사람은 같은 재료로 만들어졌으며 같은 정신 ― 신성의 대정신 ― 을 사용하고 있는 것이다. 대생명력의 법칙을 당신의 것으로서 사용할 수 있으며 누구라도 그것을 사용할 수 있다. 그것은 당신이 사용해주기를 기다리고 있다.

자기 자신을 영혼이 있는 존재로 인정하라. 당신이 선택하는 그 위치에서 정신, 감정, 육체를 마음대로 사용하겠다는 결정을 할 수 있다. 감정이나 몸은 당신에게 종속하고 있으며 당신의 지휘를 기다리고 있다. 당신은 당신이 배의 선장이라는 것을 자각하고 위력감을 길러야 한다. 그리고 핑계 같은 것을 대지 말고 살아야 한다. 나는 모른다고 할 것도 없다. 건전한 마음을 가진 사람은 자기의 문제를 잘 처리한다. 재능이나 위력이나 지혜는 그 자신을 다루기 위해서 그의 몸 안에 있는 것이다. 그러므로 어려운 문제도 처리할 수 있다. 그는 통치하고 있다. 그는 자기 마음의 조작 위에 군림하고 있다. 자기의 내부의 힘을 발견했기 때문이다.

열등감의 치유는 깨달음에서 오고 믿음을 바꾸는 데서 온다. 깨달음은 마음을 고쳐먹는 것이다. 믿음을 바꾼다는 것은 방향을 바꾼다는 일이다. 당신이 새로운 마음을 갖고 방향을 바꿀 때 자기 자신에게 두려움도 어색함도 없이 대면할 수 있다. 참다운 자기를 발견하기 때문에 자기자신을 시인할 수 있는 것이다. 교만이 아니라 자기 충족을 느낄 수 있게 된다. 자기 자신에게 이렇게 말하라.

"나는 대생명력에게 중요한 존재이다. 대생명력은 자기의 목적을 위해서 나를 만들었으며 나는 그의 목적이 옳다는 것을 나타내야 한다. 나 자신을 시인할 수 있게 살며 이미 아무 열등감도 갖지 않는다. 내 안에는 대생명력의 모든 소질과 재능이 있다. 나 자신에 대해서 이러한 이해를 가지고 모든 결핍감이나 한계감을 초월한다."

"대생명력은 모든 좋은 것을 나에게 보내줄 수 있으며 나의 체험 안의 모든 것이 된다. 나는 대생명력의 좋은 것을 받아들이고 있다. 지금 바야흐로 그 좋은 것을 가진다고 믿는다."

31
공연한 걱정을 그만두는 법

공연한 걱정을 한다는 것은 말하자면 아직 와 있지도 않은 고난에 대해서 마음을 쓰는 일이다. 그러나 무슨 일이고 미리 걱정을 함으로써 난제가 해결된 예는 없다. 도리어 장래에 대한 지나친 걱정은 파괴적으로 작용하여 모든 것을 무너뜨리기도 한다. 그럼에도 많은 사람들은 공연히 걱정을 하는 버릇을 버리지 못한다.

짐이라는 남자가 말했다.

"나는 사업에 일어날지도 모르는 일이 걱정이 되어서 견딜 수가 없습니다. 그래서 음식이 잘 넘어가지 않습니다. 마음이 어지럽습니다. 망치로 두들겨맞는 것 같아요. 이 괴로움에서 아무래도 벗어날 수가 없어요. 무슨 일이 일어날지도 모른다는 무서운 걱정이 나를 미치게 만듭니다. 그래서 그 일을 차근차근 생각할 수도 없게 됩니다. 가만히 앉아 있을 수도 없습니다. 밤에는 잠이 안 오고 배는 묵직하게 아픕니다. 나를 조여대는 이 괴로움에서 어떻게 벗어날 방법이 없겠습니까? 있으면 제

발 좀 가르쳐주십시오. 내가 이 걱정을 그만둘 수만 있으면 마음이 가라앉아 해결 방법도 찾아낼 수 있을 것 같습니다. 어떻게든 그만두고 싶지만 되지 않으니 어떻게 하면 좋겠습니까? 온몸이 병이 들어 있습니다."

"당신 사업의 어려운 문제라는 것이 대체 무엇입니까?" 하고 나는 물어보았다.

"아니, 그것은 아직 일어난 일이 아닙니다. 앞으로도 일어나지 않을지도 모르지요. 그러나 나는 그 일 때문에 밤낮없이 괴로워해야 하는 겁니다. 걱정해보았자 아무 소용도 없다는 것은 알고 있어요. 걱정하기 때문에 도리어 사태가 나빠질지도 몰라요. 그런데도 걱정을 그만둘 수가 없는 것입니다."

그 자신이 고백한 것처럼 공연한 걱정은 아무 도움도 안 된다. 도리어 해독을 끼친다. 자기의 기운을 깎아내어 정작 난관이 닥쳤을 때 대처하는 힘이 약하게 되는 것이다. 그리고 의심할 것 없이 그는 난관을 자기 쪽으로 끌어당기고 있는 것이다. 그는 가고 싶지 않은 방향으로 급히 서둘러 걸어가고 있는 것이다. 왜냐하면 그가 어려움을 생각함으로써 실제로 어려운 문제가 그에게로 다가오기 때문이다. 이런 고약한 마음의 태도가 그를 타고 앉았으며 그것을 떨쳐내기란 도저히 그의 힘에 미치지 못하는 것이다.

짐의 진짜 문제는 미래의 어려운 일이 아니었다. 문제는 쓸데없는 걱정이었다. 즉 자신이 자신의 정신을 도저히 통제할 수 없을 것이라는 생각이었다. 자신에 대한 그릇된 신념 때문에 괴로워하고 있었던 것이다. 그는 대생명력 위에, 그리고 자기 자신 위에 통치력을 가지며, 신의 나라를 자기에게 나누어주는 것은 신의 기쁨이라는 것을 잊고 있었던 것이다. 자기 자신에 대한 그릇된 신념의 노예가 되어 있었던 것이다.

사람들은 쓸데없는 걱정이라는 악마를 통해서 정신적 육체적으로 자기 자신을 갈가리 찢어놓는다. 병균이나 노령에 의한 병 외에 공연한 걱정이 우리 병의 과반수를 차지한다고 의사는 말한다. 게다가 공연한 걱정은 병균이 무서운 일을 하는 데 아주 좋은 조건을 만들어내며 또 틀림없이 노령의 쇠약을 우리 몸 안에 끌어들인다.

쓸데없는 걱정은 정신의 여러 기능 중에서도 아주 나쁜 기능이다. 이것은 정신이 잘못 작용하거나 나쁘게 활동하는 일이다. 마음을 잘못 사용하게 되면 병을 불러오게 된다. 그리고 정신적 육체적 고통을 불러일으키고 그 사람의 개성을 잡아 찢어놓는다. 공연한 미래의 걱정은 법칙을 거스르는 것이다. 쓸데없는 걱정은 건강이나 행복의 법칙을 짓밟아놓는다. 우리의 자유를 구속하고 우리의 주위 사람들에게 불행을 준다.

불경에는 이런 말이 있다. "감정의 왕국의 두 악마는 노여움과 무서움이다. 노여움은 불타는 걱정이고 무서움은 얼음의 걱정이다." 노여움, 화, 저항은 과거에 일어난 일에 대한 정당치 못한 반응이다. 미래의 걱정은 장래 언젠가 일어나리라는 것에 대한 음산하고 병약한 반응이다. 아직 일어나지 않았지만 일어날지도 모른다고 무서워하는 것이다. 미래에 대해 걱정하는 것은 고난을 찾아 손을 뻗는 일이다.

우리는 쓸데없는 걱정의 악순환을 모두 잘 이해하고 있다. 당신이 가슴에 조그만 통증을 느꼈다고 하자. 그러면 당신은 그것에 대해서 여러 가지 걱정을 시작한다. 그렇게 병적인 걱정이나 신경을 씀으로써 도리어 그 아픔은 자꾸 더해간다. 아픔이 더해가면 또 걱정이 커지고 이내 회전목마라도 탄 것처럼 뱅글뱅글 돌기 시작한다. 쓸데없는 걱정에 빠져들게 된다. 이 악순환은 어디에서든 잘라버려야 한다. 자칫하면 모든 일을 쓸데없이 걱정하고 있는 자기 자신을 깨닫게 된다.

사업에 실패할지도 모른다고 걱정하는 짐은 장래를 무서워할 뿐 아니라 자기가 쓸데없는 걱정을 그만둘 수 없다는 것에 대해서도 쓸데없이 걱정했다. 이 상태를 정신분석의 창시자인 프로이트는 "신경병적 사고형은 단조로운 규칙성을 수없이 되풀이한다"라고 정확히 묘사했다. 이러한 마음의 부정적인 자세가 일단 우리 마음을 지배하게 되면 그것은 몇 번이고 되풀이하여 우리 마음을 같은 코스로 끌고 다닌다. 병적인 사고는 단조로운 규칙성을 가지고 뱅글뱅글 맴돌기 시작한다. 이것이 한동안 계속되면 자기의 정신을 의심하는 데까지 이르게 된다. 그는 집을 나선 후에 가스를 잠갔는지 걱정하기 시작한다. 그래서 집에까지 되돌아가서 꼭지가 닫힌 것을 확인하고서야 비로소 안심한다. 그러다가 얼마쯤 걸어가면 이번에는 자기가 문을 자물쇠로 잠갔는지 어떤지가 자꾸 마음에 걸리는 것이다. 편지를 우체통에 넣고 나면 우표를 안 붙이고 넣지 않았나 싶거나 두 편지의 내용을 바꾸어서 넣지 않았는가 자꾸 걱정이 된다. 자기 정신의 조작과정을 의심하기 시작하는 것이다. 그리하여 자신의 마음을 의심하게 되면 그는 무언가 자신을 뒷받침해주고 있던 것이 없어져버린 듯한 느낌이 든다.

성바오로는 말했다. "하느님이 우리에게 무서움의 혼을 주는 경우는 없다. 힘과 사랑과 건전한 마음의 혼을 주신다." 우리는 공포를 가지고 태어난 것이 아니다. 걱정이나 공포는 자꾸 쌓여가는 것이다. 자기의 체험을 적당히 평가하지 않고 또 이해하지 않음으로써 쌓여가는 것이다. 과실을 저지르지 않고 언제나 바른 일을 하려고 결심하고 그대로 하면 그 결과로 좋은 일이 온다는 것을 잊어버리고 있는 것이다. 스스로 나는 약하고 무능하고 열등하고, 대생명력은 나에게 반대하고, 세상 사람들은 모두 적이라는 그릇된 생각을 가지고 있는 것이다. 그런데 사실은 우리의 체험은 우리의 사고나 행동의 결과인 것이다. 대생명력은 우리의 사고에 바로 응답을 해준다. 우리가 보낸 것과 영락없이 똑같은 종류의 것을 대생명력은 돌려보낸다.

건강한 마음은 통합(統合)된 정신이다. 통합된다는 것은 모든 것이 하나로 엮어진다는 것이다. 바꾸어 말하면 우리 안에 있는 깊은 중심, 혼의 본질에서 생각한다는 것이다. 우리가 '나'라는 중심에서 무엇을 생각할 것인가를 선택하여 자기의 사고를 통어할 줄 안다는 것이다. 우리는 자기의 감정을 통어하고, 감정을 통해서 자기 몸이나 주위의 여러 가지 일을 통어할 수 있다.

쓸데없는 미래의 걱정을 하는 사람들을 치료하게 되면 나는 흔히 "그렇군요. 그런 까닭으로 걱정하게 되었다는 말씀이지요? 그러면 한 달 전 오늘은 무슨 일을 걱정하고 있었지요?" 하고 묻는다. 그러면 대개 "생각이 잘 안 나지만 틀림없이 뭔가 걱정을 하고 있었던 것 같습니다!" 하고 대답한다. 자신에게 한 번 "내가 한 달 전에는 무슨 일을 걱정하고 있었던가?" 하고 물어보라. 우리가 무슨 걱정을 했다 한들 걱정한 일은 대개 일어나지 않았으며 설령 일어났다 하더라도 그것은 무사히 처리되어 왔다. 그 일을 처리하는 데 그 걱정이 아무 소용도 없었다는 것을 알게 된다.

먼저 우리는 자신에게 "이 쓸데없는 걱정을 그만두고 싶다고 생각하지 않는가?" 하고 물어보는 것이 좋다. 개중에는 쓸데없는 걱정을 하면서 뭔가 병적인 만족감을 얻는 사람도 있다. 그들은 자기 자신을 해치고 싶은 것이다. 나는 마땅히 벌을 받아야 한다고 믿고 있는 것이다. 그러나 원인이 무엇이 되었든 결과는 불행한 일이다. 그러므로 자기 자신에게 "내가 걱정하고 있는 것은 무엇인가? 그리고 왜 그런 걱정을 하고 있는 것인가?" 하고 물어보자. 그리하여 답을 종이에 적으라. 나는 무엇을 걱정하고 있는가, 왜 그런 걱정을 하는가, 또 그 걱정을 그만두고 싶은 가 등을 적으면 사태를 객관적으로 바라볼 수 있게 된다. 말하자면 문제를 자기 몸의 바깥에 내다놓고 보는 셈이다. 그렇게 하면 머지 않아 그회답을 찾을 수 있게 된다. 흔히 사람들은 내가 무슨 걱정을 하고 있는가, 왜 그런 걱정을 하는가에 대해 쓰다보면 자기가 걱정했던 일이 우습게 생각되고 "나는 얼마나 어리석었더냐!" 하는 생각이 들어 걱정을 그만두기 마련이다. 그가 일단 실제 문제에 부딪쳐보면 그것은 그다지 대단한 일이 아닌 것을 알게 된다. 사실 그것은 어려운 문제도 아니고 힘이드는 일도 아닌, 단순한 일이라는 것을 알게 되는 것이다.

마음이 건강한 사람도 정신적으로 앓고 있는 사람과 마찬가지로 어려운 문제를 가지고 있다. 두 사람의 차이가 무엇이냐 하면 정신적으로 앓고 있는 사람은 문제가 자기를 다루게 방치해두지만 건강한 사람은 자기가 문제를 다루는 것이다. 현명하지 못한 사람은 문제의 편에 서서 자기 자신을 보게 되어 문제에 휘말리게 된다. 문제로 하여금 자기 안으로 들어오게 한다. 그러나 현명한 사람은 자기 자신을 다루고, 그리고 자기자신을 다루면서 어려운 문제를 다룰 수가 있다. 그는 어려운 문제가 자기 안으로 들어오거나 자기를 지배하게 두지 않는다. 그는 자기 자신을 여유 있게 바라본다. 역량을 발휘하며 어려운 문제를 해결하는 자신의 모습을 바라본다. 자기 자신을 합리적이고 선택의 능력이 있는 대생명력의 중심이라고 생각하며, 그래서 어떠한 사태에 있어서나 무엇을 생각하고 무엇을 할 것인가를 자기가 선택할 수 있다는 것을 알고 있다.

쓸데없이 미래에 대한 걱정을 하는 사람은 자기의 무능함이나 열등감이라는 쓸데없는 것을 받아들이고 있다. 그러나 그것은 자기에 대한 진실한 견해가 아니며 오직 그릇된 입장에서 자기를 보는 것이다.

쓸데없는 걱정을 하는 자신을 글로 적으려고 하면 무언가 조그만 악마 같은 것이 마음속에 눈을 뜨고 일어나는 수도 있다. 그 작은 악마는 이런 소리를 한다.

"그래서 자네는 마침내 굴복하고 못난이가 되겠다는 것인가? 그까짓 고생을 참아낼 수 없단 말인가, 조그만 걱정의 짐 하나를 지고갈 수 없단 말이군! 걱정해야 할 일이 그것말고도 아직 많이 있다는 것을 모르나? 만일 지금 자네가 거꾸러지면 탈락자가 된다는 것을 잊지 말게. 일생 동안 패배자가 된단 말이야! 불쌍한 꼴을 한 자신을 부끄럽게 생각하라고!"

그러나 당신은 쓸데없는 걱정을 처리하겠다고 결심했기 때문에 이러한 부정적인 마음의 자세에 대해서는 "닥쳐라, 내가 신이라는 것을 모르느냐!" "악마여, 물러가라" 하며 혼내주는 것이 좋다.

쓸데없는 걱정은 법칙에 거슬리는 일이라고 앞에서 나는 말했다. 사실 쓸데없는 걱정은 자살 행위이다. 걱정할 때, 우리는 자기가 바라지 않는 일에 대해서 마음을 집중하기 때문에 그렇게 함으로써 바라지도 않는 체험을 창조하게 되는 셈이다.

인간의 진화의 역사와 의식의 발달 과정을 연구하면 추리력을 가진 두뇌 부분만이 쓸데없는 걱정을 할 수 있다는 것을 알게 된다. 추리한다는 것은 연상한다는 것이다. 사람은 연상할 수 있는 유일한 동물이다. 그러므로 사람만이 쓸데없는 걱정을 하는 능력을 가진다. 이것이 무슨 말이냐 하면 우리가 쓸데없는 걱정을 할 때는 추리의 눈부신 위력을 단지 파괴적인 방향으로 쓰고 있다는 것을 의미한다. 관념을 연결할 수 있는 이 놀라운 재능을 그릇된 사고를 하기 위해서 쓰는 것이다. 우리가 연상을 잘 하면 할수록 쓸데없는 걱정을 잘 하게 된다. 성격이 강한 사람일수록 더 줄기차게 쓸데없는 걱정을 할 수가 있는 것이다.

우리는 추리력을 건설적으로 사용할 수도 있고 파괴적으로 사용할 수도 있다. 쓸데없는 걱정을 할 수 있다는 것은 다시 말하면 일을 그만큼 잘 할 수 있는 능력을 가졌다는 것이다. 병이 날 정도로 걱정을 할 수 있는 빛나는 집중력을 가지고 있다는 것은 뒤집어서 생각하면 매우 고마운 일이며 우리가 놀라운 힘을 가지고 있는 증거이다. 쓸데없는 걱정을 하는 사람은 집중력과 추리력을 통해서 자기 자신을 비참한 패배자의 몸으로 만든다. 이 추리력 — 관념의 힘 — 을 우리 자신을 건전하게 세우기 위해서 사용한다면 얼마나 눈부신 일이 일어날 것인가! 자기 자신을 묶는 노예의 사슬을 만드는 대신 영광에 찬 생활을 설계하는 데에만 사용한다면 얼마나 놀라운 일이 될 것인가?

최고의 교육을 받은 사람, 최고의 지능지수를 가진 사람들 중에 지나친 걱정을 하는 사람이 가장 많다. 애당초 그들은 그렇게 태어난 것이 아니다. 그것이 그들의 본성이 아닌 것이다. 다만 어떤 체험에 잘못된 가치를 주고 있는 것이다. 그들의 추리에 문제가 있는 것이다.

어떤 사람이 나에게 와서 이렇게 말했다.

"나는 지금 매우 괴롭습니다. 오늘 일자리를 잃었거든요. 새 일자리를 찾도록 도와주십시오. 회사에서 굉장한 실수를 저질러버렸어요. 그것을 발견하자마자 윗사람에게 보고를 하고는 회사에서 내 목을 자르기 전에 나와버렸어요. 그러므로 나는 실업자가 된 것이지요."

나는 그에게 물었다.

"지배인은 뭐라고 말했습니까?"

"지배인은 만나지 않았어요. 보고가 그에게 전달되기 전에 나와버렸거든요."

"그럼, 어떻게 당신이 해고되었다는 것을 압니까?"

"잘 알고 있어요. 틀림없이 해고되었을 겁니다!"

나는 그에게 그러지말고 다시 한번 회사에 들어가서 지배인에게 직접 보고하라고 말했다.

"왜요? 나는 그 회사에 절대 들어가지 않을 겁니다. 지배인은 나에게 의자를 내던질 거예요!"

그러나 나는 완강하게 고집했다. 무조건 회사로 돌아가라고 권했다. 회사로 돌아간 그에게 지배인이 뭐라고 말한 줄 아는가? 그에게 이렇게 말했다.

"자네가 한 일은 회사에 큰 손해를 가져왔네. 다음에는 좀더 주의해서 일을 하게. 어서 자네 책상으로 돌아가게나. 일거리가 자꾸 밀려오지 않는가?"

에머슨은 이렇게 썼다.

"당신은 몇 가지 손해도, 그 지독한 고생도 참으면서 살아왔소. 그렇다면 당신은 절대 찾아오지 않은 슬픈 일에 대한 고민은 어떻게 견디어왔소?"

많은 사람들은 자기가 틀림없이 해고당했고, 돈을 잃어버렸고, 아내가 집을 나가버렸다고 생각한다. 그러나 그들은 해고당하지도, 돈을 잃어버리지도 않았고, 아내가 집을 나가지도 않았다.

어떤 어려운 문제도 해결의 길이 있는 법이다. 그 순간에는 해결의 길을 찾아낼 수 없을지 모른다. 쓸데없는 걱정으로 눈이 어두운 동안에는 당신에게 보이지 않을 수도 있다. 그러나 해답은 거기에 있는 것이다. 우리는 자기 자신의 내부를 들여다보면서 다음과 같이 진심으로 말할 수 있는 평화로운 곳을 찾아내야 한다.

"나는 평화롭다. 어떤 문제든 그것이 오면 나는 부딪치겠다. 어떠한 일도 나에게 동요를 줄 수 없다. 어떠한 사정 아래에서나 나는 깊고 조용한 평화를 가진다."

걱정하고 무서워할 때, 우리는 진실로 무엇인가를 잊어버리게 된다. 우리를 둘러싸고 있는 사랑의 대생명력을 인식하는 것을 게을리하기 때문이다. '신을 사랑하는 사람, 일정한 목적을 위해서 부름을 받아온 사람들이 잘 되도록 모든 사물은 협조해서 움직여나간다'는 사실을 잊어버린 것이다.

잘 기억하라. 당신은 대생명력이 여기에 데리고 왔다. 대생명력은 당신에게 관심을 가지고 있다. 대생명력은 틀림없이 그 자신을 뭔가 유례가 없는 특별한 방식으로 표현하고 싶기 때문에 당신이 된 것이다. 이 세상에 당신과 똑같은 사람은 지난날에도 없었고 앞으로도 없다. 당신은 특별한 사람이므로 뭔가 특별한 목적을 위해서 여기에 온 것이 틀림없다. 당신을 여기로 데리고 온 대생명력이 당신을 통해서 불행하게 되리라고 생각할 턱이 없는 것이다. 당신을 끊임없이 해치고 야심을 방해하고 희망을 꺾고 괴롭힘으로써 대생명력 자신이 불행해지겠다고는 도대체가 생각도 할 턱이 없다.

만일 지성 있는 대생명력이 어떤 목적을 위해서 당신이 되었다고 한다면 대생명력은 당신의 지지자일 것이 틀림없고 사실이 지지자이다. 위대한 교사 그리스도는 하늘을 나는 새 한 마리까지도 대생명력이라는 아버지의 손에 의해 길러지고 뒷받침되고 있다고 말했다. 들에 피는 한 송이 백합꽃도 아름다운 옷을 주어서 입고 필요한 것은 무엇이든 가지고 있다. 그러니 지성 있는 대생명력이 당신에게는 얼마나 깊은 마음을 쓰고 있을 것인가! 인간은 대생명력의 진화의 정점이다. 대생명력은 당신을 위해서 헌신하고 있다. 틀림없이 대생명력은 그 최고의 가치를 보조하고 지지하는 데 충분한 지성을 가지고 있다. 당신은 당신을 지지해주는 자를 믿을 수 없단 말인가?

현재 자기가 있는 곳에서 눈앞의 해야 할 일을, 당신이 할 수 있는 최선의 방법으로 하라. 지혜 있는 대생명력의 본질은 당신을 통해서 대생명력의 목적을 수행하려고 하고 있으므로 당신이 무엇을 해야 하는가를 대생명력에게 이야기하라. 그런 뒤에 그 일에 착수하라. 당신을 위해서 당신의 어려운 문제를 대생명력이 대답하게 하라. 그리스도가 가르친 것처럼 신의 나라를 찾으라. 그리고 당신이 필요한 것을 당신한테 가지고 오게 하라. 당신을 그것이 있는 곳으로 이끌어가게 하라.

시편 37절에서 다윗은 "초조해하지 말라" 하고 말했다. 이것은 건강한 생활을 위한 기본 전제이다. 허둥대지 말라! 초조해하지 말라! 법칙을 믿고 좋은 일을 하라! 그러면 당신에게 진실한 양식이 주어질 것이다. 인과의 법칙이 옳다는 신념을 가지고 자기의 최선을 다 한다면 좋은 일이 내게로 온다고 확신할 수 있다. 비록 다른 사람들은 해를 당한다 하더라도 당신에게는 오지 않는다.

다윗은 또 "오오, 얼마나 나는 신의 법칙을 사랑하느냐" 하고 말했다. 원인과 결과의 법칙은 무한하고 불변하고, 정확하고, 그리고 신뢰할 수 있는 것이다. 지난날에 저질렀던 잘못도 악에서 떠나 선으로 돌아가면 그 이상 아무 힘도 미치지 못한다. 원인과 결과의 법칙이 행해지기 때문이다. 새로운 길을 선택하면 바로 새로운 결과를 체험하게 되는 것이다.

우리는 몇 번이나 "내 몸처럼 너희 이웃을 사랑하라" "사랑은 법칙을 채운다"는 말을 들었다. 사랑으로 법칙을 사용하면 어렵게 보이는 문제에서 주의를 돌려 다른 사람들을 계발하기 위한 무대에 관심을 가지게 된다. 항상 고뇌 속에 있는 것처럼 보이는 누구에 대해서 우리는 흔히 "만일 그가 잠깐 동안이라도 자기 자신으로부터 마음을 딴 데로 돌릴 수만 있다면, 만일 누구 다른 사람을 돕기 위해서 무엇을 할 것인가를 생각하기만 한다면 그는 고뇌를 벗어날 수 있을 텐데" 하고 말한다.

자기를 주위의 한가운데에 놓는 우리의 병을 내버리자. 생각이나 노력을 다른 사람을 돕는 것에 향하게 하자. 그리고 이 세상을 더 살기 좋은 곳으로 하자.

'모든 것은 신을 사랑하는 사람의 좋은 일을 위해서 겨루며 일한다'는 것을 아무도 거부할 수 없다. 신이라는 것은 전(全) 대생명력이다. 이것은 약속이 아니다. 법칙의 묘사이다. 대생명력은 법칙에 의해서 작용한다. 만일 당신이 대생명력의 표현을 사랑한다면 — 즉 모든 사람, 모든 것(물론 당신을 포함해서)을 사랑한다면 그때는 모든 것이 당신을 위한 좋은 일을 위해서 함께 작용하는 것이다. 원인과 결과의 수학적 법칙을 통해서 당신의 고용주, 종업원, 배우자, 아이들, 이웃, 친구 — 모든 것이 당신의 좋은 일을 위해서 힘을 모아 일하는 것이다. 다만 당신이 법칙을 어떻게 사용하느냐를 결정하는 것이다. 아무도 법칙 위에 나서는 사람은 없다. 누구든지 행복하고 충분히 표현되기를 바란다면 사랑과 신념과 황금률의 법칙을 사용하지 않으면 안 되는 것이다.

다른 사람들과는 다른 생명력을 갖는다든가 또는 법칙이 당신을 위해서는 다르게 작용한다든가 하는 일은 없다. 나는 이 세상에 무슨 잘못으로 태어났다든가, 길을 잘못 들어 이곳에 왔다라고 생각하지 말라. 자신을 소중하게 아끼면 당신은 대생명력에 있어서 중요한 것이다. 당신을 통해서 신이 표현되므로 당신은 그 도구이고 신의 손이며 손가락이다. 그 손이나 손가락을 쓰지 않고 퇴화시켜 두면 안 된다.

대생명력은 그 자신을 위해서 우리를 만들었으므로 우리가 대생명력을 충분히 표현하지 않으면 우리는 고난에 빠지게 된다. 스스로의 목적에 맞지 않으면 자기의 심정은 굶주리게 된다. 우리는 대생명력에 있어서 중요한 존재이다. 그렇지 않다면 여기에 와 있을 턱이 없다. 신으로서 중요한 것이다. 신을 표현하기 위해서 만들어졌기 때문이다. 우리는 그 중요성에 어울릴 만큼 행동하고 있는 것일까?

많은 사람들은 공포, 걱정, 노여움, 저항 같은 것에 의해서 거의 가치 없는 것으로 화해버리고 있다.

자기 자신을 중시할 때, 해야 할 일을 할 때, 목적을 이룰 때 중요해진다. 자기가 아는 한에서 최선을 다하며 살 때 신뢰할 수가 있다. 근거가 확실한 생의 목적을 승인해야 한다. 자기 자신을 진심으로 쏟아놓을 수 있을 만한, 그리고 정신이나 혼이나 육체의 힘을 모두 끌어낼 만한 인생의 목적을 인식해야 한다. 당신의 이상을 성실히 수행할 때, 해야 할 일을 하고 있으므로 대생명력이 당신에게 좋은 것을 건네줄 거라고 믿을 수가 있다. 이것은 모두 공포나 쓸데없는 걱정을 고쳐준다. 우리가 목적을 이루기 위해 노력할 때, 하도록 계획된 일을 하고 있을 때, 우리는 건강하고 행복하고 자유로울 수 있다! 최고의 이상과 신념에 따라서 살아갈 때 쓸데없는 걱정을 완전히 잘라낼 수가 있는 것이다. 당신 자신에게 말하라.

"나는 건강하고 행복하고 자유롭다. 내가 아는 최선의 방법으로 계획된 일을 행하고 있다. 가족, 친구, 이웃, 동료를 사랑하고 있다. 대생명력을 사랑한다. 건전하고, 그리고 완전히 창조적인 방법으로 대생명력을 표현하고 있다. 최선의 것이 나한테서 나가고 최선의 것만이 나에게로 돌아온다. 사랑과 선의가 끊임없이 나를 통해서 흘러가고 내가 접촉하는 사람을 누구든지 축복해주고 내가 몸을 두는 모든 환경을 축복한다."

32
모든 상황에서 배당을 낳게 하는 법

사물이란 그저 우연히 들어맞거나 어긋나거나 하는 것일까? 그렇지 않으면 모든 체험의 배후에는 참다운 원인이라는 것이 있는 것일까? 인간이 접촉하는 각각의 일은 뭔가 확실한 이유가 있는 것일까?

대생명력 속에서 일어나는 모든 일은 법칙에 지배되고 있다는 것을 이해하게 되면 우리는 모든 경험에서 좋은 것을 끌어낼 수 있고, 얼핏 나쁘게 생각되는 상황에서도 좋은 것이 나오게 하는 방법을 찾아낼 수 있다. 우리는 흔히 자기가 편하지 않은 장소에 있는 것을 알게 된다. 또 무언가 좋은 일이 있는 것처럼 보였으나 희망하고 기대한 결과에 마침내 이르지 못한 사태에 자주 실망한다. 일부러 어디로 옮겨가보니 먼저 있었던 곳과 마찬가지인 적도 있다. 그 상황을 어떻게 해서 최선의 것으로 바꿀 것인가? 그 속에서 어떻게 좋은 것을 끌어낼 것인가? 이것을 결정하는 것은 오로지 우리가 하는 일에 달려 있다. 왜냐하면 모든 상황 안에는 좋은 기회의 씨가 들어 있기 때문이다.

대개 보면 대부분의 사람들은 매우 효율이 안 좋은 생활을 하고 있다. 많은 시간이나 정력을 사용하면서도 이렇다, 하는 성과를 얻지 못하고 있는 것이다. 아무것도 좋은 것을 가져오지 않는 사람을 위해서 시간을 낭비하기도 하고 몇 시간이고 며칠이고 어느 일에 마음을 온통 기울여도 거기에서 가치 있는 것을 거의 하나도 끌어내지 못하는 수도 있다. 자연계는 우리가 걸어가는 길 앞에 언제나 좋은 것을 놓아두지만 좋은 기회를 볼 줄 모르는 우리 눈에는 아무것도 보이지 않는 수가 많다. 모임에 나가서도 거기에서 좋은 것을 얻을 수 없는 경우가 많다. 만일 우리가 인식하고 사용하기만 하면 우리 주위의 모든 곳에 놀라울 만큼 많은 좋은 것이 있는데도 그 좋은 것을 집어내지 못하고 있는 것이다. 날마다 숱한 좋은 기회가 우리를 둘러싸고 있으므로 그 속에서 가장 좋은 것을 건네줄 기회를 가려내고 또 그 좋은 것을 요구해야 한다. 친구나 이웃이나 동료와 접촉할 때도 저마다 좋은 것을 가져올 수 있도록 해야 한다. 만일 우리가 받아들이기만 한다면 우리가 만나는 모든 사람들은 무언가 좋은 것을 가지고 있다. 그리고 우리도 또 모든 좋은 사람들에게 우리가 만나는 모든 상황에 건네줄 수 있는 뭔가 좋은 것을 가지고 있다.

역사에 의하면 지중해의 크레타 섬에는 생활 수준이 낮은 사람들이 사는 것으로 유명했다. 그곳 주민들은 거짓말을 잘 하고 욕심이 많다고 소문이 자자했다. 저 녀석은 크레타 섬 사람처럼 거짓말을 잘 한다는 속담이 생길 정도였다. 사실 고대 그리스 철학자로서 그리스도보다 7백 년이나 전에 크레타 섬에 살고 있었던 에피메니데스는 "크레타 사람들은 거짓말쟁이이고 짐승이고 식충이다" 하고 말했다.

그리스도교의 교회를 건설하고 또 조직한 성바오로는 그 크레타 섬으로 건너갔다가 티토스라는 이름의 사내를 남겨놓고 거기에 그리스도교 사회를 건설하라고 했다. 이 사내는 자기가 맡은 일을 좋아하지 않았던 것이 분명하다. 신약성서 속에 이 티토스에게 보낸 성바오로의 편지가 나와 있다. "그 때문에 나는 그대를 크레타 섬에 남겨놓고 거기에 없는 것을 그대가 세우기를 바라는 바이다." 이것은 티토스가 성바오로의 원조를 청한 편지에 대한 회답이 틀림없다. 티토스는 틀림없이 이렇게 써보냈을 것이다. "부탁입니다. 나를 여기에 있으라고 하지 말아주십시오. 짐승으로서나 사람으로서나 이곳은 좋은 곳이 못 됩니다" 하는 말을 써보냈을 것이다. 티토스는 곤란한 경우에 빠져 있었던 것이다. 그는 그곳을 떠나 어디 다른 데에 가고 싶었던 것이다. 그것도 서둘러서. 그러나 성바오로의 대답은 다음과 같았다.

"크레타 섬이 낳은 철학자조차도 섬 사람들을 거짓말쟁이, 짐승, 욕심꾸러기라고 했다. ……그런 까닭으로 그대는 그 섬에 있으면서 거기에 없는 것을 세워주어야 한다."

긴 이야기를 줄이자면 티토스는 이 섬에 결국 머물렀으며 도망치지 않았다. 그 도전은 그에게 위대한 좋은 기회가 되었다.

오늘날 크레타 섬의 유적이 발굴되고 장엄한 교회나 아름다운 사원의 초석이 드러났다. 거기에 누구의 이름이 새겨졌다고 생각하는가? 누구를 기리어 그것들이 세워진 것일까? 티토스 — 성티토스이다.

만일 우리가 자기 몸을 둘러싸는 좋은 기회를 발견하고 그것이 주는 좋은 것을 받아들인다면 우리의 생활은 놀랄 만큼 개선될 것이다. 우리가 들어서는 모든 환경에는 좋은 것이 들어 있다.

먼 북쪽 나라, 북극권 내에 살고 있는 남자의 이야기를 들은 적이 있다. 그는 모험가로서 그곳에 가서 그곳 원주민 여자와 결혼하고 가족을 가졌다. 그러나 세월이 흐름에 따라서 그곳에 있기가 매우 싫어졌다.

그는 친구에게 편지를 보내어 여기를 벗어나고 싶다, 한순간도 더 있기 싫다고 말했다. 그는 가족에 대한 책임을 내던지고 달아나 미국으로 돌아가서 작가가 될 계획이었다. 친구는 다음과 같은 답장을 보냈다.

"지금 자네가 있는 곳에 머물러 있게나. 먼 북쪽 나라, 자네가 속속들이 아는 분야에 대해서 써보게나."

그는 친구의 충고를 받아들여 북극권의 이야기를 써서 작가로서 성공했다. 잡지사들은 그의 작품에 열을 올렸고 높은 고료를 지불했다.

모든 사람, 모든 상황은 좋은 기회이다. 우리가 길에서 만나는 모든 사람은 무슨 이유가 있어서 만나게 되는 것이다. 그 사람은 아마 의식적으로는 목적을 인정하지도 않고 이해하지도 못할 것이다. 우리도 왜 좋은 기회가 제공되었는가를 이해하지 못하는 것이 보통이다.

나의 친구 G. 허먼은 재산을 모으는 데 성공한 사람이지만 바로 요전에 나에게 이렇게 말했다.

"모든 상황은 그것이 아무리 나쁘게 보일지라도 내가 만일 그것은 좋은 것이다라고 믿으면 나를 위해서 좋은 것이 된다네. 때때로 무언가 잘못된 것처럼 보일 때도, 내가 대단히 커다란 잘못을 저지른 것처럼 보일 때라도 그 사태를 바라보고 '그렇다. 나는 이 속에서 좋은 것을 찾아내지 못하고 있지만 그것은 거기에 있는 것이다. 만일 내가 성실하고 사랑이 담긴 주의를 기울이면 틀림없이 좋은 것이 나올 것이다' 하고 말할 줄 알게 되었네."

그가 나에게 말한 바에 의하면 이런 태도를 가진 후로는 어떠한 상황도 그의 축복이 되지 않는 것이 없었다고 한다.

만일 우리가 어떤 접촉을 할 때, 그것에 좋은 평가를 주고 그것이 우리를 위해서 갖는 좋은 일을 발견할 수가 있다면 그것은 얼마나 좋은 일인가? 이 우주는 우연한 만남이나 운수놀이가 아니라 법칙에 의해서 운행되고 있는 것이다. 개인적인 너절한 일이라도 태양계의 운행처럼 장엄한 법칙이 있는 것이다. 모든 운행의 배후에 있는 계획을 우리는 거의 볼 수 없을지도 모른다 — 그러나 계획은 있는 것이다! 모든 존재의 배후에는 사고하는 의식이 있다는 것은 널리 세계적으로 인정되고 있다. 분명히 우리들을 위해서 마음을 쓰고 있는 것이다. 모든 것을 사용할 수 있도록 우리에게 주어지고 있는 것이다. 어떠한 접촉이든 모두 성장을 위해서, 이해와 체험을 위해서 우리에게 오는 것이다.

이해하지 못해서 많은 좋은 것을 볼 수가 없는 것이지 길에서 마주치는 모든 것은 무언가 좋은 것을 가지고 있다. 우리는 그 속에 들어 있는 좋은 기회나 발전성을 찾아낼 수 없지만 모든 것은 은하계의 별의 움직임처럼 틀림없이 법칙에 의해서 지배되고 있다.

우리 각자는 자기가 수행해야 할 운명을 가지고 있다. 각자의 내부에는 채워지기를 기다리는 무언가가 있다. 몇 번인가 우리는 의식적인 지식이 없이, 마음속의 지성이 풍부한 지혜에 이끌려서 교훈을 배울 목적 때문에 여러 가지 사태나 상황 속에 들어간다. 어떤 상황에 우리가 직면하기를 거부할 때 그것에서 달아나고 도피하려고 애를 쓸 때, 그 사태는 또는 그것과 같은 종류의 것은 몇 번이고 몇 번이고 되풀이하여 앞에 나타나 마침내 우리가 그것에 직면하지 않을 수 없게 만든다는 체험을 우리는 모두 가지고 있다. 우리가 그것에 대처할 때, 거기에서 교훈을 배울 때, 늘 무언가 새로운 것, 더 좋은 것으로 우리는 나아갈 수 있는 것이다.

몇 년 전에 내가 프로그램을 진행하는 방송국에서 한 젊은 남자가 자기의 앞길에는 희망이 없다고 확신하고 모든 일에 넌더리를 내고 매우 우울한 얼굴을 하고 있는 것을 보았다. 승진은 모두 '줄'에 의해서 결정되는데, 자기에게는 그것이 하나도 없다고 했다. 나는 그에게 그가 이 방송국에서 무언가 해야 한다고 느끼는 일은 없는가, 방송국으로서 필요로 하는 일인데도 하지 않고 있는 것은 없는가 하고 물어보았다. 그는 낮은 소리로 내뱉는 것처럼 말했다.

"그런 거야 잔뜩 있지요, 뭐!"

"그런데 왜 그것을 하지 않는가?" 하고 나는 물었다.

"내가 그것을 한다고 해서 회사에서 보수를 줄 것 같습니까? 어림도 없지요!"

"그것과는 다른 문제라네."

"해야 할 일이 있는데 왜 그것을 하지 않나? 자네는 그것을 할 수 있는 좋은 기회를 가졌다는 것을 감사하는 마음으로 해야 하네. 노력 이외에는 하나도 금전상의 손해는 없지 않나. 해보게나. 그리고 또 이런 일도 한 번 해보게. 자네가 만나는 사람 모두를 기쁘게 만들어주게. 회사 안에서 만나는 사람은 그가 누구든지, 어떤 일로 만나든지, 그때마다 그 사람을 즐겁게 해주게나. 그가 웃음을 지을 수 있게 뭔가를 말해주게. 그가 그날 하루를 조금 밝게 생각하도록 해주게. 그것을 1주일 동안 계속해주게. 1주일 동안 계속해보게."

그는 약간 의아스런 얼굴이었지만 하여튼 1주일 동안 그것을 시험해보겠다고 했다. 2주일이 안 되어서 그는 전보다 좋은 자리에 앉게 되었다. 몇 주일이 지난 어느 날 나는 그가 한 동료에게 이렇게 말하는 걸 들었다.

"잭, 화를 내느라 기운이 없겠지만 내 말 좀 들어보게! 자네의 기회는 자네가 지금 있는 자리에 틀림없이 있네, 여기를 나가면 다른 데서 더 잘 될 거라고 생각하면 안 되네."

그리고는 내가 그에게 했던 것과 똑같은 충고를 잭에게 하기 시작했다.

사람은 스스로를 자각할 줄 아는 대정신의 중심이므로 선택하는 힘을 가지고 있다. 그는 자기에게 제공되는 대생명력 안의 여러 가지 상황을 어떻게 받아들일까를 선택할 수 있다. 어떻게 반응할 것인가, 좋은 기회를 잡을 것인가 말 것인가를 그가 결정하는 것이다.

만일 이들 기회를 잡지 못한다면 우리는 패배자가 된다. 그러나 자연계는 우리에게 매우 잘 해주고 있다. 우리가 하나의 기회를 눈치채지 못하고 지나가면 또 하나, 그리고 다시 또 하나……를 제공해준다. 하나의 좋은 기회를 잡기까지 천 개의 좋은 기회를 놓치는지도 모른다. 그러나 자연은 결코 싫증을 낼 줄 모른다. 우리가 그것을 받아들이는 법을 배울 때까지 대생명력은 좋은 것을 계속 제공해준다.

이러한 여러 가지 접촉에서 우리는 어떻게 하면 최대의 가치를 손에 넣을 수 있는가? 회합에 출석했을 때 어떻게 하면 뭔가 좋은 것을 가지고 돌아올 수 있을까? 두 가지 일을 항상 잊지 말아야 한다. 즉 주는 기대와 얻는 기대이다. 당신이 만나는 사람은 누구나 당신을 위한 좋은 것을 가지고 있으며 당신도 그에게 줄 무언가 좋은 것을 가지고 있다. 그 사람에게 주는 것에 힘써라. 그리고 그 사람으로부터 받기를 기대하라. 주는 것을 그는 받지 않을지도 모른다. 교환이라는 것을 그는 이해하지 못할지도 모른다. 그러나 그것이 좋은 것을 손에 넣는 데 방해가 되지는 않는다. 당신이 기대함으로써, 그리고 또 좋은 것을 주는 태도로 나감으로써 당신은 그것을 손에 넣을 수 있는 것이다.

공개 강연 같은 곳에 나오는 사람들이 좌석에 앉으면 옆 사람에게 미소를 보내주고, 자기의 선의를 사방으로 뿌리고, 즐거운 분위기를 자아내고 밝은 마음을 의식하는 일단을 만들어낸다. 그는 자기로부터 좋은 것이 흘러나가는 문을 열어놓고, 또 좋은 것이 그에게로 흘러들어오는 문을 열어놓고 있다.

나의 옛 친구 D. M. 스미스 대령에 대해서 이야기하겠다. 그는 변호사이고 훌륭한 연설가였다. 미국에서 한창 금주운동이 벌어지고 있을 때 미국 금주연맹이 자금을 모으기 위해서 그를 고용했다. 그는 어느 겨울 일요일 저녁 때 동북부 지방의 한 조그만 도시에서 연설할 예정이었다. 그런데 바로 그날이 바람과 눈과 진눈깨비가 위세를 떨치는 궂은 날씨였기 때문에 거리에는 사람의 그림자도 없고 강연장으로 예정되어 있는 교회에는 아무도 나오리라고 기대할 수가 없었다. 그러나 그는 악천후를 무릅쓰고 나가기로 결심하고 호텔을 나서서 교회로 갔다. 교회에 도착했을 때 거기에는 교회의 고용인 밖에 없었지만 그는 기다리기로 했다. 마침내 두 사람의 노부인이 와서 조용히 자리에 앉았다. 한동안 사람이 더 오기를 기다렸으나 아무도 더 오지 않았다. 스미스 대령은 '호텔로 돌아가서 사람들이나 모아 트럼프 놀이나 할까' 하고 속으로 생각했다. 그러나 그때 모든 도전에는 좋은 기회가 숨어 있다는 생각이 나서 '나는 여기에 연설을 하러 왔으므로 무슨 일이 있어도 연설을 해야 한다' 하고 자신에게 말했다.

대령은 이 두 노부인으로부터 그의 강연 여행 중의 어떤 모임에서보다도 많은 돈을 모을 수가 있었다.

어떤 부인이 나에게 말했다.

"아무도 나를 초대하는 사람이 없어요. 나는 사람들을 많이 초대하지만 아무도 나를 초대해주지 않아요. 나의 초대를 고맙다고 생각하지 않는 거예요."

그녀가 사람을 초대하는 것은 자신을 위해서라는 것을 쉽게 알 수 있었다. 그녀는 쓸쓸하기 때문에 사람들을 초대한 것이다. 그녀는 다른 사람의 쓸쓸함도 위로해줘야 한다는 걸 몰랐던 것이다. 만일 다른 사람으로부터 협력을 얻으려고 생각한다면 이편에서도 기꺼이 협력해주지 않으면 안 되는 것이다. 우리 각자는 우주의 생명력의 통로라고 나는 생각하고 싶다. 좋은 것이 우리한테서 흘러나가면 좋은 것이 우리에게로 흘러들어오는 것이다. 자신 안에 갇혀 있으면 안 된다. 우리가 그것을 사람에게 내주면 진공이 생겨나므로 더 많은 것이 흘러들어온다. 자연계는 진공을 싫어하기 때문이다.

다른 사람에게 내가 좋은 것을 강요해서는 안 된다. 우리가 그 좋은 것을 그 사람들에게 나누어주려는 태도를 가지면서 그가 바라는 대로 받아들이든 거절하든 마음대로 하게 두면 그 사람이 우리 쪽으로 와서 좋은 것이 흘러오는 통로가 된다는 것을 알게 되리라. 우리가 자발적으로 나누어주고 있으면 그들도 역시 우리에게 자발적으로 해준다. 좋은 것은 우리의 누구에게도 소속되어 있지 않은 것이다. 단지 일시적으로 사용하라고 우리의 것이 되는 것이다. 그러므로 유통시켜야 한다. 나누어주면 더욱 많은 것이 흘러들어온다.

모든 도전에서 좋은 기회를 찾아내는 사람, 모든 사람을 잠재적인 친구라고 생각하는 사람, 모든 순간을 하나의 모험으로 삼는 사람은 행복하다.

33
아침의 묵상

아침은 하나의 신선한 시작이다. 하루는 날마다 새롭게 만들어지는 세계이다.

오늘은 하나의 새로운 날이다. 오늘 나의 세계는 새롭게 만들어지는 것이다. 나는 이 순간에 이르기까지, 오늘날이 되기까지 나의 온 생애를 살아왔다. 이 순간 — 이날 — 은 영겁 속의 어느 순간이나 마찬가지로 좋은 순간이다. 이날을 — 이날의 모든 순간을 지상에 있어서의 천국으로 만들자. 이것은 나의 좋은 기회의 날이다.

오늘에 대처할 수 있도록 신이 나에게 준 모든 도구를 고맙게 생각하고 될수록 솜씨 있게 사용하자.

나는 완전한 몸을 가지며 축복받고 있다. 그것에 기댈 수 있다. 내 몸의 기관 하나하나, 세포 하나하나는 제 기능을 가지며 깊은 지성에 의해 지휘되며 완전하게 행동하고 있다. 이 육체는 훌륭한 도구의 하나이며 그 에너지와 숙련성은 필요한 일을 오늘 하게 한다. 그것은 나의 모든 필요에 응한다. 이 몸에 절대의 신념을 갖는다. 그것은 대생명력의 영원한 에너지를 가지고 만들어진 것이다.

나의 정신은 훌륭한 하나의 도구이다. 나의 정신은 오직 하나의 정신(그 정신은 모든 것을 알고, 모든 것을 보고, 그리고 모든 것을 창조한다)이며 그것을 내가 사용하는 것이다. 모든 개인에게 공통되는 하나의 정신이 있으므로 나의 정신은 약하지 않다. 그것은 그리스도, 소크라테스, 플라톤, 셰익스피어, 링컨, 에머슨, 에디슨에게 있었던 그 정신이다. 성공하기 위한 모든 도구를 나는 가지고 있다.

오늘 아침 나는 지난날 있었던 것보다 더욱 위대하고 참다운 자산을 가지고 있으므로 오늘을 최대한 위대하게 살아내야 한다. 나는 있어야 할 사람이고, 해야 할 일이 있으며 그 일을 할 수 있다.

오늘 아침 나의 생애에 지금까지 있었던 것 이상의 경험을 기대할 수 있다. 또 나 자신에 대해서 보다 바른 이해를 가지므로 한층 많은 정신력이 있다. 이 일에 대해서 감사한다!

날마다 나는 전진한다. 대생명력은 탐구할 만한 광대한 깊이를 가지고 있다. 내 앞에는 가장 흥미로운 일이 있다. 해야 할 일이 많다. 내 앞에 가로놓인 모든 일을 나는 효율과 힘과 용기와 열정을 가지고 한다.

나는 대생명력의 건전하고 연관 있는 표현이다. 그래서 나 자신에게 오늘은 만들기 위해서 무엇을 할 수 있는가? 어떻게 다른 사람을 도울 수 있는가? 어떻게 해야 누군가를 고통, 괴로움, 두통 같은 것에서 구해낼 수 있는가? 어떻게 대생명력에게 봉사할 수 있는가? 하고 묻는다. 몸을 바쳐서 봉사하면 후에 가장 잘 봉사받을 수 있다는 것을 알고 있다.

어떻게 하면 내가 여태까지 해오던 것보다 더 나은 방법으로 눈앞의 숙제를 할 수 있을까? 어떻게 해야 누군가를 행복하게 해줄 수 있을까?

나는 누군가를 행복하게 해주면 나 자신이 더 행복해진다는 것을 알고 있다.

오늘 만나는 모든 사람이 전보다 더 좋은 사람들이다. 왜냐하면 나는 그 사람들이 더 위대한 희망과 신념, 자유, 행복을 지니도록 격려하기 때문이다. 내가 30세이든 80세이든 오늘 나에게는 새로운 인생이 시작된다.

오늘을 용기와 신념과 열의를 가지고 보내자. 나의 사고를 세심하게 검토하자. 내 정신의 집을 지키고 어떤 부정적인 생각도 들어오지 않게 하자.

"신은 나의 목자이다. 나에게 부족한 것은 없으리라. 신은 나를 고요한 물가로 인도한다. 그는 나의 혼을 불러들인다. 그는 정의의 길로 나를 인도한다. 어떠한 악도 두려워하지 않는다. 신의 지팡이와 회초리는 나를 안락하게 한다."

깊은 잠재의식 — 나의 대생명력의 신 또는 법칙 — 은 나를 바른 곳으로 이끌고 간다. 그것은 나의 육체를 만들었다. 나의 육체라는 도구를 받쳐주고 주위의 모든 일에 방향을 준다. 그것은 나를 통해서 생각한다. 그것은 나를 지휘하고 유도한다. 그것은 나를 창조하고 나를 받쳐준다.

나는 바른 생각을 가지며 힘을 갖는다. 무서워하지 않는다. 왜냐하면 대생명력인 아버지 — 대자연 — 무한의 정신이 내 속에서 활동하고 있기 때문이다.

나는 실패하지 않는다. 실패할 턱이 없다. 큰 자재력의 그늘에 살고 있으므로 어떠한 위험도 나에게 오지 않는다. 순간마다 나는 뒷받침을 받으며 — 유지되고 — 지휘받고 — 인도된다. 나는 모든 일을 신을 통해서 할 수 있고 그것은 나에게 기운을 준다. 신은 내 속의 신성의 힘,

또는 대자연의 힘이거나 대생명력이다. 나는 몸 안의 이 힘에 의지한다. 내가 그 힘에서 떠날 수 없는 것은 마치도 대양에서 파도를 뗄 수 없는 것과 같고 태양에서 일광의 방사선을 떼낼 수 없는 것과 같다.

나는 깊은 지혜의 소리에 세심하게 주의를 기울인다. 나는 잘못을 저지르지 않는다.

내 안에 신성을 갖는 정신은 '잠재의식' '신' 또는 '창조하는 정신'이라고 불린다. 그것은 신의 위대한 심부름꾼이며 나의 상담역이며 보호자이다. 그것은 시공간의 제한을 받지 않는다. 나에게 해를 끼칠 염려가 있는 것, 혹은 다른 사람을 해치려고 하는 어떤 것을 막아준다. 나를 이끌고, 안내하고 언제나 바른 행동을 하게 한다. 그것은 나의 사고의 근원이고 나를 평화의 길로 이끌고 간다. 나는 공포나 근심이나 혹은 쓸데없는 걱정에 절대로 지배되지 않는다. 왜냐하면 나의 세계의 모든 문제를 이 무한의 깊은 정신에 의해서 조정하기 때문이다. 나는 음식의 소화에, 심장의 고동에, 혈액의 순환에, 나의 몸이 행하는 모든 기능에 기댄다. 내가 바른 때에 바른 곳에 있도록, 그리고 바른 일을 하고 바른말을 하도록 그것이 지휘하는 것을 채택한다.

나의 깊은 잠재정신 ─ 오직 하나의 무한의 정신 ─ 은 이날 이후 나를 안전하게 이끈다. 내가 이날 전진할 때에는 아무 저항도 받지 않으며 사람이나 상황에 대해서 어떤 노여움도 갖지 않는다. 나의 마음은 투명하다. 미움도 없고 용서할 수 없는 일도 없다. 긴장은 풀어지고 두려움도 없다. 그저 완전한 신뢰감이 있을 뿐이다.

오늘이 바로 그날이다. 나에게 위대한 좋은 것이 오는 날이므로 그것을 기대한다. 그것을 받아들인다. 그것에 대해서 감사한다. 나의 가족들, 그 밖에 내가 사랑하는 모든 사람도 역시 똑같은 무한의 창조정신에 이끌려 잘 대접받고 원조받을 것을 알고 있다. 그들은 자기네를 둘러싸는 무한의 대생명력의 위력과 지혜에 이끌리고 원조받고 지켜질 것이다. 어떤 사람도 어떤 사물도 그들 자신이나 나를 해칠 수 없다. 내가 하루에 대처하기 위해서 집을 나설 때 나는 유해로부터 보호되고 있다. 내가 무서움도 미움도 노여움도 갖지 않기 때문이다.

대생명력에 대한 신념, 대생명력과 세상 사람들에 대한 사랑이 오늘 나의 슬로건이다. 나는 오늘 나 자신의 주인이기 때문에 모든 상황의 주인이다. 나의 밖에 있는 어떤 것보다도 더 강한 것이 내 안에 있다. 내가 오늘 걸어나가는 한걸음 한걸음은 더욱 많은 좋은 것 — 더욱 큰 행복의 방향이다. 한걸음 한걸음은 나에게 성공의 눈부신 광경을 보여준다.

오늘에게 만세를 보낸다!

이날에 내가 희망을 거는 것은 그것이 대생명력 — 대생명력 속의 참다운 대생명력이기 때문이다. 그 시간의 경과 속에 존재의 모든 진실성이 가로놓여 있다. 성장은 다시 없는 기쁨, 행동의 영광, 미의 눈부심이다. 어제는 이제 꿈이고 내일은 환영이다. 오늘을 잘 살면 모든 어제는 행복의 꿈이 되고 모든 내일은 희망의 환상이 된다.

이날은 대생명력이 나에게 보내는 눈부신 선물이다.

제3부

저녁의 묵상

나는 있다, 나는 할 수 있다,
나는 한다

건강과 행복과 번영의 열쇠

34
저녁의 묵상

이날은 이제 끝났다. 과거의 기억이 되었다. 좋았던 일도 안 좋았던 일도 다시 살아볼 수 없다. 오늘 나는 내가 제일 좋다고 생각되는 일을 했다. 나의 제일 좋은 일이 나한테서 나갔으므로 제일 좋은 일만이 나에게 돌아올 수 있는 것이다. 이날 내가 한 일이 착하고 성실한 노력이었다는 것을 나는 믿는다. 내일은 오늘의 체험 위에 쌓아올리는 것이다. 나는 더 큰 이해력을 갖게 되므로 내일은 오늘보다 훨씬 좋은 일을 할 수 있다.

오늘 내 앞의 시련에 대처했으므로 나의 모습은 그만큼 커진 셈이다. 이날 나는 최선을 다했으므로 오늘밤은 평화롭다. 나의 정신은 평안하다. 나는 최선을 다해서 대생명력을 섬겼다. 얻기만을 힘쓴 것이 아니다. 주기에도 힘썼다. 내가 대생명력에 봉사했으므로 대생명력도 나에게 봉사해줄 것을 믿는다. 나는 무한의 창조의 법칙을 써서 누가 가진 좋은 것을 빼앗으려고 투쟁한 것이 아니라 더욱 좋은 것을 창조하려고 하였으므로 나는 평화로울 수 있다. 이날의 사명을 다한 것을 알고 있으므로.

태양이 지평선 아래로 가라앉고 밤의 장막이 세기를 덮을 때 내 몸과 마음은 편안하다. 이날의 체험 하나하나에 감사한다. 내가 이해할 수 없었던 일이 몇 가지 있었다 하더라도, 그리고 그것이 나의 좋은 일에 거슬리는 것처럼 보일지라도, 나의 동기가 좋았으므로 — 바른 일만을 하려고 하였으므로, 결국 좋은 일만이 나에게 온다. 모든 역경에는 좋은 기회가 있다. 나는 타고 난 재 속에서도 새로운 생명이 솟아난다는 것을 알고 있다. 오늘 세상 사람들을 행복하게 해주는 계기를 마련해준 기회에 대해서 — 괴로움이나 불행을 얼마간이라도 완화해주는 좋은 기회를 얻은 것에 대해서 — 감사한다.

이날의 몸의 건강에 대해서 — 시간마다 무사하게 지나게 해준 정력에 대해서 감사한다. 내심의 잠재의식에서 나온 좋은 생각에 대해서, 영감의 반짝임에 의해서 그때 내가 무엇을 할 것인가, 어디에 있을 것인가를 알게 해준 것에 대해서, 나로 하여금 바른 일을 바른 방법으로 할 수 있게 속삭여준 직감에 대해서 감사한다. 혼란 속에서 고뇌를 만난 사람에게 도움이 될 친절한 말을 할 기회를 얻은 것에 대해서 감사한다. 슬픔을 가진 사람의 얼굴에 미소가 떠오르게 할 수 있었던 일에 감사한다. 이웃에게 좋은 영향을 줄 수 있었던 것에 감사한다. 나를, 또 내가 가진 물건을 내던졌기 때문에 얻은 행복에 감사한다. 대생명력의 행로를 나와 똑같이 걷고 있는 길동무로부터 사랑과 호의를 받은 일에 감사한다. 우리는 모두 앞으로 걸어갈 길을 슬픔과 탄식의 길이 아니라 성공과 행복의 길이 되게 하려고 노력하고 있다.

오늘 나의 모든 행동이 영원히 움직여간다는 것, 또 그것이 영구한

의의를 갖는다는 것을 기쁘게 생각한다. 나의 미소는 어떤 사람에게 오늘 격려가 되었다. 격려받은 그 사람은 또 누군가 다른 사람을 격려하고, 그 사람은 다시 또 그것을 다른 사람에게 옮긴다. 그것은 영구히 계속되어 나간다. 이 세상의 몇 천이나 되는 사람들이 그때의 내 미소를 언젠가는 받게 되는 것이다. 나의 따뜻한 악수는 오랜 세월을 통해서 전해져갈 것이다. 나의 행동 하나하나는 영구적인 것이다. 나의 생명은 커다란 울림을 가지고 있는 것이다. 내가 하는 일은 무슨 일이 되었든, 세계의 힘을 미치지 않게 하는 일이 없다. 앞으로 오는 세대는 무의식적으로 오늘의 나의 좋은 일에서 힘을 받게 된다.

오늘 내가 쓴 1달러는 상인에게는 축복이었다. 그 사람은 도매상에게 축복을 주고 도매상은 또 공장에 은혜를 준다. 내 것이었던 1달러는 농민에게, 광부에게, 노동자에게, 그리고 그들의 아이들에게 돌고 돌아서 교육이나 치료에 도움이 되고 세계는 살기 좋은 곳으로 바뀌어가는 것이다. 내가 소비한 돈은 대생명력의 물질이며 나는 신의 사자로서 봉사하기 위해 세상에 온 것이라고 생각한다. 그것은 나를 위한 봉사이기도 하고, 헤아릴 수 없는 많은 사람들을 위한 봉사이기도 하다.

오늘 나는 대생명력에 대한 나의 할 일을 다했으므로 이제는 이날을 떠나가게 하고 아름다운 추억으로 삼겠다. 나는 나를 용서하고 또 세상 사람들을 모두 용서했다. 쓸쓸한 뒷맛이 남는 것은 하나도 없다. 나는 좋은 일, 참다운 일, 아름다운 일만을 회상한다. 오늘을 돌아보며 나는 괴로웠던 일을 모두 즐거운 회상으로 바꾸어놓았다. 해로워보이는 것은 모두 내던져버렸다. 모든 것을 이해하고 용서했다. 만일 누군가가 이기적인 것처럼 보였을지라도 그 자신은 신성을 가진 대생명력의 화신이므로 아무리 나쁘게 보여도 단지 자아적으로 행동한 것에 지나지 않았다는 것을 나는 알고 있다. 그가 자아적인 것은 하나의 버릇이다. 언젠가 그도 역시 사랑이나 선의가 아니면 자기의 행동을 보상할 수 없다는 것을 알게 되겠지. 그는 근본적으로는 선인이다. 그의 행동만이 그릇되어 있었던 것이다. 나는 이웃이 나의 잘못을 용서해주기를 바라므로 나도 이웃의 모든 잘못을 용서해준다.

나는 이제 오늘 하루에 커튼을 내리고 휴식을 준비한다. 나의 상상력 속에서 내일을 준비한다. 내일 아침 완전한 휴식을 하고 난 내가 정력과 활력과 생기에 넘쳐서 일어나는 모습을 본다. 나는 상상 속에서 내가 내일 하는 여러 가지 활동과 해야 할 일을 보고, 모든 행동에 좋은 결과가 나오는 것을 본다. 나를 만나는 사람은 누구나 내게서 좋은 것을 받고 나도 그로부터 좋은 것을 받는다.

나에게 다가오는 상황마다 용기와 신념을 가지고 대처하는 나 자신을 본다. 내일의 눈부신 성적을 예상한다. 오늘은 이제 끝났다. 대생명력이 내일로 흘러가게 하기 위한 계획을 세웠다. 오늘에 커튼을 내렸다. 오늘 밤은 잘 쉬고 내일을 위한 에너지를 간직하자.

좋은 체험은 나의 신성 있는 권리라고 믿는다. 나는 신과 신의 불변의 법칙을 믿는다. 과거에 저항하지 않고 미래를 두려워하지 않는다. 내일의 도전은 내일 대처한다. 나의 잠 속에는 어떠한 긴장도, 어떠한 슬픔도, 어떠한 탄식도, 어떠한 손실감도 들어오지 않는다. 모든 과실을 용서했다. 지금은 평화로운 잠 속에 아늑하게 누워 있다. 푸근함은 즐겁고 잠은 달다. 밤의 어둠은 그 평화와 조용함을 가지고 나를 깊은 아늑한 잠으로 이끌고 간다. 나는 대생명력을 완전히 신뢰한다.

이제 잠이 찾아왔으므로 나의 모든 일이나 내가 사랑하는 사람들 전부의 일을 위대하고 무한하고 사랑에 찬 대생명력의 품에 맡긴다. 내가 사랑하는 사람들도 나도 지켜지고 뒷받침받고 있다는 것을 알고 있다. 신성을 가진 대정신에 이끌려 나는 정상적으로 바른 때에 바른 곳에 있고 바른 일을 하고 있는 것을 알고 있다.

이제 나를 모두 내놓고 저 무한의 지성 있는 위력에 맡긴다. 그 위력은 태양과 별을 그것이 있을 곳에 있게 하고, 새에게 날 방향을 주고, 길을 잘못 든 개를 그 집에 돌아가게 하는 힘이다. 무한의 대생명력은 나를 그 사랑으로 둘러싸고 그 영원의 팔을 요람으로 삼아 나를 잠재워준다. 나는 잠에 감사한다. 내 안의 무한의 지성이 나를 살리고 나의 모든 일을 건전하게 지켜줄 것을 믿는다. 나의 전부는 대생명력의 전부이므로 그것은 모두 무한의 지성에 의해서 방향이 지워져 있다.

나는 언제나 신의 앞에 있는 것을 의식한다. 좋은 것이 나를 둘러싸고 있다. 신의 나라는 내 안에 있다. 이제 나는 모든 문제를 무한의 지성에 맡겼다. 왜냐하면 '너를 지키는 사람은 잠자지 않는다' 는 것을 알고 있기 때문이다. 이제 나는 완전한 자신감과 신뢰 속에서 잠든다.

35
나는 있다, 나는 할 수 있다, 나는 한다

문제가 크고 작고를 떠나서 모든 문제에 대한 회답은 틀림없이 자기 자신 안에서 찾아낼 수 있다. 당신이 이렇게 하고 싶다, 또는 이렇게 되고 싶다고 생각하는 일 중에서 오늘까지 뜻대로 되지 않은 일들이 있는가? 대생명력을 표현하고 싶은 욕구에서 좌절할 일이 있는가? 그렇지 않으면 자기의 세계를 사실에 있어서 통어하고 있는가? 이들 문제의 해답과 그것을 해결하는 힘은 당신 자신 안에 있다. 그 해결법은 당신이 나는 무엇인가, 나는 누구인가를 인식하는 데 있다.

지금까지의 장에서 정신의 창조적 수준의 것 — 잠재적, 또는 주관적 수준에서 활동하는 정신 — 을 뜰의 흙에 비유했다. 잠재정신은 우리의 잠재하는 개성으로서 개성화되어 있는 것이다. 의식하는 존재로서 우리 각자는 정신을 의식하는 중심이며 무엇을 가지려고 하는가, 무엇이 되고 싶은가를 선택하는 힘을 가지고 있다.

에머슨은 자기 신뢰에 대한 논문에서 이렇게 말했다.

"넓은 우주는 좋은 것으로 가득 차 있지만 자양분이 있는 옥수수는 경작하도록 주어진 일정한 땅에 사람이 노력을 쏟아넣음으로써 비로소 손에 들어온다. 어떤 사람 안에 살고 있는 힘은 자연계에 있어서 새로운 것이며 그 사람 이외에는 아무도 그가 할 수 있는 일을 모른다. 또 그 자신도 해보기 전까지는 모른다."

우리는 언제나 자기 자신을 믿는다. 그러므로 사고의 씨앗을 잠재의 땅에 심고 있다. 그러한 사고의 씨앗은 그 씨앗 속의 형태에 따르는 모양으로 자라난다. 잡초의 씨는 잡초가 되고 채소의 씨는 채소가 된다. 만일 병, 빈곤, 불행 등의 부정적인 사고의 씨가 주이고, 그것이 창조적인 매체에 뿌리를 내리도록 방치되면 그대로 자라서 병과 빈곤과 불행의 체험이 된다.

우리는 언제나 바른 사고의 씨앗을 선택하고 싶어한다. 그리고 땅을 잘 갈고 식물을 재배하는 길을 배워서 바른 체험의 열매로 자라도록 해야 한다. 사고나 신념이나 정신의 이미지는 씨앗이다. 모든 것은 그 종류에 따라서 자라나게 된다.

우리는 언제나 정신적 동일화를 추구한다. 우리에 대해서 진실하다고 믿으며 살고 있는 것이다. 우리는 늘 나는 무엇이다 하고 말한다─나는 아프다든가, 건강하다든가, 돈이 있다든가, 가난하다든가 하고 말한다. 많은 사람들은 상당히 오랜 시간 동안 자기 자신을 부정적인 것과 동일시한다. 부정적인 씨를 뿌리는 것이다. 그러므로 바라지 않는 일을 체험하게 된다. 가령 당신이 '기분이 안 좋다'고 하면 그 생각은 상상력에 받아들여지게 된다. 잠재의 정신 또는 창조하는 흙은 자연력과 같이 비인간적인 것이므로 우리의 의식하는 마음이 제안하는 일이면 그 말 그대로, 우리가 믿는 그대로 받아들인다. 그리고 바로 체험에 재생시키려고 한다.

고대인은 위력을 갖는 어떤 종류의 말을 알고 있었지만 그것이 잊혀져서 근대인에게는 전해지지 않았다고 한다. 그러나 그러한 말은 잊혀진 것이 아니라 그 말의 중요성이 백 사람 중에 한 사람에게도 이해되지 않았던 것이다. 그것은 날마다 몇 번이나 쓰는 말이며 우리가 말하는 단어 중에서 가장 중요한 것이다. 우리는 날마다 시간마다 '나는 이것이다, 나는 저것이다' 하고 믿고 또 말한다. 우리의 그 선언은 정신의 창조하는 흙에 심어지면 정원의 흙에 심어진 씨앗처럼 싹이 나고 자라나기 때문에 우리가 입에 올렸던 사물이나 상황이 바깥 세계에 실현되는 것이다.

'나는 재수가 없다' '나는 병들었다' 같은 말은 창조하는 정신에게 행동의 명확한 형태를 주게 되므로 결국 자기 자신에게 해를 끼치게 되는데 우리는 그것을 모르고 있는 것이다. 만일 당신이 '나는 실패다' 하고 말하고 그것을 믿고 있으면 무의식 속에 실패의 그림이 그려지고 몸 안의 창조하는 힘은 그 일에 착수한다. 성공한 사람은 지난날 '나는 실패다' 라고는 생각한 적도 없고 말한 적도 없다.

자기 자신을 부정적인 사고와 동일화하지 말고 긍정적이고 적극적인 사고와 동일화하는 것을 배우자. 왜냐하면 우리는 자기 자신을 동일화한 그대로 되기 때문이다. 우리가 알고 또 이해할 수 있는 최고의 이상에 자기를 동일화하는 것을 배워야 한다. 사실에 있어서 우리의 인생은 완전한 인생이다.

이렇게 말할 수가 있다.

"나는 대생명력이다. 나의 몸 안의 위력은 태양과 달과 별을 제각기 자기 위치에 있게 하는 것과 똑같은 힘이다. 그것은 장미꽃을 피게 하는 힘이다. 저 눈에 보이지 않는 무한의 힘이 나에게 개인화한 것이다. 아무엇도 내가 선택하는 힘을 거부할 수 없다."

누구나 그것을 인정하기만 하면 필요로 하는 힘을 바로 쓸 수 있다. 누구나 그 사용법을 배울 수 있다.

우리는 또 이렇게 말할 수 있다.

"내 속에 있는 지성은 무한의 정신의 지성이다. 그 지성은 한계가 없고 끝이 없고 바닥이 없고 무한하다. 나는 이 보편의 정신을 사용한다. 필요하다면 어떠한 일이라도 필요한 만큼 나타내주기를 바랄 수가 있다. 신의 실재는 나의 실재처럼 분명하다."

이렇게 생각함으로써 우리는 우리 자신을 무한의 존재와 동일화하는 것이다. 이것을 우리 자신에 대한 진리로 받아들일 때, 자동적으로 대생명력에게 더욱 완전한 형태를 주게 되는 것이다.

확신을 가지고 그것을 스스로에게 선언할 때 잠재된 정신은 이렇게 말한다.

"그가 신이라는 것을 알고 있다. 그의 힘은 한계가 없는 것을 알고 있다."

그렇게 하면 우리의 체험은 새로운 형태에 따라서 전개해나가고 꽃을 피우는 것이다.

'나는 실패다' 대신에 '나는 성공이다' '나는 부유하다' '나는 지성이다' 하고 말하라. 그렇게 하면 아까와는 다른 씨앗을 심게 된다. 우리는 스스로에 대한 진리를 이야기한 셈이 되는 것이다.

그리스도는 제자인 베드로에게 "너는 바위이다. 그 바위 위에 교회를 세워라. 그러면 지옥의 문은 그것을 당해내지 못할 것이다" 하고 말했다. 베드로는 마음이 제일 흔들리기 쉬운 믿음직하지 않은 사람이었고, 무엇을 할 것인가 계획할 줄 모르는 야물지 못한 사람이었다. 이 베드로에게 새로운 신념이 부과되었을 때, 바위와 같은 흔들리지 않는 성질과 동일시되었을 때 그는 신념과 힘의 바위가 되었다. 베드로는 헤브라이어로 바위라는 뜻이다.

우리에 대한 위대한 인식이나 깨우침을 얻을 때 우리는 진정으로 이렇게 말할 수 있다.

"나는 영구한 대생명력의 화신이다. 나는 모든 것을 가질 수 있으며 모든 것이 될 수 있으며 모든 일을 할 수 있다. 내가 체험해야 하는 것을 체험할 수 있다. 나는 연구하는 존재이다. 나는 있다. 그러므로 나는 할 수 있다."

이것은 눈부신 사상이며 감정, 즉 정신의 창조하는 부분에 심어주어 마땅한 것이다. 이것은 총괄적인 개념이며 유일한 바른 생각이다. 신이 나에게, 나로서 화신했다는 것은 나 자신에 대한 진리이며 그 이해는 다음과 같은 말을 믿고 또 할 권리를 주게 된다.

"나에게 할 권리가 있는 것을 나는 할 수 있다. 나에게 가질 권리가 있는 것을 나는 가질 수 있다. 나에게 될 권리가 있는 것이 나는 될 수 있다. 나에게는 달성하는 것이 가능하다. 나는 할 수 있다."

누구나 목적을 달성하려고 하면 그 자신을 믿어야 한다는 것은 알고 있다. 지성과 위력을 가지고 있는 것을 알고 있기 때문에 '나는 한다! 나는 있다! 나는 할 수 있다! 그러므로 나는 한다!' 난제에 부딪치게 되면 언제나 이들 세 가지 정신적 단계를 밟을 수가 있는 것이다. 나는 있다, 나는 할 수 있다, 나는 한다. 이 생각의 방식을 전면적으로 받아들이면 우리의 당면한 사태는 결코 장애가 될 수 없다. 그것은 차라리 위력에 대한 도전이며 우리가 누구이고 무엇이냐의 인식에 대한 하나의 도전이다.

사람의 체험 중에 최대의 악의 하나는 자기는 연약하고 무언가 모자란다고 생각하고 — 눈앞의 도전에 마주설 만한 능력이 없다고 생각하고 — 정진을 무서워하는 일이다. 우리 자신을 무한의 창조적 정신을 사용하는 무한의 대생명력의 화신이라고 마침내 인식할 때 — 의식의 통로를 무한의 지성과 위력과 지도를 향해서 열어놓을 때 우리는 글자 그대로 초인(超人)이 될 수 있다. 모든 사람은 어느 정도까지는 이것을 체험할 수 있다.

이 간단한 말 — 나는 있다, 나는 할 수 있다, 나는 한다 — 를 이해하고 이것은 계속 사용함으로써 생활이 완전히 달라진 사람을 나는 보아왔다.

당신 자신에 대한 진리를 알고 당신에 대해서 당신이 아는 진리를 스스로에게 적용하고 모든 행동에 그것을 표현하기 시작하면 당신의 모든 것을 변화시킬 수 있다. 이것을 행할 때 당신은 우주의 창조하는 정신의 지성과 위력 — 즉 존재하는 모든 지성과 위력 — 을 사용하는 것이다. 그것에 반항하는 힘은 아무데도 없다. 나는 있다, 나는 할 수 있다, 나는 한다!

36
건강과 행복과 번영의 열쇠

　우리는 위대한 우주정신, 대생명력과 우리와의 관계를 발견했다. '나'는 대생명력이 개성화된 것으로서 스스로를 자각하는 것임을 발견했다. 그리고 결심을 할 때마다 대생명력의 정신을 쓴다는 것을 알았다. 우리는 우주정신과 관련이 있을 뿐 아니라 그것과 하나가 되고 있다는 것을 배웠다. 이 우주정신을 사용하는 것은 그것이 우리 안에 인간의 정신으로 있기 때문이다. 우리 각자는 대생명력 안에 있는 지각 있고 사고하고 지휘하는 유일한 중심이며 정신을 어떻게 사용할 것인가, 어떻게 생각할 것인가, 어떻게 행동할 것인가를 각자가 선택할 수 있다.

　그리스도교의 모든 철학 체계는 두 개의 근본 전제 위에 구축되어 있다. 그 두 근본 전제란 신이 인간으로 화신했다는 것과 생명은 죽지 않고 영원히 존속한다는 사상이다. 이것은 그리스도의 가르침 — 신과 사람과의 동일화 — 의 근본을 이룬다. 이 사상은 세계 최대의 미술에 반영되었고 그 확신이 영감이 되어 시로도 몇 편인가 쓰였다. 인간의 참다운 본질은 신이므로 인간이 가진 대생명력은 결코 끝이라는 것이 없다.

원자핵을 분열시켰으므로 인간이 우주의 주인공이 된 것이 아니라, 그가 우주의 주인이라고 믿었기 때문에 원자를 분열시킬 수 있었던 것이다. 근본적으로는 아마 무의식적으로 사람은 자기의 신성을 계속 믿어왔던 것이다. 신념이 과학 연구를 이끌어온 것이다. 신념이 성공으로 이끈 것이지 성공이 신념으로 이끈 것이 아니다.

앞에서 말한 두 가지 전제, 즉 사람은 신의 화신이며 불사라는 것을 믿었다는 것은 대단히 중요한 일이다. 만일 사람이 자기는 자연계의 창조의 부산물에 지나지 않다고 믿었다면 그는 아마 이 지구 위에 할당된 한계 있는 수명을 가지고 위대한 성공을 이룩하려고 노력할 마음이 나지 않았을 것이다.

과학자가 원자를 분열시켰을 때 놀라운 일이 발견되었다. 모든 물질을 구성하고 있는 원자 속에는 대생명력 그것이 있다는 것이 발표된 것이다. 우리 주위의 형체 있는 세계가 존재에 나타나는 데 근본을 이루는 지성의 에너지가 거기에 있었던 것이다. 이 발견을 통해서 인간의 본질인 신성을 알고, 무한의 대생명력 그것과 인간이 하나라는 것을 더욱 분명하게 볼 수 있었던 것이다.

어떠한 사람에게든 그가 사고력이 있는 한, 위의 두 가지 기본적인 일은 자명한 것이다. 그것은 이미 견해의 문제가 아니다. 신과 인간의 절대융합은 우리가 실재하고 있다는 사실과 같은 정도로 틀림없는 일이다. 이 눈에 보이지 않는 사실 ─ 신과 인간이 하나라는 사실 ─ 은 시간이 시작되던 그 순간부터 존재하고 있었으며 우리가 그것에 대해서 하나도 모르고 또 우리 자신에 대해서 아무것도 모르던 때부터 존재하고 있었던 것이다. 우리가 그것을 인정하고 안 하고에 상관없이, 이해하고 못하고에 관계없이, 그것은 진실인 것이다. 우리가 그것을 발견했기 때문에 그것의 진실성이 더욱 커진 것이 아니다. 그러나 우리가 그것을 발견하게 되면 목적을 가지고 그것을 사용할 수 있게 되는 것이다. 신과 인간의 합일에 관한 한, 아무것도 절대로 그것에 간섭할 수 없었다. 아무 일도 일어날 수가 없었다. 그 누구도 그 둘을 갈라놓을 수 없었다. 오직 무지만이 그것이 가져다주는 이익을 거부할 뿐이다.

대생명력 속에는 우리를 몰아서 자기의 발견으로 향하게 하는 강한 갈망이 있다. 오늘날 이것은 단순한 종교의 이론이 아니다. 이것은 실용적인 정신과학이다. 근대의 과학자가 가진 물질계의 개념은 백 년 전의 개념하고는 너무나 다른 것이다. 과학자는 이제 물질은 에너지이고 에너지와 물질은 똑같은 것이며 서로 모습을 바꾸며 옮겨갈 수 있다는 사실을 알고 있다. 물질의 우주는 진실 세계의 모습이 비쳐진 것이며 진실 세계의 표면적인 외관이다. 물질은 정신과 하나이며, 또 우주적 에너지와 하나이다.

근대의 심리학은 '그 안에 우리가 살고 움직이며 우리의 존재를 갖는다' 는 말의 진리를 다시 발견했다. 당신을 한 번 들여다보라. 그리고 당신 자신의 진실을, 당신 자신의 자각하고 있는 존재를 발견하라. 그 중심에서 당신은 무한의 대생명력 그것과 하나이다.

사람들은 걸핏하면 이렇게 말한다.

"나는 그것을 납득할 수 있다. 그러나 어떻게 이들 사실을 잡아서 그것을 현실로 만들 수 있단 말인가? 어떻게 해서 실생활을 개선할 수 있는 것일까? 봉급이 올라가게 하고 소득세를 내고 새 집을 사고 내 생애에 사랑과 우정을 가져올 수 있단 말인가? 내가 무한의 대생명력과 하나라는 사실을 안다는 일이나 내가 영원히 산다는 것을 안다는 것이 지금의 나에게 무슨 도움이 될 수 있는 것일까?"

모든 위력, 모든 에너지, 모든 지성, 모든 대생명력 등 이 세상에 있는 전부와 하나가 된다면 대생명력이 개성화한 우리가 할 수 있는 일에 한계라는 것이 있을 수 없다. 우리 자신에 대해서, 또 대생명력의 법칙을 어떻게 사용하느냐에 대해서 깊이 알게 되면 체험의 수평선을 먼 저편으로 넓힐 수가 있는 것이다.

당신의 봉급이 오른다? 환경이 개선된다? 사랑이나 우정을 발견한다? 물론이다! 당신은 단지 우주의 자연계의 법칙 ― 원인과 결과의 법칙, 보상의 법칙, 인력의 법칙, 증가의 법칙 ― 을 사용하기만 하면 되는 것이다. 이들 법칙은 물리, 화학, 전기, 수학 등의 법칙과 똑같은 정확성을 가지고, 또 중력의 법칙과 똑같이 정밀하게 작용하는 것이다. 전체로서의 문명을 건지는 것, 또 개인으로서의 우리의 안전을 도모하는 것은 모든 생명력, 전 인류, 모든 것의 통합을 인정하는 일에 있으며 우리가 하나의 우주에 살고 있다는 것을 인정하는 데 있다고 나는 믿는다.

우리는 개인으로서 다른 사람과 떨어져 있다. 그리고 다른 사람보다 높다든가 낮다든가 하는 믿음을 고집하고 있는 한 만족한 진보를 이룰 수가 없다. 사람들이 민족의 우성이나 열성을 믿고 있는 동안은 세계는 분쟁으로 늘 찢기고 갈라질 것이다. 인류는 민족, 피부색, 언어, 지리적 위치 같은 것이 다르지만 하나의 민족이 다른 민족보다 우월하다거나 열등하다는 일은 ― 절대로 없다! 사고나 동기나 뛰어난 개인이 나올 수 있을 뿐이다.

대생명력 속에 있는 좋은 것을 구하는 데 있어서 다른 사람의 것을 훔쳐볼 필요가 하나도 없다. 살아가는 데 충분한 것이 있기 때문이다. 또 우리가 불행하게 사는 것도 다른 사람에게 좋은 일을 베푸는 것이 못

된다. 세계에는 이미 너무나 많은 눈물이 있기 때문이다. 우리가 행복하고 활력을 가지고 살아갈 때 세계를 이롭게 할 수 있는 것이다.

상상력은 근본적으로는 창조하는 힘을 가지고 있지만 어떠한 이미지를 만드느냐는 우리가 선택할 나름이다. 선택한 이미지를 우리는 창조하는 정신에 주는 것이다. 우리의 신념은 긍정적인 것이거나 부정적인 것이다. 그리고 확고하거나 동요한다. 우리의 그림은 선명하거나 흐려 있다. 그러나 어떠한 경우에 있어서도 우리의 신념을 통해서 상상력 속에 계획이 만들어지게 마련이며 상상력 속의 계획을 통해서 대생명력이 흘러오게 되어 있다. 우리의 신념에 따라서 우리는 받게 되어 있다.

어떤 아이가 가난과 극한의 환경 속에서 자라났다고 하자. 그에게는 극한적인 체험이 정상의 체험이라고 생각되는 것이다. 그는 극한적인 장래를 마음에 그리게 된다. 극한적인 상황이 그의 잠재의식 안에서의 사고형이 된다. 그래서 빈곤이 그의 체험으로 계속되는 것이다. 처음에는 의식적으로 그런 계획을 하는 게 아니다. 그는 그런 계획을 의식적으로 바꿀 수가 있다. 어떤 계기로 그가 자기의 사고의 틀을 바꾸게 되면, 그때는 빈곤이 계속되지 않게 된다.

또 다른 아이는 어려서부터 병을 많이 앓고 늘 고생을 하며 자랐다고 하자. 그러나 만일 그가 아무 노력도 하지 않는다면 그는 늘 자기는 병약하다는 것만을 생각하고 건강이 정상이라는 진리를 볼 수 없으며 병이 정상이라고 믿게 된다. 살아 있는 동안 그는 병이나 불쾌감의 신념이 상상력을 지배하게 될 것이다.

우리가 무의식적으로, 사람은 좋든 나쁘든 운명의 지배를 받는다고 믿는다고 하자. 그러면 우리는 운명의 지배를 받고 있는 것처럼 일생을 살게 된다. 우리가 만일 인류의 보통 사람의 체험이 우리의 체험이라고 믿는다고 하자. 그러면 결국 우리의 일생은 평균의 법칙에 지배되고 만다.

모든 고난이란 나쁜 조정의 결과이다. 영적이든 육체적이든 정신적이든 조정을 제대로 하지 못한 결과이며 대개의 경우 그것은 무의식적인 것이다. 우리의 잠재의식 안에 세력을 가지고 있는 경향이 우리의 몸이나 주위의 상황에 반영되기 마련이다. 우리 자신이 의식한 사고를 통해서만이 정신의 새로운 잠재적 자세를 고쳐 만드는 힘을 가진다. 우리가 상상력 속에서 새로운 형의 사고를 만들었을 때 극한 의식이나 고난의 속박은 사라지는 것이다.

우리는 신념에 새로운 방향을 줄 수가 있다. 자신의 인생을 새로이 만들 수 있다. 우리는 낡은 신념에 묶여 있을 필요가 없다. 새로운 적극적인 정신의 자세로 그것을 바꾸어놓으면 일련의 새로운 체험이 창조되게 된다. 우리는 자기 손으로 만든 감옥에 들어 있었던 것이다. 이제 자유와 풍요와 건강과 성공과 평화와 행복에 자기를 동일화하면 감옥의 벽은 저절로 무너져 사라진다.

바깥 세계는 안쪽 세계의 반영이다. 바깥 세계는 표면적인 겉모습에 지나지 않는다. 그 겉모습 뒤에 무언가가 있어서 이것에 실체를 주는 것이다. 대생명력은 위대한 실체이다. 대생명력의 법칙은 정신이다. 형체는 관찰할 수 있는 장으로 옮겨온 대생명력이다. 객관의 세계는 그 배후에 주관의 세계가 존재한다고 인정함으로써 비로소 설명할 수가 있다. 정신과학자는 이 원인의 분야에서 일을 하는 것이다.

오랜 동안 많은 페이지를 사용하며 독자인 당신과 필자인 나는 함께 생각을 진행시켜 왔다. 당신은 일생에 있어서 최대의 그리고 가장 스릴에 찬 체험으로 발을 내딛은 것이다. 정신의 위력을 의식적으로 사용함으로써 당신이 되고 싶고, 또 하고 싶은 것이 될 수가 있고 또 할 수가 있는 것이다. 다른 사람을 돕기 위해서 당신의 정신의 힘을 쓸 수가 있다. 그 능력에는 한계가 없다. 당신이 쓰는 힘은 당신 안에 있다. 어디 다른 데를 찾아다닐 필요가 없다. 열쇠는 당신이 쥐고 있는 것이다.

옮긴이의 말

나의 경험담을 이야기하면서 옮긴이로서의 말을 시작하고자 한다.

이 책을 처음 읽으면서 나는 여러 장에서 감동을 받고 다 읽기도 전에 그 중의 한 가지를 실천해보려고 했다. 그전에 나는 무슨 어려운 일을 착수할 때면 으레 이것이 될까, 하고 의심하면서 시작했는데 그래서는 안 된다는 것을 알고는 이 책의 충고에 따라 이것은 성취된다는 신념을 가져보려고 했다. 그러면서 한편으로 지난날의 후회나 노여움 같은 감정을 될수록 씻어내려고 했다.

그랬더니 다소 뜻밖의 일이 벌어졌다. 내가 전부터 번역했으면 싶었던 어떤 큰 책 한 권을 들고 B출판사에 가서 번역을 제의했더니 불경기인데도 B사의 사장은 그 자리에서 승낙을 하는 것이었다. 이것이 나의 마음의 자세를 바꾸었기 때문인지 나의 자신 있는 태도에 좋은 인상을 받아선지 잘 알 수가 없었으나 그런 경우가 두세 번 계속되고 보니 어쩐지 세상이 전보다 밝아진 느낌이 들고 마음이 즐거워지는 것이었다.

그러나 며칠이 지나자 왠지 그런 긍정적인 신념을 계속 가지고 있기가 짐스러워지고 그것이 거짓말 같이만 여겨지는 것이었다. 그래도 나는 신념을 계속 가지려고 했더니 이번에는 머리가 좀 아파지는 것이었다. 그것은 아마 이 책에 쓰여 있는 설명처럼 지난날에 내가 겪은 여러 가지 실패나 고통의 기억이 긍정적인 생각을 방해하기 때문인 것 같았다. 또 마음 밑바닥의 콤플렉스가 밝은 생각을 자꾸 밀어내려고 하기 때문인 것도 같았다.

그래서 나는 내 마음속에 쓰레기더미처럼 쌓여 있으면서 평상시에도 나를 우울하게 만드는 그런 부정적인 생각을 없애야겠다고, 그렇게 하려면 역시 이 책이 제시하는 치료법에 따라 자기 자신이나 다른 사람에 대하여 더 따뜻한 태도를 가져야 하므로 새로운 생활 태도를 가질 필요를 느꼈다.

이 책은 미국의 유명한 목사이며 정신 치료가인 단 카스터(Dan Custer)의 저서 『*The Miracle of Mind Power*』의 번역서이다. 평범한 사람이 행복하고 안정된 마음으로 살아가려면 자기 안에 있는 정신의 힘을 사용하면 놀라운 효과를 얻을 수 있다는 것을 성의 있게 설명해주는 책이다. 저자는 정신 치료가이면서 여러 가지 기적에 가까운 일을 실현시키기도 하는 사람으로 인간 정신의 힘의 위대함을 사람들에게 알리는 데 큰 역할을 했다.

프로이트가 정신분석을 창시한 이래 정신분석학은 여러 방면으로 응용의 길을 넓혀가고 있는데, 이렇게 일상적이면서도 실천적인 방법으로 나아가는 것은 매우 바람직한 일이 아닐 수 없다.

저자의 가르침은 매우 과학적이면서 동시에 종교적인 색채를 띠고 있다. 그는 '어디에나 충만하고 어디에나 존재하는 대생명력' 은 우리 인간으로 화신하며 동시에 인간이 이용해주기를 기다리고 있다고 한다. 그것은 일종의 범신론적인 간단한 철리인데, 그 말은 이 책의 처음부터 끝까지 우렁찬 교향곡의 테마처럼 줄기차게 반복되고 있다. 그 점을 생각하며 읽으면 이 책은 매우 쉽다. 그의 가르침은 현대의 지식인이 납득할 만한 과학적인 이론이다.

나는 이 책을 이제 청년기로 들어서려는 나의 아들과 조카가 읽었으면 하는 마음에서 쉽게 번역하려고 애썼다. 그들에게 이 책을 한 권씩 주면서 이렇게 말하려고 한다.

"처음부터 차례대로 읽어나가지 않아도 좋다. 뭔가 마음에 불안을 느낄 때 어디든지 펼쳐서 봐라. 용기를 주거나 바로 실천할 수 있는 방법을 알려주는 말들이 많이 적혀 있다."

그리고 나의 친구들에게 한 권씩 보내주며, 젊음을 간직하는 기가 막히게 예리한 통찰에 대한 장도 있다고 말하겠다.

옮긴이 **진웅기**

월간《수필문학》추천으로 문단에 데뷔했으며
한국문인협회, 한국수필가협회 회원이다.
저서로 수필집《노을 속에 피는 언어들》이 있고
역서로는 조지 쉰《성공하는 사람은 무엇이 다른가》,
클로드 브리스톨《신념의 마력》,
아쿠타가와 류노스케《나생문》등이 있다.

정신력의 기적

1판 1쇄 발행 1980년 6월 20일
2판 재쇄 발행 2025년 1월 1일

지은이 단 카스터 | **옮긴이** 진웅기
펴낸곳 (주)문예출판사 | **펴낸이** 전준배
출판등록 1966. 12. 2. 제1-134호
주소 04001 서울시 마포구 월드컵북로 21
전화 02-393-5681 | **팩스** 02-393-5685
홈페이지 www.moonye.com | **블로그** blog.naver.com/imoonye
페이스북 www.facebook.com/moonyepublishing | **이메일** info@moonye.com

ISBN 978-89-310-0434-2 03320